唯識學與精神分析

以阿賴耶識與潛意識爲主

吳汝鈞 著

本書榮獲中央研究院 2014 年傑出研究獎

臺灣學生書局印行

自　序

佛教的基本教義是緣起性空，在釋迦牟尼（Śākyamuni）和原始佛教時期便是這樣了。後來發展出大乘佛教，在印度出現了空宗和有宗。空宗的思想以般若學（Prajñāpāramitā thought）和中觀學（Mādhyamika）為代表，有宗則以唯識學（Vijñāna-vāda）為代表。空宗盛發性空的義理，有宗則重視緣起的思想。這是有關印度佛教的常識了。本書要探討的，其中的一邊是唯識學，特別是傳為彌勒（Maitreya）作的《瑜伽師地論》（*Yogācārabhūmi-śāstra*）、無著（Asaṅga）寫的《攝大乘論》（*Mahāyānasaṃgraha-śāstra*）、世親（Vasubandhu）寫的《唯識三十頌》（*Triṃśikāvijñaptimātratāsiddhi*）和護法（Dharmapāla）註釋《唯識三十頌》的《成唯識論》（*Vijñaptimātratāsiddhi-śāstra*）。由於唯識學所涉及的內容非常豐富和多元，不是三兩百頁的篇幅所能概括的，因此我把探討的焦點集中在作為潛意識的阿賴耶識（ālaya-vijñāna）上，其中也有些地方涉及作為自我的基礎的末那識（mano-vijñāna）。這可以說是唯識學的核心思想，「唯識」（vijñaptimātra）的勝義，可以在其中展示出來。這是就漢傳的唯識學來說。至於所謂藏傳的唯識學，本書並未及深入涉及，那是因為唯識學的基本的文獻，特別是安慧（Sthiramati）的《唯識三十論釋》（*Triṃśikāvijñaptibhāṣya*）未有傳到中土，而只傳到西藏的緣故。有興趣的讀者，可參考筆者另書《唯識現象學二：安慧》。

對於唯識學的研究，在過去一個世紀以來，都非常興旺。西方的學者，特別是日本的學者，在這方面都作出了很大的工夫。獲得豐盛的成果。日本更是現代唯識學研究的重鎮。著名的學者如宇井伯壽、上田義文、長尾雅人、結城令聞、勝又俊教、山口益、野澤靜證、勝呂信靜、武內紹晃、橫山紘一等，都是唯識學研究的大家、專家。大體上，唯識學的內容豐碩、繁密有序、層層屢進、概念開拓的風格，與日本人的循序漸進、步步經營、由簡趨繁的質實的為學態度有密切的相應與關連所致。我們可以說，日本人在佛學研究方面，以唯識學研究為重，起碼是重點之一，並不為過。當然，日本作為國際佛學研究的最大中心，在佛學研究的各個領域，都有豐碩的成果，特別是文獻學方面的研究為然。

近年，國際學術界對佛教特別是唯識學的研究，已由文獻學與義理方面拓展開來，對佛教、唯識學與西方哲學與心理學以至精神分析、深層心理學進行比較研究，看雙方的異同分際，而捨短取長，開展出新的研究路向。這裏我不妨略舉數個方面如下。先是有把唯識學與胡塞爾（E. Husserl）的現象學（Phänomenologie）作對比，前有日本學者北山淳友與瑞士的耿寧（I. Kern），其後則有日本學者司馬春英，他先後寫有《現象學と比較哲學》及《唯識思想と現象學：思想構造の比較研究に向けて》，後一著作專門集中於唯識學與胡塞爾的現象學的比較研究，前一著作則以現象學與其他哲學作對比，其中唯識學佔主要位置。另外，故東京大學名譽教授玉城康四郎也熱衷於東西哲學的對比，其中一項重要的工作是把康德（I. Kant）的超越哲學與唯識哲學特別是阿賴耶識與末那識思想的比較研究，甚受學界重視。倘若我們可以把胡塞爾的現象學看成是一種觀念論，如康德那樣的話，則我們也可以視玉城的研究為唯識學與觀念論的比較研究。還有另外一種研究，是把佛學與心理學放在一起，進行多元的探討、比較。日本的較年輕的學者岡野守也在這方面作了不少工夫，他先後寫有《唯識の心理學》、《唯識のすすめ：佛教の深層心理學入門》、《唯識と論理療法：佛教と心理療法・その統合と實踐》和《佛教とアドラー心理學：自我から覺りへ》，アドラー即是 A. Adler，為奧國的心理學家，最初是弗洛伊德（S. Freud）的弟子，其後因不滿後者過於重視性慾的影響力而分途。進一步把包括唯識學在內的佛教與精神分析作出直接的比較研究的，有河合隼雄的《ユング心理學と佛教》（ユング即是榮格 C. Jung）、岸田秀與三枝充悳的《佛教と精神分析》、劉耀中與李以洪的《榮格心理學與佛教》、尹立的《精神分析與佛學的比較研究》和榮格自己寫的 *Psychology and the East*，最後一書不光是涉及佛教，也涉及其他的東方思想。

唯識學與精神分析特別是弗洛伊德與榮格的那一套有非常密切的關係，雙方的比較研究，應該是一個熱門的問題。但迄今我們仍未看到有在這方面的專門研究的著作出現。這可能是事實，也可能是筆者的孤陋寡聞。無論如何，我的這本拙作，便是這方面的著作。一邊是唯識學，另一邊是弗洛伊德與榮格的精神分析，把這兩種學問放在一起，加以探討、比較，是很有意義的事。雙方有很多的交集，有很寬廣的對話空間。不過，有一點還是很不同。精神分析是一門心理學的科學，屬經驗科學，弗洛伊德與榮格除了是心理學家外，還是精神科醫生（psychiatrist）；他們要做的，是治療人在精神科上受困惑的問題，這些問題如憂鬱、狂燥、癔症（歇斯底里 hysteria）、惡夢等。嚴格地說，這些問題不是宗教上的要求解脫、了生死的問題。這兩種類的問題是不同的。唯識學除了是心理學、哲學外，還是一種宗教，如同佛教的其他宗派那樣，它們的任務，是要讓人理解和體證終極真理，去除虛妄執著，突破苦痛煩惱，而得著覺悟、解脫。因此，唯識學到了最後，還是要提出轉依（āśraya-parāvṛtti）或轉識得智、五位修持入住唯識的宗教實踐的工夫。這則是精神分析所無的。

我自己研究唯識學，有三個階段。最初是看它的轉識成智的理論，以康德的哲學作為參照，確定唯識學的思想主脈是經驗主義，它所強調的作為覺悟成佛的依據的無漏種子是生滅法，屬經驗的氣，難以作為覺悟成佛的超越的依據，而這些無漏種子的現起，產生積極的作用，也是要待外緣的。第二階段是以梵文文獻學和哲學分析的雙軌方法，以胡塞爾的現象學為參照，研究世親、護法和安慧的唯識思想，建立唯識現象學。第三階段是重溫唯識學的幾個重要人物無著、世親、護法和安慧的學說，並將之與弗洛伊德、榮格的精神分析作比較，看雙方的異同分際。這本書便是這階段的研究成果。我的這種研究，並不是就唯識學與精神分析作全盤的考量，而是聚焦於唯識學的阿賴耶識與精神分析的本我概念，這亦即是潛意識、無意識或下意識的問題。

整體而言，本書可以分為兩部分。第一部分包括第一、二、三章，是討論唯識學的阿賴耶識思想的。這部分是藉著香港浸會大學學術研究委員會所撥出的經費而進行的，由我與李健生與陳森田兩位研究助理通力合作而成。我先選出唯識學的典籍的有關材料，先後由李、陳二君作解讀與分析，然後由我作進一步的修改與補充而成。在這種工作中，我們參考了很多研究用書，吸收有用的東西，納入於二君的解讀中；特別是李君的解讀，參考範圍非常多元，包括時人的說法在內。致本書中很多內容、闡釋，哪些是我們參考別的著書而得，哪些是我們自己提出來的說法，已混在一起了。不過，這些見解多是一般性的。

另外第二部分亦即第四、五章講唯識學與精神分析，亦即〈唯識學與弗洛伊德的精神分析〉和〈阿賴耶識與榮格的深層心理學〉則是在第一部分完成後我自己撰寫的。所謂深層心理學是我們稱呼榮格的精神分析的特別字眼，主要是指潛意識或本我而言。弗洛伊德的學問，一般仍以精神分析名之。這兩章文字的寫法在方式上很有不同之處。我在寫〈唯識學與弗洛伊德的精神分析〉一章時，有較充裕的時間，可以遍閱《弗洛伊德文集》，取其有關者而用之。因此，寫得比較完備，學術研究的意味也比較濃厚。寫〈阿賴耶識與榮格的深層心理學〉則時間比較緊逼，只能照顧思想性、義理性一面。內容也是適可而止，沒有作太多的發揮。本來也想以寫弗洛伊德的方式來做，但時間與精神都不容許，身邊委實有太多的研究要做，只能作罷。關於這點，希望讀者垂注和諒解。

最後，有關一些梵文書籍、名相的原來寫法，在國際學術界中仍未能完全一致。例如《瑜伽師地論》，其梵文名有時作 *Yogācārabhūmi*，有時作 *Yogācāra-bhūmi*，有時更作 *Yogācārabhūmi-śāstra*。這些寫法都是相通的。因此我在本書中未有定出一個固定的、獨一無二的寫法，原來的文獻怎樣寫，我便怎樣寫。其他的，如類推。名相也是一樣，如緣起，其梵名為 pratītya-samutpāda，也可寫成 pratītyasamutpāda。如自相，其梵名為 sva-lakṣaṇa，也可寫成 svalakṣaṇa。如類推。是否需要加上分界符號 "-"，並無一定規定。

讀者也可能發覺，書中提供了很多名相的梵文表述，這是我和健生君多方查檢而得。這主要為那些對佛學特別是唯識學有興趣而想作進一步了解的讀者而做的。

又，陳森田先生為此書製作索引，在此謹向他致謝衷。

二〇一三年九月

南港中央研究院

唯識學與精神分析：以阿賴耶識與潛意識爲主

目　次

第一章　《瑜伽師地論》中的阿賴耶識說

一、《瑜伽師地論》的文獻學的面相

《瑜伽師地論》（*Yogācāra-bhūmi, Yogācārya-bhūmi*，按印度佛學的典籍的名字，有時依不同本子而有不同的表述）是唯識學的開山性格的重要論著，漢傳佛學以它是彌勒（Maitreya）所作，藏傳佛學則以它是無著（Asaṅga）所作。但彌勒是一個富有傳奇性的人物，歷史上是否真有其人，還是一個謎。在這裏，我們姑視這部論書的作者是無著。此書約成立於 300-350A.D.，現存有它的梵文原本，也有漢譯和藏譯，這裏所用的漢譯的譯者是玄奘。

《瑜伽師地論》或《瑜伽論》主要是闡明一個瑜伽修行者在境（對象）、行（實踐修行）和果（所證得的覺悟的結果）三方面的內容，特別是聚焦於阿賴耶識說、三性說、三無性說和唯識說，開拓出整個唯識思想的根本的理論體系。雖屬大乘佛學的譜系，但也影響及小乘佛學的思想。籠統地說，小乘的文獻通常較大乘的文獻的出現為早，但也有例外，《瑜伽師地論》正是其中的例子。在組織方面，此書由五個部分組成：本地分、攝決擇分、攝釋分、攝異門分和攝事分。本地分說明三乘的思想；攝決擇分闡明本地分的重要義理；攝釋分解釋種種經典的儀軌；攝異門分解釋經典中的諸法的名義；攝事分則闡釋三藏中的扼要的義理。這五分中以本地分最重要，所佔的篇幅也最多，約全書的一半。內中又分十七地分：一、五識身相應地；二、意地；三、有尋有伺地；四、無尋唯伺地；五、無尋無伺地；六、三摩呬多地；七、非三摩呬多地；八、有心地；九、無心地；十、聞所成地；十一、思所成地；十二、修所成地；十三、聲聞地；十四、獨覺地；十五、菩薩地；十六、有餘依地；十七、無餘依地。在這十七地中，北涼的曇無讖和劉宋的求那跋摩又分別譯了菩薩地，分別名為《菩薩地持經》和《菩薩善戒經》。陳代的真諦也譯過本地分中的開始部分，稱為《十七地論》，但已散迭。另外，他又譯了攝決擇分的開始部分，稱為《決定藏論》。至於《瑜伽師地論》的注疏方面，最勝子（Jinaputra）寫有《瑜伽釋》，玄奘只譯了其中一部分。

至於《瑜伽師地論》的梵文原本，其中的菩薩地寫本在尼泊爾被發現，現存於劍橋大學的圖書館中。日本梵文佛學專家荻原雲來曾予以校訂出版，用羅馬字體，稱為 *Bodhisattva-bhūmi*。其後整部《瑜伽師地論》的梵文原本在西藏被發現，有人校訂出版了本地分中由五識身相應地到無尋無伺地，名為 *The Yogācārabhūmi of Ācārya Asaṅga* 部分。至於《瑜伽師地論》的藏文譯本，有全譯的 *Rnal-ḥbyor spyod-paḥi sa*（《影印北京版西藏大藏經》109-111），由最勝友（Jinamitra）等幾個學者譯出；最勝友是一個傑出的唯識學學者。註釋方面，則有最勝友的 *Yogācāryābhūmi-vyākhya*（《影印北京版西藏大藏經》111）。另外還有多個人為《瑜伽師地論》

的菩薩地方面作註釋，包括：德光（Yon-tan ḥod）的 *Bodhisattvabhūmi-vṛtti*（《影印北京版西藏大藏經》112）；德光的 *Bodhisattvaśīlaparivarta-bhāṣya*（《影印北京版西藏大藏經》112）；最勝子的 *Bodhisattvaśīlaparivarta-ṭīka*（《影印北京版西藏大藏經》112），和海雲（Rgya-mtsho sprin, Sāgaramegha）的 *Yogācāryābhūmau bodhisattvabhūmi-vyākhya*（《影印北京版西藏大藏經》112）之屬。

印度佛教思想很受到《瑜伽師地論》的影響，而且是多元性的。無著即以這部文獻為基礎，加上自己的重組，而成立迄今仍未發現梵本、藏譯而只有漢譯的《顯揚聖教論》，同氏又在相近的背景上寫出《大乘阿毗達磨集論》。他的《攝大乘論》（*Mahāyānasaṃgraha*）、世親（Vasubandhu）的《攝大乘論釋》、《佛性論》和護法（Dharmapāla）的《成唯識論》（*Vijñaptimātratāsiddhi-śāstra*）等的作成，也密切關連到這部論典。傳為無著所作的《大乘莊嚴經論》（*Mahāyāna-sūtrālaṃkāra*）也反映了這部論典的思想。在漢傳唯識學中，窺基的《瑜伽論略纂》這一大部頭的疏釋、遁倫的《瑜伽論記》和敦煌出土的《瑜伽論手記》、《瑜伽論分門記》都是《瑜伽師地論》的註疏。[1]

---

1 以上有關《瑜伽師地論》的文獻學的面相，基本上是參照中村元等編寫的《新佛典解題事典》中勝又俊教所撰〈瑜伽師地論〉條寫成。（東京：春秋社，1965，頁 135-136。）

二、《瑜伽師地論》中的阿賴耶識說

（01）

云何瑜伽師地？謂十七地。何等十七？嗢拕南曰：五識相應、意，有尋、伺等三，三摩地、俱非，有心、無心地，聞、思、修所立，如是具三乘，有依及無依，是名十七地。

（《大正藏》卷 30，頁 279 上）

這是《瑜伽師地論》（*Yogācāra-bhūmi, Yogācārya-bhūmi*）中〈本地分〉開首的一段文字。〈本地分〉是《瑜伽師地論》的骨幹，分別論述了修習瑜伽行者所需經歷的十七種境地。本地分的本（pūrva），是根本或基礎的意思；地（bhūmi）是指上述的十七地。「本地」表示劃分這十七地的基礎，即是指這十七地的定義（definition）。這部分篇章逐一界定這十七種境地，並詳細地加以解說。有一點應注意，這十七種境地並不是代表十七種境界，雖然這些境地大多數代表著不同的境界，但並非完全對應於十七種境界。境界代表修行者所達致的不同階段，有高低、先後之分。修行者到達某一種境界，就表示他已離開了先前較低的境界，但仍未達到較高的境界。即是說，修行者在某一時間，只能屬於某一境界。而不同境地都可以同時間在同一境界存在。例如五識身相應地和意地就是處於同一境界。所以，境地應了解為範疇。這裏所說的範疇，表示範圍、領域之意，不是康德所說的具有嚴格意義的範疇（Kategorie）。例如下文解釋五識身相應地時說：「云何五識身相應地？謂五識身自性、彼所依、彼所緣、彼助伴、彼作業，如是總名五識身相應地。」（《大正藏》卷 30，頁 279 上）這裏指出，五識身相應地這個範疇所包括的東西有：五識的自體（ātma-bhāva）、所依（āśraya）、所緣（ālambana）、助伴（parivāra）和作業（karma-kriyā）。這五種東西就是五識身相應地所包含的所有事物。而五識身相應地和意地就是在同一境界中的不同範疇。這十七個範疇是瑜伽師在修行階段後可能接觸到的。但並非每個修行者都要完全經歷這十七種境界，例如菩薩就不一定經歷聲聞地和獨覺地。[2]大體上，〈本地分〉以下的四部分所要發揮的都是以〈本地分〉所論述的義理為本，只是再加發揮而已。其中，〈本地分〉中〈五識身相應地〉和〈意地〉有很多篇幅和內容都是談及八識的，這對於理解早期的唯識學說很有幫助。至於〈攝決擇分〉則是對〈本地分〉提及的義理和問題作進一步的論述。決擇（viniścaya）表示對事情的一種確定的判斷。[3]這部分是透過提出和解答問題疑難，來達到對十七地義理的確定了解。〈攝釋分〉則解釋與十七地有關的各種經的說法。〈攝異門分〉是概略地解釋群經與十七地論關於諸法的名義差別。最後〈攝事分〉敘述了與十七

2　菩薩若需經聲聞地、獨覺地而可致，這是漸修。若不需這樣，同樣可以達致菩薩的境地，則是頓修。大體來說，唯識學是傾向漸修的。

3　「決擇」這語詞到了佛教唯識學的後期，時常出現，但意涵則不大相同。後期唯識學說決擇是知識方面的確認，沒有很強的救渡意味。法稱（Dharmakīrti）、法上（Dharmottara）他們便常提起這個字眼。

地有關的三藏諸事。

以上所引的一段文字為〈本地分〉的開端語。引文初以嗢拕南（udāna）（即偈頌）的形式先交代十七地的名稱，然後再以一段文字重複說明。這十七地依次序分別是五識身相應地（pañca-vijñāna-kāya-saṃprayuktā bhūmiḥ）、意地（mano-bhūmiḥ）、有尋有伺地（savitarkā savicārā bhūmiḥ）、無尋唯伺地（avitarkā vicāra-mātra bhūmiḥ）、無尋無伺地（avitarkavicāra bhūmiḥ）、三摩呬多地（samāhitā bhūmiḥ）、非三摩呬多地（asamāhitā bhūmiḥ）、有心地（sacittikā bhūmiḥ）、無心地（acittikā bhūmiḥ）、聞所成地（śrutamayi bhūmiḥ）、思所成地（cintāmayi bhūmiḥ）、修所成地（bhāvanāmayi bhūmiḥ）、聲聞地（śrāvaka-bhūmiḥ）、獨覺地（pratyekabuddha-bhūmiḥ）、菩薩地（bodhisattva-bhūmiḥ）、有餘依地（sopadhikā bhūmiḥ）和無餘依地（nirupadhikā bhūmiḥ）。這裏再提一下，並附上梵文表述式，懂梵文的讀者可依這些表述式來推斷某有關的地的意思。特別是，a 表示否定、沒有，sa- 則表示肯定、有；如 acittikā bhūmiḥ 是無心地，sacittikā bhūmiḥ 是有心地。

（02）

云何五識身相應地？謂五識身自性、彼所依、彼所緣、彼助伴、彼作業，如是總名五識身相應地。何等名為五識身耶？所謂眼識、耳識、鼻識、舌識、身識。

（《大正藏》卷 30，頁 279 上）

這段文字對五識身相應地進行定義。五識身相應地包括了五識身自性、彼所依、彼所緣、彼助伴和彼作業。換句話說，五識身相應地這個範疇中的一切東西，都可列入以上五個類別中。在這五個類別中，只有五識身的所依直接關連到阿賴耶識，所以下文只解釋這部分。另外，「五識身自性」中的「自性」，不作常住不變的自性（svabhāva）解，而是「自身」、「當身」的意思。

（03）

彼（眼識）所依者：俱有依，謂眼；等無間依，謂意；種子依，謂即此一切種子執受所依，異熟所攝阿賴耶識。如是略說二種所依，謂色、非色。眼，是色；餘，非色。眼，謂四大種所造，眼識所依淨色，無見有對。意，謂眼識無間過去識。一切種子識，謂無始時來樂著戲論，熏習為因，所生一切種子異熟識。　　　　（《大正藏》卷30，頁279上-中）

由於五識的性質相近，所以引文只以眼識為例來說明五識的所依。眼識的俱有依（sahabhv-āśraya）是眼。俱有依指事物生起所依賴的東西，而這東西在事物生起時仍與該事物一同存在。[4]眼由四大種所造，是眼所依的淨色（rūpa-prasāda），這即是指眼根，又稱為淨色根，這眼根一般不能見到，但有對礙性，亦即是具體

4　這俱有依讓我們想起唯識學的種子六義中的果俱有，它表示作為果的東西本來便隱藏在作為因的種種條件之中。俱有可以是在現行上實際存在著，同時也可以是在潛藏狀態中的存在。

性、立體性、空間性。眼識的等無間依（samanantarāśraya）是意。等無間依指某事物的所依，而該事物是緊接著這所依的，即是以它為開導而生起。事物要有等無間依，才能現成。意是眼識的無間過去識，是眼識生起前一瞬間存在的意識。眼識的種子依（bījāśraya）是阿賴耶識。依佛教的種子理論，一切生起的東西都是由種子發展而成，這些東西在種子的狀態時的所依就是種子依。阿賴耶識又稱為異熟識（vipāka-vijñāna）或一切種子識（sarvabīja-vijñāna）。阿賴耶識攝藏一切種子，故稱為一切種子識。異熟有異時而熟和異類而熟兩種意思。種子在阿賴耶識中待時而熟生起果報，為異時而熟。這個意思比較鬆散，論師不是抓得很緊，原為善、惡業種子在生起時是無記性（avyākṛta），為異類而熟。故種子的成熟有兩個準則：異時與異類。異時是在不同時間；異類則是不同性質。無始以來樂著戲論（prapañca），戲論指一種相對性的認識，由言說而來的認識，即是一種虛妄的認識。有情按著這種虛妄認識而熏習成種子。種子藏於識中而異熟，這識就是一切種子識。以上提到，眼識的所依包括俱有依、等無間依和種子依，其中俱有依是物質，其餘二者都是非物質性的東西。等無間依不是一實在的東西，只表示一種機緣而已。種子依是精神性格的。

這段文字指出了幾點關於阿賴耶識的性格。首先，阿賴耶識是前五識的種子依。這表示內藏前五識的種子，在現起前都是藏於阿賴耶識中。第二，阿賴耶識不只攝藏五識種子，更攝藏著一切種子，包括第六意識、第七末那識的種子在內，這些種子在阿賴耶識中相繼地成熟，便能生起現行，形成現象世界。第三，阿賴耶識是非物質性的東西。[5]第四，阿賴耶識攝藏的種子是由熏習（vāsanā）而來，熏習是由妄執而成。唯識學有所謂本有（pūrva-kāla-bhava）種子和新熏種子的說法。本有種子指阿賴耶識中本來便有的，不是從熏習而來的種子；新熏種子則是從熏習而來的。這裏所說的一切種子只包括從熏習而來的種子，未涉及本有種子。這可能由於這裏所介紹的阿賴耶識或一切種子識，是以它作為前五識的種子依來說，前五識的種子皆為熏習而來的，所以未涉及本有種子。阿賴耶識也有自身的種子，這即是它的前一世代死亡而過渡到一新的生命軀體而持續地存在的阿賴耶識的種子。這樣的種子可視為有情眾生的靈魂的潛在的存有。

（04）

云何意自性？謂心、意、識。心，謂一切種子所隨依止性、所隨依附依止性、體能執受、異熟所攝阿賴耶識。意，謂恆行意及六識身無間滅意。識，謂現前了別所緣境界。彼所依者：等無間依謂意；種子依謂如前說一切種子阿賴耶識。

（《大正藏》卷 30，頁 280 中）

意地指意自身及其相應的範疇。跟五識身相應地一樣，意地的

5　說阿賴耶是非物質性格，並不直截地意涵它是精神性格。精神性格的次元（dimension）很高，阿賴耶未到這個層面，我們可暫時說它是心理性格，是屬於經驗性質的氣的層面。氣是經驗、物質的初始狀態或階段。

範疇也有那幾方面，包括意的自性、所依、所緣、助伴和作業。其中以自性和所依較多涉及阿賴耶識，所以下文將討論這兩方面。我們要注意一點，引文中的「意」在不同的情況下有著不同所指：「意自性」的意包含第六意識、第七末那識和第八阿賴耶識；單一個「意」字則指末那識。意自性包括心、意、識三者。此中的「自性」只是虛說，並非說意識有其常住不變的自性。心指一切種子的所隨（anugata, upagata）依止（āśraya）性和所隨性，這心體能執持一切種子。按照唯識學的種子理論，種子可分為有漏（sāsrava, bhavāsrava）種子和無漏（anāsrava, nirāsrava）種子兩大類。有漏種子現起時發揮的功能能令眾生在雜染的境界中流轉；當無漏種子現起時，眾生的主體達到了清淨的境界。有漏種子隨著此心流轉，而且依著此心才能存在，這表示，當阿賴耶識出現轉化時，即是從雜染的識，轉化成清淨性的智時，有漏種子就失去了依靠而被斷除。[6]所以對有漏種子來說，阿賴耶識是其所隨，也是依止的主體。隨是追隨、緊靠之意。無漏種子只是暫托於阿賴耶識中，並隨著阿賴耶識流轉，但這些種子不必依賴阿賴耶識而存在。當阿賴耶識轉化時，無漏種子仍然存在，而且發揮著作用。所以對於無漏種子，阿賴耶識只是其所隨，而不是其依止。心就是執持這兩類種子的阿賴耶識。異熟的意思在上文已介紹過，在此不再贅述。由於無

---

6 有漏種子只能含藏於染污的阿賴耶識中。當阿賴耶轉為清淨性格時，有漏種子即失去其所依或所依處，其有漏性亦不能維持下來。在這種情況，有漏種子會自動消失。此中問題複雜，這裏沒有篇幅探討了。

漏種子的繼續存在性，到最後讓眾生得以成就覺悟而得解脫，因而具有現象學義。所謂現象學意義，是指具有價值性的、理想性的涵義。

意具有恆行（abhīkṣṇika ājasrika）和六識身（ṣaḍ-vijñānakāya）無間滅（samanantara-niruddha）兩方面的性格。恆行表示這個識恆時生起，沒有停止。六識身無間滅表示這個識是第六識的無間過去識。即是說，第六識亦以這識為開導，依著這識而生起。這識即第七末那識。我們可以說，末那識是意識的基礎，當意識開始了別與執持對象時，末那識已在潛意識的層次作動了。

識指第六意識。此識的基本性格就是現前（abhimukha, saṃmukha）了別（vijñapti）。佛教以至外道，一般都承認意識能了別一切東西，包括過去、現在及未來的東西。為甚麼這裏說意識是現前了別呢？前五識只能認識現前境，這表示五識所緣的東西必定是現前存在的。但意識的所緣是印象或概念，印象是剛從前五識的認識而來的，概念則是已被概念化的認識，表示由多個相類的分子抽象而得的名相。一切東西，包括過去或未來的東西，都能夠在概念的概括性下表現在現時生起而成為意識的所緣境，所以意識能了別過去、現在和未來的東西。然而，那個作為意識的所緣的概念仍然必須在意識的現前生起才能被意識所了別，所以，意識基本上還是以現前了別的作用為主。另外，在梵文的表示式方面，vijñapti 與 vijñāna 都譯作了別、識，其實這兩個表示式在意義上有些不同。vijñāna 指識作為主體的認知機能本身，vijñapti 則頗有客體的意義，指表象、被表別的對象。

（05）

云何死？謂由壽量極故，而便致死。此復三種，謂壽量盡故、福盡故、不避不平等故。當知亦是時、非時死，或由善心，或不善心，或無記心。（《大正藏》卷 30，頁 281 中）

這段文字和以下幾節引文，主要是環繞死亡作主題來探討。論主以識去解釋有關眾生死亡的現象，對有關的內容描寫得十分詳細。對於由一期生命在彌留的一刻至氣呼命斷時所經歷的過程及期間所遇見的種種幻像，都有細緻的描繪。這可說是唯識學論書中比較正面和詳盡地記載相關問題的一部分。這節引文先解釋引致死亡出現的原因。依引文所說，所謂死亡，即一期生命的壽緣已到達盡頭，不能再以四大（catvāri mahā-bhūtāni, bhūtāni catvāri）及五蘊（pañca-skandha）所組成的身軀在人世間繼續活動，是以死亡的出現正因有情眾生的壽緣已盡所致。[7]對於壽盡的可能，引文又將它分成三種。第一種是有情眾生本身的壽命已完結，故得死；第二種則是他們的福緣殆盡而得死；第三種是未能有意識地避開對生命構成危機的種種情況，導致意外死亡。若從這三種引致死亡的原因來看，第一種相當於自然死亡，即生命已到其屆滿的時刻而不得不死，所以引文稱這種死亡為時死（kāla-mṛtyu）。至於第二和第三

7 這裏說死亡，與我們一般了解的死亡不同。在後者，死亡表示生命完全消失。在這裏，死亡只表示生命主體在有關色身的滯留的期限已到，壽緣盡了，但自身能轉到另一色身，展開新的生命活動。這自身在唯識學來說，便是阿賴耶識。

種則稱為非時死（akāla-mṛtyu）。kāla 即是時間之意。接著，引文又簡略地提到了當有情眾生在彌留時，會因其過去所作的善、惡或非善非惡的三種業力而呈現出三種不同姿態。有的眾生能在垂死的一刻念及所作的種種善業而得安樂死，這即是文中提到的善心（kuśala-citta）死。有的眾生在離世前一刻因受其所作的惡業牽制，故死時感到無比的痛苦和恐佈，引文稱它為不善心（akuśala-citta）死。有的眾生因在過去所作的善、惡業力相等，故死時既不痛苦，也不安樂，這種死亡被稱為無記心死。有關這三者的界說及內容，下文自有更多解釋。

（06）

云何壽盡故死？猶如有一隨感壽量滿盡故死，此名時死。

云何福盡故死？猶如有一資具闕故死。

云何不避不平等故死？如世尊說，九因九緣，未盡壽量而死。何等為九？謂食無度量、食所不宜、不消復食、生而不吐、熟而持之、不近醫藥、不知於己若損若益、非時非量行、非梵行，此名非時死。

云何善心死？猶如有一將命終時，自憶先時所習善法，或復由他令彼憶念，由此因緣，爾時，信等善法現行於心，乃至麁想現行。……

云何不善心死？猶如有一命將欲終，自憶先時串習惡法，或復由他令彼憶念。彼於爾時，貪、瞋等俱，諸不善法現行於心，乃至麁、細等想現行，如前善說。又善心死時，安樂而死，將欲終時，無極苦受逼迫於身。惡心死時，苦惱而死，

> 將命終時，極重苦受逼迫於身。又善心死者，見不亂色相；不善心死者，見亂色相。
> 云何無記心死？謂行善不善者，或不行者，將命終時，自不能憶，無他令憶。爾時，非善心非不善心死，既非安樂死，亦非苦惱死。 （《大正藏》卷 30，頁 281 中-下）

這大段文字是緊接上文，分別對壽盡、福盡、不避不平等、善心死、不善心死及無記心死作出具體的解說。

引文首先界定壽盡故死。依引文說，壽盡故死是指有情眾生的生命力已竭盡，已到達無可復加的地步。這時眾生會感受到自己的壽量快要完結。基本上，這種死亡是自然界的一種規律。引文說這種死亡為時死。第二種是福盡故死。所謂福盡，是指能資助一期生命得以維持正常的運作的種種條件已失去，是以生命不能再借助它們以維持正常的運作，故不得不死。依此來看，福是指維持生命的種種條件，例如食物和器官的健康運作等。第三種則是不避不平等故死。不平等是指能導致生命突然終結的意思，不避不平等即指眾生因不能避開那些能導致自己死亡的種種原因、事物或事件而令自己的生命中斷。這種致死的原因，在某種程度上應是可以避免的。論主引佛陀的九因九緣說加以說明。九因九緣即九種中斷一期生命的原因，能令眾生的壽命夭折。這九種原因分別是過量進食或進食不足；進食了不適宜食用的東西；食物未經完全消化而不斷進食；吃著未煮熟的食物而不吐出來；吃一些煮熟了但放置很久的食物；因以上問題引致疾病纏身，未能及時醫治，患病時不服用適當的藥物；不知藥物是否對身體有害；最後則是過分淫亂，在不適宜的時候或過分進行男女的淫事。這些原因都會損耗生命，以至於死。

接著引文提到眾生在彌留的時候會以三種不同的情況離世，它們分別是善心死、不善心死和無記心死。這涉及有關眾生在一期生命中所作的善、惡二業。所謂善心死是指當一個人在死亡的時候，會自動憶及曾經在這期生命中作過的種種善法，或由他人令他想起這些善法。正因為他能憶念已作過的善行，於是在彌留的時候會生起信、慚、愧等多種善法，並在這刻生起粗疏的念頭，把握和認識這些善法，令它們不致散失。若某人是抱著善心死，則死時不會經歷身心的痛苦，能心得安樂。這是由他所積習的善業帶來的後果。至於不善心死則剛好相反，一個人如一生作惡過多，臨終的時候，會不期然地憶起自己曾作過的種種惡行，或由他人令他記起這些惡行。這時候，那人便會生起貪、瞋、癡等不善的心所法，並在那刻生起粗疏或精細的念頭。若某人是抱持著不善心的話，那人將會在命終時，經歷身心種種的大苦痛，且會產生種種可佈的相狀。這種不善心死是由惡業所牽引而來。由以上可見，善心死與不善心死的出現是決定於某人在一期生命中所作的是善多於惡或是惡多於善。最後，如某人在世時，所作的事物有善有惡，或既非善法，也非惡法，在他臨終時，自己沒有產生憶念，他者亦沒有令他產生憶念。那人就會非善非不善心死（即無記心死），他既不會生起苦痛，也不會得大安樂。

大體上，引文是透過善惡兩種業報觀念解說一期生命行將結束時會遇到的不同經歷。此中表示一種善惡報應不爽的因果規律。不爽即是不違背，即是善有善報，惡有惡報也。按這裏有很濃烈的勸誡意味，藉著死的種種不同程度來敦促有關人士在生前要把握時間、機會，多做好事，少做或不做惡事，俾能死得其所。

（07）

受盡先業所引果已，若行不善業者，當於爾時，受先所作諸不善業所得不愛果之前相，猶如夢中見無量種變怪色相。依此相故，薄伽梵說：若有先作惡不善業及增長已，彼於爾時，如日後分，或山、山峰影等，懸覆，遍覆，極覆。當知如是補特伽羅，從明趣闇。若先受盡不善業果而修善者，與上相違，當知如是補特伽羅，從闇趣明。此中差別者，將命終時，猶如夢中見無量種非變怪色，可意相生。若作上品不善業者，彼由見斯變怪相故，流汗毛豎，手足紛亂，遂失便穢，捫摸虛空，翻睛咀沫，彼於爾時，有如是等變怪相生。若造中品不善業者，彼於爾時變怪之相，或有或無，設有不具。（《大正藏》卷 30，頁 281 下）

這段引文續寫有關眾生緣盡命終時所遇見的種種怪異的心理影象。這些影象都是由善、惡兩種業力引生出來的。引文先說由不善的業力所引出的種種幻境，並引用世尊薄伽梵（bhagavat）的說法為佐證。依佛教所說，有情眾生的一期生命中所呈現的果報體是由前世的因所決定的。如果某人在這一期生命中經常作出不善的惡行，就會在臨死時，承受一生所作出不善的惡行所帶來的惡報。那人會在臨終時看見自己將會在未來世中受苦的果報身體。如看見自己墜入餓鬼道或畜牲道後所呈現的種種怪異可佈的景象。此外，引文又援引佛陀的說法，具體說明眾生（亦即補特伽羅 puggala, pudgala）在死前一刻所見的異象。依佛陀所說，如果有人生前作過無數惡行，這時他會看見日落西山的景象，先是一片明亮的景物，還能看見群山諸峰，漸漸地陽光會消失，景物會變得黯淡，直到陽光完全消失的時候，四周便會變得更加灰暗，以至漆黑一片。這種由明而轉暗的過程正好表示死者將會墮入惡趣。至於那些多作善行的人，則會看見群山諸峰的形相，那些景象會愈來愈明亮，並能得見未來世中將會出現的果報身相。這意味著這些眾生能往生善趣（sugati）。[8]gati 便是走向、趣向的意思。

另外，引文又談及到這時的眾生會因看見不同的景物而有不同的身體反應。那些曾作惡業的眾生，因看見這些怪異可怖的相狀，會變得失去理性，不停流汗，手舞足動，還會出現大小便失禁，雙手在空中亂撲，眼睛翻白，口吐白沫等情況。至於作惡不深的人，以上的情況或出現或不出現。如果出現，也不及前面所述的人那樣嚴重。

以上這節引文，已詳細地談及死者在臨終時所見的景物及其反應。大體上，死者所見的景物，全是意識或想像所認識的對象，是以這節引文應是強調意識或想像在某人命終時，能依他在過往的所作所為而興起種種不同景象，並對它們有所認識，繼而產生種種恐怖、畏懼或安樂或悅意等感受。

（08）

又諸眾生將命終時，乃至未到惛昧想位，長時所習我愛現

---

8 這種情狀展示佛教通過眾生在生死之間所經歷的事情釋出一種具有警誡作用的教育旨趣，要人在生時多作善事，少作惡事。這點在上面一段也提過。

行，由此力故，謂我當無，便愛自身，由此建立中有生報。若預流果及一來果，爾時，我愛亦復現行。然此預流及一來果，於此我愛，由智慧力數數推求，制而不著，猶壯丈夫與羸劣者共相捔力，能制伏之。當知此中道理亦爾。若不還果，爾時我愛不復現行。

（《大正藏》卷 30，頁 281 下-282 上）

這段引文續寫有情眾生在彌留的時候，因愛執的牽引，會由前期的生命過渡到新一期的生命，期間會以中有身或中有位（antarā-bhava）的形態受生。而從引文對中有身的解釋來看，可推知證得不還果（anāgāmi-phala）的聖者在一期生命終結，不會以中有身的形態存在。

現先看引文的前段內容。引文首先指出當一期生命行將屆滿的時候，它會漸漸失去知覺，但在它未進入完全昏迷的狀況前，由長時期經我愛而成種種現行的剩餘力量會在這時牽動這期生命，令他相信自己將不久於人世，於是產生種種愛念及依戀自身的念頭，並執持自身。這樣，愛念漸漸形成在死後和投生到新一期生命之前的輪迴主體，佛教稱這種精神性的輪迴主體為中有（或稱為中陰身）。又依引文所說，就算已證得預流果和一來果的有情眾生，他們死後也會以中有的形態受生。預流果（srota-āpatti-phala），是小乘佛教修行者所證得的初果，它音譯為須陀洹，預流即意味著這種修行者已經體證到三界妄見的斷除（dṛṣṭi-heya），預備進入聖道。據說他們還要在欲界（kāma-dhātu）和天趣（deva-gati）中各受生七次，方可完全脫離輪迴（saṃsāra）。一來果（sakṛd-āgāmiphala）則是小乘佛教修行者所證得的第二果。據說這種眾生已斷除了欲界九種煩惱（kleśa）中的六種，他們仍要生於天界一回，再轉入欲界的人間，然後才能得到真正的覺悟，所以被稱為「一來」。在修行的階位上，天界是較人界高一層的。

由此看來，已證得預流果和一來果的修行者，仍須輪迴受生，他們也是以中有的形態受生，但依引文來看，這兩類眾生因具有一定智慧，所以能夠運用智慧力量克服彌留的時候所生起的種種自身的執著，一如健壯的男子與體弱多病的人角力一樣，他們最終必取得勝利。引文末處指出，只有證得不還果的聖者，才可以完全除去一切妄執，不再受生。不還果是小乘佛教修行者所證得的第三果位。這類聖者已斷除欲界中的全部煩惱，能生於天上，不再還生於欲界，所以稱為不還。如依引文對中有的內容定義來看，已證得不還果的聖者，因已斷除了我執，所以死後不用再受生，期間也不會以中有身的形態出現，因為中有是泛指從生有（upapatti-bhava）到後有（punar-bhava）的一段短暫時間內輪迴主體的一種簡稱而已。由於不還果的聖者已不受後有，不再受胎而生，所以可推知他們沒有中有身。總的來看，一般有情眾生乃至證得預流果和一來果的修行者，仍須在生死界中受生，且以中有作為受生的輪迴主體。不同的只是一般的有情眾生在彌留的時候，會受我執的影響，而生起種種對自身的虛妄情執，但預流果和一來果兩類修行者則可運用其智慧力降伏種種妄執。[9]

9　此中說到中有、中有身、中陰身意思都是一樣，都是指靈魂主體。由於它出現於眾生脫離原有身體而又未能找到新的生命軀體之間，

（09）

又將終時，作惡業者，識於所依從上分捨，即從上分冷觸隨起，如此漸捨，乃至心處。造善業者，識於所依從下分捨，即從下分冷觸隨起，如此漸捨，乃至心處。當知後識唯心處捨，從此冷觸遍滿所依。　（《大正藏》卷 30，頁 282 上）

這段引文主要談及當善業者與惡業者離世時，他們的阿賴耶識也會一併隨著生命的完結而離開死者的軀體。又從死者臨終時的情況來觀察，阿賴耶識會以兩種不同方式逐漸遠離死者的肉身。這又涉及死者生前所作的善、惡兩種業力的牽引。引文清楚地表示，凡生前作惡過多的人，在他們彌留時，阿賴耶識會漸漸由他們的上身離開肉體。阿賴耶識的逐漸離去，會導致垂死的人產生冰冷的感覺，這象徵著垂死者的體溫逐漸下降，以至消失。這也很接近我們的常識。這種冰冷的感覺會由垂死者的上身開始向下擴散，所謂「從上分冷觸隨起」，一直到他的心臟停止跳動為止。相反，若垂死的人生前所作的善業多於惡業，在彌留的時候，他的阿賴耶識會從他的下身離開，這時候，垂死的人一樣會有陣陣冰冷的感覺，並漸漸地由下至上擴散開去，所謂「從下分冷觸隨起」，直到心臟處為止。心臟停止跳動後，無論是造惡業或善業的人，冰冷的感覺將

故可視為一般說的「無主孤魂」。此中的主指身軀，孤魂則指中有，這其實即是阿賴耶識，亦即我們一般所說的輪迴主體或自我。自我一生的所思所行，都以種子的形式藏於阿賴耶識中，故自我的內容、素質，亦即是阿賴耶識的內容、素質。

會遍及死者的全身，正式標誌著死者的阿賴耶識已完全撤離它所依附的軀體。

扼要來說，以上幾節所探討的死亡及死者在臨終時所見的景象，實指一期生命中的阿賴耶識的完全撤離肉身時所出現的境況。當阿賴耶識聚於一期生命時，則該期生命便得以維持，並能配合其他心識作出種種善、惡勢力，招致種種不同善、惡的果報。當一期生命行將終結時，他會受到這期或前期的業力的影響及牽引，在彌留的一刻由意識生起種種幻象，或見光明，或見黑暗，或內心生起愉悅歡欣之情，或生起恐怖之感。當阿賴耶識離開死者的軀體時，死者便會受其所造的業力和妄執力量的牽引，形成中有身，重新受生，而這種由一期生命過渡到另一期生命的精神性主體，即是中有身，也即是阿賴耶識。由此可見，當一期生命完結後，前七識都會失去它們的對象及力用，而阿賴耶識就會在這時負起輪迴再生的工作。至於一期生命由死到再生的過程，則詳見於下文有關再生的引文。基本上，本節的引文主要是集中探討有關死亡的問題，以下引文則討論阿賴耶識與受生的關係。

（10）

云何生？由我愛無間已生故。無始樂著戲論因已熏習故。淨不淨業因已熏習故。彼所依體，由二種因增上力故。從自種子即於是處，中有異熟無間得生。死生同時，如秤兩頭低昂時等。而此中有必具諸根。造惡業者所得中有，如黑羺光或陰闇夜。作善業者所得中有，如白衣光或晴明夜。

又此中有是極清淨天眼所行。彼於爾時，先我愛類不復現行，識已住故。然於境界起戲論愛，隨所當生，即彼形類中有而生。又中有眼猶如天眼，無有障礙，唯至生處。所趣無礙，如得神通，亦唯至生處。又由此眼，見己同類中有有情，及見自身當所生處。又造惡業者，眼視下淨，伏面而行。往天趣者上，往人趣者傍。

又此中有若未得生緣，極七日住。有得生緣，即不決定。若極七日未得生緣，死而復生，極七日住。如是展轉未得生緣，乃至七七日住，自此已後決得生緣。又此中有七日死已，或即於此類生。若由餘業可轉，中有種子轉者，便於餘類中生。（《大正藏》卷 30，頁 282 上-282 中）

從這段引文開始，論主以很多篇幅詳細說明一期生命結束後至新一期生命形成的過程，突顯了阿賴耶識在受生過程中作為輪轉主體所扮演的角色，並講述了兩種受生的情況。它們分別是死生同時及死而後生。現先看第一種。引文先界定生的意思。依引文所說，生（jāti）即中有身的轉生過程。正如上文所說，一期生命行將終結時，會在彌留的一刻，對自己的身體和生命產生強烈執取之心，漸漸形成中有身。我們由此可以說中有身以執取為性。此外，依引文所述，從無始的時代開始，由種種執取語言、戲論而產生出來的種子及由善、不善兩種業力而引起的善、不善業種子，會導致中有身能沒有間斷地輪迴受生。這兩種種子都有很強大的牽引勢力，它們能協助中有身，將它牽引到新一期生命的居所，即牽引中有身往生於新一期生命的各種界趣中去，並使新一期生命相續地經歷生與死。這便是有情眾生受生的概況。在這裏，我們要明白一點。新一期生命是物理性軀體，是有對礙的；中有則有虛空性傾向，是無對礙的。對礙與無對礙本來難以交集在一起。但中有的基礎是阿賴耶識中的種子，其性格畢竟是氣，而不是理。氣雖有虛靈性，但畢竟是經驗性的、材質性的，與物理軀體有相同的次元（dimension），故能相合。這裏要說明一點：我借用儒家的氣的概念來說中有或種子，是取它的作為有為法、為物質性的始源之義。當然儒家沒有種子概念，但對作為種子的氣一概念，則相當重視。

接著引文述說了有關死生（cyuty-upapatti, cyuti-utpāda）同時（tulya-kālam, yuga-pad）的情況。依引文說，生與死一如秤的兩端，當死漸漸遠去時，則生便漸漸逼近，它們是同時進行的。由於死者在彌留時會產生強烈的我執，它會執取自身的種種形相，是以由這種心念牽動出現的中有身會傾向保持生前所具有的種種根身。引文又指出作善業和作惡業的人，他們的中有身會呈現出兩種不同的形態。凡造諸惡業的人，他們死後所得的中有身，其皮膚是黑色的，如陰暗夜一樣濁闇。相反，凡造善業的人，其中有身的皮膚則是白色的，如晴明夜一樣清澈。這在現代眼光看來，不免有種族歧視之嫌。

但中有身非一般肉眼所能看見，必須以極為清淨的天眼（divya-cakṣus, divyaṃ dṛk）才能觀察到。這種天眼應是諸佛、菩薩透過種種禪定、智慧的修證而得的天眼通（divya-cakṣur-abhijñā, akṣy-abhijñā）。是以引文對中有身的說明應是諸佛和菩薩所證見的情況，也可說是一種神秘體證的經驗。佛祖釋迦牟尼也說及天眼這些超自然的力量，但並不刻意強調，只是說修行者用功到某個階段，便自然地具有此種神通能力。我們應該以求得覺悟為目標，不應為了獲致這種神通能力而修習。這些神通充其量只能作為普渡眾生的善巧的方便法門而已。另外，引文又說到當一期生命正式完結時，也即是阿賴耶識完全離開一期生命時，中有身會完全遠離原有的肉身，去尋覓新一期生命的居所，是以中有身在對上一期生命所起的自我執著也不會再起現行。但由於種種戲論所熏習的餘力（即種子）卻會在這時發揮作用，它會隨著中有身一起投生，並隨著中有身在當生的處所，現起它新一期生命的面貌，使中有身能得以續生。這似乎是說，當一期生命行將終結時，各種由戲論所生的種子便會隨中有身一起受生，令它得以投身到適當的新居所或生命軀體。這些種子的聚合便成阿賴耶識或是眾生的靈魂。這時候，中有身沒有了肉體及由肉體所帶來的種種物質性的限制，但雖然能脫離這些限制，它仍然是氣的性格，仍然是生滅法。它的眼睛會如同天眼一樣，能夠透視一切物質，清楚看見自己將要投生的新處所。嚴格來說，中有身的眼睛並不等同於天眼，因引文強調只有在投生的過程中，中有身的眼睛才能發揮出天眼般的神通力。當中有身完成了一切受生的過程後，新一期生命只會保留肉眼及其一般的作用，是以它不是天眼。中有身的眼睛除了能破除一切物質障礙外，也能自主地看見其他中有身及它們將要投生的處所。又依引文所說，凡造諸惡業的人，在投生時，他們的中有身會受到其惡業的牽引，會把眼下所見的惡趣的穢垢之相看成是清淨妙樂之相，並會朝著這些惡趣（durgati）去受生。相反，若生前作善的人，他們在投生時，其中有身會受其善業的推動，會如實地看見清淨的界趣。是以凡作善的人，他們會向上投生至天趣，作惡的人會向下投生到惡趣，如畜牲、餓鬼、地獄。而介於中間的中有身，則會投生到人趣去。一般所謂「人身難得，佛法難聞」，人身雖不是善趣，但也不是惡趣，故若能再次入胎為人，仍有很高的覺悟的機會。

接著，引文述說第二種受生的情況，即死而後生。當中又談及中有身在投生過程中所需的時間。依引文所說，中有身在投生時，會出現兩種情況，一是順利投生他處，一是遇上挫折，未能順利投生。而投生的時限一般以七日為準，但有時中有身會在七個七日內（即四十九日）內成功受生。引文說如果中有身未能順利投生，就會保留中有身的狀態至七日。如能順利投生，則不受此限制，它可在七日內投生他趣。若中有身未能在頭一次七日間順利投生，則中有身會在七日後再多受一次生死，然後在往後的第八日起的七日內，才可再次投生，而時限也是以七日為準，如中有身仍未能找到新的投生居所，則會反覆受生五次，但必會在四十九日內順利投生他處。中有身如不能在頭七日成功投生，它便會再經歷多一重生死，至於中有身如何再受生，則引文並未有進一步的闡釋。[10]但可以肯定的是，在中有身每次受生的過程中，它或會改變自己所具有的種子，令它轉形而進入新的居所而為新的形類。舉例來說，在頭一次七日內的受生中，中有身或可投生天趣，但因未能順利投生該趣中，錯失良機，待第二次投生時，則可能投生到別的趣去。

在這裏，有一點要提出，這便是中有身的投生時限以七日為準，為甚麼硬要規定是七天呢？這不免有機械性的（mechanical）

10　中有需要多少時間，才能離開原本的身軀，投生到另一身軀，並沒有甚麼哲學的意味。在這轉換身軀之間，中有呈游離狀態。

的意味。論中並沒有解釋。若投生在七日內不成功，則又要等待跟著而來的七日，不管怎樣，最後中有身會在七個七日內能成功受生。這又依於甚麼理據呢？為甚麼總是環繞七這個數目呢？沒有交待，讓人感到茫然。這的確有一種神秘主義的意趣。投生所需的實際時間，即使是佛、菩薩，也不能施加影響。

（11）

又此中有有種種名，或名中有，在死、生二有中間生故。或名健達縛，尋香行故，香所資故。或名意行，以意為依，往生處故。此說身往，非心緣往。或名趣生，對生有起故。當知中有，除無色界，一切生處。

（《大正藏》卷 30，頁 282 中）

這節引文主要是交代中有身的不同稱呼。引文指出當一期生命結束後，至另一期生命誕生前，會有一種經驗性格的精神主體存在，這種精神力量是存在於兩期生死之間，所以稱它為「中有」。又這種中有身極為微細，只以香作食料，所以中有身也被稱為「健達縛」（或稱作「乾達婆」）（gandharva）。此外，中有身因不具諸根的肉體限制，能隨意到達任何地方，而其對應的境域十分廣泛，加上中有身是依意念方向投生他處，所以有時又被稱作為「意行」。又由於中有身能輪迴轉世，且能往不同的界趣中受生，所以也被稱為「趣生」（janma-gati, abhinirvṛtti）。引文最後指出，中有除無色界外，能往生一切處。

按照小乘四果的說法（這種說法亦為大乘人所引用），證了第二果，即一來果的眾生，仍未斷盡欲界的煩惱，所以會再受生於欲界一次。由於他們仍會有往後的受生，所以一來果位或以下的眾生，死後的精神主體才稱為中有。而由於這些眾生仍具有欲界煩惱，所以不能往生無色界。證第四果，即阿羅漢果（arhat-phala）的聖者，已斷盡三界煩惱，死後不受後有，所以不再成為中有。只有證第三果，即不還果的聖者才能往生無色界。但由於他們已斷盡欲界煩惱，不會再受生於欲界。他們死後的主體也不名為中有，所以中有不能往生無色界。

（12）

> 又造惡業者，謂屠羊、雞、豬等，隨其一類，由住不律儀眾同分故，作感那落迦，惡不善業及增長已。彼於爾時，猶如夢中，自於彼業所得生處，還見如是種類有情及屠羊等事。由先所習喜樂馳趣，即於生處，境色所礙，中有遂滅，生有續起。彼將沒時，如先死有，見紛亂色。如是乃至生滅道理，如前應知。　　（《大正藏》卷 30，頁 282 中）

這段引文提到造惡業的人會如何受生。造惡業的人，例如宰殺羊、雞、豬的人，由於他們的惡業增長，會與其他不守律儀的同類一齊往生到「那落迦」（naraka），即地獄。他們在中有的階段，如在夢中一般，基於先前所造的惡業，會見到同類的有情以及屠殺羊、雞等的情況。而實際上，那是地獄的環境。由於他們先前已熟習這些環境，所以就歡欣地前往這些環境。他們在這些環境中，被那裏的事物牽纏，於是中有滅去，生有隨之而起。[11]這樣就受生於地獄界中。當新生命行將完結時，他們又會經歷從前在彌留時所遇見的種種紛亂景象，就是這樣，一期生命轉世輪迴，乃至無窮無盡。基本上，這節引文只是以一類特別嗜殺的眾生為例，為輪迴受生（upapatti, upapanna）作補充說明而已。

這裏說到中有以香料作食料，可以補充一下。中有不是純物質性的東西，勉強可說為精神主體，但它的本質不完全是精神，而毋寧近於所謂「氣」，是抽象的物質的原型。它是有生命的，能生長的，因此也需要進食以延續下去。食甚麼呢？這裏說是香，說得頗恰當。香的本質是物質，但外形不固定，是流動的氣。中有沒有物質的障礙性，但也屬有遊蕩性格的氣。它以作為一種氣的香料為食物，甚為相應。

（13）

又彼生時，唯是化生，六處具足。復起是心而往趣之，謂我與彼嬉戲受樂，習諸伎藝。彼於爾時顛倒，謂造種種事業及觸冷熱，若離妄見，如是相貌，尚無趣欲，何況往彼？若不往彼，便不應生。如於那落迦，如是於餘似那落迦鬼趣中生，當知亦爾，如癭鬼等。又於餘鬼、傍生、人等，及欲、色界天眾同分中，將受生時，於當生處見己同類可意有情，由此於彼起其欣欲，即往生處，便被拘礙。死生道理，如前

11 這裏所說的生有，讓人想到十二因緣中的「有」這一環節，它是在觸、受、愛、取四環節之後成立的。這有一成立，便可說靈魂了。

應知。（《大正藏》卷30，頁282中）

這節引文以中有身受生地獄時的具體情況及原因，說明中有身能受生他趣的因由。引文指出當中有身要受生地獄界時，它是具足六處的，所謂六處即是眼處（cakṣur-āyatana）、耳處（śrotrāyatana）、鼻處（ghrāṇāyatana）、舌處（jihvāyatana）、身處（kāyāyatana）和意處（mana-āyatana）。這類中有身在投生的時候，心裏會生起與那些志同道合的有情眾生一起嬉戲享樂，以至習耍各種技藝的心念。正由於中有身在這時候顛倒所見的事物，而生起這種念頭，才會往地獄趣中投生。若他們不是把地獄恐怖的事物顛倒，就不會在那處投生。此外，投生到近似地獄鬼趣的眾生，都同樣是顛倒了所見的景象，才會投生到該環境。至於其餘投生到鬼、畜牲、人、天等趣的眾生，則沒有顛倒所見的境況。他們會見到自己將要受生的處所的同類，並對此生起欣欲，而往該處投生，在該處被境物牽纏而生起另一期生命。

（14）

若無如是三種過患，三處現前，得入母胎。彼即於中有處，自見與己同類有情為嬉戲等，於所生處起希趣欲。彼於爾時，見其父母共行邪行所出精血而起顛倒。起顛倒者，謂見父母為邪行時，不謂父母行此邪行，乃起倒覺，見己自行。見自行已，便起貪愛。若當欲為女，彼即於父便起會貪；若當欲為男，彼即於母起貪亦爾，乃往逼趣。若女於母，欲其遠去；若男於父，心亦復爾。生此欲已，或唯見男，或唯見女。如如漸近彼之處所，如是如是漸漸不見父母餘分，唯見男女根門，即於此處，便被拘礙。死生道理，如是應知。

（《大正藏》卷 30，頁 282 下）

這節引文主要是說明中有身形成男胎和女胎的原因和經過。引文清楚表示，如果中有身在投生的過程中，能避開三種過患的情況，而所需的三種處所又能具足，則中有身便會在其居處看見與自己同類的中有身在嬉戲，繼而會對投生的處所的問題產生投生該趣的意欲。趣指投生的處所，眾生輪迴受生的處所有六種，即天（deva）、人（manuṣya-gati）、阿修羅（asura）、地獄（naraka）、餓鬼（preta）和畜牲（tiryag-yoni-gati），合稱六趣（ṣaḍ-gati）。這時候，中有身會被業力牽引，見到他的父母進行性事而產生的精血，便生起顛倒的想法。這顛倒指他看著父母進行性事時，卻以為正在進行性事的是自己，因而對性事起貪愛。如果他想成為女性，就會對父親起貪念；如果想成為男性，就會對母親起貪念。基於這種貪念，他會逼近該受生的處所。將成女性的中有身會希望母親離去，自己接近父親；將成男性的中有身會希望父親離開，讓自己接近母親。生起了這種欲念後，女的中有只看見父親，而向他趨近；男的中有只看見母親，而漸向她接近。如是逐漸看不見父或母的身體，而只看見父或母的根門。在此處便受困成胎。

大體上，論主以為中有身在投生方面，其男女性別的區分或取捨，早在其投生時已被自身的心念所決定。接著，引文指出當一切準備就緒後，中有身會按其心念和業力的牽引進入母體。起初還會看見父母的整個身體，漸漸地他會將集中力凝聚於父母的生殖器官方面，並朝向它們出發。那時，中有身會被男女雙方的有形質的色身所障礙，並藉著男女精血的流出而進入母胎，完成整個投生的過程。

另外，這裏說到中有身若想成為女性，會對父親起貪念，想成為男性，會對母親起貪念；兩者分別傾向接近父親而希望母親離去，接近母親而希望父親離去。這頗近於弗洛伊德（S. Freud）所提到的情結（complex）。一種是愛戀父親的愛列屈拉（Electra）情結，另一種是愛戀母親的伊蒂普斯（Oedipus）情結。這兩者都是在潛意識亦即在阿賴耶識的層次說的。

（15）

> 若薄福者，當生下賤家。彼於死時及入胎時，便聞種種紛亂之聲，及自妄見入於叢林、竹葦、蘆荻等中。若多福者，當生尊貴家。彼於爾時，便自聞有寂靜美妙可意音聲，及自妄見昇宮殿等可意相現。爾時父母貪愛俱極，最後決定各出一滴濃厚精血，二滴和合，住母胎中，合為一段，猶如熟乳凝結之時。當於此處，一切種子異熟所攝、執受所依，阿賴耶識和合依託。　　（《大正藏》卷 30，頁 282 下-283 上）

這節引文承接上文續寫中有身投生到母體後受孕的過程及突出阿賴耶識與中有身的關係。依引文所說，中有身可投生到富裕的家庭或貧窮下等的家庭，這完全取決於他們福緣的深與淺。凡生前作孽過多、福德淺薄的中有身，他們定必投生到低賤下等的家庭中去。在他們離世及再投生到母體中受孕時，他們會聽到種種紛亂和渾濁的聲音，並產生種種幻象，他們或看見自己不知何故會獨自走入叢林、竹葦或蘆荻中。至於那些福德較多的中有身，他們多能投生於富裕家庭。同樣地，在他們離世及進入母體受孕時，他們會聽到種種清淨微妙的聲音及生起種種幻境。不過，他們所見的盡是皇宮和寶殿等賞心悅目的景象。這些景象正好為他們將來的出身和背景作出一種預示。接著引文指出，當男女雙方的愛慾達到極點的時候，男方會流出精液，這些精液會跟女方子宮裏的卵子結合，這時可被視為中有身進入母體受生的最初階段。這也意味著中有身由精神團的狀態凝結為物質性的身體。引文在末處又清楚表示父母精血的結合與中有身入胎的同時，作為中有身的阿賴耶識也會隨之一併進入母胎，阿賴耶識是攝持中有身生前所造出來的種子的識，並是中有身的一切執著和感受所依止的識。它的入胎並與中有身結合，將構成新一期生命的誕生和成長。

（16）

云何和合依託？謂此所出濃厚精血合成一段，與顛倒緣中有俱滅。與滅同時，即由一切種子識功能力故，有餘微細根及大種和合而生，及餘有根同分精血和合摶生。於此時中，說識已住，結生相續，即此名為羯羅藍位。此羯羅藍中有諸根大種，唯與身根及根所依處大種俱生。即由此身根俱生諸根大種力故，眼等諸根次第當生。又由此身根俱生根所依處大種力故，諸根依處次第當生。由彼諸根及所依處具足生故，名得圓滿依止成就。又此羯羅藍色與心、心法安危共同，故

> 名依託。由心、心法依託力故，色不爛壞，色損益故，彼亦損益，是故說彼安危共同。又此羯羅藍，識最初託處，即名肉心。如是識於此處最初託，即從此處最後捨。
>
> （《大正藏》卷 30，頁 283 上）

這節引文承接上文，續寫阿賴耶識與父母精血結合後的情況，並集中描述諸根形成的過程。引文指出當阿賴耶識與父母精血結合進入母體後，中有身的形相將消失。就在中有身幻滅同時，阿賴耶識為藏識，攝藏一切種子，藉著這些種子所具有的種種能力，這時在母胎中會產生出物質性的微細根和大種（mahā-bhūta, bhūtākāra）。所謂微細根是泛指精細難知的物質性東西，這可說為是氣的狀態，是物質性的最原初形態，或是物質性的始原的渾融階段。它向下分化，便成固態的物體。它是構成生命的重要元素。用微細形容根似乎是要點出它們還未完全發展出具有固定相狀的器官。至於大種則可視作為精血結合後形成的胎種。若用現代生物學的術語來表達，大種相當於母體中的最初階段的胚胎。微細根是泛指精血結合受生後最初分裂成的細胞，它們將來會發展人身中種種有形的器官。在這個階段中，阿賴耶識已經投生到新的居所，並展開了新一期的生命。這個階段稱為羯羅藍（kalala），意譯為凝滑或雜穢，這是專指男女精血結合後與阿賴耶識混在一起的階段，也是母體受孕後的最初七日的階段。

在這個受孕的階段裏，胚胎具有諸根大種，它是構成五根的物質因素。所謂大種（mahā-bhūta, ḥbyuṅ ba chen po）是物質性的，因此能生起諸根，它們的所依亦應是物質性的，由此亦可以開展出感覺神經和感覺器官。進一步看大種，其實不外乎四大：地、水、火、風，是構成一切物質的東西的根本要素。眼、耳、鼻、舌四根的大種都與身根和身根所依處的大種一同生起。由身根（kāya-indriya）和一同生起的諸根大種逐漸生成五根。又身根所依處和諸根所依處的大種生成肉身和各個器官。身根是全身的感覺神經，身根所依處是整個肉身，眼、耳、鼻、舌四根和四種感覺器官都依附在身根和肉身之上。待一切器官及其神經系統發育齊全後，則心識便會有所依託，並得以正常運行。這時阿賴耶識和各種肉身器官存有互相依託及生死安危的關係。由於有心識及其各種心理活動，肉體才能維持，不致變壞潰爛。當肉體遭破壞時，心識也會失去依靠，那時生命便不會長久，是以引文說二者是同時經歷安危和生死。

上文提過，在死亡的過程中，身體會逐漸冰冷，最後是心臟的作用停止。而心臟停止就表示阿賴耶識已離開這肉身。這裏回應這種說法，指出在羯羅藍中，阿賴耶識最先依託之處就是心臟，然後再擴展至身體其他部分。可見在死亡時，阿賴耶識先從其他部分撤離，以至身體逐漸冰冷，最後才離開心臟，令心臟活動停止而死亡。

扼要來說，這則引文對阿賴耶識入胎後以至成形的過程有頗多描述。引文後面部分更點出阿賴耶識不僅是輪迴受生的主體，也是新一期生命形成後賴以維生的原動力。這點跟《攝大乘論》的說法是一致的。不過，《攝大乘論》較多著墨於說明阿賴耶識如何維持一期生命，而本論則詳於記述阿賴耶識投生和受生過程。這都反映出早期瑜伽行學派尤重阿賴耶識，並視它為輪迴主體。

（17）

復次，此一切種子識，若般涅槃法者，一切種子皆悉具足。不般涅槃法者，便闕三種菩提種子。隨所生處自體之中，餘體種子皆悉隨逐，是故欲界自體中，亦有色、無色界一切種子；如是色界自體中，亦有欲、無色界一切種子；無色界自體中，亦有欲、色界一切種子。

（《大正藏》卷 30，頁 284 上-中）

以上引文主要是交代舊有一期生命完結後，它會以中有身繼續存在，引文並對中有身如何進入母體的過程有頗多記述。到了入胎後，阿賴耶識會負起維持新一期生命的職責。而這節及往後幾節的引文，則集中說明阿賴耶識中種子與根身的問題。引文開首提到的一切種子識正是阿賴耶識。由於阿賴耶識能攝三界中的一切種子，所以被稱為一切種子識（sarvabīja-vijñāna）。依瑜伽行學派的說法，如將種子關連到清淨和不淨兩種性格時，則可分成無漏種子和有漏種子。凡修學解脫道，最後達到煩惱消失（般涅槃 parinirvāṇa）的人，他們會同時具備一切染污的有漏種子和清淨的無漏種子，但沒有修學解脫道的人，則其阿賴耶識中只有染污的有漏種子，而缺少三種淨性的菩提種子。這些菩提種子指讓有情眾生得以成就聲聞乘（śrāvaka-yāna）、緣覺乘（pratyekabuddha-yāna）和菩薩乘（bodhisattva-yānika）的無漏種子。儘管在是否修道方面可分出這兩種類，但引文清楚指出阿賴耶識還是含藏三界（traidhātuka, dhātu-traya）的一切種子。這使有情（sattva）能在欲界（kāma-dhātu）、色界（rūpa-dhātu）和無色界（arūpya-dhātu）

三界中不斷輪迴受生。

依引文所說，一期生命或生於欲界，或生於色界，以至無色界，全由阿賴耶識中所含的種子的質素所決定。阿賴耶識中內含的種子能令有情眾生投生到不同界趣。如阿賴耶識中具有能令某人投生欲界的種子，待那些種子成熟後，則新一期生命便會投生到欲界去。儘管該人投生於欲界，因阿賴耶識仍含藏著色界和無色界的種子，所以只要那些能趣向二界的種子成熟，則那人便可重新在別的界趣中受生。由此可見，生於三界中某一界的阿賴耶識亦含攝著其他兩界的種子，即色界中有欲界和無色界的種子，欲界中也有色界和無色界的種子，無色界也包含了色界和欲界的種子。扼要來說，引文是以阿賴耶識內含三界的種子，解釋一期生命如何可以到不同的界趣中輪迴受生。[12]故眾生所居的處所亦即三界沒有確定而不能轉移的情況，眾生可以居於欲界，然後轉居於色界、無色界；後二者亦然。三界的環境不完全相同：無色界最高，色界次之，欲界又次之。達摩禪以火宅來說三界，只是籠統的說法。

(18)

> 又一切種子識，於生自體雖有淨、不淨業因，然唯樂著戲論為最勝因。於生族姓、色力、壽量、資具等果，即淨、不淨業為最勝因。又諸凡夫，於自體上，計我、我所及起我慢。

---

12 這裏有一值得注意之處：三界是相互通貫的。欲界眾生的阿賴耶識含有色界、無色界的種子；色界、無色界也分別含有其他二界的種子。

一切聖者，觀唯是苦。 （《大正藏》卷 30，頁 284 中）

這節引文是說明阿賴耶識中的種子與我執等形成的關係。引文又以種子為主因解釋有情眾生能投生及導致新一期生命在投生後出現不同的壽命、資質等。依引文所說，阿賴耶識為一切種子識，所含攝的種子會遇時而熟，產生不同的果報現象。有情眾生所以會輪迴不息是因為阿賴耶識中的有漏種子不斷現行，而具染污性的現行又復熏成種子，形成生死循環的現象。其中最能決定個體生命不斷輪迴受生的，正是阿賴耶識中所攝藏的種種由樂著戲論而生起的種子。戲論（prapañca）在這裏泛指種種名言概念和對象。如對這些概念有所執取，則由這些執取而生起的餘力（即種子）便會寄存在阿賴耶識中，成為生死輪迴的主因。論主似乎以為個體生命的輪迴、受生是直接受這些戲論種子所影響。大體上，這些戲論是指對真實義理產生顛倒的見解。如凡夫不見真實義，誤以為在自身的識外有真實的自我存在，繼而生起我見（ātma-dṛṣṭi）。又從我的立場出發，視自己以外的一切外物也是真實，具有不變的自性，產生法執（dharma-grāha）。對於自己也產生我執（ātma-grāha），於是在日常生活或思想中，都以我為衡量事物的出發點，繼而又生起種種與我執有關的錯誤見解。最明顯不過的便是我所（ātmīya）和我慢（asmimāna），即以自己為中心，強調自己具有的東西為有自性，並對他人生起種種輕慢的念頭。[13]

13 這裏有一重要的訊息：決定個體生命的輪迴受生的最重要因素是對於名言、概念的執著，以為在這些東西之外有相應的實在物存在。

上述頗多的引文曾指出一期生命在命終時，都會因對一己的貪戀，配以種種業力的牽引，開始新一期的生命。由此可見，我執等的戲論是直接推動阿賴耶識投生的主要原因。至於聖者，他們因能了知諸法無自性，不會生起種種我執和法執。他們藉著修習佛法而不被種種戲論所蒙蔽和顛倒。此外，引文又提到不同的有情眾生在投生後會因前生所積下的淨業和不淨業的不同而有不同的人生際遇。引文中的淨業（parikarman, śuddha）和不淨業（aśuddha, asuddhi）分別相當於善業（kuśala-karma）和不善業（akuśala-karma）。它們是有情眾生表現出某些行為後熏成的兩種不同性質的種子。這些種子日後會遇時而熟，生起現行。有些個體生命會生於富裕的家庭，有些則會生為賤民，遭人唾棄。各人有不同的相貌和能力，有的英俊、美麗，有的具天賦才華，有的卻是醜陋和平庸。他們也因業力的深淺不同而有不同的壽命和資財。由此可見，不同有情眾生投生後的不同際遇全取決於他們前生所積下的善不善業的影響。這點明顯地展示出因果關係或因果概念在唯識學以至佛學的義理中的重要性。此中也有濃烈的宿命論的痕跡。

（19）

又處胎分中，有自性受，不苦不樂，依識增長。唯此性受，異熟所攝。餘一切受，或異熟所生，或境界緣生。又苦受、樂受，或於一時從緣現起，或時不起。

如對於「組織」、「因果」這些概念，在外面有分別相應於它們的實在的組織、因果的東西存在。這當然是虛妄的看法。

（《大正藏》卷 30，頁 284 中）

這段文字將生命在胎兒階段的受（vedanā）與一般生活情況中的受進行比較。由於受是一種遍行心所（sarvatraga-caitasa），與一切識心相應，但它的具體作用並不展現於轉識（pravṛtti-vijñāna）中，只有在阿賴耶識活動時，仍然會伴隨著阿賴耶識而生起。但由於在胎兒階段，心識的狀態相等於一般人在深沉的睡眠當中，所以意識和前五識均不起作用。由於沒有意識和感識去區別苦、樂，這時的受只是生起來的受心所自身，無所謂苦或樂，稱為自性受（svabhāva-vedanīyatā）。只有這種受是異熟識自身所攝受的。至於其餘的受，即是指在一般生命情況中的意識層面的苦、樂受或捨受。這又有兩種：一種是與環境無關，由自身的種子自然生起的。這是一種內在的感受，例如一個人在很惡劣的環境中，但內心仍然可生起快樂的感受。這種感受是由異熟種子自然生起的，它並不受環境影響。另一種是基於環境因素而生起的受，例如身體被刀刺傷會有苦受，浸在清涼的海水中會有樂受，自然地站著，沒有苦受或樂受，這時的受稱為捨受。苦受和樂受會隨著因緣現起，有時不現起。苦、樂受都不現起時也有受生起，這是捨受，無所謂苦、樂。

（20）

又種子體，無始時來相續不絕，性雖無始有之，然由淨、不淨業差別熏發，望數數取異熟果，說彼為新。若果已生，說此種子為已受果。由此道理，生死流轉，相續不絕，乃至未

般涅槃。　　　　　　　　　（《大正藏》卷 30，頁 284 中）

種子體指攝藏種子的識體，即阿賴耶識。嚴格地說，「識體」是很難說的。體總有某種程度的體性義，與實體、自性有牽連。但識是以空為本性，不應說識體。一般的行文，都忽視了這點。識體不能說，種子體也不能說。種子才生即滅，哪有體呢？這識體從無始以來相續地存在。性指阿賴耶識自體。這識體無始以來，從沒間斷地存在，由此可說它是舊有的。然而，這識體的存在並不是不變的，它不斷地受著業力熏習，這些業力有淨有不淨，成為種子，藏於這識體中，致這識體的內容，即所含藏的種子的成分不斷轉變。由於識體的內容不斷地改變，所以說這識體每一刻都是新的。如不斷流動的瀑布，「抽足再入非前水」。種子六義中的剎那滅與恆隨轉，便明顯地展示這點。種子作為果報的主因，若已生起現行，招引了果報，這些種子稱為已受果（upayukta-phala）。由種子不斷地生起現行，招引果報，再由淨、不淨業不斷地熏習，形成種子，阿賴耶識在內容上不斷地變遷，亦不斷地更新而存在，由此形成了生死流轉的現象，直至體證得涅槃為止。那些未現行的種子，稱為未來果（anāgata-phala），它們或許在當世現行，招引果報，或許在後世才現行。引文指出，即使種子經歷百、千劫，只要它們未起現行，都會隨著阿賴耶識相續地存在，不會無故消失。而所謂劫（kalpa），指極長的時間單位。

（21）

又於諸自體中，所有種子，若煩惱品所攝，名為麁重，亦名隨眠。若異熟品所攝，及餘無記品所攝，唯名麁重，不名隨眠。若信等善法品所攝種子，不名麁重，亦非隨眠。何以故？由此法生時，所依自體，唯有堪能，非不堪能。是故一切所依自體，麁重所隨故，麁重所生故，麁重自性故，諸佛如來安立為苦，所謂由行苦故。

（《大正藏》卷 30，頁 284 下）

這段文字主要說明種子與染淨二法攝持的關係。諸自體指阿賴耶識生於各界、地中時的自體。這裏是就著一個有情生命來說。按以自體說阿賴耶識或種子，如說識體一樣，都不是很妥貼。「諸」並非表示有多個有情生命的阿賴耶識。當然，這亦不是指同一個有情生命有多個阿賴耶識自體。一個有情生命的阿賴耶識在該有情生命生於不同界、地時，有著一種基本上的不同點，就是此識只會由對應於該界（dhātu）、地（bhūmi）的種子所現起。反過來說，只有對應於阿賴耶識所生的界、地的種子才能起作用。例如阿賴耶識投生於欲界的人趣，這時只有對應於這界域的種子可以起作用，而阿賴耶識本身亦由這界域的種子生起。所以，有情生命生於不同的界域，其阿賴耶識亦有著不同的自體。「諸自體」就是指這些不同的自體。阿賴耶識在每一個界域中，都具有該種界域的一切種子。我們也可以這樣子說，阿賴耶識含藏一切界、地的種子，但真正能現起發用的，只有相應於阿賴耶識所處的界、地的種子。「諸自體中，所有種子」就是指阿賴耶識在各種界域中的所有種子。

這些種子可以分為三大類，這分別是煩惱品、無記品和善法品。屬於煩惱品的種子又稱為「麁重」（dauṣṭhulya）和隨眠

（anuśaya）。異熟品是無記品的一種。按照唯識學的解釋，這種原為善或惡的業種子，成熟時生起了相應的果報，即福報或禍報，而這果報本身的德性則是無記，再熏習成無記的種子，所以這類種子亦屬於無記品。而這些業種子的現起稱為異類而熟。異類就是表示從種子的善或惡的品類轉變成果報的無記品類。無記品種子只稱為粗（麁）重，但不稱為隨眠。粗重是令有情生命落入生死流轉的原因。較後期的唯識學對粗重進一步分析為兩種，分別是煩惱障（kleśa-āvaraṇa）和所知障（jñeya-āvaraṇa）。這兩種障能阻礙真實智慧的現起，使生命滯留在生死流轉中。倘能消除這二障，真智就能現起，從而體證得諸法實相。煩惱和無記種子現起，構成現象世界（不是現象學的生活世界）的種種事物。這種現起是在一種主、客對立的格局下進行。在這種格局下，出現了作為認知主體的自我，和作為客觀現象的事物。有情生命執取自我和事物，以為是實在的東西。這種相對性的認識，因為會障礙對真理作絕對性的體驗，所以稱為一種障（āvaraṇa）。在這種障當中，主體是能知，客體是所知，所以這種障可稱為能知所知障。

「隨眠」原文是 anuśaya，是密切聯繫或一同睡眠的意思。稱煩惱種子為隨眠，表示這類種子與阿賴耶識自體緊緊地連繫著，而且作用微隱，就像眠伏著一般。這類種子一直隨著阿賴耶識流轉，直至生命得到轉依（āśraya-parāvṛtti）為止。這些煩惱種子在德性上屬於惡性，與善性相違。故更能障礙清淨的善種子起現行，令有情眾生不能脫離生死流轉，所以是一種煩惱障。另外，隨眠是粗重的性格。煩惱品種子和無記品種子都能令生命被生死流轉所束縛，成為生命的重擔，故稱為粗重。在粗重中，無記種子只形成所知障，不形成煩惱障，所以只能稱為粗重，不能稱為隨眠。而煩惱種子能成為所知障，亦成為煩惱障，所以能稱粗重，亦能稱為隨眠。引文雖然未有正式提出所知障和煩惱障，但它已指出煩惱品種子名為粗重，亦名隨眠，而無記品種子則只名粗重，不名隨眠。

善法品種子不能稱為粗重，亦不稱為隨眠。因為這些種子的作用不會構成體會真理的障礙。引文指出，善法品種子生起作用時，「所依自體，唯有堪能，非不堪能」。堪能和不堪能是從工夫論方面說，指自體在轉依後和轉依前的狀態。堪能表示能夠體會諸法實相。自體在轉依前，在粗重的障礙上生死流轉，這時只有煩惱品和無記品種子生起現行。所以這兩類種子生起時所依的是不堪能自體。自體只有在有轉依的傾向，或轉依活動的進行中，善法品種子才能生起現行。所以善法品種子生起時，所依的是堪能的自體。亦可反過來說，由於善法品種子生起現行，自體就得到轉依，所以善法品種子起現行時，就是自體成為堪能的時候。由於善法品種子必不在粗重二障下生起，亦非構成粗重二障的原因，所以不稱為粗重，亦不稱為隨眠。

引文最後提到的一切所依自體可有兩種解釋：一是回應引文開首所說的諸自體；另一是解作一切種子所依的自體。這兩個意思非常接近，後一意思較為周延。諸自體包括了堪能的自體和不堪能的自體，而堪能的自體只為善法品種子所依，並非為粗重所隨、粗重所生和粗重自性。所以第一個解釋不成立。一切種子所依的自體則單是指不堪能的自體，因為它除了為煩惱和無記種子所依之體外，亦為善法品種子所依，但只有煩惱和無記種子能現行，善法品種子則不能現行，所以不是堪能的自體。而這不堪能的自體是為粗重的種子所隨逐。它亦為粗重種子所生起，因為此自體亦需由種子生起，而這時能現起的都是粗重的種子。由此，這自體的本質亦為粗重。因此，諸佛如來說此識為苦（duḥkha）。這亦是佛說十二因緣中的「由行苦」的意思。行（saṃskāra）是十二因緣中的第二支。隨著行的第三支便是識（vijñāna）。十二因緣每一支都存在於因果關係中，所以行是因，識是果。由於識是苦，所以說由行而生苦。現在說識自體由粗重種子所生，這些種子相當於潛藏中的業或行。所以種子生起識自體對應於佛所說的由行生起苦的意思。但說種子生起識，意義並不明確。一切種子都以阿賴耶識為所藏，阿賴耶識的成立在於一切種子都內藏於其中，故可說種子生起識。但另方面，識並不必硬性地鎖定於阿賴耶識，它亦可指七識。七識的現行，其果積藏於阿賴耶識中而成為其中的種子。故說識生起種子不必不能說。這便是現行的熏習（vāsanā）而成種子。反過來說，在阿賴耶識的種子亦可以被熏習而成現行。

（22）

> 又諸種子，乃有多種差別之名，所謂名界、名種姓、名自性、名因、名薩迦耶、名戲論、名阿賴耶、名取、名苦、名薩迦耶見所依止處、名我慢所依止處，如是等類，差別應知。（《大正藏》卷 30，頁 284 下）

這段引文是概述種子的各種異稱。引文表示種子具有不同的稱謂。有時它會稱作界、種姓、自性、因、薩迦耶、戲論、阿賴耶、取、苦，有時也會稱為薩迦耶見依止處和我慢所依止處。現就各種稱謂作一扼要說明。

界（dhātu）在佛教文獻中，一般解作原理、範疇、要素、境域和因等意思。[14]引文中的界應解作因義，因為種子廣泛被認為是諸法以至現象世界生起的原因。種姓又稱作種性，是梵語 gotra 的漢譯，泛指血統、氏族和家族的意思。瑜伽行學派將種姓分成五類，分別是聲聞乘種姓（śrāvaka-yāna-gotra）、獨覺乘種姓（pratyekabuddha-yāna-gotra）、菩薩乘（bodhisattva-yānika）種姓、不定種姓（aniyata-gotraka）和無種姓（agotra）。有關這五種種姓，本論在後面部分有很多記述，這裏暫不說明。自性（svabhāva）是指事物的自體。依唯識哲學所說，一切事物都是由種子變現而成，是以一切事物的自體皆以種子為基礎。自體、種子都不是實體。「自體」這樣的名相意思模糊，還是少用為佳。

薩迦耶（satkāya）是有身的意思，也即是「我」的意思。依瑜伽行學派所說，我的形軀都是由阿賴耶識中的種子變現出來的果報體，它本無實體，只不過是末那識執第八識的見分為我，以它是常住不變，是形而上的體性義，才形成自我的概念，並產生我執。有情眾生不但會妄執我為實體，更會執取我周圍的東西、環境為我之所有，這樣又會形成薩迦耶見（satkāya-dṛṣṭi），即有身見。大體上，這種對我產生錯誤認識的見解是依於種子而來，所以種子又被

14 日本批判佛教學者松本史朗、袴谷憲昭等以界（dhātu）為實體，以佛性、如來藏思想為界論（dhātu-vāda），違反原始佛教的緣起性空的立場。這是一種曲解，界也沒有實體主義的意思。而在古典佛學經論中，也沒有「界論」一名相，這是松本史朗自己提出來的。佛教中有沒有界論這樣的存有論、形而上學，是一極富諍議的問題。

稱為薩迦耶，它是我執的對象。另外，又由於阿賴耶識中的種子能生起愛論和見論，所以又稱為戲論（prapañca），它們是由言說分別而來的種種錯誤見解，主要分成愛論和見論兩種。愛（tṛṣṇā）論是指因有情眾生愛著事物，易生迷妄之心，繼而生起不正確的言論。而由種種偏見而來的言論，則稱為見（dṛṣṭi）論。它們都會熏成愛論和見論的種子，並藏於阿賴耶識中。它們都是名言種子。依前文所說，名言種子能令諸有情輪迴不已，可以說它是生死輪迴的原動力，所以這節引文直接將戲論說成為種子。至於種子又被稱作阿賴耶識，則主要是從種子被攝藏的地方來說。依瑜伽行學派所說，一切種子都是藏於阿賴耶識中，不會寄存在其他的識中，可見種子與阿賴耶識有密切的關係，是以引文稱阿賴耶識為種子。

另外，種子因通染法，能生起一切染污的果報，此等果報即煩惱（kleśa），也容易生起執取行為，是以種子有時又被稱為取。取（upādāna）即為煩惱的異名。而惡的果報又多伴隨種種苦受（duḥkha-vedanā, duḥkhvedanā），所以種子又被稱為苦（duḥkha），它是身心受到逼迫而呈現出來的苦惱狀態，與樂對揚，為受的一種。最後，正如前面提到，種子藏於阿賴耶識中，它們的數量龐大，又如恆河流水般川流不息，念念都會轉變。這些種子會被末那識執取為自我，繼而對自我生起實有的錯覺，以為它們是常住不變。末那識會執取這些川流不息的種子為實體，形成自我的概念及生起我慢等行為，可見我見和我慢的形成都是源自於第八識中的種子，所以引文視種子為薩迦耶見的依止處和我慢的依止處。此外，引文中末句提到的我所依止處，是指我們所認識的各種對象，它們也是由種子形成，同樣是依種子而來。所依止處即是根據的意思。綜合來說，引文指出我及一切被我所認識的事物都是由種子形成，它是我執、我慢等煩惱法的源頭。

（23）

又般涅槃時，已得轉依，諸淨行者，轉捨一切染污法種子所依。於一切善、無記法種子，轉令緣闕，轉得內緣自在。

（《大正藏》卷 30，頁 284 下）

這段引文扼要說明轉依的問題。轉依（āśraya-parāvṛtti）是唯識學的極重要的概念，也是唯識學可稱為現象學的關鍵點。此中的轉是轉捨的意思，而依則是依止的意思。合起來說，轉依是專指轉染污的煩惱、所知二障，而依止清淨的菩提、涅槃二果。它是修行者最圓滿的果位。依引文所說，當修行者修行圓滿的時候，即能進入「般涅槃」（parinirvāṇa），那時修行者可捨離煩惱種子的依止體，完全轉捨阿賴耶識的自體，將它由染污的性質轉成清淨無染。修行者只要將染污的種子完全轉捨，而變成清淨性格，便能進入般涅槃，也即是成佛。轉依可以說是瑜伽行學派對成佛過程的一種說明。覺悟、解脫便在此中說。

如依引文的內容看，所謂轉依，除了指斷除阿賴耶識中的一切染污性種子外，還要令一切有漏善和無記性的種子處於伏滅的狀態中，讓它們不再生起。因為這些有漏善和無記性的種子一旦生起，便會牽起有漏的果報體，這樣便不能完成轉依的過程。另外，引文又提到要達成轉依的過程，必須同時使在阿賴耶識中的內緣，即無漏種子在不被阻礙的情況下隨意生起方可。有關無漏種子與轉依的關係，下面的引文會有較多的說明。順帶一提的是，轉依的概念跟後來瑜伽行學派亦即是唯識學的轉識成智的義理有密切的關係。瑜伽行學派的八識理論發展到後來，便從識的轉依而安立成佛的可能。依這種說法，修行者到了成佛的階位時，便能依次序將染污的前五識、第六識、第七識和第八識分別轉成為成所作智（kṛtya-anuṣṭhāna-jñāna）、妙觀察智（pratyavekṣaṇā-jñāna）、平等性智（samatā-jñāna）和大圓鏡智（ādarśa-jñāna）。若依這則引文表面來看，本論已有轉依的觀念；但就這則引文的內容來看，只可說轉依的理論仍處於初步建構的階段。至於本論如何詳細發揮這理論，則有待後文的整理。

有一點是極為重要的，在唯識學，我們日常的活動與經驗，都是有執取性格，以現象為實在，為常住不變。一切苦痛煩惱便會由此而起。因此需要自我轉化，從樸素性格的常識俗見翻騰上來，讓自己的眼光變得深遠，心靈更加敞開，提高精神的境界。必須要這樣做，現象學或唯識現象學才能說。

（24）

問：前說種子依，謂阿賴耶識，而未說有、有之因緣廣分別義。何故不說？何緣知有？廣分別義云何應知？答：由此建立是佛世尊最深密記，是故不說。如世尊言：阿陀那識甚深細，一切種子如瀑流。我於凡愚不開演，恐彼分別執為我。

（《大正藏》卷 30，頁 579 上）

這段文字透過論主與詰難者的對話，進一步闡論阿賴耶識的義理。問者提出：在〈本地分〉中已說明種子依是阿賴耶識，然而未有提及阿賴耶識的存在問題，以及對阿賴耶識的各種性格進行分析，為甚麼沒有談及這些問題呢？論主認為，這是由於佛世尊另有深意，正如世尊所說，阿陀那識（ādāna-vijñāna）非常深遠和微細，而一切種子就如瀑布一般急速地流動，而且數量極多，難以清晰了解，世尊對一般愚鈍的眾生沒有開示這些道理，就是因為恐怕他們執著阿賴耶識為實在的自我，這樣會令他們距離覺悟更遠。而論主則會在下文對這些道理作進一步解釋。[15]

（25）

復次，嗢拕南曰：執受、初、明了、種子、業、身受、無心定、命終，無皆不應理。由八種相證阿賴耶識決定是有，謂若離阿賴耶識，依止、執受不應道理、最初生起不應道理、有明了性不應道理、有種子性不應道理、業用差別不應道理、身受差別不應道理、處無心定不應道理、命終時識不應道理。（《大正藏》卷 30，頁 579 上）

這首偈頌扼要地提出了證明阿賴耶識必然存在的幾種理據。嗢拕南偈頌的意思是這樣：執受、初、明了、種子、業、身受、無心

15　阿陀那識是阿賴耶識的別名。ādāna 是執持的意思，由於此識具有執持種子、根身和器世界的性格，所以稱為阿陀那。阿賴耶是梵文 ālaya 的音譯，儲藏、收藏之意。這個識收藏有無量數的種子，像倉庫收藏無量的米粒那樣。

定、命終，若沒有阿賴耶識存在為前提，這八種義理都不能成立。執受（upādāna）包含了依止和執受兩方面。前六識需要一個依止的主體，並由這個主體對它們執受，若沒有阿賴耶識，六識就沒有所依和能執的主體。初（ādi）指最初生起。當兩種或以上的識生起的因緣同時存在，若在同一時間只能有一識生起，則哪一個識會先生起呢？若兩識不能同時生起，則說哪一個先生起都不應道理。這一點基本上是用來回應對阿賴耶識存在的質疑，而不是正面去論證阿賴耶識的存在，關於這點，下文會再進一步交代。明了（paṭu）指有明了性，這是說意識具有清楚了別事物的能力。若沒有阿賴耶識，意識這種能力就不能成立。種子（bīja）表示有種子性，前六識在很多情況下都會停止運作，若沒有一個連續不斷的識去攝持一個生命流轉的種子，則這個生命應不能長時間相續地流轉。業（karma）表示業用差別，這一點與「最初生起」都是用來回應對阿賴耶識存在的質疑。這種質疑的依據是識不能俱轉，即是說，在同一時間只能有一種識生起。而阿賴耶識是不斷地生起的，如果諸識不能俱轉，則其他識就不可能生起。業或業用差別是論主透過在同一時間可見到不同業用一齊生起的現象，來論證諸識能夠俱轉的說法。身受（kāyikī-vedanā）指身受差別，這一點更間接地支持阿賴耶識存在的說法。論主指出同一時間能夠生起不同的領受，由此表示諸識能夠俱轉。由於諸識能夠俱轉，所以上文提到對阿賴耶識存在的質疑便不能成立。無心定（samāpattī acitte）是指出修行者在處於無心定的狀態下，六識皆離開肉體，倘若沒有阿賴耶識存在來執持這個肉體，則進入無心定就等於死亡。但事實上這個修行者並不會就此死亡，在出定後他仍能如常活動，所以必定有阿賴耶識執持他的肉體。命終（maraṇa, cyuti）指出一個人在死亡時，會從上身開始逐漸轉冷，最後到心臟停止，才會全身冰冷。這種情況並不是由於意識不能生起而造成，因為若是意識不生起，就會立刻全無意識，若因此而令到身體冰冷，就應在一瞬間完全冰冷，而不會逐漸地轉冷。可見死亡時逐漸轉冷的情況並不是由意識停止活動而造成的，應是有另一個識執持著這個肉體，而在死亡時逐漸撤離這肉體，令到身體逐漸轉冷。以上八點直接地或間接地論證阿賴耶識的存在，下文會詳細地逐一解釋。

（26）

何故若無阿賴耶識，依止、執受不應道理？由五因故？何等為五？謂阿賴耶識先世所造業行為因，眼等轉識於現在世眾緣為因，如說根及境界，作意力故，諸轉識生，乃至廣說，是名初因。又六識身有善、不善等性可得，是第二因。又六識身無覆無記異熟所攝，類不可得，是第三因。又六識身各別依轉，於彼彼依，彼彼識轉，即彼所依，應有執受，餘無執受，不應道理。設許執受，亦不應理，識遠離故，是第四因。又所依止應成數數執受過失，所以者何？由彼眼識於一時轉，一時不轉，餘識亦爾，是第五因。如是先業及現在緣以為因故，善不善等性可得故，異熟種類不可得故，各別所依諸識轉故，數數執受依止過故，不應道理。

（《大正藏》卷 30，頁 579 上-中）

這是第一個的論證。按論主是以阿賴耶識為前六識的依止

（āśraya）識和執受（upādāna）識去論證第八識的必然存在。論主認為若決定沒有阿賴耶識，則前六識就沒有所依和執持它們的主體。為了說明阿賴耶識實為前六識依止和執受的識，論主提出了五個論證理由。第一個理由是關於阿賴耶識與前六識生起的關係。依引文看，論主以為轉識是由過去世所造的業行（kṛtya, karman）和現在世的眾緣為因而產生的。所謂業行指自過去世代以來潛存在第八識的種子。這些種子一旦遇上現在世的各種合適的條件，便會生起各種轉識。以眼識為例，若具備了眼根（cakṣur-indriya）及能被眼識所認識的境界（viṣaya），在阿賴耶識中與之相應的種子便會變現成眼識。前六識都是由種子所形成，這些種子都是藏在阿賴耶識中，是以沒有了阿賴耶識，則種子會失去其依存的主體，這樣便不能生起諸轉識。由此來看，論主是說能藏種子的阿賴耶識是生起前六識的主因，也是它們的依止識，沒有了它，轉識根本不能生起。可見引文特別著重解釋諸轉識與阿賴耶識間的依止關係。

六識身有善（kuśala）、不善（akuśala）和無記（avyākṛta）三種德性，其中的善性識身不能以不善性的識體作為依止，而不善性識身亦不能以善性的識體為依止，這是由於在性格上相違的原故。只有無記的識能同時作為善、不善、無記的六識身的依止，所以必須有一個無記的識作為六識身的共同所依，而阿賴耶識就是這個無記的識。這是第二個理由。

第三個理由是六識身都是由無覆無記（anivṛtāvyākṛta）而具有異熟功能的識所攝持，而這種異熟的功能，除阿賴耶識之外，其他識都不具備，所以阿賴耶識必定存在。為甚麼說六識身必須由無覆無記而有異熟功能的識所攝持呢？上文已提過，因為六識具有善、不善和無記三種德性，所以它們所依止的識必須為無記性。另外，六識不是恆時生起的，六識的種子須要潛藏著，待適當的緣具足才能生起，所以六識的種子需要一個潛藏的處所，待時而熟。而具有攝持種子，讓它們異時而熟的功能的，就只有阿賴耶識。

六識身各自依本身的種子而轉生，這些六識的種子需由某個主體去執持。同樣理由，六識種子以外的其他種子亦需有一個主體執持。倘若說六識中某識是執持其他種子的識，這是不合理的，因為六識都是由本身的種子生起，而其他種子與六識根本沒有直接關係，所以六識不能成為執持其他種子的識。由此推論，必定另有一個識同時執持著六識種子和其他種子，這識就是阿賴耶識。這是第四個理由。

引文繼續探討識與種子間執受的關係，並同樣以此關係解說阿賴耶識的必然存在的問題。根據以上引文所見，一切種子只能以阿賴耶識作為依止及執受的識，其餘各識不能有執受種子的作用，因為若說前六識能執受各種子，則會形成種種過失（doṣa, avadya），構成一定的理論困難。引文以眼識為例加以說明。眼識，一如耳識等轉識，都不是恆常地生起。當眼識所要認識的對象不存在或當眼根暫停作用時（如眼蓋合上）或要觀看外物的意念力暫時停止時，眼識就不會生起。耳識、鼻識等轉識也是一樣。若由這些轉識攝持種子，則在它們不生起時，種子必定會散失，所以這種一時生起，一時不生起的轉識，不能攝持和執受一切種子。由此推知，當有別的識作為這些種子的執受識，它便是阿賴耶識。這是第五個理由。

引文最後為上述五個理由作總結。引文的意思是說，如果沒有阿賴耶識，則前六識為種子轉生、前六識具有善、不善等屬性、種子異時而熟、諸識由各別的種子所生，以及一切種子恆常被執持的義理便不能成立，也難以得到合理的解說。扼要來說，以上這節引文主要是集中討論阿賴耶識為轉識的依止及執受識體去推斷阿賴耶識的存在。這也突顯出阿賴耶識具有作為所依（āśraya）和能執（grāhaka）兩大功能。

（27）

何故若無阿賴耶識，最初生起不應道理？謂有難言：若決定有阿賴耶識，應有二識俱時生起。應告彼言：汝於無過，妄生過想。何以故？容有二識俱時轉故。所以者何？且如有一，俱時欲見，乃至欲知，隨有一識最初生起，不應道理。由彼爾時作意無別，根境亦爾，以何因緣識不俱轉？

（《大正藏》卷 30，頁 579 中）

這裏提出第二個論證。這個論證基本上不能正面地確立阿賴耶識的存在性，而只是對於質疑阿賴耶識存在的說法加以反駁。詰難者對於阿賴耶識存在的質疑的理據是這樣的：由於阿賴耶識恆時生起，所以當其他識生起時，連同阿賴耶識，就最少有兩種識同時生起，即所謂俱時起（saha-ja）。然而，俱時起是不可能的，所以不應有一個恆時生起的阿賴耶識存在。由於詰難者的理據是基於否定俱時起的可能性，所以論主就針對這點作出反駁。論主提出一種情況，就是當一個人在同一時間希望見到，又希望聽到，以至希望知道一件東西，這時，生起眼識的作意（manaskāra），生起耳識的作意，以至生起意識的作意都同時存在，而其他根、境等條件亦同時具足，這時，他的眼識（cakṣur-vijñāna）會先生起，抑是耳識（śrotra-vijñāna）、鼻識（ghrāṇa-vijñāna）、舌識（jihvā-vijñāna）、身識（kāya-vijñāna）、意識（mano-vijñāna）會先生起呢？如果不容許俱時起或俱時轉，而生起各識的緣都同時具足，則說任何一識最先生起都不合理。但事實上，在這種情況下仍然是會生起識的，所以各種識必定可以同時生起。既然有俱時轉的情況存在，就不能否定阿賴耶識存在的可能性。

論主的這個論證雖然可以反駁難者提出的質疑，即打破否定阿賴耶識可能存在的說法，但這只能保住阿賴耶識存在的可能性，卻未能正面地確立阿賴耶識的必然存在。所以這個論證不能支持阿賴耶識存在的說法。

（28）

何故若無諸識俱轉，與眼等識同行意識，明了體性不可得耶？謂或有時憶念過去曾所受境，爾時意識行不明了，非於現境，意現行時，得有如是不明了相，是故應許諸識俱轉，或許意識無明了性。（《大正藏》卷 30，頁 579 中）

論主在這段文字繼續去證明諸識能夠俱時轉。論主提出，若說諸識不能俱時轉，則意識就失去了清楚了別（prativijñapti）事物的能力。例如，當意識與眼識俱轉，面對同一境時，意識是能夠清楚了別對境的，即所謂明了。當然，意識亦有不明了的時候，例如在記憶過去曾經接觸過的事物時，記憶（smṛti）可能不清晰，意識這時就處於不明了狀態。然而，在意識與前五識同時面對境時，意識是明了對境的。基於這個原因，論主認為若不容許諸識俱轉，就等於認為意識沒有明了性；若承認意識有明了性，就必須容許諸識俱轉。

然而，筆者認為以上論證的有效性是成疑的。論主只是指出了意識和感識俱轉，同時面對一境時，意識是能夠明了對境的；另一方面，意識在憶念過去境時，或許會有不明了的時候。但論主忽略了一點，就是若意識不與感識俱轉，即是在感識生起後，意識才生起來了別感識攝取的印象時，意識仍然可能明了對境的。甚至在憶念過去境時，意識仍可以是明了性的。所以，就算是不容許諸識俱轉，意識仍可以是有明了性的。

（29）

> 何故若無阿賴耶識，有種子性不應道理？謂六識身展轉異故……又彼諸識長時間斷，不應相續長時流轉，是故此亦不應道理。（《大正藏》卷 30，頁 579 中-下）

這節引文是以阿賴耶識能恆久地攝持（saṃgraha）諸種子的力用去推證出阿賴耶識的存在。引文首句清楚表示，如果沒有阿賴耶識，則種子不能被恆久地攝持。這明顯點出阿賴耶識特別具有攝持種子的功能。這也是其他轉識所沒有的，因為只有阿賴耶識才具有如瀑布流水的連續特性，能把種子相續地攝持下去。依引文看，諸轉識因展轉變異，一時運作，一時又不運作，所以難以恆久地攝持種子。例如認識的外境暫時消失，或沒有了作意力的時候，則眼識、耳識、鼻識、舌識和身識都會停止勢用。如種子被它們攝持，當它們長時間停止運作時，則種子便會失去攝持的主體而散佚。由此可知，不具相續性的轉識是難以成為種子的攝持識。但實際上，種子卻是被識所攝持，並能由種子的狀態變成現行。由是論主以阿賴耶識能不間斷地攝持種子的功能去推證阿賴耶識的存在。

（30）

何故若無諸識俱轉，業用差別不應道理？謂若略說有四種業：一、了別器業；二、了別依業；三、了別我業；四、了別境業。此諸了別，剎那剎那俱轉可得，是故一識於一剎那有如是等業用差別，不應道理。

（《大正藏》卷 30，頁 579 下）

這節引文所討論的是有關諸識（vicitra-vijñapti）的俱轉（saha vartate）與諸識的業用（karman）差別的關係。引文首句的意思是說，如不承認有諸識同時轉生的情況，則諸識不能同時發出不同的業用。這無疑是說，個別的識只能發生相應的一種力用。如眼識只能認識外境的顏色，鼻識只能體驗外物的氣味。只有在諸識俱轉的情況下，不同的識才能同時發揮它們獨特的力用。這便可以解釋某人能在同一時間下觀看外物的形狀和聽取外界的聲音。如不承認有諸識俱轉，根本不可能解釋能同時觀看和聽取外物與外境的現象。進一步，引文又提出了四種業用為例加以說明。它們分別認知身外物質、認知自身感知器官、認知自我意識的功用及認知六識各自的境界（viṣaya）。依論主的意思，如了別器業、我業、依業和境業能同時發生，即可推知諸識俱轉是成立的。不過，綜合這節引文及以上有關諸識俱轉的引文內容來看，它只是交代諸識俱轉的現象，不是正式探討阿賴耶識存有的問題。此外，這節引文是要論證諸識俱轉的可能，但單看以上了別器業等的四個業用並不能支持這說法，相反，在某程度上還出現重複情況，因單是意識已具備了別四者的功能了。

（31）

何故若無阿賴耶識，身受差別不應道理？謂如有一或如理思，或不如理，或無思慮，或隨尋伺，或處定心，或不在定，爾時於身諸領受起非一、眾多種種差別，彼應無有，然現可得，是故定有阿賴耶識。

（《大正藏》卷 30，頁 579 下）

這段引文進一步論證諸識能夠俱時轉的說法。一個人可以處於不同的情況，例如如理地思考、不如理地思考、粗疏地或細密地推求、心處於定中（samāhita-citta）或不在定中。在這些情況中，身上可以同時生起不同的感受。倘若諸識不能同時俱轉，應不會同時生起多種感受。因為一識生起時，只有一種受心所伴隨而起。所以，同時有多種感受表示同時有多識生起。

（32）

何故若無阿賴耶識，處無心定不應道理？謂入無想定或滅盡定，應如捨命識離於身，非不離身。如世尊說：當於爾時識

不離身故。　　　　　　　　（《大正藏》卷 30，頁 579 下）

這裏透過修行者進入無心定的狀態去論證阿賴耶識的存在性。無心定表示意識不現起的情況。無心定有兩種：無想定（asaṃjñi-samāpatti）和滅盡定（nirodha-samāpatti）。在無想定中，前五識和意識都不現起。在滅盡定中，前五識、意識和末那識都不現起。[16]在無想定中，前六識都停止作用，如果沒有另一個識體繼續起作用，繼續執持著根身，則入定時就相等於死亡。但事實上，修行者在定中仍然是活著的，而出定後仍可以正常活動。所以，在入定時必定有另一個識繼續生起作用。這個在六識和末那識以外恆常地生起的識就是阿賴耶識。

（33）

何故若無阿賴耶識，命終時識不應道理？謂臨終時，或從上身分識漸捨離，冷觸漸起；或從下身分。非彼意識有時不轉。故知唯有阿賴耶識能執持身，此若捨離，即於身分冷觸可得，身無覺受。意識不爾，是故若無阿賴耶識不應道理。

（《大正藏》卷 30，頁 579 下）

16　關於末那識（mano-vijñāna）的狀態，一般認為有兩種，一是在現起狀態，另一則是不現起狀態。因此在八識中，第七識的末那識介於前六識與阿賴耶識之間。在前六識中，自然是以第六意識為最重要，阿賴耶識是潛意識，是深層心理學所謂的心識。這樣，在八識之中，第七識可作為前六識與第八識之間的橋樑。

這段引文透過命終時的現象來論證阿賴耶識的存在性。引文指出，當人臨死時，會從上身或下身開始逐漸轉冷。這種現象並非由於該人的意識不生起而造成的，因為一個人在有生的活動時，意識也有某些時候不生起，如熟睡的情況。由此可知執持這個肉身（māṃsa-kāya）的並不是意識，而是另一個識。論主指出，這識就是阿賴耶識。只有阿賴耶識能夠執持肉身，所以當阿賴耶撤離肉身時，肉身就會逐漸轉冷。故此，如果沒有阿賴耶識，就不會出現臨死時的這種現象。

（34）

若略說阿賴耶識，由四種相建立流轉，由一種相建立還滅。云何四相建立流轉？當知建立所緣轉故，建立相應轉故，建立互為緣性轉故，建立識等俱轉轉故。云何一相建立還滅？謂由建立雜染轉故，及由建立彼還滅故。

（《大正藏》卷 30，頁 579 下-580 上）

前文已提出了多方面的依據，論證阿賴耶識的存在性，以及作為個體生命在生死流轉狀態中的主體。所以，生命的流轉具體來說就是阿賴耶識的流轉（saṃsṛti, pravṛtti）。轉表示轉生，唯識學提出共有八識，包括阿賴耶識，這八識都是由各別的種子所生起，這些識的生起稱為轉生。流表示一種延續狀態。阿賴耶識的流轉表示一種延續不斷的生起，而所生起的就是阿賴耶識。然而，佛教認為，生死流轉只是生命的其中一種狀態，在生死流轉以外，生命還有還滅（nivṛtti, nirvāṇa）的狀態，而且還滅更有終極的價值。這段引文指出，阿賴耶識不單是生死流轉的主體，亦是生命進入還滅狀態的主體。[17]引文指出，我們可從四方面去看阿賴耶識在流轉狀態中的相狀（lakṣaṇa），而還滅的相狀則有一種。流轉的四相分別是：所緣（ālambana）轉、相應（saṃprayukta）轉、互為緣性（anyonya-pratyayatā）轉和識等（vijñānādi）俱轉（sahavartate）轉。而還滅相則是雜染（saṃkleśa）轉。這五相的詳細內容會在下文逐一交代。

（35）

云何建立所緣轉相？謂若略說，阿賴耶識由於二種所緣境轉：一由了別內執受故；二由了別外無分別器相故。了別內執受者，謂能了別遍計所執自性妄執習氣及諸色根、根所依處。此於有色界。若在無色，唯有習氣執受了別。了別外無分別器相者，謂能了別依止。緣內執受阿賴耶識故，於一切時無有間斷。　（《大正藏》卷 30，頁 580 上）

阿賴耶識的流轉，其中一方面是以它的所緣為緣而轉，這是阿賴耶識的所緣轉相。所緣（ālambana）即是對象，或說為境（viṣaya）。阿賴耶識的對象可分為內、外兩種。對內方面，阿賴

17　依照唯識學說，這個生命主體的還滅是一種轉化，在轉化中，這主體會轉成另一種狀態。亦由於這種轉化，這生命主體不再稱為阿賴耶識，而是成為「智」（jñāna）。所謂現象學或現象學意義便從這裏說起。這點在後文會再解釋。

耶識執持的對象是「遍計所執自性妄執習氣及諸色根、根所依處」。習氣（vāsanā）指種子，這種子是遍計所執自性妄執的種子。在三自性（tri-svabhāva）之中，遍計所執自性是雜染的，它所妄執的亦只是有漏（sāsrava, bhavāsrava）的種子。至於無漏（anāsrava, nirāsrava）種子，則不是阿賴耶識的所緣。所以，唯識學派認為，無漏種子只是暫託於阿賴耶識中。這樣的暫託與有漏種子的被執受，有一種很重要的分別，就是有漏種子跟阿賴耶識是共安危的，即是到了轉識成智之時，有漏種子都被克服；而無漏種子則不跟阿賴耶識共安危，在轉識成智之時，無漏種子就現起。「諸色根」和「根所依處」即是有情的根身。所謂執持根身，即是讓這根身延續不斷地現起，能夠不斷地活動。當阿賴耶識不再執持這個根身的時候，就是一期生命結束之時。這種結束，有一定的規律可從，不是隨意的。

由於根身是物質性的，所以只有在有色界，即欲界和色界，阿賴耶識才會對它執持。在無色界，阿賴耶識只執持種子。對外方面，阿賴耶識執持的對象是「外無分別器相」。無分別（nirvikalpa, avikalpa）表示沒有在認識中進行概念化。概念化是意識的作用，當外在世界被我們認識時，經過意識的概念化，才形成我們所認識的模樣，亦即是知識（jñāna）。而阿賴耶識所執持的器世界與我們在意識上認識的是同一世界，在主觀上是無分別的。所謂執持器世界（bhājana-loka），即是延續不斷地現起這個世界。而阿賴耶識所現起的器世界，要經過我們意識的構作，才成為我們所認識的有分別的世界。所以阿賴耶識所執持的是無分別的器世界。[18]

阿賴耶識對內所緣的是有漏種子，而有漏種子從無始以來，以至未轉依，都是不間斷地存在的，所以阿賴耶識亦同樣是沒有間斷的。而它所執持的世界，也是連續不斷的。

> （36）
>
> 云何建立相應轉相？謂阿賴耶識與五遍行心相應。所恆共相應，謂作意、觸、受、想、思。如是五法，亦唯異熟所攝，最極微細，世聰慧者，亦難了故，亦常一類緣境而轉。又阿賴耶識相應受，一向不苦不樂，無記性攝。當知餘心法行相亦爾。如是遍行心所相應故，異熟一類相應故，極微細轉相應故，恆常一類緣境而轉相應故，不苦不樂相應故，一向無記相應故，應知建立阿賴耶識相應轉相。
>
> （《大正藏》卷 30，頁 580 上-中）

阿賴耶識流轉的第二方面，是與五種遍行心所相應而轉，這即是阿賴耶識的「相應轉相」。五遍行心所是：作意（manaskāra）、觸（sparśa）、受（vedanā）、想（saṃjñā）、思（cetanā）。這五種心所恆時與阿賴耶識相應而轉，亦唯有這五種心所跟阿賴耶識相應。這些心所的作用非常微細，很難認識到。它

18　阿賴耶識是潛意識或心理學上的深層意識，它自身不能了別對象。意識的主要作用則是了別、分別對象。因此，阿賴耶識所執持的世界，是一個渾然一體的世界，是蒼茫的宇宙。

們緣境或了別對象而轉生，而且都是生起同一類的心所。所謂同一類，舉例來說，受心所可分為苦受、樂受和不苦不樂受，即捨受（upekṣā），而在德性方面有善性、惡性和無記性，與阿賴耶識相應而生起的受，永遠只有一類，就是捨受，而且在德性方面永遠都是無記性。其餘四種與阿賴耶識相應而轉的心所，亦永遠都是不苦不樂、非善非惡的。這不苦不樂、非善非惡的無記性格，可讓眾生在熏習方面能受到有估值義的苦樂、善惡的影響。

（37）

云何建立互為緣性轉相？謂阿賴耶識與諸識作二緣性。一為彼種子故，二為彼所依故。為種子者，謂所有善、不善、無記轉識轉時，一切皆用阿賴耶識為種子故。為所依者，謂由阿賴耶識執受色根，五種識身依之而轉，非無執受。又由有阿賴耶識，故得末那。由此末那為依止故，意識得轉。譬如依止眼等五根，五識身轉，非無五根。意識亦爾，非無意根。復次諸轉識與阿賴耶識作二緣性。一於現法中，能長養彼種子故。二於後法中，為彼得生，攝殖彼種子故。於現法中長養彼種子者，謂如依止阿賴耶識，善、不善、無記轉識轉時，如是如是，於一依止同生同滅，熏習阿賴耶識。由此因緣，後後轉識，善、不善、無記性轉，更增長轉，更熾盛轉，更明了而轉。於後法中，為彼得生、攝殖彼種子者，謂彼熏習種類，能引攝當來異熟無記。阿賴耶識如是為彼種子故，為彼所依故，長養種子故，攝殖種子故，應知建立阿賴耶識與諸轉識互為緣性轉相。

（《大正藏》卷 30，頁 580 中）

阿賴耶識流轉相的第三方面是「互為緣性轉相」。互為緣性表示阿賴耶識與七轉識互相作為對方生起的原因。現先說阿賴耶識作為七轉識生起的原因。阿賴耶識作為原因，有兩方面的意義，第一方面是阿賴耶識具有七轉識生起的種子，第二方面是阿賴耶識作為七轉識的所依。首先，七識轉生，無論是屬於善、不善或是無記，都是以阿賴耶識攝藏的種子作為轉生的原因，所以說阿賴耶識具有七識生起的種子。其次，由於阿賴耶識執受色根，即我們的物質性的軀體，包括五根（pañcendriya），而前五識是依五根而轉生的，所以說阿賴耶識是五識的所依。此外，由於有末那識以阿賴耶識的見分（dṛṣṭi）為所緣，所以說有阿賴耶識才有末那識，而末那識是意識的所依，所以阿賴耶識亦成為意識的所依。眼等五識依於眼根等五根，而意識亦需要根作為依止，這意根就是末那識。

另一方面，七轉識亦是阿賴耶識生起的原因，這亦有兩方面意義。第一方面，七識在現法中長養阿賴耶識的種子；第二方面，七識為阿賴耶識在後世得以生起而攝殖阿賴耶識的種子。所謂在現法中長養阿賴耶識的種子，是指七識對阿賴耶識的熏習。七識依止於阿賴耶識轉生，具有善、不善、無記的性格，它們在同一的依止上生起和滅去。當七識滅去時，會對阿賴耶識進行熏習，形成對應於本身性格的種子，這些種子成為了阿賴耶識的內容。而將來，這些種子在適當的條件之下，會現起成為轉識。而且，倘若熏習力的勝用強盛，會刺激阿賴耶識中同類種子益發增長，致將來更容易現起，以及在現起時的勢態更熾盛。[19]

就這種熏習作用來說，七識是因，而阿賴耶識是果。所謂攝殖阿賴耶識的種子，表示七轉識對阿賴耶識進行熏習，可以繁衍生起阿賴耶識自身的種子。阿賴耶識攝持一切種子，而它自身亦是由種子生起。七轉識的熏習力除了可以熏生轉識的種子外，亦可以熏長其他同類的種子。所謂熏長，指熏習力刺激性質相近的種子，使它們益發增長。例如善性的轉識生起，其熏習力會熏生善性的轉識種子，同時亦會令阿賴耶識中其他善性種子增長。至於影響力有多少，就取決於熏習力的勝用的強弱。阿賴耶識自身的種子屬於有漏，所以當同屬有漏的轉識熏習阿賴耶識時，阿賴耶識自身的種子亦會受刺激而增長，這些種子能夠引攝未來的阿賴耶識。就這點來說，轉識可視為阿賴耶識的因。

總括來說，阿賴耶識是轉識的種子因，又是轉識的所依；另一方面，轉識長養阿賴耶識攝持的種子，亦攝殖阿賴耶識自身的種子，所以阿賴耶識與轉識互為緣性，這種關係成為阿賴耶識流轉的第三面相。

（38）

云何建立阿賴耶識與轉識等俱轉轉相？謂阿賴耶識，或於一時，唯與一種轉識俱轉，所謂末那。何以故？由此末那，我

---

19 為什麼後後轉識會「更增長轉，更熾盛轉，更明了而轉」，引文中沒有進一步解釋。後來唯識家作出的解釋是熏習力有強烈的、殊勝的表現之故。

見、慢等，恆共相應，[20]思量行相。若有心位，若無心位，常與阿賴耶識一時俱轉。緣阿賴耶識以為境界，執我起慢，思量行相。或於一時與二俱轉，謂末那及意識。或於一時與三俱轉，謂五識身隨一轉時。或於一時與四俱轉，謂五識身隨二轉時。或時乃至與七俱轉，謂五識身和合轉時。……

復次，阿賴耶識或於一時與苦受、樂受、不苦不樂受俱時而轉，此受與轉識相應，依彼而起。……

復次，阿賴耶識或於一時與轉識相應善、不善、無記諸心所俱時而轉。……

如是阿賴耶識與轉識俱轉故，與諸受俱轉故，與善等俱轉故，應知建立阿賴耶識俱轉轉相。

（《大正藏》卷 30，頁 580 中-581 上）

阿賴耶識流轉相的第四方面，是「與轉識等俱轉轉相」。轉識等包括了七轉識以及跟它們相應的心所。俱轉表示在同一時間轉生。現先討論阿賴耶識與七轉識俱轉的情況。引文指出，在同一時間，阿賴耶識可能只與一種轉識俱轉，亦可能與兩種轉識俱轉，以至可能與七轉識俱轉。當阿賴耶識只與一種轉識俱轉時，那轉識必定是末那識。因為末那識恆時與我見、我慢等相應，而且它的行相

20　這裏所說的「恆共」或「恆時」，其實不代表永遠而無間斷，因為末那識亦有停止作用的時候，例如在阿羅漢和滅盡定的狀態中。但由於這種情況很少出現，而且在我們有意識的情況下，末那識必定在生起作用，所以我們一般會說末那識恆時生起。

是思量。「我見、慢等」包括我癡（ātma-moha）、我見（ātma-dṛṣṭi）、我慢（asmi-māna）、我愛（ātma-tṛṣṇā），此四者是癡、惡見、慢、貪四種煩惱心所的分位。[21]末那識恆時思量的對象是阿賴耶識的見分，它以此對象為自我，而癡、惡見、慢、貪這四種煩惱心所恆時與末那識相應而起，並且以自我為對象，故此稱為我癡、我見、我慢和我愛。末那識恆時以阿賴耶識的見分為對象而生起，無論在有心位（sacitakā）或無心位（acittakā）都是這樣。有心位指意識生起的時候，無心位是意識不生起的時候。而意識不生起亦表示前五識也不生起。

無論前六識生起或不生起，末那識都常與阿賴耶識俱轉，所以，當阿賴耶識只與一種轉識俱轉時，那轉識就必定是末那識。引文又指出，當阿賴耶識與兩種轉識俱轉時，該兩種轉識必定是末那識和意識。末那識先不用說。為什麼另一種必定是意識呢？因為，前五識中任何一識生起時，必有意識同時生起。例如當眼識生起時，必有意識同時生起，才能成就識的認知作用。若沒有意識生起，前五識也不可能生起。但反過來在沒有前五識生起的情況下，意識亦可以生起，例如意識回憶往事。所以，當阿賴耶識只與兩種轉識俱轉時，這兩種轉識必定是末那識和意識。阿賴耶識又可與三種以至七種轉識俱轉，這時，除末那識和意識外，前五識中的一種以至五種亦同時生起。這是阿賴耶識與諸識俱轉的情況。

---

21 心所的分位指在某種情況下的心所。例如「貪」是一種煩惱心所，而貪的對象可有很多，所以有不同情況的貪。當貪的對象是「自我」時，貪這個心所就稱為我愛。而我愛就是貪的一種分位。

除了與諸識俱轉外，阿賴耶識亦可與各種心所俱轉。引文首先特別提到受（vedanā）這種心所。受本身是一種遍行心所，遍於一切識，包括阿賴耶識相應而轉。但與阿賴耶識相應的受只是不苦不樂受（aduḥkha-asukhā-vedanā），沒有苦或樂。當阿賴耶識與其他識俱轉時，由於苦受（duḥkha-vedanā）、樂受（sukhā-vedanā）與其他識相應，所以苦受、樂受也能與阿賴耶識俱轉。這裏出現一個問題，就是當阿賴耶識與其他識以及苦受、樂受俱轉時，這其他識也能包括意識，那麼，意識豈不是同時有著苦受和樂受伴隨著麼？這種情況是否可能呢？如果可能，意識這時的狀態是怎樣的呢？論中只指出阿賴耶識能與諸受俱轉，但未有進一步解釋。倘若不能解決阿賴耶識與諸受俱轉的說法所引出的問題，這種說法，以至阿賴耶識與諸識俱轉的說法也很有疑問。

除了受心所以外，阿賴耶識亦能與其餘各種善、不善、無記心所俱轉。按照論主這種說法，又會產生類似的上述的問題，就是意識是否可能同時有著善或不善的心所伴隨呢？如果可能，意識在這種情況下屬於哪種性格呢？

以上問題不單影響到阿賴耶識與各種心所俱轉的說法，亦影響到阿賴耶識與諸識俱轉的說法。因為苦受、樂受和各種善、不善心所並非直接與阿賴耶識相應，而是與諸轉識相應，而由於諸轉識能與阿賴耶識俱轉，這些心所才能與阿賴耶識俱轉。同時，由於這些心所與轉識相應，即在轉識生起時，必定有各種心所伴隨，故此阿賴耶識與轉識俱轉時，亦必定與各種心所俱轉。所以，如果阿賴耶識與各種心所俱轉的說法不能成立，則阿賴耶識與轉識俱轉亦不能成立。現在問題的關鍵在於性格相違的心所，例如苦與樂、善與不善的心所，能否同時生起？更進一步是要問，相違的心所能否在同一時間，伴隨同一識而起？

對於前一個問題，如果我們承認阿賴耶識和末那識都是恆時生起的，就必須承認性格相違的心所能夠同時生起。因為除了遍行心所外，末那識常與四種煩惱心所，即不善心所俱起，既然末那識恆時生起，這四種不善心所亦必是恆時生起，而當意識生起時，總會有些時候有善心伴隨而起，那時候便是與末那識相應的不善心所與意識相應的善心所（kuśalāś citta-caittāh）俱起的情況。然而，在這種情況下，不善心所是伴隨末那識，而善心所是伴隨意識，兩種心所只是同時生起，但伴隨的是不同的心識。我們知道，心所依附心識而起，如果說一個心識附有性格不相違的多種心所，按理應是可以接受的。這是對前一問題的回應。至於後一個問題，即是相違的心所能否在同一時間，伴隨同一識生起，這就難以確定了。而這個問題的集中點應在意識。因為阿賴耶識只與捨受和其他無記的遍行心所相應；末那識只與樂受和其他無記和煩惱心所相應[22]，這些心所都不相違；至於前五識的德性，則是由意識所決定，相違的心所只有苦受和樂受，這兩種分位是前五識本身帶著而起的，但伴隨著

22　末那識與哪些心所相應，這問題在《成唯識論》中有很詳細的討論，其中提到幾種見解，有認為末那識只與九種心所相應，亦有認為與十九種，以至二十四種心所相應。筆者現採取中間的觀點，取末那識與十八種心所相應的說法，此十八種心所包括：五遍行心所、四煩惱心所、八種隨煩惱心所和慧心所。其中五遍行和慧屬無記心所，煩惱和隨煩惱則屬不善心所。（參考《大正藏》卷 31，頁 22 中-23 中）

一種感識的受心所，應不能同時是苦受和樂受。所以只有意識才可能同時有相違的心所伴隨著。感識生起時，必有意識一同生起，倘若眼識有苦受伴隨，而同時耳識有樂受伴隨，則意識就可能同時有著苦受和樂受伴隨。然而，如何能夠解釋這種情況呢？在本論中實找不到滿意的答案。

無論如何，上面所說的前一個問題得到了解決，即性格相違的心所能夠俱起，但伴隨著不同的心識，這已經足夠解釋引文中所述的阿賴耶與諸轉識和各種心所俱轉的流轉相。這是阿賴耶識流轉的第四方面。以下我們看阿賴耶識的還滅相。

（39）

云何建立阿賴耶識雜染還滅相？……阿賴耶識所攝持順解脫分及順決擇分等善法種子，此非集諦因，由順解脫分等善根與流轉相違故。所餘世間所有善根，因此生故，轉更明盛。由此因緣，彼所攝受自類種子，轉有功能，轉有勢力，增長種子速得成立。復由此種子故，彼諸善法轉明盛生，又復能感當來轉增、轉勝、可愛、可樂諸異熟果。

（《大正藏》卷 30，頁 581 上-中）

以上的引文主要是說明阿賴耶識的雜染相，強調它的虛妄性及染污性為有情眾生生死輪迴的主因，而這則引文則說阿賴耶識的還滅相。依唯識哲學所說，阿賴耶識為一切法的根源，它不但是一切染法的來源，也是還滅趨向清淨涅槃的識。只要透過轉依的過程，即可將阿賴耶識從染污的性格轉向清淨的性格，以完全斷除阿賴耶識的虛妄染污性。這一點非常重要，現象學特別是唯識現象學要到這個階段才能碰。因為唯識學在存有論方面，一直都是視世間種種事物都是虛妄非實，包括人自身的行為在內。這些負面的東西都是心識所變現的，它們都是虛妄的、染污的。要改變周圍環境以至整個器界，必須從心識的轉化著手，而特別要聚焦於阿賴耶識，因為它是一切染污事物的根源，這即是種子特別是有漏種子。把這些有漏種子轉化成無漏種子，又進一步使這些無漏種子現起而成就無漏的、清淨的現象、行為。必須這樣做，才能說胡塞爾（E. Husserl）所強調的生活世界（Lebenswelt）。這些點當然不是局限於存有論，而延伸到工夫論、救贖論的問題了。這在唯識學來說，便是「還滅」（nirodha）。前此的一切虛妄迷執，則是流轉，或生死流轉。

依引文所見，阿賴耶識內含無量的善法種子（當然也有不善法種子）。這些種子主要是指阿賴耶識所攝持的順解脫分和順抉擇分兩類種子。有關這兩類種子，我們可以將它關連到唯識哲學提出的五種修行階位來了解。這五種階位即是資糧位（saṃbhārāvasthā）、加行位（prayogavasthā）、通達位（prativedhāvasthā）、修習位（bhāvanāvasthā）和究竟位（niṣṭhāvasthā）。引文提到的順解脫分（mokṣa-bhāgīya）是順隨解脫，而成為解脫的意思。引文的意思是說如修行者修習順解脫分的種子，讓它們發揮作用，則可令自己趨向解脫的境界，最後達至五位中的資糧位。這是見道前的初步準備階段，修行者如能再積集種種有利於修行的功德、福智，便能進入更高的階位。

另外，引文提到的順抉擇分是對應於加行位的階段來說的。抉擇是指正智對善法進行揀擇的意思。順抉擇分（nirvedha-bhāgīya）是指修習和順隨這些正智的種子。這裏所指的善法種子是專指煖、頂、忍和世第一的四種善根。依唯識哲學的說法，如修行者能修習煖和頂這兩種善根，便可對治和伏滅所取的種子，而忍和世第一的兩種善法則可對治和伏滅能取的種子。當這兩類的煩惱種子被伏滅後，修行者便可證入加行位。加行（prayoga）具有加倍努力的意思，加行位是唯識所說五位中的第二位，指加倍努力以積聚修行功德的階段。修行者在證入資糧位後，只要再努力修行，便可見道，證入通達位階段，成為初地（ādi-bhūmi, prathamā）菩薩。它是修道五位中的第三位。如再精進下去，則可順次證入第四位的修習位。修行者會在這階段中修習無分別智，並斷除俱生而起的二障。最後可臻至第五位的究竟位，成就無上菩提正果。

扼要來說，引文指出順解脫分和順抉擇分這兩類種子因性格上與染法相違反，它們決不會是生起世間種種苦痛的成因。而有情眾生所具有的善根都是由此階段所含的善法種子所生起。依引文所說，這些藏在阿賴耶識中的善法種子具有不斷自行熏長，不斷地生起清淨熏習的勢用，它能讓善法同類的種子更見活躍。這種淨法的勢用只會愈生愈強，由是善根不會有所間斷。依此推論，在這些善法種子的不斷熏長下，有情眾生便會不斷生起淨行，而又因善法種子是與一切染法在性格上相違，所以能克制染法，令有情眾生於未來世中得以生起種種可愛和可樂的異熟果報。

當轉依完成後，有情眾生便能捨離阿賴耶識的虛妄染污性格。這種能熏長淨行勢用的善法，跟後來唯識論典提到的無漏種子的說法很接近，因為無漏種子並不是一般眾生由行為熏習而成的善性種子。它應是有情眾生與生俱來所有的無漏清淨種子。一般由業感而招致的種子在轉成現行後都會消失，但無漏種子則是具有自類熏長的勢用。不過，一般的說法認為無漏種子是本有的，也有熏習而成的，這即是正聞熏習：遇到有德行的眾生特別是菩薩或佛而聽到他們的開示。

（40）

復次，此雜染根本阿賴耶識，修善法故，方得轉滅。此修善法，若諸異生，以緣轉識為境，作意方便住心，能入最初聖諦現觀。……當於爾時，能總觀察自內所有一切雜染，亦能了知自身外為相縛所縛，內為麁重縛所縛。

（《大正藏》卷 30，頁 581 中）

這節引文續寫有關阿賴耶識的還滅相，還提到還滅的方法。引文指出修行者可透過修行的工夫去轉滅阿賴耶識的雜染性格。依引文所說，修行者透過修習種種善法，可達致轉依的結果。這裏要補充一點，上一節引文提到善法種子雖能自身不斷地熏長同類種子，並對一切染法具有克制的勢用，但修行者如不能從日常生活中令善法種子不斷生起，藉此減少染法種子的形成，則染法種子永不能被克伏，轉依最後也難以證成。是以這則引文強調善法修持的重要性。這即是說，論主以為轉依的成功除了靠本身的善法種子外，也得要在修行上下工夫，要不斷地生起淨法種子，只有這樣才可在染法種子不會繼續生起，只有善法種子不斷熏生的情況下，確保轉依的成功。

依論主所述，修行者不論是處於哪一界趣，其阿賴耶識也會伴隨他而生起。由於阿賴耶識是一切染法生起的識，也是一切轉識生起的根本，是以修行者在開始時要內省自身的阿賴耶識，了知它的種種虛妄性，才可向前推進。只有對阿賴耶識有正確的認識，即了知一切現象都是由阿賴耶識所變現出來，它們都是虛妄分別所形成，不應對它們生起執持之心，否則便會形成種種我執和法執，讓生死流轉持續不斷。如能了知諸法實無自性，一切皆是唯識的道理，便不會對一切法起妄執之心，這樣就可遠離種種顛倒妄想。因此引文以為要對阿賴耶識具有正確認識，了知它的虛妄分別性格，了知一切束縛都是源自這識。

（41）

> 復次，修觀行者，以阿賴耶識是一切戲論所攝諸行界故。略彼諸行，於阿賴耶識中總為一團一積一聚。為一聚已，由緣真如境智，修習多修習故，而得轉依。
>
> （《大正藏》卷 30，頁 581 下）

這節引文承接上引文，繼續說明要對阿賴耶識有正確的認識，方可達到轉依的結果。依引文所述，阿賴耶識是一切概念、現象和內在我執形成的來源。一切現象，包括由五蘊假合而成的我都是由識轉變而來的。事物本身並沒有實在性，但由於有情眾生不知，才會對自我及外界生起顛倒妄見，形成種種苦痛，繼而造諸惡業，招致在不同的界趣中受生。由此看來，阿賴耶識積聚了所有能引生出不同界趣的種子，成為有情眾生在不同界趣受生的依據。但由於這些種子全都是藏於阿賴耶識中，如能以真如為境的智慧（buddhi, prajñā）對治它們，並多加修習各種善法，伏滅一切有漏善的要素及惡性的種子，令無漏種子不斷熏長，則最後可達至究竟位而了斷生死煩惱的問題。

三、全文總結

《瑜伽師地論》為早期唯識哲學的一部重要論著，其內容雖以瑜伽師修證的十七境地為主，但它對於阿賴耶識也有不少義理上的深入討論。這主要見於〈攝抉擇分〉中有關阿賴耶識存在的種種論證。如將本論與《解深密經》（*Saṃdhinirmocana-sūtra*）比較，可見本論尤富有濃厚的哲學意味。在《解深密經》裏，阿賴耶識被譯為阿陀那識（ādāna-vijñāna）。經中雖有提到阿陀那識為前後期生命體的過渡主體，但經文只是作一般的記述，並沒有在義理上作深入的解說。經文比較強調阿陀那識為維持一期生命的肉體和精神活動作用的識體。有關阿賴耶識如何牽引出新一期的生命及其輪迴受生的過程的問題，並沒有說明。及至本論出，論主才對阿賴耶識作出種種義理上的剖析。在〈攝抉擇分〉中，論主提出了種種論證去證立阿賴耶識存在的必然性，並深入地討論到阿賴耶識與「諸識俱轉」等問題。有關這些的論證並不見於《解深密經》。這反映出本論中的阿賴耶識的理論已趨向哲理化。除了阿賴耶識的存在論證外，本論也提到了「轉依」的說法。依本論所說，轉依是將阿賴耶識的染污的有漏性轉成清淨的無漏性，而關鍵在於引發出藏在阿賴耶識中的順解脫分和順抉擇分的兩類善法種子。只要讓這些善法同時熏長其他同類的善性種子，以至伏滅或斷除一切有漏善及惡種子，便可修證至究竟位。本論中提到的這種具有熏長勢用的善法種子，是後出唯識經論中提到的無漏種子，可見無漏種子觀念已在本論中醞釀。對於這觀念發揮和開拓最多的，自然是護法的《成唯識論》。

另外，本論與《解深密經》同樣提到了阿賴耶識為生死輪迴的主體，但本論在說明一期生命在臨終前後以至受生的過程的情況，遠比《解深密經》及後期的唯識論典有更深入的交代，其中有關中陰身或中有、中有身的說法更是非常詳盡，可說是唯識經論中討論得最詳盡的一部。這對於了解阿賴耶識受生過程有很大的幫助。此中不但具有心理學、生理學的意義，同時也有存有論的意義。亦唯有清楚阿賴耶識的在個體生命之間的轉生過程，覺悟、解脫才能說。

在這裏，我們要總結一下《瑜伽師地論》的阿賴耶識思想的兩大特點：它的存在性與對中有或中陰身觀點的周詳的闡釋。先說阿賴耶識的存在性方面。論典從反方面著眼，表示倘若沒有阿賴耶識的存在，則有八方面重要的義理不能成立。這八方面是執受、初、明了、種子、業、身受、無心定、命終。特別是執受問題：前六識需要一個依止的主體，由它來執受、總合它們。阿賴耶識便是這個主體。另外，種子是一切眾生和器世間或世界的精神性的基礎、來源（這裏說「精神」是泛說），它們必須聚集於一個處所，這處所便是阿賴耶識。又，眾生在命終時，需要一個作為靈魂的主體，由一期生命軀體移至另一期生命軀體，這靈魂的主體便是阿賴耶識。論主的總的論據是，必須要確認阿賴耶識，執受、初、明了、種子、業、身受、無心定、命終這些生命現象才能成立。這樣的論證方式，在邏輯上可表示如下：

$\sim p \supset \sim q, q, \therefore p$ 或 $\sim p \supset \sim q \cdot \supset \cdot q \supset p$

其中，p 表示阿賴耶識，q 表示執受、初、明了等等東西。這是印度佛學特別是中觀學（Mādhyamika）的龍樹（Nāgārjuna）常用的推理的方式。要論證某物或命題 a 的可能性，先假設 a 不可能，然後引致 b, c, d, e……不可能；今 b, c, d, e……是可能的，因此 a 也是可能的。[23]

為省篇幅計，以下只就執受的問題來例示阿賴耶識的存在的必要性。即是，倘若沒有阿賴耶識，則前六識便沒有它們的所依和執持它們的主體。故阿賴耶識必存在。至於以阿賴耶識作為這樣的所依和執受的主體，論主提出五個理據。

1. 阿賴耶識是六識（眼、耳、鼻、舌、身、意識）的種子所依止的地方。只有阿賴耶識能攝藏種子，六識才能由各各相應的種子生起、現行。

2. 六識或六識身有善、不善、無記三種性質，只有作為中性的無記的識亦即是阿賴耶識才能作為這六識身的依止處。

3. 六識的種子有善、惡、無記三種性格，它們現行後通過熏習為種子而聚合在一起。此中需要一自身為無記性格的處所來平衡、中和這些不同性格的種子，把它們積藏起來。這處所同時也要受不同性格的現行識所熏習而成種子。只有無記性格的阿賴耶識能做到。這表示阿賴耶識的存在性。此中的關鍵涉及熏習的可能性。

---

23 關於龍樹的論證方式，參看拙著《龍樹中論的哲學解讀》（臺北：臺灣商務印書館，1999），頁 9-10。

即是，種子若是善或不善，是不能受熏的，因其性格過於明顯。只有沒有明顯性格的無記的種子，才能受熏。

4. 六識分別由自己的種子生起，自身不能持有其他識的種子。此中必須有一特別的組織或機能來執持一切識的種子，這機能即是阿賴耶識。

5. 識或轉識有時起作用，有時不起作用。在不起作用時，它們以種子的方式存在。此中需要有一具有恆久性的機能來收藏這些種子。不然的話，它們便會散開以至流失。阿賴耶識正擔負這種功能。

以上五種理據，其意涵相互牽連，在內容上不免有重覆的地方。要解決這個問題，便需要作系統性的重構，這不是我們在這裏要做的事。

確定了阿賴耶識的存在性後，我們便可以說，生命的流轉就是阿賴耶識的流轉，這便是所謂生死輪迴（saṃsāra）。一期生命完結後，個體生命會由前一軀體移轉到下一軀體受生，經過一段時間，又移轉到再下一軀體受生，以至於無窮。只有在成覺悟、得解脫後，這種流轉現象才會永遠止息，而得還滅。生命在流轉或輪迴之中，會受種種苦痛煩惱所侵擾，沒有快樂可言。只有在還滅之中，才可說永恆的快樂。

流轉與還滅都是就阿賴耶識的活動說。流轉是阿賴耶識的流轉，還滅是阿賴耶識的還滅；在還滅中，阿賴耶識獲得轉化，其存在性或內容會自動崩解，個體生命會完結，而與涅槃的境界合而為一。本論以流轉有四個面相：建立所緣轉、建立相應轉、建立互為緣性轉、建立識等俱轉轉。這亦可以分別稱為所緣轉、相應轉、互為緣性轉和識等俱轉轉。還滅則只有一個面相：還滅相或雜染轉。

下面要討論的是《瑜伽師地論》思想的另外一個特色，這即是對中有或中陰身受生的周詳的說明。一切凡夫，包括證得預流果和一來果的，都會以中有或中陰身輪迴受生。這中有正是阿賴耶識，在臨終時，它會慢慢離開垂死者的肉身，讓後者變得冰冷。這冰冷感會由後者的上身向下擴散，到垂死者的心臟停止跳動為止。這種跳動的止息表示阿賴耶識已由原來的生命軀體離開，找尋新的生命軀體，受胎而生。而原來的生命中的執著業力會牽引中有，讓它離開身軀，投向和開拓一新的生命身軀。我們凡夫的肉眼不能見到中有，只有聖者的天眼才能見到。論中甚至說及中有受生為男或為女的細微經過，和中有在受生之際由精神團凝結為物質性的身體的情狀。[24]而這物質性的軀體的生成也有一個過程，開始時是胚胎，慢慢發展，生出有形的器官。中有或阿賴耶識終於投生到新的生命軀體，進入所謂羯羅藍（kalala）階段。這羯羅藍有時亦作加羅羅時，指胎內五位中的最初一位，指胎兒在母胎中生起的最初一周間，是一時間概念。這大體上也可以叫作「受孕」。其後一切器官與神經系統逐漸發育，讓心識在作用方面有所依附，有據點。同時，肉身也需要心識和各種心理活動來維持。故心識與具有各種器官的身體有相互依賴的關係。

還有一點關連到中有或中陰身活動的，這即是眾生的死亡。論主通過識的表現、活動來解釋死亡現象，並仔細地描述當事者以中

24　此中的「精神團」中的「精神」，應該不是超越的理，而是經驗的氣，如同種子和整個阿賴耶識都不是理而是氣那樣。

有的身分由一期生命離開其色身，而中斷呼吸，也停止心跳活動，這便是死亡。接著而來的是中有把自己投入下一期的色身而受生，這也促使種種幻象產生。在這一點上，《瑜伽師地論》較其他論典說得更為完整、周延。

對於眾生死亡的原因與眾生在彌留（臨近死亡）中的情狀，論中也有理性而又有宗教義的交代。論主提出死亡的原因有三方面：壽盡、福盡、不避不平等。不避不平等意即不能避開導致自己死亡的原因。而眾生在彌留之際，會表現三種情狀：善心死、不善心死、無記心死。善心死是無痛苦而死，因為為善的緣故。不善心死是死時有大痛苦，這是作惡多端之累。無記心死是無苦無樂地死去，可謂死於自然。論主還說及眾生在死時，會生起種種怪異的心理現象；特別是惡人會看到自己在來生中受苦的果報身體如何墮進惡趣（畜牲、餓鬼、地獄）中。這中間有警誡、教育的意味：人在平日生活，其所作所為，需遵守社會的規制，不要作惡，損人利己，這會積集惡業，讓自己死後墮落到三惡道中，在生死輪迴中打滾，不能出離。

第二章 《攝大乘論》中的阿賴耶識思想之研究

一、從文獻學與哲學看《攝大乘論》的重要性

《攝大乘論》（*Mahāyānasaṃgraha*）是無著（Asaṅga）的主要著作，也是唯識學（Vijñaptimātratā-vāda）的挺重要的文獻。唯識學以彌勒（Maitreya）開始，無著繼承並發揚其說。但彌勒是傳說中的人物，故無著可以說是唯識學的實際開創者。即使是唯識學的另一重要人物世親（Vasubandhu），他的弟弟，也受到他的深刻和廣泛的影響。又，在國際佛學研究界有一種流行的說法，認為佛教有五大理論性強的學者，他們是龍樹（Nāgārjuna）、無著、世親、陳那（Dignāga）與法稱（Dharmakīrti）。

無著的著作，確實來說，有《攝大乘論》、《顯揚聖教論》、《大乘阿毗達磨集論》，又有對《金剛般若經》（*Vajracchedikā-prajñāpāramitā-sūtra*）、《解深密經》（*Saṃdhinirmocana-sūtra*）等的注釋。另外，那些早期唯識學的重要著書，如《瑜伽師地論》（*Yogācārabhūmi*）、《中邊分別論》（*Madhyāntavibhāga*）和《大乘莊嚴經論》（*Mahāyāna-sūtrālaṃkāra*）等，無著都被認為有

參予其中的撰作。[1]

傳統的說法以為，《攝大乘論》是《阿毗達磨大乘經》（*Abhidharma-mahāyāna-sūtra*）中〈攝大乘章〉的注釋，是承著《解深密經》、《阿毗達磨大乘經》等大乘經典，吸收《中邊分別論》、《大乘莊嚴經論》等論典的內涵而繼續發揮的。它的梵文原本已不存在，但有一種西藏文翻譯，即北京版《西藏大藏經》112，頁 215-236，頁 272-ult,；113，頁 1-50。另外，有四種漢譯：佛陀扇多（Buddhaśānta）譯，2 卷，《大正藏》31・97-113；真諦（Paramārtha）譯，3 卷，《大正藏》31・113-132；玄奘譯，8 卷，《大正藏》31・132-152；達摩笈多（Dharmagupta）譯，無獨立本，但收於世親對《攝大乘論》的注釋中。[2]在注釋方面，有世親、無性二人的注釋。[3]近年日本學者長尾雅人據藏譯並參考四種漢譯，為《攝大乘論》作了日譯。[4]荒牧典俊又據藏譯把《攝大乘論》還原為梵文。[5]另外，宇井伯壽又對此書的內容作了全面的研究，具有很高的學術水平。又另一學者上田義文有多面的研究，

---

1 彌勒被認為是這幾部論書的主要著者。

2 《攝大乘論釋》，世親釋，真諦譯，《大正藏》31・152 上-270 中；《攝大乘論釋論》，世親造，笈多共行矩等譯，《大正藏》31・271 上-321 上；《攝大乘論釋》，世親造，玄奘譯，《大正藏》31・321 上-380 上。

3 有關世親的注釋見註 2。《攝大乘論釋》，無性造，玄奘譯，《大正藏》31・380 上-449 中。

4 長尾雅人著《攝大乘論：和譯と注解》，上、下（東京：講談社，1997，1995）。

5 荒牧的梵譯載於註 4 所示長尾書中（頁 3-106）。長尾曾略作更改。

包括解讀與論文的撰著。支那內學院的王恩洋也作過研究，寫有《攝大乘論疏》。[6]

在內容方面，《攝大乘論》有很濃厚的哲學意味，系統性與組織性都很強。無著在這部出色的論著中，總體地建構大乘佛教的理論體系。這種做法，確與梵文書名的涵義「概括地攝握大乘佛教」非常相應。實際上，書中所討論的問題，都是重要的，而且對整套佛教（大乘）義理或哲學來說，有代表性。這些問題如十地、六波羅蜜多、三身、戒定慧等，當然也包括阿賴耶識與三性在內。這都是比較專門的問題。也有一般性而重要的問題，如緣起、唯識觀、實相，自然也包括涅槃問題在內。其中心課題集中在對象（所知 jñeya）的存在形態方面，這即是著名的三性說：遍計所執性（parikalpita-svabhāva）、依他起性（paratantra-svabhāva）和圓成實性（pariniṣpanna-svabhāva）。對於這三性說，無著非常重視，特別是圓成實性，因它是轉依或捨染轉淨而達致覺悟、解脫目標的關鍵。他以三性為基礎，作義理和實踐上的開展。例如：把六波羅蜜多與十地建立為悟入三性真理的具體的實踐項目和程序；把唯識觀或唯識真理視為悟入三性的最後成果。再就三性的所依而說阿賴耶識，這是由於它攝藏所有種子的緣故。[7]

6　宇井伯壽著《攝大乘論研究》（東京：岩波書店，1966）；上田義文著《佛教思想史研究》（京都，永田文昌堂，1967）；《攝大乘論講讀》（東京：春秋社，1981）；王恩洋著《攝大乘論疏》（臺北：新文豐出版公司，2005）。

7　說到阿賴耶識與三性的關係，有一點是值得注意的。一般佛典說佛教義理，通常是沿著四諦問題、五蘊問題說下來，或沿著緣起性空現在我們要在與阿賴耶識（ālaya-vijñāna）的關連這一點上，看《攝大乘論》在唯識哲學中的殊特的意義與位置。不可否認，無著在《攝大乘論》中，花了很多篇幅來論述阿賴耶識的哲學特別是形而上學的性格。[8]他通過對原始佛教的緣起思想的闡釋，確立阿賴耶識是我、法的依據，整個現象世界都是由它開出。即是說，生死流轉與涅槃還滅都是基於阿賴耶識而得成立的。在「世界是存在著」這一種背景之下，人以染污的阿賴耶識為輪迴主體，而不斷在六道的界域中打滾；又依於阿賴耶識的轉化，而開悟成覺，證入涅槃而得解脫。在這一點上，阿賴耶識可以說是個現象學的概念（phenomenological concept）。[9]唯識學的早期文獻，如《解深密經》（*Saṃdhinirmocana-sūtra*）與《瑜伽師地論》（*Yogācārabhūmi-śāstra*），雖都有闡釋阿賴耶識，後者更詳論阿賴耶識的存在性與在兩期生命間的承接過程，但這些文獻的現象學性格都不如《攝大乘論》那樣濃厚。

這一根本立場說下來。但無著在《攝大乘論》中，劈頭即抓緊阿賴耶識與三性的問題來發揮，並以這兩個主軸為基礎，全面地張開整個大乘佛教世界的圖象，建立這個世界的理論體系。這可說是在傳統說佛教的一貫方式之外，開出一條新的道路，從新的角度來開宗立說。這種做法，在佛教思想史上來說，是一種突破，一種創新。

8 所謂「形而上學的性格」（metaphysical character），指超越宇宙萬象而又作為後者的依據而言。

9 現象學（phenomenology）的意思，指存在於流變無常的現象世界而又有終極的轉化的可能性而言。這與現象論（phenomenalism）不同，後者是純然對現象的描述，而視現象為實有，不言終極義的轉化。

上面提到阿賴耶識是我、法的依據。關於這點，我們不是就物質性方面說，而是就精神性特別是就心識方面說，即是，阿賴耶識是有依據義的心識，我、法的現象都是由它而來。故阿賴耶識說可以說是一種唯心論，或觀念論（idealism）。日本學者上田義文與長尾雅人都有唯識學是一種觀念論的說法。上田是就護法（Dharmapāla）的《成唯識論》（*Vijñaptimātratāsiddhi-śāstra*）解識轉變（vijñāna-pariṇāma）為識變似相分（nimitta）與見分（dṛṣṭi）因而開出法、我現象世界而說護法的唯識學是觀念論的，這是以識為觀念性的實在。[10]這種說法雖非特別針對《攝大乘論》，但對《攝大乘論》還是有效的。長尾則認為，阿賴耶識說作為觀念論，是從實踐上立論，透過瑜伽的修行以達致解脫的目標；並不是萬物從心識中發出或流出而成的那種存在論。[11]長尾的見解，有它的道理。在修行實踐方面，主體或心的位置非常重要，因實踐歸根究底是心的事情。不過，就阿賴耶識說作為一種哲學理論看，它是形而上學地解釋和交代現象存在的可能依據的，這不能不涉及存在或存有的問題，這是存在論或存有論所討論的範圍。[12]觀

10　水野弘元監修、中村元等編：《新佛典解題事典》（東京：春秋社，1965），頁 140-141。

11　長尾著《攝大乘論：和譯と注解》，上，頁 18。

12　所謂「存有論」（ontology）是指研究事物的存在性格與存在根據的哲學理論。日本學者一般則說「存在論」。關於「存有論」一詞，牟宗三先生用得很多，而且對此種理論所涉的存有或存在，持肯定態度。存有或存在通常指現象而言，肯定存有或存在即肯定現象世界。對於這「存有論」，牟先生有很清楚明確的界定，他是從範疇一概念說下來的。他說：「一個存在著的物是如何構成的呢？有些

念論是以觀念為實在，視之為現象存在的根源；而觀念是心的觀念，由心所創發。故以阿賴耶識說作為觀念論，以阿賴耶識為觀念性的實性，這種說法是有充分理據的。這便有存有論的意味，上田是近於這個意思的，他的說法不能忽視。我們以為，從實踐的角度來說阿賴耶識說是觀念論，意思不是很確定，所涉範圍也很寬廣。從存有論方面來說阿賴耶識說是觀念論，意思相當確定，清楚表明它是我、法的存在根據。實際上，無著在《攝大乘論》中說阿賴耶識是「所知依」，其存有論的意味是很明顯的。

最後我們要就《攝大乘論》在唯識學的思想史上的位置作一檢討，我們還是以阿賴耶識說作為焦點來討論。《攝大乘論》是唯識學論典中首先提出八識說的作品，只這點便可確立它在唯識思想史上的獨特位置，因八識說是唯識理論的思想主軸。這「三層八識」的心識的理論架構，是以阿賴耶識為最具根源性的心識，由這一層再下開末那識（mano-vijñāna）與眼、耳、鼻、舌、身、意六種轉

甚麼特性、樣相，或徵象呢？這樣追究，如是遂標舉一些基本斷詞，由之以知一物之何所是，亞里斯多德名之曰範疇。範疇者，標識存在了的物之存在性之基本概念之謂也。存在了的物之存在性亦曰存在性或實在性。講此存有性者即名曰存有論。……此種存有論，吾名之曰，『內在的存有論』，即內在於一物之存在而分析其存有性也。」（牟宗三著《圓善論》，臺北：臺灣學生書局，1985，頁 337）這種存有論應與本體論分開，雖然二者的相應英文詞都是 ontology。存有論是研究現象存有的，本體論則是研究本體存有（即宇宙的本體）的，兩者的研究對象的層次不同。另外，「存有論」的意義可以定得寬鬆一點，雖然主要指涉現象的存有，但亦可涉及現象以外的東西。這又是比較普泛的用法。

識（pravṛtti-vijñāna）兩個層次。阿賴耶識是根本的心識，第七末那識與六識都以它作為存有論的依據。第七末那識是自我意識的基礎，六識的開展，則形成主體與客體都概括於其中的現象世界。這個心識的理論架構確定了，後來世親與十大論師的思想，都在這個架構之下發展，成了《攝大乘論》心識說的註腳。對於這種心識說的整個圖像，無著以自原始佛教以來即極為強調的因果關係作為中軸而撐開，這因果關係亦成為整套唯識理論的思想發展的核心。[13]即是，阿賴耶識與末那識並六轉識有互為因果的關係，這種關係在流轉的世界中有持續性。這需要從阿賴耶識的功能說起。它能攝藏六轉識因現行而存留下來的經驗，這些經驗以種子形式藏於阿賴耶識中。在這種情況，六轉識的現行是因，種子是果。而這些種子亦可作為因，生起作為果的六轉識的現行，而成未來的經驗。[14]我們

---

13 原始佛教的根本教義，如三法印、四聖諦、十二因緣，特別是後二者，都涵著因果關係而成立。三法印以「諸行無常」、「諸法無我」二法印為因，「涅槃寂靜」法印為果。四聖諦中苦、集二諦以集諦為因，苦諦為果；滅、道二諦以道為因，以滅為果。再概括地說，四聖諦可以苦、集二諦所成的世間領域為因，以滅、道二諦所成的出世間領域為果。至於十二因緣的說法，其因果關係意味至為明顯，不需細贅。關於這些方面，參閱拙著《印度佛學的現代詮釋》，臺北：文津出版社，1994，頁 26-39。較詳盡的說明，可參考藤田宏達著〈原始佛教における因果思想〉，載於佛教思想研究會（中村元代表）編：《佛教思想 3：因果》（京都：平樂寺書店，1982），頁 83-124。至於唯識理論，我們可以說，整套理論是建立在下面即將談到的種子與現行、現行與種子的因果關係上的。

14 長尾雅人曾以阿賴耶識比況電腦，能收入種種資訊。又能應新的需要，把資訊發放出來。（長尾著《攝大乘論：和譯と注解》，上，

可以說，阿賴耶識扮演著場所的角色，在其中，種子與現行、現行與種子的因果關係交替地進行，以成就緣起（pratītyasamutpāda）的現象世界。[15]

二、《攝大乘論》的阿賴耶識說

（01）

世尊何處說阿賴耶識名阿賴耶識？謂薄伽梵於阿毗達磨大乘經伽他中說：

無始時來界[16]，一切法等依，由此有諸趣，及涅槃證得。

即於此中，復說頌曰：

由攝藏諸法，一切種子識，故名阿賴耶，勝者我開示。

頁 19。）

15 這裏所謂「場所」，當然不是一種物理的空間，它毋寧是精神的空間、下意識的空間，有點類似日本當代大哲學家西田幾多郎所說的場所，後者是非實體性的空間（non-substantial space）。（關於西田的場所觀，參考拙著《絕對無的哲學：京都學派哲學導論》，臺北：臺灣商務印書館，1998，頁 19-21。更詳盡的，可參考拙著《絕對無詮釋學：京都學派的批判性研究》，臺北：臺灣學生書局，2012，頁 1-100。）有一點應分別清楚：西田的場所是終極的實在，是超越義的，不受制於時空。阿賴耶識雖是下意識層面，但嚴格來說，仍不脫經驗的性格，受制於時空，故它作為輪迴主體，最終可被斷捨，而轉成如《成唯識論》所說的超越的大圓鏡智。

16 這裏說「界」（dhātu），是因的意思。這不單是因果關係的因，而且有根基、基底、依據之意。這是用來強調阿賴耶作為一切法（染淨法）的根基的重要性。

如是且引阿笈摩證，復何緣故此識說名阿賴耶識？一切有生雜染品法，於此攝藏為果性故；又即此識，於彼攝藏為因性故；是故說名阿賴耶識。或諸有情攝藏此識為自我故，是故說名阿賴耶識。　　　　（《大正藏》卷31，頁133中）

這是第一章〈所知依〉章的開始部分。這章是專討論阿賴耶識的。「所知依」即是所知的法或存在的依據，亦即阿賴耶識。這節引文主要是以教證（《阿笈摩》*Āgama*，即《阿含經》）交代阿賴耶識的得名。引文的開端即引《阿毗達磨大乘經》（*Abhidharma-mahāyāna-sūtra*）的偈頌說明阿賴耶識是由無始世代以來，一切事物和現象界的依止處。世間上的一切事物都是由阿賴耶識而生起，就連天、人、阿修羅、畜生、餓鬼和地獄這六趣與及出世間的清淨涅槃也是依於阿賴耶識而有，所以經文說阿賴耶識是有為法的六道和無為法的涅槃之總依。有情眾生是因阿賴耶識而在六道中打轉，也是因阿賴耶識而證得清淨的涅槃（nirvāṇa）。

接著，引文解釋阿賴耶識得名為阿賴耶識的種種原因。引文續引《阿毗達磨大乘經》的解釋。依引文所說，由於阿賴耶識能攝取一切法，並以種子（bīja）的形式將它隱藏起來，所以稱為「阿賴耶識」（ālaya-vijñāna, ālaya 之語根為 ālī，住、藏之意），而阿賴耶識因能攝藏一切種子，所以又稱為「一切種子識」（sarvabīja-vijñāna）。這種子識所具的攝藏，具有三種意思：首先是一切由業感緣起招致的有為生滅法，會被阿賴耶識攝取，成為阿賴耶識的果（phala）；其次是阿賴耶識又會成為一切雜染法的因（hetu）。最後一種則是因有情眾生會執著阿賴耶識，以為它是實體

（prakṛti），繼而產生種種我見，甚至錯誤地執取阿賴耶識，以為它就是自我（ātman）。由於這種子識具有這三種意思，所以引文稱它為「阿賴耶識」。大體上，這節引文所舉出三種攝藏的意思，多偏向於染法上的析說，比較強調阿賴耶識的染污方面的作用。如它為雜染法的依止處，且與染法有著互為因果的關係。

（02）

復次，此識亦名阿陀那識。此中阿笈摩者，如解深密經說：

阿陀那識甚深細，一切種子如瀑流，

我於凡愚不開演，恐彼分別執為我。

何緣此識亦復說名阿陀那識？執受一切有色根故，一切自體取所依故。所以者何？有色諸根，由此執受，無有失壞，盡壽隨轉。又於相續正結生時，取彼生故，執受自體。是故此識亦復說名阿陀那識。（《大正藏》卷31，頁133中-下）

這節引文，繼續解說阿賴耶識的得名。依引文所說，阿賴耶識又可稱為「阿陀那識」，並引《解深密經》（*Saṃdhinirmocana-sūtra*）的經文為例證。依《解深密經》所言，阿賴耶識又名為阿陀那識（ādāna-vijñāna），有關這識的作用十分艱深和細微，它所攝藏的種子又如瀑布水流（ogha），恆常不斷，為了避免愚昧的凡夫誤把它當作實體，以為有一個稱為「我」（ātman）的實體存在，所以如來不為凡夫眾生開示這種教說。由此來看，在其他的佛經中已有將阿賴耶識稱為阿陀那識。接著，引文繼續解釋阿賴耶識被稱為阿陀那識的原因。依引文所說，阿賴耶識與有情眾生的存在有很重要的關係。由於阿賴耶識能夠執受眼、耳、鼻、舌和身等五種色根（rūpīndriya），為它們提供依止處（aśraya），使它們不至於喪失破壞，所以能夠令五種感官在一期生命中不斷發揮其本有的功用。此外，引文又指出當一期生命結束時，阿陀那識能夠將前期的生命帶往後一期的生命，令生命得以延續下去。在生命的不斷延續的過程中，阿陀那識會在新一期生命受生中，攝取那個生命軀體，使自己入胎。由此可見，阿陀那識可視為輪迴的主體，也是有情眾生誤執為實我（ātman）的原因。若果沒有了阿陀那識，則生命的延續便難以解釋。由此引出相關業力的留存問題，也難有合理的解說。[17]因此，阿陀那識是要立的。

（03）

此亦名心，如世尊說：心意識三。[18]

（《大正藏》卷 31，頁 133 下）

心體第三，若離阿賴耶識，無別可得。是故成就阿賴耶識以為心體，由此為種子，意及識轉。何因緣故，亦說名心？由種種法熏習種子所積集故。　（《大正藏》卷 31，頁 134 上）

17　「阿陀那」的梵語原文是 ādāna。若加上字首 upa-，則成 upādāna，這即是執受，執受為自己的東西也。這亦有把握、統合之意，主要是統合身體，視之為自己存在（ātmabhava）之意。

18　當心、意、識三者共舉，這三者有時是同義（ekārtha），或同義異語（paryāya）。但在這裏，則三者各別，各有所指。

這兩節引文繼續解釋阿賴耶識的異名。依引文所說，阿賴耶識也稱為「心」（citta），即佛陀所說「心、意、識」中的「心」。心（citta）的語根是 cit，考核之意。引文說若離開阿賴耶識，則沒有別的心體可得，所以稱它為心體。阿賴耶識能夠含藏種子，而以阿賴耶識的種子為依據，第七識的染污末那識（kliṣṭamanas）與前六識才能轉起。又由於阿賴耶識能積聚收集由種種法所熏習的種子，所以稱它為「心」。所謂「熏習的種子」（vāsanābīja）是泛指那些在前七識現行對阿賴耶識連續熏染影響作用下形成的種子，這些種子會被阿賴耶識所攝藏。由此來看，阿賴耶識具有積集種子的功用。

（04）

復次，聲聞乘中亦以異門密意，已說阿賴耶識，如彼增一阿笈摩說：世間眾生，愛阿賴耶，樂阿賴耶，欣阿賴耶，憙阿賴耶；為斷如是阿賴耶故，說正法時，恭敬攝耳，住求解心，法隨法行。如來出世，如是甚奇希有正法，出現世間。於聲聞乘如來出現，四德經中，由此異門密意，已顯阿賴耶識。於大眾部阿笈摩中，亦以異門密意，說此名根本識，如樹依根。化地部中，亦以異門密意，說此名窮生死蘊。有處有時見色心斷，非阿賴耶識中彼種有斷。

（《大正藏》卷 31，頁 134 上）

這節引文承上文對阿賴耶識異名的釋說，進一步指出在其他佛教經典中，已有阿賴耶識的說法，不過，在那些經典中，並非用

「阿賴耶識」這名稱，而是有別的異稱（paryāya）。例如引文指出在《增一阿含經》（*Ekottarikāgama*）中，便用到「愛阿賴耶」、「樂阿賴耶」、「欣阿賴耶」和「憙阿賴耶」的字眼，從其稱謂可見，《增一阿含經》已用到「阿賴耶」的說法，且更以為它具有「愛」（ārāma）、「樂」（rata）、「欣」（saṃmudita）、「憙」（abhirāma）四種特性；接著引文又指出在大眾部的經典（*Mahāsaṃghikāgama*）中，則稱阿賴耶識為「根本識」（mūlavijñāna），它被認為是一種常存的基本識，往往被稱為「細心」，它也是其餘六識賴以生起的識；另外，在化地部經典（*Mahīśāsakāgama*）中，阿賴耶識被稱為「窮生死蘊」（āsaṃsārikaskandha）。這個稱號主要見於化地部的教說。依化地部的主張，有情眾生能藉這「窮生死蘊」延續多期的生命。它在般涅槃前，能具有生起一切心法和色法的功用，與後期的種子觀念頗相似。這又跟前文提到阿賴耶識為阿陀那識的說法很相似，因為兩者都將阿賴耶識視作為生死輪迴的主體。[19]

（05）

阿賴耶如是所知依，說阿賴耶識為性，阿陀那識為性，心為性，阿賴耶為性，根本識為性，窮生死蘊為性等；由此異門，阿賴耶識成大王路。　　（《大正藏》卷 31，頁 134 上-中）

19　本節文字主要是說阿賴耶識的淵源、早期階段的歷史，特別是小乘部派的說法。這顯示阿賴耶識作為生死輪迴的主體，在早期佛教中已廣受注意，只是所用的稱呼不同而已。

這節引文是第 4 節引文的小結。引文以阿賴耶識為一切法的依止，所以又稱它為「所知依」（jñeyāśraya）。引文續說阿賴耶識又可稱為「阿陀那識」、「心」、「根本識」和「窮生死蘊」。大體上，以上引文提到的阿賴耶識是諸識的根本，它既是生死輪迴和解脫的主體，也是其餘諸識賴以生起的識。由於它的力用又是其他七識中最大的，所以說它為「大王路」（mahārājapathotkṛṣṭa），比喻它是諸識之王，有統領其他諸識的作用，是帶領其他分枝的根幹之路。

（06）

如是已說阿賴耶識安立異門。安立此相，云何可見？安立此相略有三種：一者，安立自相；二者，安立因相；三者，安立果相。此中安立阿賴耶識自相者，謂依一切雜染品法，所有熏習為彼生因，由能攝持種子相應。此中安立阿賴耶識因相者，謂即如是一切種子阿賴耶識，於一切時與彼雜染品類諸法現前為因。此中安立阿賴耶識果相者，謂即依彼雜染品法無始時來所有熏習，阿賴耶識相續而生。

（《大正藏》卷 31，頁 134 中-下）

這節引文主要是說明阿賴耶識的「相」的問題。這個「相」（lakṣaṇa）是具有「本性」的意思，不是作相狀解。這由因相、果相的梵文表示式後段的 -tva 表示抽象意義的本性一點可見。簡單來說，引文以為阿賴耶識有三種本性。它們分別是自相、因相和果相。所謂自相（svalakṣaṇa），是指阿賴耶識能夠攝藏種子並保持種子的作用。[20]「因相」（hetutva）是指阿賴耶識為萬法生起的原因，藏於阿賴耶識中的一切種子，時刻都能產生現行，故說阿賴耶識為生起萬法，生起現行之因，這即是因義。「果相」（phalatva）是指阿賴耶識能招引出果報，由於善、惡和無記（即中性之意）的種子都藏在阿賴耶識中，生生世世永不散失，待時機和條件成熟，種子便會按其性質生起善報或惡報。總之，這節引文以阿賴耶識具有自相、因相和果相三義，實指阿賴耶識具有攝藏、生因和感果的作用。萬法便是由阿賴耶識這三種本性，得以生起和延續。

（07）

復次，何等名為熏習？熏習能詮，何為所詮？謂依彼法俱生俱滅，此中有能生彼因性，是謂所詮。如苣藤中有花熏習，苣藤與華俱生俱滅，是諸苣藤帶能生彼香因而生。又如所立貪等行者，貪等熏習，依彼貪等俱生俱滅，此心帶彼生因而生。或多聞者，多聞熏習，依聞作意俱生俱滅，此心帶彼記因而生，由此熏習能攝持故，名持法者。阿賴耶識熏習道理，當知亦爾。（《大正藏》卷 31，頁 134 下）

這節引文主要是解釋阿賴耶識與熏習（vāsanā）的關係，即阿賴耶識受熏的道理。依引文所說，熏習即是能詮，即是對事物起主

20 其後護法在《成唯識論》說自相，更進一步就三方面來說，這即是能藏、所藏、執藏。

動熏染的力用。所謂「所詮」指的是被熏習之物。引文引苣藤和香花為例加以說明。印度人喜歡將苣藤（即胡麻 tila）和香花一起埋在地下，使之腐爛，然後再取出胡麻壓出香油。胡麻本身並沒有香味，但經過香花的熏習後，胡麻便染上了花的香氣，壓出來的油，也就帶有香花的氣味，就是這樣，經過熏習的胡麻便帶上了生香之因。阿賴耶識與染法的關係也是一樣的，它不斷受染法所熏習。總的來說，阿賴耶識本身當是無記體，但它本身並非不預設染法，因為阿賴耶識中攝藏了不少有漏的種子。這些種子會遇時而熟，生起現行（pravṛtti）。現行又會復熏有漏種子。就是這樣，到了最後，它就會引起相續的果報。[21]

（08）

復次，阿賴耶識與彼雜染諸法同時更互為因，云何可見？譬如明燈，焰炷生燒，同時更互。又如蘆束互相依持，同時不倒。應觀此中更互為因，道理亦爾。如阿賴耶識為雜染諸法因，雜染諸法亦為阿賴耶識因，唯就如是安立因緣，所餘因緣不可得故。（《大正藏》卷 31，頁 134 下）

---

21 熏習（vāsanā）又譯作習氣，這二詞時常交替使用。所謂習氣，是由熏染而成印象，有習慣性、潛在勢力之意。這好像以香來熏染衣服，把香移開，衣服也可散發出同樣的香氣。這習氣又稱作種子（bīja）。這裏所說熏習，可有兩個意義。一是能熏、所熏同時存在，同時生滅（sahotpādanirodha），一是作為原因，在未來生起相同的東西（janaka-nimittatva）。

這節引文揭示阿賴耶識與雜染的法（saṃkleśikadharma）具有相互為因（anyonyahetutva）的關係。引文舉引了明燈中的火焰（dīpa）和能生火焰的燈炷為例加以說明。火焰的生起是因為有火炷助燃，這樣來看，火炷是形成火焰的原因；但火炷之所以被稱為火炷，又是因有火焰在燃燒，所以火焰又可視作為火炷之因。由是，火炷與火焰是缺一不可，且互為原因。此外，引文又再以一束蘆葦（naḍakalāpa）為喻略加說明互為原因的關係。一束蘆葦之所以不倒，是因為蘆葦草互相依賴（anyonyam āśritya），互相依持。這即如阿賴耶識與諸染法互為原因的關係。總之，依引文來看，阿賴耶識是雜染法的原因，而雜染法又是阿賴耶識的原因。由於染法的生起，其餘力會被阿賴耶識以種子的形式攝藏著，待時機成熟，會生起果報。這種有漏的果報，又會熏習阿賴耶識，由是眾生造業不斷。依此來看，阿賴耶識與雜染法有互為因果的關係。[22]

（09）

如是緣起，於大乘中極細甚深。又若略說，有二緣起：一者，分別自性緣起；二者，分別愛非愛緣起。此中依止阿賴耶識，諸法生起，是名分別自性緣起，以能分別種種自性為緣性故。復有十二支緣起，是名分別愛非愛緣起，以於善

22　所謂阿賴耶識與雜染法的關係，其實是阿賴耶識與現象世界的關係，現象世界常是染污的。由於現象世界是由前七識所展示的（所謂唯識 vijñānamātratā 或唯識 vijñaptimātratā 的表象），故阿賴耶識與現象世界的關係亦即是阿賴耶識與前七識的關係。

趣、惡趣能分別愛非愛種種自體為緣性故。

（《大正藏》卷 31，頁 134 下-135 上）

這節引文交代了兩種緣起法（pratītyasamutpāda），一種是「分別自性（svabhāvavibhāgika）緣起」，另一種是「分別愛非愛（iṣṭāniṣṭavibhāgika）緣起」。依引文所說，大乘佛教中有兩種甚為深奧的緣起義理，第一種是「分別自性緣起」，即是阿賴耶識緣起法。它指世間萬事萬物都依止阿賴耶識裏性質不同的種子而生起。而所謂「分別愛非愛緣起」即是「十二緣起」（dvādaśaṅga-pratītyasamutpāda）。人的身體可以分為愛、非愛兩種，凡生於天、人等善趣（sugati）的身體是可愛的，生於惡趣（durgati）的身體是不可愛的，無論是善趣或惡趣的身體，都是依於十二因緣而有。「十二因緣」又稱為「十二支緣起」，是用來解釋有情眾生在生死輪迴中打轉或趣向涅槃的道理。所謂「無明」（avidyā）指有情眾生無始時來所處的無知狀態；「行」（saṃskāra）泛指潛在的意志活動；「識」（vijñāna）指對外物的分別、認識的作用；「名色」（nāma-rūpa）指心與身，即精神與物質；「六入」（ṣaḍ-āyatana）指眼、耳、鼻、舌、身和意六種認識機能；「觸」（sparśa）指感官與對象的接觸；「受」（vedanā）指由觸而起的感受；「愛」（tṛṣṇā）指一種盲目的佔有慾念；「取」（upādāna）指一種心理上的執著；「有」（bhava）指生命的存在；「生」（jāti）指出生；而「老死」（jarā-maraṇa）則指老去和死亡，也是一期生命的終結。依這緣起法，「無明」緣「行」，「行」緣「識」，「識」緣「名色」，「名色」緣「六入」，「六入」緣「觸」，「觸」緣「受」，「受」緣「愛」，「愛」緣「取」，「取」緣「有」，「有」緣「生」，「生」緣「老死」。[23]每兩支間順序成為一對因果關係，再配合過去、現在、未來三世，即成為三世兩重因果：「無明」和「行」，是過去世的因；「識」、「名色」、「六入」、「觸」和「受」，則是現在世的果；「愛」、「取」、「有」是現在世的因；「生」和「老死」則是未來世的果。有情眾生便是按這因果律，不斷在六道輪迴中受生。如能了知「老死」是緣於「生」，「生」又緣於「有」，「有」緣於「取」乃至「行」緣於「無明」的道理，對十二因緣作一正確的觀想，則能滅除諸種苦惱。如不被「無明」所惑，則可斷除「行」，「行」斷則「識」斷，「識」斷則「名色」斷，以至「老死」斷，這樣便能斷除一切煩惱，達至清淨涅槃境界。總之，這節引文指出有情眾生是離不開「阿賴耶識緣起」和「十二因緣」這兩種緣起法。特別值得留意的是引文中已提到阿賴耶識的緣起法，儘管它對有情世界及有情眾生的出現仍欠詳細的解說。[24]

---

23 關於十二因緣的哲學特別是形而上學方面的詮釋，參看吳汝鈞著《佛教的概念與方法》（臺北：臺灣商務印書館，1988），頁 1-4。

24 自佛陀以來，緣起一直是佛教的根本原理。這裏提出的兩種緣起，一是就自性分別而分，一是就可愛與不可愛的分別而分。這便是「分別自性緣起」與「分別愛非愛緣起」。前者強調對事物的分別與判斷，涉及認識的形而上學。現象世界是前七識的展現，而前七識又與阿賴耶識同時因果地生起，使現象世界以認識的模式而形成。後者則是異時性質的，以十二支緣起的方式被提出來。這便是人的輪迴轉生的事實，在善趣與惡趣中，領受愛與苦惱的經驗。這兩種緣起，可以說是一個全體的緣起事實的不同的二面表現。

（10）

又若略說，阿賴耶識用異熟識一切種子為其自性，能攝三界一切自體、一切趣等。

此中五頌：

外內不明了，於二唯世俗，勝義諸種子，當知有六種。

剎那滅俱有，恆隨轉應知，決定待眾緣，唯能引自果。

堅無記可熏，與能熏相應，所熏非異此，是為熏習相。

六識無相應，三差別相違，二念不俱有，類例餘成失。

此內外種子，能生引應知，枯喪由能引，任運後滅故。

（《大正藏》卷 31，頁 135 上-中）

這裏開始以五首偈頌討論種子（bīja）的問題。首先強調阿賴耶識以種子為它的自性（svabhāva）。這「自性」應作本質、內容解。這些種子藏於阿賴耶識中，它是三界（traidhātuka）中一切自體或身體（sarvakāya）的存在與一切趣（sarvagati）或生存領域的涵攝者。[25]

---

25 「種子」（bīja）一概念，也見於《解深密經》中。那是作為「阿賴耶識」的另一名稱而使用的。「異熟識」（vipāka-vijñāna）一語，則初次在本節中出現。所謂「異熟」（vipāka），指過去的行為（業 karman）的結果開始成熟之意。這些結果藏於阿賴耶識中，故阿賴耶識又稱「異熟識」。所謂「異」是指過去的行為是或善或惡，作為結果的阿賴耶識則是無記，這因果關係有異的意味。又這裏所說的「自體」即「身體的存在」，指個體生命的持續（sattva-saṃtāna）之意。

首先說種子有外、內之分。外方面（bāhya）種子如稻、麥的種子；內方面（adhyātman）則是阿賴耶識的種子。這些種子難分善、惡，它們是無記的、是中性的，這特別就阿賴耶識中的種子為然，其善、惡性質難有明確的記別，故為「不明了」（avyakta）。在這兩類（dvaya）種子中，稻、麥的種子是世俗的（saṃvṛta），阿賴耶識中的種子則是勝義的（paramārtha）。按唯識的立場來說，稻、麥的種子是物質性的，是依於心識的變現（vijñāna-pariṇāma）而安立的，因而是世俗的。而阿賴耶識中的種子則是精神性的，是一切存在的根據，萬法都是由它們生起的，所以是勝義的。

跟著便說種子六義。這是規範種子的作用或活動的六條準則。第一是剎那滅（kṣaṇika）；第二是俱有，因與果同時存在（sahabhūka）；第三是恆隨轉（saṃtānānuvṛt）；第四是決定，在性質上決定（niyata）；第五是待眾緣（pratyayāpekṣa）；第六是引自果（svaphalasyaiva sādhanaṃ）。

以下逐一看這六義。剎那滅指種子不是常住不變的，而是在每一剎那中都在生在滅。故種子是無常法，是生滅法。俱有指作為因的種子與它的果是同時存在的，種子與果是同剎那的，是即時性的，屬於過去與未來的東西，不可能是種子。恆隨轉表示種子才生即轉，轉成另外狀態，不同狀態持續地不斷繼起。決定表示種子的轉生、轉變，在性質上是有限定的，善的因生善的果。一切結果不可能無秩序地、同時地由一切種子生出來。待眾緣指種子生起結果，需要依待適當的條件，種子不可能隨時隨地生出果來。最後，引自果表示種子只能生出自類的果，不能生出他類的果。橙的種子不會生出蘋果的果，同樣，心法的種子不可能生出色法的果。[26]

跟著討論所熏性的問題。種子是熏習而成的。具體的業或行為（karma），有熏習的作用，熏習成種子。而所有的種子都藏於阿賴耶識中。故種子可以阿賴耶識來說。這些種子或阿賴耶識便是所熏。業或行為則是能熏。並不是甚麼東西都可以被熏成，都可以是所熏。它必須要具備一定的條件，才能被熏成，這便是「所熏性」或「熏習相」（vāsanālakṣaṇa）。這有四個條件，即是堅（dhruva）、無記（avyākṛta）、可熏性（bhāvya）和與能熏相應（bhāvakasaṃnibandhaka）。[27]

以下逐一看這四個條件。堅即是安定性或穩定性。這並不是沒有變化，而是在變化中有一定的一類相續性。故所熏的東西不可能像風與聲音那樣流動不定。它要像油那樣，為香氣所熏習，而持續地保有這香氣。無記即是不是極端的性格，而是中性的。中性的東西才能受熏；明顯地是善或惡的東西不能受熏。阿賴耶識是中性的，所以能受熏。可熏性則是具有容受熏習的可能性。經驗性的或緣起性的東西有可熏性，常住的東西則不具可熏性。與能熏相應則是所熏的東西與能熏的東西在時、處方面相應，兩方面的出現為同

---

26 對於這《攝大乘論》所說的種子六義，後來的《成唯識論》加以繼承下來。《瑜伽師地論》則以因的七義來說。後來的華嚴宗的法藏在其《華嚴一乘教義分齊章》中，把種子六義發揮成緣起因門六義，但其旨趣則與原來的大不相同。

27 《成唯識論》曾說及所熏四義與能熏四義。這所熏四義即相當於這裏的所熏的四條件。至於能熏四義，則是護法自己提出來的，不見於唯識學的其他論典中。

時同處，熏習才可能。兩者若剎那前後不同，或處於不同地域，則沒有碰頭的機會，故不能有熏習。阿賴耶識與轉識為同時同處，故可受轉識熏習。偈頌跟著強調，阿賴耶識或一切種子識正與這四個條件符應，沒有違逆之處，故具有熏習相，可以廣泛地受熏。

討論到這裏，作者無著強調，能夠接受熏習的，只有阿賴耶識；除此之外，沒有其他可接受熏習的東西。他並拒斥其他學派在這方面的不正的看法，特別是他們認為六識前後有受熏現象的想法。他提出三點。一、六識相互間並不關連起來，而熏習是需要兩個相關物在同時同地出現的。故六識在這方面並不「相應」。具體地說，六識在所依（āśraya）、所緣（ālambana）與思維（manaskāra）這幾方面都不同，相互間並無連結（saṃbandha），因而不可能有熏習發生。第二、經量部（Sautrāntika, Dārṣṭāntika）認為，前時的六識能熏習後時的六識。但無著提出，六識在二念剎那（kṣaṇa）間並不同時存在（sahabhū），故相連不起來，因此沒有熏習。第三、經量部又以為，前念識與後念識同是識，在類別（jāti）上相同，故二者雖不同時存在，還是可以有熏習。無著以為，這也不成。眼與耳都是由清淨的物質（rūpa-prasāda）而來，它們作為感覺機能，是同一種類，但相互間還是不能熏習。[28]

最後一偈頌討論到生因（janaka）與引因（ākṣepaka,

28　所熏性的四個條件與種子六義之間的關係為如何呢？這是一個很值得討論的問題，倘若我們要對種子理論有更深刻的了解。有一點很明顯的是，所熏性的四條件很重視兩個事物的相互連結與同時存在的關係，這卻不是種子六義的中心思想，在種子六義中甚至少有提到。

āvāhaka）的問題。生因指種子中的生起的力，引因指牽引使能持續下去的力，兩者都是就力動而言。外方面（bāhya）的種子，例如植物的種子，生因能使芽生起，至於果實成熟。引因則使果實持續下去，雖然枯黃（aropita），但仍能維持一段時間而不壞滅。內方面（adhyātmika）的種子，例如十二因緣的情況，生因能使名色（nāmarūpa）從識生起，最後至於老死（jarā-maraṇa）。引因則使個體生命死後（mṛta），屍骸並不馬上腐爛，而能持續一段時間。結果當然是，生因漸次滅去，引因也跟著漸次滅去。

（11）

為顯內種非如外種，復說二頌：

外或無熏習，非內種應知，聞等熏習無，果生非道理。

作不作失得，過故成相違，外種內為緣，由依彼熏習。

（《大正藏》卷 31，頁 135 中）

這裏再以兩首偈頌，展示內、外種子的不同。上面說到種子六義、生因、引因，都是就內、外種子而言的。就此點看，內、外種好像沒有甚麼分別。但在熏習這一點上，兩者有著顯著的不同。外種有時可以沒有熏習（avāsita），內種則必有熏習。例如香熏習苣藤，使苣藤有香氣。這香氣是經熏習而有的。但若從蓬草生苣藤，從麵粉生蓮花，則沒有熏習。就內種而言，則必有熏習。例如知識這種果的生起，必須依賴聞熏習（śrutādivāsanā）。倘若不承認內種必有熏習，則努力（作）會無所得，不努力（不作）反而會有所得。這當然是不確的，與正理相違。就實際的情狀而言，內種是一切存在的真因，外種反而是假立的。先有阿賴耶識的內種熏習，才有外種，然後由外種生起植物的各個部分。[29]

（12）

二識更互為緣，如阿毗達磨大乘經中說伽他曰：

諸法於識藏，識於法亦爾，更互為果性，亦常為因性。

（《大正藏》卷 31，頁 135 中）

這裏討論轉識（pravṛtti-vijñāna）與阿賴耶識之間的關係。轉識即是阿賴耶識以外的諸識，如眼識、耳識等。這裏引述《阿毗達磨大乘經》（*Abhidharma-mahāyāna-sūtra*）的一首偈頌（gāthā）來說。所謂「諸法」（sarvadharma）實是指轉識，因諸法是諸轉識在現行中安立的。這兩種識，即阿賴耶識與轉識，有互為因果（anyonyapratyaya）的關係。轉識由阿賴耶識中的種子生起，故阿賴耶識是因，轉識是果。另方面，轉識又作為因，熏習阿賴耶識，熏生種子，藏於阿賴耶識中。故阿賴耶識是果。如是互為因果。也可以說，轉識藏於阿賴耶識中，由阿賴耶識（種子）生起；阿賴耶識也藏於轉識中，由轉識生起（種子）。兩者互相內藏（ālīna）。

29　這裏牽涉到的種子（bīja）與熏習（vāsanā）的概念，實是阿賴耶識緣起說的中心概念。種子是從植物的生成現象引伸的，熏習則是從薰香的事實引伸的。實際上，真正的種子只能是內在於阿賴耶識中的那些東西。

（13）

如是六識，幾緣所生？增上、所緣、等無間緣。如是三種緣起：謂窮生死，愛非愛趣，及能受用，具有四緣。

（《大正藏》卷 31，頁 135 中）

這是討論心識的生起所需的條件或緣（pratyaya），有所謂「四緣」說。按有部（說一切有部 Sarvāstivāda）以六因、四緣、五果的法數說明因果關係，其中已有四緣的說法。所謂緣，即原因或條件之意。四緣即是四種條件：因緣（hetu-pratyaya）、等無間緣（samanantara-pratyaya）、所緣緣（ālambana-pratyaya）、增上緣（adhipati-pratyaya）。這四緣可以統攝心識生起的一切條件。因緣是直接的原因（hetu）。等無間緣是前一剎那心識的滅去。這剎那的心識必須滅去，才能生起下一剎那的心識。所緣緣是作為對象的條件。心識的生起，需要有處理的對象。增上緣是以上三種條件之外的一切條件，它是被認為對生起心識有間接助力的。

（14）

由若遠離如是安立阿賴耶識，雜染、清淨皆不得成。謂煩惱雜染，若業雜染，若生雜染，皆不成故；世間清淨、出世清淨，亦不成故。（《大正藏》卷 31，頁 135 中）

這節引文清楚說明了阿賴耶識是成就一切清淨法（vyavadāna）及雜染法（saṃkleśa）的所在。若離開了阿賴耶識，就會有清淨和雜染法都不能成立的過失。這就使煩惱雜染（kleśasaṃkleśa），或業雜染（karmasaṃkleśa），或生雜染（janmasaṃkleśa），都不能成立，世間清淨（laukikavyavadāna）和出世間清淨（lokottaravyavadāna）也不成立。

（15）

云何煩惱雜染不成？以諸煩及隨煩惱，熏習所作彼種子體，於六識身不應理故。所以者何？若立眼識，貪等煩惱及隨煩惱俱生俱滅，此由彼熏成種，非餘。即此眼識，若已謝滅，餘識所間，如是熏習、熏習所依，皆不可得。從此先滅餘識所間，現無有體，眼識與彼貪等俱生，不應道理；以彼過去，現無體故，如從過去現無體業，異熟果生，不應道理。又此眼識、貪等俱生，所有熏習亦不成就。然此熏習不住貪中，由彼貪欲是能依故，不堅住故。亦不得住所餘識中，以彼諸識所依別故，又無決定俱生滅故。亦復不得住自體中，由彼自體決定無有俱生滅故。是故眼識，貪等煩惱及隨煩惱之所熏習，不應道理。又復此識非識所熏。如說眼識，所餘轉識，亦復如是，如應當知。

（《大正藏》卷31，頁135中-下）

這節引文主要解釋為甚麼離開阿賴識就不能成立雜染法的原因。引文並沒有直接從阿賴耶識這識作正面的解說，反而從「六識」等識不能成立雜染法的原因從側面說明阿賴耶識為雜染法的依止原因。依引文所說，眼、耳、鼻、舌、身和意這六識不能作為雜染法的原因，因為由六根本煩惱和隨煩惱（kleśopakleśa）熏習所形成的那些種子，不能攝藏於六識中。引文先以眼識（cakṣurvijñāna）為例加以說明。依引文所說，貪等煩惱及隨煩惱是能熏的，即能熏習眼識，而眼識則是受熏的。眼識和貪等煩惱、隨煩惱（rāgādikleśopakleśa）同時生起和消滅，眼識為貪等煩惱和隨煩惱所熏而形成種子。但種子不能攝藏於眼識中，必須有另一識作為攝藏種子的處所（vāsanāśraya）。這是因為眼識是剎那不住，當外物消失後，眼識的作用就會隨之消失。例如眼前有一外物為眼識所緣，眼識才能生起作用，當外物消失時，眼識也會隨之而不生起作用。當眼識不起作用或謝滅時，其他識（或是耳識，或是鼻識等）會立刻生起，而剛才生起的眼識便會被其餘的識隔斷，由此可知，眼識不能相續。既然眼識先前已滅去，又被其他識所間斷，現在已經無眼識，它如何能再與貪等俱生呢？另一方面，若種子存於眼識，則會隨著眼識滅去，又如何能生起異熟果（vipākaphala）呢？但明顯地熏習是可行的，所以當有另一識作為所熏而能攝持熏習成的種子。

此外，引文又以為眼識的熏習不能住於貪中，因為貪欲（rāga）是能依，而且它缺乏一種堅定的相續性，所以眼識的熏習當不住於貪欲中。眼識的熏習不能說是住於其他識中，因為其餘的耳等「諸識」，各有不同的所依（āśrayatva），而且又是剎那變化不已的識，同樣缺乏一種堅定的相續性，所以熏習不當住於該等識中。眼識的熏習也不能住於眼識自中，因為眼識不能以自身作為熏習對象。由此看，引文是要說明「眼識」決不能成為「貪等煩惱及隨煩惱之所熏習」，也不能為眼識自身所熏。除了眼識外，其餘的五識也是同樣道理。既然熏習不住於六識，但確實又有熏習的出現，所以推知應有另一識作為受熏種子攝藏之處，這應是阿賴耶識。[30]

（16）

復次，從無想等上諸地沒[31]，來生此間，爾時煩惱及隨煩惱所染初識，此識生時，應無種子，由所依止及彼熏習，並已過去，現無體故。　　　　（《大正藏》卷31，頁135下）

這節引文主要是說明若沒有阿賴耶識，則無想天（āsaṃjñika）的眾生便不能在一切福德圓滿後重投欲界。引文中提到的「無想」，即「無想天」或「無想果」，它是有情眾生修習無想定，於死後所得的果報，那時修行者會進入無想天，滅除煩惱的心法和心所法，六識不起勢用，染心也不起作用，所以稱為「無想」。但由於無想天非究極的佛地，待一切福德圓滿後，無想天的有情眾生便要重返欲界。那時，從無想天回來欲界的有情眾生，其六識便會再起作用。若不承認有阿賴耶識的存在，則此等有情眾生在進入無想天與重返欲界時，其在欲界生起的種種染污的種子（kliṣṭabīja）便失去了攝藏的地方。這種說法無疑是說阿賴耶識是

30　這裏是要說明，倘若不設定阿賴耶識的存在，便不能合理地解釋世界的染污的事實。煩惱種子的熏習，必須要在一個處所中進行。這處所只能是阿賴耶識，不能是其他地方。

31　無想等上諸地即較無想天更高的世界（uttarabhūmi）。無想天屬色界第四禪的世界，是其中十八天之一，這種「天」或境界是由於修無想定而得的果報。

一種具有攝藏種子作用的識，它在有情眾生進入無想天時，會攝藏一切染污的種子，令其不失，並待一切福德圓滿後，令得無想天的眾生得以重返欲界。可以說，上界有情雖沒有欲界染識，但這染識的種子，在阿賴耶識中還是存在。待上界壽盡還生時，那染識就可從阿賴耶識中的種子生起現行（pravṛtti）。

（17）

復次，對治煩惱識若已生，一切世間餘識已滅，爾時若離阿賴耶識，所餘煩惱及隨煩惱種子在此對治識中，不應道理。此對治識自性解脫故，與餘煩惱及隨煩惱不俱生滅故。復於後時，世間識生，爾時若離阿賴耶識，彼諸熏習及所依止久已過去，現無體故，應無種子而更得生。是故若離阿賴耶識，煩惱雜染皆不得成。（《大正藏》卷 31，頁 135 下）

這節引文續說阿賴耶識為煩惱種子寄存之所，若沒有了這阿賴耶識，則不能安立一切染污的種子，以此證立阿賴耶識的存在。依引文所說，對治煩惱的識若生起，則一切世間的有漏餘識（laukikavijñāna）便會滅除。所謂「對治煩惱識」（kleśapratipakṣavijñāna）即最初生起的無漏心，小乘佛教認為在初果，即預流果，大乘佛教則認為是在初地，即歡喜地，但這種「對治煩惱識」只能對治見道（darśana-mārga）所斷的煩惱，對於要在修道（bhāvanā-mārga）位才能斷滅的那些煩惱根本對治不了，那些煩惱還是存在的。是以當「對治識」生起，雖滅除了世間的餘識，但仍有一定的煩惱未被滅除，如沒有阿賴耶識，則這些煩惱的種子便不知被藏到哪裏去？依引文所說，那些煩惱種子是不會存於「對治識」本身中，因為「對治識」的自性是清淨、解脫（svabhāvavimuktatva），與其餘的煩惱和隨煩惱不能同時生滅（sahotpādanirodhābhāva）。又由於「對治識」只是初生起的無漏心，往往在禪定中才能體證，在禪定中，自可不生起種種世間識，但在見道後或出無漏觀後，有漏的世間識還是會生起。在禪定中，前六識可停止作用，那時染污的種子便會寄存在阿賴耶識中，並待修行者出定後，再現起有漏的六識。因為那些世間識的各種熏習（vāsanā）和所依止的六識，已經過去很久了（cirātīta），現在沒有體性，如沒有阿賴耶識作為寄藏的地方，則種子當不能再起現行。所以說，假若沒有阿賴耶識，煩惱雜染（kleśasaṃkleśa）都不能成立。[32]

（18）

云何為生雜染不成？結相續時不相應故。若有於此非等引地沒已生時，依中有位，意起染污意識，結生相續，此染污意識於中有中滅，於母胎中識羯羅藍更相和合。若即意識與彼和合，既和合已，依止此識，於母胎中有意識轉。若爾，即應有二意識，於母胎中同時而轉。又即與彼和合之識，是意識性，不應道理。依染污故，時無斷故，意識所緣不可得

32　一言以蔽之，倘若不設定阿賴耶識，則由見道到修道的煩惱的存在便不能說明。若無一個地方存放這些煩惱種子，則便不能解釋修道位的煩惱的斷除，因而不能得修道位。

> 故。設和合識即是意識，為此和合意識，即是一切種子識？為依止此識所生餘意識，是一切種子識？若此和合識是一切種子識，即是阿賴耶識，汝以異名，立為意識。若能依止識是一切種子識，是則所依因識非一切種子識，能依果識是一切種子識，不應道理。是故成就此和合識非是意識，但是異熟識，是一切種子識。
>
> （《大正藏》卷 31，頁 135 下-136 上）

這節引文的主旨是說若沒有阿賴耶識，則生和雜染法（janmasaṃkleśa）便不能成立，也說明了阿賴識是前、後期生命之間，從後生接續前生（pratisaṃdhibandha）這過程中的主體。引文首先指出如果沒有阿賴耶識，欲界中有情眾生的結生相續（pratisaṃdhiṃ badhnāti）就不能成立。引文中提到的「等引」，是梵文 samāhita 的意譯，音譯三摩呬多，是色界和無色界的一種禪定名稱，在這種禪定中可遠離昏忱和掉舉，泛指色界和無色界；「非等引」則泛指有情所居住的欲界。引文主要是以污染的意識（kliṣṭam manovijñānam）不能充當結生相續的主體，去說明阿賴耶識在這方面的重要性。引文假定有情眾生在這非等引的欲界中死去，並在欲界中再次受生時，須有精神的識作為受生的主體。依引文所說，一期生命死去後，會以「中有」的形態留存，直到投胎轉世為止。所謂「中有」，為梵文 antarā-bhava 的意譯，漢譯又作「中陰」，泛指人死後至轉生前的中間狀態。[33]這中陰身會生起污

33 佛教對於生存或有（bhava），分為四面。一是生有（upapatti-

染的意識作為結生相續的活動，它會進入新的母胎受生體受生。這時，污染的意識會跟父母精血的羯羅藍（kalala）再相和合，成為新生命的自體，然後在胎中成形。若依此來看，污染的意識應是結生相續的主體，但引文卻表示這意識決不是有情眾生受生的主體，否則會出現兩個意識並存的情況，這是不可能的。污染的意識入胎後，與父母精血結合，會漸漸成形，並生起新一期生命的意識（即八識中的第六識）。如果假定了結生相續的識為意識，則如何解釋它入胎後另行起新的意識呢？事實上，一期生命是不能同時有兩個意識的。由此推知，負責結生相續的當有別的識，它便是阿賴耶識。[34]

此外，引文又表示若把這與羯羅藍和合的識說成是意識，也是不合乎道理的。這主要是因為意識本身所具的特性不能令它自身充當這結生相續的主體。首先，結生相續識的所依識，必定是依污染而起，而成污染的基礎（kliṣṭāśrayatva），但一般的意識，其自身不一定完全是依污染的。其次，結生相續的和合識從入胎到死去，在一期的生命是相續不斷的，它是供給有情眾生根身所需並使之不

---

bhava），指誕生而言。二是本有（pūrvakāla-bhava），是一般所說的生存，指由生到死的那一段存在。三是死有（maraṇa-bhava），指死亡。四是中有（antarā-bhava），指死後至再生之間的狀況。中有之後，受胎而生，又開始生有的階段。本有與中有經歷很長的時間，生有與死有則只是一剎那的事，非常短促。

34 結生相續（pratisaṃdhiṃ badhnāti）是後生對前生的相續。在結生相續中，必須有一連貫的主體，由前生過度到後生。這便是阿賴耶識。若沒有這主體，結生相續是不可能的。

斷保存和運作的識，它必須具有持續性，但一般的意識卻是有時間間斷的。第三，母胎中的和合識，其所緣的境相是不可知的，但意識的所緣卻是明了可得。由此可見，和合識與污染的意識根本有著不同特性，所以意識難以充當結生相續的識。引文更由此斷言真正的識應是阿賴耶識，一般人未能了知，才籠統地稱它為意識吧了。扼要來說，這節引文肯定了輪迴轉生非由意識負責，而是由異熟的阿賴耶識去生起相續的作用。這阿賴耶識即是一期生命輪迴受生的主體。

（19）

復次，結生相續已，若離異熟識，執受色根亦不可得。其餘諸識，各別依故，不堅住故，是諸色根不應離識。

（《大正藏》卷 31，頁 136 上）

這節引文是緊接上節而來，明言結生相續後（baddhapratisaṃdhi），阿賴耶識會繼續生起執取的力量，起著執受色根（rūpīndriyasaṃparigrāhaka）的作用。引文首先明確表示結生相續以後，若離開阿賴耶識，執受色根會變得不可能。這是因為其餘諸識各有所依（pratiniyatāśrayatva），各具自身功能，只能執受自身的根身，不得逾越本分，執受其他根身，使之不壞。例如，眼識只能依於眼根，眼識最多只能執受眼根，它決不能逾越本職，執受耳根、鼻根、舌根、身根和意根。此外，引文又從「堅住性」加以說明。所謂「堅住性」是指執持色根這力用的相續性。這相續功能十分堅定，故不會有所間斷，但除了異熟識外，其餘諸識也沒有這種「堅住性」。例如，眼識能執受眼根，但眼識會有不生起作用的時候，若眼識不起作用，則由誰去負責執受眼根呢？依此推知，當有一種相續不斷的識體在起用，它便是阿賴耶識。扼要來說，引文首先肯定了識體與諸根本身有一密切的關係，諸根必須由識體執受，方能在一期生命不致爛壞，但一般的眼、耳、鼻、舌、身和意等識，因缺乏「堅住性」，不能起連續執取的作用，所以推知，阿賴耶識除了是以上提到有情眾生轉世輪迴的主體外，也是一期生命賴以保存其軀體的精神性主體。[35]

（20）

若離異熟識，已生有情，識食不成。何以故？以六識中隨取一識，於三界中已生有情，能作食事不可得故。

（《大正藏》卷 31，頁 136 上）

這節引文是說明識食與異熟識（vipākavijñāna）的關係，並表示異熟的阿賴耶識能令一期生命得到資養，以致能相續而住，不致壞死。引文首先肯定了若離開異熟的阿賴耶識，則已出生的有情眾生，便不能有「識食」。凡資養、增益和維持有情的生命，都可統稱為食，佛教有四食的主張，即「段食」（kavaḍīkārāhāra）、

---

35 我們的物質的身體，由五種感覺器官或五根代表。這物質的身體必須有識來把持、執受，否則生命便不能維持。這識應是一能統合整個身體的機能，而不能是個別的六識。這個統合的識，只能是阿賴耶識。

「觸食」（sparśāhāra）、「思食」（manaḥsaṃcetanāhāra）和「識食」（vijñānāhāra）。[36]其中「識食」是指一種能供養和增益有情眾生生命的精神力，若缺少了它，一期的生命便會壞死。正由於識有維持（upādāna）有情眾生生命，並資養有情根身的作用，所以稱它為「識食」，這「識食」其實是指阿賴耶識的作用。引文接著解釋離開異熟識便不能成立「識食」的原因。依引文所說，眼、耳、鼻、舌、身和意這六識（ṣaḍvijñāna）中，沒有一識能在欲界、色界和無色界中作為有情眾生的食事，因為它們並不遍於三界，且不是恆常具有，所以在諸轉識以外，必須另立一類不變易的，恆常相續，且遍於三界，用作執持生命的異熟識。由這節引文來看，阿賴耶識是「識食」，它能攝取一期生命，使它能相續下去，不致壞滅。

> （21）
> 若從此沒，於等引地正受生時，由非等引染污意識結生相續。此非等引染污之心，彼地所攝，離異熟識，餘種子體定不可得。（《大正藏》卷31，頁136上）

以上幾節引文是從非等引地的欲界的受生問題論及阿賴耶識的

36 段食是物質的食物，每口分段而食。觸食是與環境接觸。思食是心的思想。識食則是識或精神力之食。其中，段食是消化（pariṇati）食物，取得營養。觸食是在快適（iṣṭaviṣaya）的狀態。思食是見水而思（āśā），便能解渴。識食則是統合（upādāna）身體，使不腐壞。

存在，這節引文則從等引地（即色界和無色界）論述阿賴耶識存在的問題。依佛教所說，每界各有不同的界地，由該界的種子所變現。色界和無色界的禪定界地（samādhitabhūmi）較欲界的層次為高，前兩者是由定心（asmādhitacitta）所攝的種子所變現，而後者則由染汙心（kliṣṭāsamādhitacitta）所攝的種子所變現。依引文所說，一期生命結束後，若由「非等引地」往「等引地」受生，負起結生相續的應是污染的意識，這種結生心，可稱為「散心」，它與色界、無色界的「定心」是不同的。但問題是有情眾生在欲界死歿的那一念是非等引心，而受生的卻是等引心，二者的性質不同，加上不能俱生俱滅，非等引心又怎能受熏而成為上界的種子呢？換句話說，欲界中的種子不可能於一期生命完結後，攝持定心種子而變現色界和無色界。[37]此外，若硬要說過去生中已得的色界心，為現在色界心作種子，這種說法也是不能成立的，因為如不承認有阿賴耶識作為攝持這些種子的識，根本沒有其他識可擔當此任，因為它們都是間斷，沒有堅住的持續性。由此來看，必須先承認有阿賴耶識的存在，才能生起上界的結生相續。

（22）

又將沒時，造善造惡，或下或上，所依漸冷。若不信有阿賴耶識，皆不得成。是故若離一切種子異熟識者，此生離染亦不得成。　　　　（《大正藏》卷31，頁136中）

37　單單就欲界的意識的延長，或欲界的意識的止滅，是不足以生起色界和無色界的。

這節引文是從一期生命行將結束時，識離身時所見的現象證立阿賴耶識的存在。依引文所說，有情的生命行將結束（cyavamāna）時，因受生前所作的善業（sukṛtakārin）或惡業（duṣkṛtakārin）的影響，身體（āśraya）會出現由上（urdhvam）而下（adhas）或由下而上漸趨冰冷的不同的情況。如果有情眾生生前多行善，他所依的身體，就會從下而上漸漸冷到心，當冷到心窩時，全身就會徹底冷透，這所依的漸冷正表示著識的遠離軀體。多行惡的眾生，則循逆反方向冷下來。當身體冷透，則其識已完全離開軀體，並轉成中陰身，再度受生。由於人的前五識為感識，須有外境作對象，人死時，與五識相對的五根已不起作用，所以五識也停止一切活動。同時，意識也不會生起作用，因此人在彌留的一刻，其身體所呈現的漸冷的現象，當不由以上的幾種識負責，如不相信有異熟識的阿賴耶識存在，則難以解說臨終時有情的身體漸冷的過程。引文便從這點證明阿賴耶識的存在。扼要來說，這則引文與以前提到阿賴耶識為「結生相續」的主體的說法有關。「結生相續」說強調阿賴耶識為一期生命與另一期新生命在受生過程中的主體；而這節引文則似乎強調一期生命在未進入另一期生命前，它同樣負起該期生命完結前的一切作用，並於該期生命完結後，隨即轉成中陰身，繼續在六道中輪迴受生，這也說明阿賴耶識為攝持一期生命軀體的識。

（23）

云何世間清淨不成？謂未離欲纏貪，未得色纏心者，即以欲纏善心，為離欲纏貪故，勤修加行。此欲纏加行心，與色纏心不俱生滅故，非彼所熏，為彼種子不應道理。又色纏心過去多生，餘心間隔，不應為今定心種子，唯無有故。是故成就色纏定心，一切種子異熟果識，展轉傳來，為今因緣。加行善心為增上緣。如是一切離欲地中，如應當知。如是世間清淨，若離一切種子異熟識，理不得成。

（《大正藏》卷 31，頁 136 中）

有情眾生須透過修習善行，發善心，才能上生色界等地。有情眾生生於欲界（kāmāvacara），為貪愛等煩惱、欲念所束縛，必須勤加修行（prayujyate），才能上生色界，是以有情眾生須於證入正位前，加一段力修行，藉此遠「離」種種「欲」念、「貪愛」等纏縛，但因眾生仍在欲界，這種「離欲纏貪」的加行心在某程度上仍有貪愛等煩惱。可以說，這種加行心的善心（kuśalacitta）仍被一定的貪愛所纏縛著，所以引文說有情眾生須透過「欲纏」的「善心」才能遠離欲界（kāmarāgavigama），上生色界（rūpāvacara）等地。這可見欲界所繫的加行心仍有貪愛。色界所繫的則是「定心」（samādhitacitta）。欲界與色界的界地不同，定散也有不同，且二者不能同時俱生俱滅（sahotpādanirodhābhāva），這樣會產生如下的問題：欲界與色界的界地不同，色界所繫的定心不能熏習欲界的加行心，因此欲界的加行心不能是色界纏繫定心的種子。若加行心不作定心，則有情眾生當不能上生色界，這樣上生便是不可能的事了。引文又指出，這種色纏定心的生起，也不能以其過去的色纏定心為種子，因為過去已成過去，在許多過去中，這定心又被其餘的心所間隔，根本不可能成為現在定心的種子，除非恆常相續的識攝持著過去色纏心的種子，使之輾轉相傳，成為現在色纏定心生起的親因緣或直接的因緣（hetupratyaya）。引文便是以此推證阿賴耶識的存在，並以轉識能攝持色纏定心的種子，說明成立世間清淨的可能。有一點要注意的是，清淨可指離貪愛等煩惱，現冠以世間清淨（laukikavyavadāna），明顯是要將之從出世間的清淨（lokottaravyavadāna）中區分出來，並表示出這種清淨並非究竟的清淨，而是一種有漏道。引文提出的世間清淨當是指色界，此界較欲界清淨，煩惱也相應地少了，但又不及諸佛所證得的涅槃境界，所以冠以「世間」清淨之名。[38]

（24）

云何出世清淨不成？謂世尊說依他言音及內各別如理作意，由此為因，正見得生。此他言音，如理作意，為熏耳識？為熏意識？為兩俱熏？若於彼法如理思惟，爾時耳識且不得起；意識亦為種種散動餘識所間……此如理作意相應，是世間心，彼正見相應，是出世心，曾未有時俱生俱滅，是故此心非彼所熏。既不被熏，為彼種子，不應道理。是故出世清淨，若離一切種子異熟果識，亦不得成。此中聞熏習，攝受彼種子，不相應故。　　　（《大正藏》卷 31，頁 136 中）

38　所謂「世間的清淨」，是順著由欲界進至色界，由色界進至無色界，又由色界中的初禪進至第二禪這樣升進，以上達較高的修行境界。在這種情況，下位的心是不能生起上位的心的。由於在下位的心中並沒有上位的心的種子、因緣，故必須接受上位的心的熏習。所成的種子在阿賴耶識中保持下來。

上一節引文是說明世間清淨若離阿賴耶識便不能成立，這節引文則強調沒有阿賴耶識，出世間清淨也是不能成立的道理。[39]依引文所說，正見的生起主要有兩大原因：一是聽聞釋尊的「言音」，即多聞正法；一是對釋尊所演說的正法作出合理、正確的思惟，這樣便能生起出世間的正見（samyag-dṛṣṭi），也即是無分別智。[40]這種依世尊的言音，並作出如理思惟的說法，實即唯識學派所提出的「正聞熏習」（samyak-śrutavāsanā）。依唯識學派所說，有情眾生在聽聞佛陀的說法後，這些正法會被熏習成清淨無漏的種子，並依存於阿賴耶識中。當無漏種子不斷增多，有漏的污染種子就會相繼地減少，若一切污染種子消失，清淨種子現行，則能成佛。由此看來，出世間的清淨當與正聞熏習有關。但如不承認有阿賴耶識，則這些正聞熏習所熏成的無漏種子便不能被眾生攝持。又依引文所說，這聽聞正法與如理思惟（manasikāra），是不能熏耳識（śrotravijñāna）、意識（manovijñāna），甚至同時熏習兩者，所以正聞熏習後的無漏種子當不能攝住於此耳識和意識中，這主要是

39　出世間清淨是從聞教法開始，然後得正見、一切智，最後達致解脫、涅槃。這其實是轉依（āśrayaparāvṛtti）的問題。要超越世間的染污而清淨，非要有阿賴耶識不可。這牽涉如何聞正法，如何得法身的種子，種子保持於何處等問題。

40　佛教一般說到正見的獲得，是先從聞見開始，由此得聞慧。然後加以思索，而開發思慧。兩者反覆修習，而身體力行，因而開發修慧。這便是三慧。這三慧能概括一切智慧。由三慧而得悟四諦之理，由此可入正見，而得心清淨，這便是「出世清淨」。如何能得這正見的種子呢？又在何處保持這些種子呢？這便引出阿賴耶識來了。

因為二者都沒有「堅住性」。引文說不能熏習耳識，因當聽取正法以後，若對所聽之法進行如理思惟，則那時的耳識已停止作用；這也不能熏習意識，因為意識常被各種散動的其餘五識（vijñānavikṣepa）所間斷，難以受熏。引文又將意識分成兩種：一種是「與如理思惟相應的意識」，另一種則是「與出世正見相應的意識」。前者是世間心（laukikacitta），後者是出世間心（lokottaracitta），它們從來不會同時生起同時滅去，所以世間心不能被出世間心所熏習，這即是說，「與如理思惟相應的意識」根本和「與出世正見相應的意識」不可能有交接，也不能被熏習。既不能被熏習，則不可說「與如理思惟相應的意識」是那種正見心生起的種子。引文中的這些推證。無非是要證立阿賴耶識的存在。熏習的可能必須建立在持續性的可能這點上，但耳識和意識因沒有堅住和持續的特性，所以不能攝持熏習後而得的無漏種子，惟有阿賴耶識能作無漏種子寄存之處，因阿賴耶識具有攝持種子，使之不易失去的功用。

（25）

復次，云何一切種子異熟果識為雜染因，復為出世能對治彼淨心種子？又出世心昔未曾習，故彼熏習決定應無。既無熏習，從何種生？是故應答：從最清淨法界等流正聞熏習種子所生。（《大正藏》卷 31，頁 136 中-下）

這節引文說明清淨無漏種子的來源。引文首句已表示異熟識（一切種子異熟果識 sarvabījakavipākavijñāna）既然是雜染因

（saṃkleśahetu），根本不能生出能斷除煩惱的清淨無漏種子。[41]而出世心過去從來沒有受過熏習（ucita），所以根本不能生起清淨的無漏種子，這樣究竟無漏種子是從哪裏生起呢？引文則說它是從「最清淨法界等流正聞熏習種子」（suviśuddhadharmadhātuniṣyandaśrutavāsanābīja）所生。[42]這種清淨的法界為諸佛所體證的境界，非凡夫眾生所能親證，它是由佛陀的大慈大悲顯示出來，眾生聞此清淨法界等流的正法，即可熏習成清淨無漏的種子。這些種子藏在哪裏呢？當然是藏在阿賴耶識裏。故需要設定阿賴耶識的存在。

（26）

此聞熏習，為是阿賴耶識自性？為非阿賴耶識自性？若是阿賴耶識自性，云何是彼對治種子？若非阿賴耶識自性，此聞熏習種子所依，云何可見？乃至證得諸佛菩提，此聞熏習隨在一種所依轉處，寄在異熟識中，與彼和合俱轉，猶如水乳。然非阿賴耶識，是彼對治種子性故。

（《大正藏》卷 31，頁 136 下）

41　在《攝大乘論》無性釋與藏譯秘義釋中，曾把阿賴耶識比喻為毒（viṣa）與疾病，把清淨心比喻為甘露（amṛta）與健康。故阿賴耶識不可能生出清淨無漏種子。

42　這裏所說的「等流」（niṣyanda），指佛陀的說法由法界（dhātu）流出。這法界即是真如（tathatā）、法性（dharmatā）。所流出的東西，自然是經，所謂「十二部教」。這可視為法界的起動（vṛtti）。

此節引文進一步說明阿賴耶識與聞熏習（śrutavāsanā）的關係，即探討染污的阿賴耶識與清淨的無漏種子的相互關係。引文首先對阿賴耶識的自性（ālayavijñānasvabhāva）提出兩難的問題：究竟聽聞正法所熏成的出世間清淨心種是阿賴耶識的自性，抑或非阿賴耶識的自性呢？若是自性，則如何解釋染污的阿賴耶識能生起無漏的清淨種子去對治自己，或對治的種子（pratipakṣasy bīja）？這明顯是犯了染中有淨的謬誤。若說它不是阿賴耶識的自性，則聞熏習與阿賴耶識當沒有關連，這樣那些無漏的種子又如何能以阿賴耶識為其「所依處」（āśraya）呢？引文接著以水乳（kṣīrodaka）交融為喻，說明兩者有融合無間的依存關係（sahasthānayoga）。[43] 引文說正聞熏習的種子確依於阿賴耶識，但不可說它是以阿賴識為其自性，因能依與所依不一定是同性的。大體上，有情眾生在聞得正法後，無論他是生在哪一界趣中，那些受熏的種子總是寄存在那一界趣相續的異熟識中，可說熏習的種子與阿賴耶識是有著同存相依的關係，但它不是阿賴耶識的自性，這情況就如水乳一樣，水和乳可以融合無間，但兩者的自性始終是不相同的。[44]

---

43 這表示，乳不是水，但與水共在，存在於水中。《攝大乘論》無性釋曾以毒與藥的比喻來說明。病人服藥，藥在體內暫時與毒共在，但兩者並不成為一體，卻是藥漸漸對治毒。聞熏習以共在的方式存於阿賴耶識中，而發揮作用，情況也是一樣。

44 關於聞熏習與阿賴耶識共在，或寄居於阿賴耶識中，其目的是影響阿賴耶識，提高它的素質。這與《大乘起信論》以佛性或如來藏來說阿賴耶識不同。

（27）

此中依下品熏習，成中品熏習。依中品熏習，成上品熏習。依聞、思、修多分修作，得相應故。

（《大正藏》卷 31，頁 136 下）

這節引文是說明熏習有三品的不同。依引文所說，聞熏習可分為下品（mṛduvāsanā）、中品（madhyavāsanā）和上品（adhimātravāsanā）。修行者可藉著勤修聞、思和修（śrutacintābhāvanā）三種智慧，由下品熏習成中品，由中品熏習成上品。[45]所謂「聞」即「聞慧」，是由聽聞聖教後產生的智慧；「思」即「思慧」，是由思惟一切佛法、真理而得的智慧；至於「修」即「修慧」是由修練禪定而生起的智慧。從這節引文看，下品、中品和上品的三種熏習有次第的分別。由於這三種熏習涉及有情眾生轉染成淨的修行過程，這反映出唯識理論所提出的修證方式屬漸教方式。

（28）

此正聞熏習種子下、中、上品，應知亦是法身種子，與阿賴耶識相違，非阿賴耶識所攝，是出世間最淨法界等流性故。雖是世間，而是出世心種子性。又出世心雖未生時，已能對治諸煩惱纏，已能對治諸嶮惡趣，已作一切所有惡業朽壞對

45 這下品、中品、上品又各各有下、中、上三種，因而成由下下至上上共九種。

治，又能隨順逢事一切諸佛菩薩。雖是世間，應知初修業菩薩所得，亦法身攝。　　　　（《大正藏》卷 31，頁 136 下）

這節引文繼續解說三品的熏習，並進一步指出由正聞熏習而來的無漏種子的屬性。依引文所說，此下、中、上三品的熏習，不是阿賴識自性，而是「法身的種子」（dharmakāyabīja）。由於它能治阿賴耶識（ālayavijñānaprātipakṣikatva），所以引文說它與阿賴耶識相違逆；又由於它是由出世間清淨法界等流性所流出（lokottarasuviśuddhadharmadhātuniṣyandatva），所以它只為法身所攝，而非阿賴耶識所攝。正由於熏習的種子是由淨法界而來，所以它雖在世間（laukika），但其心種子性卻是出世（lokottaracitta），而且能在出世心還沒有產生的時候，對治、降伏諸種煩惱，滅去由煩惱所帶來的種種束縛。又能對治各種險惡趣，滅去或減輕過去所造的惡業，更能逢事隨順所有一切佛和菩薩。由此看，有情眾生可藉此正聞熏習，積集無漏種子，使染法一分一分地減去，可知正聞熏習雖在世間，但已有出世間的殊勝妙用。

在這裏，有一點非常重要。以上花了很多功夫來說需要設定阿賴耶識的存在性，但阿賴耶識畢竟是偏向染污性（雖是中性，但仍傾向染污），與覺悟、解脫這些具有現象學意義的活動無緣。要得到覺悟、解脫，便得依靠外力的正聞熏習。由這種熏習開始，便能說現象學。在這種熏習之先的一切活動，都傾向染污，只能說現象論而已。

（29）

此熏習非阿賴耶識，是法身、解脫身攝。如如熏習，下、中、上品次第漸增，如是如是異熟果識次第漸減，即轉所依。既一切種所依轉已，即異熟果識及一切種子，無種子而轉，一切種永斷。（《大正藏》卷 31，頁 136 下）

這節引文正面說轉依（āśrayaparāvṛtti）問題。依引文所說，如是經過輾轉的熏習，按照由下品至中品，由中品至上品的次第，這樣異熟識的染污成分也會逐漸減去（apacita），轉為清淨的識，致最後證得覺悟，成就解脫身、法身，所以引文說熏習是由解脫身（vimuktikāya）、法身（dharmakāya）所攝持。基本上，引文是以為含攝一切種子的阿賴耶識，其體性會經過轉依的過程而有改變，可由染污性轉成清淨性，待異熟識果識或一切種子識再沒有染種（abīja）的時候，一切種類的染法就會徹底地被斷絕。那時，有情眾生便能證入覺悟的境地。即是，染污的阿賴耶識自動崩解，而轉出純粹清淨的法身。或者說，這法身作為解性賴耶（具有解脫性能的阿賴耶識），最後「出纏」了。這時，以阿賴耶識出現的個體生命已不存在，自我已不存在，因此沒有自我意識，沒有我執，這便是解脫。解性賴耶亦沒入解脫中，與涅槃成為一體。[46]

46 在這裏，長尾雅人提到，從論理的世間立場來說，作為這立場的根據的自己存在，自己會崩壞、解體，不再成為根據。從超世間的佛的立場來說，法界或真理的世界以法身的方式顯現出來。（《攝大乘論：和譯と注解》上，東京：講談社，1997，頁 228。）

（30）

復次，云何猶如水乳？非阿賴耶識與阿賴耶識同處俱轉，而阿賴耶識一切種盡，非阿賴耶識一切種增。譬如於水，鵝所飲乳。又如世間得離欲時，非等引地熏習漸減，其等引地熏習漸增，而得轉依。

（《大正藏》卷 31，頁 136 下-頁 137 上）

這節引文是回應第 26 節有關「水乳交融」的引文。第 26 節引文強調聞熏習與阿賴耶識和合俱轉，其關係一如水乳般融合，二者似有不相離的關係；這節引文則強調聞熏習與阿賴耶識看似是不能分離，但實際卻是分離。正由於二者不是體性相同，可以分離，於是使熏習能生起勢用，一面增加清淨的無漏種子，一面減少染污種子的出現，致最後滅盡一切染污的種子，令眾生轉凡為聖。假如聞熏習與阿賴耶識體性為一，則難以解釋轉依的可能，因能熏與被熏是不能在同體性的情況中發生作用的。由於兩者可分離，故有轉依。引文更以鵝（haṃsa）在水中飲乳（kṣīrodaka）為例加以說明，鵝所飲的只是乳，不是水，乳飲完了，水還是存在。在這譬喻中，水猶如清淨種，乳猶如雜染種，鵝則如修行者，修行者飲去乳，斷除雜染種，不斷清淨種的水，也是這樣的。接著引文又以修習禪定時，非等引地的熏習會逐漸減少（apacita），而等引地的熏習則同時增加（vṛddha）為例再加引證。依引文所說，有情眾生因想脫離種種煩惱束縛，於是在欲界中不斷修習禪定，透過禪定的工夫，阿賴耶識中「非等引地」的「熏習」會如是如是「減少」；相反，上界「等引地」的「熏習」則如是如是「增多」，於是便能漸漸地「轉」去下界的染污質素，而得到上界的清淨質素。扼要來說，這節引文是要說明聞熏習與阿賴耶識只有依存的關係，又它們的體性不同，所以能令轉依可能，並透過熏習，將染污的種子減去，逐漸增加清淨的種子。至於「等引」，是梵語、巴利語 samāhita 的漢譯，是禪定的意思。

（31）

此中三頌：

菩薩於淨心，遠離於五識，無餘心轉依，云何汝當作？

若對治轉依，非斷故不成，果因無差別，於永斷成過。

無種或無體，若許為轉依，無彼二無故，轉依不應理。

（《大正藏》卷 31，頁 137 上）

這裏總結了以上的多節引文，肯定了阿賴耶識的存在，因為如果沒有含攝一切種子的阿賴耶識，那麼雜染、清淨都不能成立，是以如前具有三相（自相、因相和果相）的阿賴耶識肯定是存在的。引文更以三首偈頌作總結。

依第一首偈頌所說，若不安立阿賴耶識，轉依（parāvṛtti, āśraya-parāvṛtti）便不能夠成立，偈頌便以菩薩生出淨心為例加以說明。菩薩在生起出世間清淨心的時候，一定會遠離眼識及其餘的有漏識，因出世清淨心屬清淨性格，當不會跟有漏的識同時生起。但如果沒有阿賴耶識去攝持雜染種，那些「染心」的轉依便不能安立下來，染心的轉依便不能被解釋。

第二首偈頌是要說明對治（pratipakṣa）決不能就是轉依的原

因，因為轉依是永斷煩惱種子，是修行圓滿後的果位，「對治」則仍有染種可被對治。相對於「轉依」，「對治」勉強可說是因，若硬說對治便是轉依意，則會犯上因果無差別的謬論，那時因與果的範疇也會被泯滅，修行便與果位沒有了分別（hetuphalābheda）。對治始終只是修行，而轉依則是臻於無漏的果位。這對於永斷染種的轉依正義會造成很大的過失。

第三首偈頌則透過否定「無種」和「無體」為轉依，肯定阿賴耶識為轉依體。如不立阿賴耶識，那麼在一念淨心現前時，根本沒有雜染種子和識可作對治道所對治的對象，那麼，轉依便不能成立！如建立阿賴耶識，轉依就能成立。因為一切種子在阿賴耶識中，都可能成為治道所治的對象，轉捨一切雜染分，而得清淨的法身。

總括來說，這三首偈頌是要說明阿賴耶識為轉依的識，是出世聖道的所依。

（32）

復次，此阿賴識差別云何？略說應知或三種，或四種。

（《大正藏》卷 31，頁 137 上）

以上多節引文提及阿賴耶識的自相、因相和果相。又談到它與清淨和染污種子的關係。其重點是有關阿賴耶識的存在的論證。這節引文則集中說明阿賴耶識的不同種類（prabheda）或差別作用。簡單來說，阿賴耶識的差別，就是種子作用的差別。這種差別，扼要來說，可分成三種，或四種。

（33）

此中三種者，謂三種熏習差別故：一、名言熏習差別；二、我見熏習差別；三、有支熏習差別。

（《大正藏》卷 31，頁 137 上-中）

這節引文承接上文，先交代阿賴耶識的三種熏習（trividhavāsanā）差別作用。有關這三種差別，在《攝大乘論》〈所知相〉一章有更多說明。首先是「名言熏習（adhilāpavāsanā）差別」。「名言」是名字和言語的合稱。一般來說，名言可分為「顯境名言」和「表義名言」兩種。前者指在心識上能覺知種種表象和概念；後者則指在覺了以後，以種種言語把這些概念和表象說出來。這些言語和概念所起的作用會在阿賴耶識中熏成名言種子。這正是現起一切善惡諸法的親因緣。

其次是「我見熏習（ātmadṛṣṭivāsanā）差別」，依唯識宗所說，染污的末那識會執第八識的阿賴耶識為自內我，產生我執，並熏成我見。由這我見熏習，眾生各自差別，且以自我為中心，形成「我」和「非我」的對立面，遂生起種種我執。

最後，是「有支熏習（bhavāṅgavāsanā）差別」。所謂「有支」，即是十二因緣中的「有支」，也即是三有。它們是「欲有」、「色有」和「無色有」，又稱為三界。有情眾生流轉諸趣而受苦樂異熟的差別，正是有支熏習的力量的影響。由於每個眾生作業不同，形成不同的善惡種子，於是生起三有的差別，有的眾生往生色界，有的則往生欲界或無色界。這其實是輪迴的差別。

說到輪迴，不能不從十二因緣的觀點說起。十二因緣是通過十二個因果環節，來說眾生的個體生命或靈魂的形成與流轉，其關鍵的環節正是「有」。所謂有是指個體生命、自我，這個體生命由上面的無明、行、識、名色、六入、觸、受、愛、取這些執持的活動，而完成個體生命，亦即是有。有形成後，自我便受胎而生，然後經老而至死。死只是肉身敗壞而已，自我作為靈魂，仍會在生死苦海中打滾，在另外一個生命軀體中停留，而執持之，成為我，為有，又繼續生，又經老死階段而投向另外的生命軀體，受胎而生，以至於無窮。只要這個體生命仍滯留在生死苦海中打滾，不能得覺悟而解脫，這作為靈魂的生命個體或自我仍依我執而不斷流轉。要在這個問題上尋求徹底的解決，脫離生死苦海，便得展現菩提智慧，把自我空卻，破除我執。我執破，則普遍的生命之門便打開，眾生便能得覺悟、證涅槃，個體生命也會自動解體，流轉便停息。

基本上，阿賴耶識的這三種熏習，能概括宇宙人生一切法的差別因。這即是說，世間上種種差別性相都是阿賴耶識所現起的。[47]

（34）

四種者，一、引發差別；二、異熟差別；三、緣相差別；四、相貌差別。此中引發差別者，謂新起熏習。此若無者，行為緣識，取為緣有，應不得成。

（《大正藏》卷 31，頁 137 中）

---

47 世親的《唯識三十頌》提到業習氣（karmavāsanā）與二取習氣（grāhadvayavāsanā）。業習氣相當於有支熏習差別，二取習氣則相當於名言熏習差別與我見熏習差別。

這節引文續說阿賴耶識具有四種差別作用。它們分別是「引發差別」、「異熟差別」、「緣相差別」和「相貌差別」。第一種「引發差別」（ākṣepaprabheda）是指「新起熏習」（navotpannavāsanā）。所謂「引發」是指由業力的熏發，能引出同類勝法，招致異熟果。引文說阿賴耶識具有「引發差別」熏習作用，是指藏在阿賴耶識中的或善或惡或無記的種子，能引生出同類勝法，可被視作為一種「引發因」。十二因緣中的「識」是由「行」而引發出來的，而「有」是從「取」引發出來的。沒有了阿賴耶識的引發差別作用，便不能引出十二因緣中各支。這裏特別要注意，說識由行引發，有是取引發，這是就直接的契機而言。實際上，真正的引發是要從整個系列講的，即是，識是無明、行引發，有則從無明、行、識、名色、六入、觸、受、愛、取所引發。

（35）

此中異熟差別者，謂行有為緣，於諸趣中異熟差別。此若無者，則無種子，後有諸法生應不成。

（《大正藏》卷 31，頁 137 中）

這引文說明阿賴耶識的第二種差別，即「異熟差別」（vipākaprabheda）。「異熟」（vipāka）舊譯為「果報」，是依過去的善惡行為而得果報的總稱。依唯識學說，種子的潛在勢力成熟後，便會招引相應的結果。大體上，引文是說阿賴識能招引果報，生起不同的諸趣。假如沒有異熟差別，就沒有種子（abīja），十二因緣中「有」或個體生命（所謂「後有」punarbhava）生起的事實，也就不能成立了。

（36）

此中緣相差別者，謂即意中我執緣相。此若無者，染污意中我執所緣，應不得成。（《大正藏》卷 31，頁 137 中）

引文續說阿賴耶識的第三種差別，即「緣相差別」（nimittatvaprabheda）。依引文所說，它是染汙意中的我執（manasātmagrāha）緣因。「緣」是「所緣」，「相」為「境」或「對象」之意。這即是說阿賴耶識是染汙意識的對象。假若沒有緣相差別，染汙意中的我執所緣，就不應當成立了。由此可見，阿賴耶識雖不直接產生「我執」，但它可被意識所執持，而形成我執。這種阿賴耶識為意識所執持而形成我執，為後來護法所承受。不過，他把阿賴耶識分為相分與見分，意識的執持，是執持阿賴耶識的見分。要破我執，便得從意識與阿賴耶識分開一點著手。

（37）

此中相貌差別者，謂即此識有共相，有不共相，無受生種子相，有受生種子相等。共相者，謂器世間種子。不共相者，謂各別內處種子。共相即是無受生種子，不共相即是有受生種子。對治生時，唯不共相所對治滅。共相為他分別所持，但見清淨，如瑜伽師於一物中，種種勝解，種種所見，皆得成立。（《大正藏》卷 31，頁 137 中）

這節引文解釋阿賴耶識的第四種差別，即「相貌差別」（lakṣaṇaprabheda）。依引文所說，所謂「相貌差別」是指阿賴耶識有「共相」、「不共相」、「無受生種子相」和「有受生種子相」等不同相貌。依唯識學所說，在阿賴耶識中有兩類種子，即「共相種」和「不共相種」。「共相種」指能夠現起「器世間」（即我們居住的現實世間）的種子（bhājanalokabīja）；「不共相種」則指能現起「有情世間」各自內部的知覺的種子（pratyātmāyatanabīja），也是有情眾生個別內六根的種子。[48]「共相」（sādhāraṇalakṣaṇa）是一切有情共業所招感的，凡不屬於有情的自體，都叫共相，可知它是具有社會性和群體性；「不共相」（asādhāraṇalakṣaṇa）則是由個別所感，屬個人性。透過「共相」和「不共相」的概念，便可解釋現實世界中出現「相同」和「差異」的東西的原因。由於有「不共相」種，眾生會因各自的種子、業力而招致不同報體，所以在現實生活中，有的人較聰明，有的人較笨拙，每人皆有不同，這即是「不共相」，儘管人各有不同的殊相，但因有著共同業力，於是共同招致這個器世界，它被不同的眾生所共用，故稱為「共相」。由於「共相」不屬於有情生命自體，不會生起覺受的東西，所以又叫「無受生種子」（nirveditotpādabīja）；而「不共相」因屬有情生命自體，所以它的種子叫作「有受生種子」（saveditotpādabīja）。所以共相、不共

48　器世間指外面的一般的環境，其中有眾生世間存在，如物在容器中。這是無感覺的、無機的，共通於所有的人。有情世間則是不與他人共通的，它伴隨著感覺的各個眾生的存在。

相的分別，有時在於它有沒有覺受。另外，我們需要注意，這裏所說的「共相」不能與陳那的「共相」（sāmānya-lakṣaṇa）混淆。陳那的共相是指對象方面的普遍的、共通的性格，是知識論的意義，不是這裏的存有論的意義。即使有知識論意義，也很淡薄。

接著，引文又指出在產生對治道的時候，不共相的自我會被滅滅，因它是被對治的對象；相反共相則不會因一個人的被對治，而令整個世間滅去。這是因為共相是共法，非一人所感，它是有情共業所感，是以在其他人還沒有悟道，共相的器世界還是存在的。事實上，共相的種子不會轉滅，它只會被轉為清淨。對於已對治了阿賴耶識的聖者（瑜伽行者 yogin）來說，共相雖同時被其他未得治道的人所見，但已見治道的人所見的共相已轉成清淨。這好比凡夫與佛雖同居三界，前者所見共相是有漏，而諸佛所見共相（器世界）則是清淨。

（38）

復有麁重相及輕安相。麁重相者，謂煩惱、隨煩惱種子。輕安相者，謂有漏善法種子。此若無者，所感異熟，無所堪能，有所堪能，所依差別，應不得成。

（《大正藏》卷 31，頁 137 中-下）

這節引文續說阿賴耶識具有粗重和輕安兩種相狀。所謂「粗重相」（dauṣṭhulyalakṣaṇa），指根本的煩惱種子和隨煩惱種子（kleśopakleśabīja），使身心感到沈重；「輕安相」（praśrabdhilakṣaṇa）則指一切有漏善法的種子

（kuśaladharmabīja），有使身心輕適安穩的精神作用。引文指出假如沒有這二相差別，眾生所感異熟果報的無所堪能、有所堪能的所依差別，就不能成立。簡單來說，「無所堪能」是就「粗重相」而言；「有所堪能」是就「輕安相」而言。無所堪能是缺乏動力（karmaṇya），無能為力，不知如何用力，如生了病一樣。有所堪能則充滿動力，龍精虎猛，處處得心應手，精神充實飽滿。眾生的阿賴耶識大體分這兩類，有些眾生是有堪能形，有些則是無堪能形。[49]這裏有一點要注意，「力」是一個價值語詞，有力是好的，無力是不好的。這不同於華嚴宗特別是法藏的《華嚴一乘教義分齊章》所說的有力、無力的分別。後者是在一種現象學或法界的脈絡中說的。要成就法界緣起的終極境界，諸法中需要有些是有力，有些是無力，才能成就。有力、無力是現象學義，兩者在價值上是對等的。

（39）

復有有受盡相、無受盡相。有受盡相者，謂已成熟異熟果善、不善種子。無受盡相者，謂名言熏習種子，無始時來，種種戲論流轉種子故。此若無者，已作現作善惡二業，與果受盡，應不得成。又新名言熏習生起，應不得成。

49　這裏所謂「堪能」，並不單單指物理上的（physical）能力，而是指心、身兩面的力量，包括隨機應變、進退自如的智慧意義的力量。這是一種修行的結果，常見於悟道者的縱橫洗練的日常生活的操作之中。

（《大正藏》卷 31，頁 137 下）

這裏就阿賴耶識的種子在發用方面有盡與不盡兩種展開討論。引文明言阿賴耶識具「有受盡相」（upabhuktalakṣaṇa），具有已成熟而感召異熟果的善、不善種子。由於這善、不善種（kuśalākuśalabīja）已招果報，不再招引新果報，所以稱為「有受盡相」。這是指「有支熏習種子」。至於「無受盡相」（anupabhuktalakṣaṇa），則是指那些「名言熏習種子」，這些種子是無始以來由種種相對的認識活動（所謂戲論活動 prapañcapravṛtti）熏習而成的種子，它能使有情眾生輪迴不已。[50] 所以稱為「無受盡相」種子，即沒有受盡果報的意思。引文說假如沒有受盡相，已作善和已作惡的二業便會不斷招引果報，沒完沒了，那麼業種與果受用有盡的道理便不能成立。[51]另方面，如果阿賴耶識沒有「無受盡相」，則新名言熏習便不能生起，這會阻塞言語的作用，這也是不合理的。扼要來說，引文或許是從阿賴耶識的特性而推出這二種相：由於第八識是種子寄存之處，能招引異熟

---

50 這裏以相對的認識活動或戲論為由無限的過去已開始，表示言說的熏習是無盡的，由舊的概念可產生新的概念，原先的思想引生後來的思想。

51 即是說，過去的行為的發用、發揮影響力便不斷進行，沒有窮盡之時。這樣，業力會不斷膨脹，使人很難作出新的努力，以改變現狀。若是這樣，因惡行而在地獄中異熟而生的眾生，便會不斷地在地獄中轉生，永遠不能從地獄中解脫開來。這點與唯識學的種姓思想有點關連。由於篇幅所限，在這裏不擬多作闡釋與發揮。

果，所以推知阿賴耶識有「有受盡相」；又由於第八識能攝持善、惡種子，種子復能熏第八識，不斷發生「種子熏現行，現行熏種子」的現象，於是推知第八識具有「無受盡相」。

（40）

復有譬喻相，謂此阿賴耶識，幻炎夢翳為譬喻故。此若無者，由不實遍計種子故，顛倒緣相，應不得成。

（《大正藏》卷 31，頁 137 下）

這節引文說明阿賴耶識的譬喻相（upamālakṣaṇa）。引文是以「幻」、「燄」、「夢」、「翳」四者作譬喻說明。「幻」（māyā）即看似實而非實的東西，阿賴耶識能集種種種子，生起一切幻有的現象。「燄」（marīci）即陽燄，指海市蜃樓。渴鹿見陽焰以為是水，所以是指虛假不實的意思，泛指阿賴耶識所起的種種法皆是虛幻，不真實。「夢」（svapna）喻世間上萬物如夢中物，只是虛幻不實的影像。《金剛經》（*Vajracchedikā-sūtra*）所說「一切有為法，如夢幻泡影」的名句，也有這種意思。「翳」（timira）即「眼翳」，因有眼疾，故易生幻像。這四相同是指出阿賴耶識具有生起虛幻假象的作用。正由於阿賴耶識有生起虛幻不實的作用，如果沒有這種譬喻相，由不真實的遍計所執的種子而起的顛倒緣相，便不得成立。

（41）

何因緣故，善、不善法，能感異熟，其異熟果，無覆無記？

由異熟果無覆無記，與善、不善互不相違，善與不善互相違故。若異熟果善、不善性，雜染、還滅應不得成。是故異熟識唯無覆無記。（《大正藏》卷 31，頁 137 下）

這節引文主要說明阿賴耶識是無覆無記（anivṛtāvyākṛta），並因此而建立「雜染法」和「還滅法」果報的可能。所謂「覆」（nivṛta）是指「覆蓋」或「阻礙」的意思，引申為對聖道或真理的一種覆障；「無覆」（anivṛta）即不對聖道產生阻礙的意思。「無記」（avyākṛta）即是沒有善、惡可言的中性的性質。引文提出了為甚麼善和不善法（kuśalākuśaladharma）是感異熟的原因，但異熟果卻是無覆無記的。依引文所說，異熟果必須是無覆無記，才能同時與善（kuśala）不相違，亦與不善（akuśala）不相違。因為善與不善是互相排斥的，不能同時存在，所以只有無記性才能同時攝受兩者。假如異熟果定是善性，雜染法便不能成立，也不能招引出惡果；假若異熟果定是不善性，那麼清淨還滅就不能成立，修行的人儘管造出種種善業，也不能招引善的果報。[52]

（42）

已說所知依。所知相復云何應觀？此略有三種：一、依他起相；二、遍計所執相；三、圓成實相。

（《大正藏》卷 31，頁 137 下）

---

52 作為異熟體，或作為異熟體的阿賴耶識，是過去的業力的結果，能異熟而生起新的生命，依佛教的通則，這異熟體是無記的性格。

關於所知依，亦即阿賴耶識，本論討論到這裏。以下是討論所知相。這是指對象或一般說的存在的狀態。故所知相的討論，可以說是唯識學的存在論，或存有論。關於這個題材，牽涉到現象學的轉化問題，而且主要是在阿賴耶識中進行，故在這裏有提出研究的必要。這所知相有三相（trividha）：「依他起相」（paratantra-lakṣaṇa）、「遍計所執相」（parikalpita-lakṣaṇa）和「圓成實相」（pariniṣpanna-lakṣaṇa）。這又跟「依他起性」、「遍計所執性」和「圓成實性」有關。實際上，「三相」很多時稱為「三性」。[53]「依他起」中的「依」，是「依存」的意思。「依他起」是指「依存于他者而生起」之意，由於事物依存於其他東西而生起，因而有變異的性質，沒有獨立自性可言。這與緣起的意思最為接近。「遍計所執相」中的「遍計」，為周遍計度的意思。依主觀的構思，對對象起周遍計度，生起種種妄見。「遍計所執相」即是依遍計所執性而來的對對象的執取而生起的相對相。「圓成實」中的「圓成」具有「圓滿成就」的意思。「圓成實」是圓滿成就真實之理的意思。「圓成實相」即依於圓成實性而成就諸法真實之理時所現的實相。依唯識學所說，三性中當以「依他起」為根本，由於「依他起」是依於「他」物而生起，本無實性，但經「遍計所執」，事物被執成為實有，繼而生起種種顛倒見，令諸有情造業，輪迴不已。

53　在佛教典籍中，「相」（lakṣaṇa）有時是與「性」（svabhāva）互通的。不過，一般是以「相」指事物外面的相狀，以「性」指內面的本質。關於「三相」、「三性」中的「相」、「性」，長尾雅人譯為「實存」。（《攝大乘論：和譯と注解》上，東京，講談社，1997，頁 273。）

如不妄執「依他起相」，能以緣起性空之理去正確觀照一切法，了知依他起的種種相狀皆無實物，則能遠離妄執，依無漏善智來了解事物，由染分的遍計所執性轉成淨分的圓成實性。[54]

（43）

此中何者依他起相？謂阿賴耶識為種子，虛妄分別所攝諸識。此復云何？謂身、身者、受者識、彼所受識、彼能受識、世識、數識、處識、言說識、自他差別識、善趣惡趣死生識。此中若身、身者、受者識、彼所受識、彼能受識、世識、數識、處識、言說識，此由名言熏習種子。若自他差別識，此由我見熏習種子。若善趣惡趣死生識，此由有支熏習種子。由此諸識，一切界趣雜染所攝，依他起相，虛妄分別，皆得顯現。如此諸識，皆是虛妄分別所攝，唯識為性，是無所有，非真實義顯現所依。如是名為依他起相。

（《大正藏》卷 31，頁 137 下-138 上）

這節引文析說依他起相。所謂「依他起相」，其因緣是阿賴耶識的種子，即基於阿賴耶識的種子而現起的相狀。由於阿賴耶識為虛妄的識，所以依於「他」而生起的相狀，其自性便為虛妄分別所

54　三相中，應以依他起為基礎，遍計執與圓成實都是在依他起上的表現，兩者都不能遠離依他起。長尾雅人即以依他起相為「基底的實存」，以遍計執的世界和圓成實的世界都不能離依他起的世界。（同上，頁 273-274。）

攝，意即這「相」根本沒有自性、實性，是虛妄不實的。又由於諸識是由阿賴耶識中三種熏習所生（見下文），這又成了依他起的「別相」。引文將現象世界的種種差別歸納為十一種表象（vijñapti），但又統攝於阿賴耶識，它們都是依他而起，由阿賴耶識中的熏習而有。[55]這十一表象分別是「身表象」、「身者表象」、「受者表象」、「彼所受表象」、「彼能受表象」、「世表象」、「數表象」、「處表象」、「言說表象」、「自他差別表象」和「善趣惡趣死生表象」。[56]身指身體（deha）。身者指身體的所有者（dehin）。受者指經驗者（bhoktṛ）。彼所受指前三者所經驗的對象（upabhogya）。彼能受指經驗的主體（upabhoga）。世指相續不斷的時間（adhvan）。數即數目（saṃkhyā）。處即有情眾生的住處（deśa）。言說即是依見、聞、覺、知而起的言說（vyavahāra）。自他差別即一切有情眾生自己本身和其他的種種差別（svaparaviśeṣa）。善趣惡趣死生指有情眾生在善趣（即天、人、阿修羅）和惡趣（即畜生、餓鬼、地獄）中的生死流轉（sugatidurgati-cyutyupapatti）。基本上，世間上種種差別的表象或

55　這裏說十一種表象中的「表象」，其相應梵文為 vijñapti，而不是 vijñāna。故我們說表象，而不說識。「表象」（vijñapti）在這裏是初次運用，其意思與「識」（vijñāna）微有不同。vijñāna 主要指知、認識的作用；vijñapti 則有役使的意味，偏向於指被役使去知的那種內容方面，故有表象之意。本論無性釋則以顯現（avabhāsa）來說，亦有表象的意思。

56　這十一種表象分別由三種熏習而生：名言熏習、我見熏習、有支熏習（「有」指存在）。它們是以三種熏習為因而生，故都是依他起。

相狀都可歸納為這十一種。由於它們都是以識的表象而顯現，故稱它們為識（表象 vijñapti）。引文接著指出這十一種表象是從阿賴耶識中三種熏習所生：前九種表象是由「名言熏習種子」（adhilāpavāsanābīja）所現起，即它們都是由名相概念熏習而成。自他差別表象是由「我見熏習種子」（ātmadṛṣṭivāsanābīja）現起。這是一種虛妄執著有「我」的種子，由於有「我執」，所以有情眾生感到自己與他人有所區別。至於善趣惡趣死生表象則是以「有支習氣熏習種子」（bhavāṅgavāsanābīja）為因而現起的。這所有的種子是召感欲界、色界和無色界三界果報的業種子，正由於它能招致果報，令諸有情持續不斷轉生，所以能現起一切生存的方式（yoni）。扼要來說，一切存在不出十一表象，一切種子又不出三種熏習種子，可知十一表象皆以阿賴耶識為根本，也即是說世間的諸種差別表象皆是以阿賴耶識為本，由它變現出來，故說一切存在只以表象識（vijñaptimātratā）為性，諸法皆無實體。這些依他起表象是阿賴耶識種子所生，以虛妄為性，虛妄非實。[57]

57 這裏的總的意思是，一切存在都作為表象而被我們所把得，這些表象（vijñapti）都是心識（vijñāna）的變現，故說唯表象也可以，說唯識也可以。由身表象到彼能受表象，都是指實質的質體（entity）；由世表象以下，則是指非實質的、虛位的事物，如時間、數目、言說、生存境地之類。具體地說，身表象指感覺器官，身者表象指染污末那識，受者表象指被認識的對象，彼能受表象指認識機能，如眼識，等等。世表象以下，意思比較明白。這其實是一種唯識或唯表象的存在論。

（44）

此中何者遍計所執相？謂於無義，唯有識中似義顯現。

（《大正藏》卷 31，頁 138 上）

這節引文是說「遍計所執相」，而關鍵的語詞是「義」字。一般來說，「義」（artha）是對象意。「無義」（asadartha）即否定有對象的存在，以為一切皆是心識的變現，心識以外所見的全是經過分別心而現起的表象而已。引文所說的「遍計所執相」就是指在唯識無境中，顯現出種種似是而非的分別相，這種分別相是周遍地被人們計度，以為是實有的妄相。這是所謂「似義顯現」（arthatvena pratibhāsate）。[58]

（45）

此中何者圓成實相？謂即於彼依他相，由似義相永無有性。

（《大正藏》卷 31，頁 138 上）

這節引文是承上兩節，闡述「圓成實相」。所謂「圓成實相」即是在「依他起相」上作一正確了知後所體證的真理實相。「依他起相」是依於「他」物而生起的相狀，它根本沒有自相（atyantābhāvatā），但卻被「遍計所執性」生起，周遍計度，執虛為實。如能了知「依他起相」本無實性，空卻「遍計所執性」所顯

58 上一節所說的依他起，正是這遍計所執相所依之而生的基盤或根底。這個意思應是很清楚的。

的種種妄相，直見諸法空相，即為「圓成實相」。它是正確了知「依他起性」所顯現的實相，這也是諸佛、菩薩所體證的實相。[59]

綜觀以上三節談及三種相的引文，其目的是要說明唯識的道理，即唯識無義（即唯識無境），也即是說有心無境。宇宙間的森羅萬象都是由心識所變現，所見的種種景象看似實有，但實際上都是離心無實的。

（46）

又此諸識皆唯有識，都無義故。此中以何為喻顯示？應知夢等為喻顯示。謂如夢中都無其義，獨唯有識。雖種種色、聲、香、味、觸、舍、林、地、山，似義影現，而於此中都無有義。由此喻顯，應隨了知，一切時處，皆唯有識。

（《大正藏》卷 31，頁 138 上）

這節引文承接上文說「唯識無義」的道理，並以夢作譬喻。引

59 長尾雅人在這裏很強調依他起所佔的中心位置。即是，依他起是基盤，一方面，被妄想的迷執的世界在其上生起；另方面，拭去這種妄想，圓成的真實世界即能成就。故依他起是一種基盤，作為媒介，把迷與悟連結起來。這樣，轉依便可能。（《攝大乘論：和譯と注解》上，東京：講談社，1997，頁 284。）這種看法與筆者一直強調依他起作為根本的結構為三相或三性的基點相符。印順則就虛妄分別的心識來說依他起，以遍計執是似義顯現的境，圓成實是空卻遍計所執性所顯的諸法空相。（《攝大乘論講記》上，臺北：慧日講堂，1962，頁 188。）只把依他起關連到心識方面，而不關連到境方面，並不周延。境固亦是依他而起也。

文開首已揭示出諸識（包括以上提到的十一表象）全是唯識性（vijñaptimātratā），所以沒有獨立的對象（arthābhāva）。經中的確是這樣說，但似乎欠缺了甚麼例子（dṛṣṭānta）或譬喻去顯示這道理，於是引文便以夢等（svapnādi）作譬喻加以補充說明。所謂「唯識無義」即好像是在夢中根本沒有甚麼獨立的對象可被抓住，夢中所見的種種影像（例如房舍、樹木、土地或高山）及所有的觸受感覺（如顏色、聲音、香味及接觸等）全是心識所變現，它們只有唯識性，沒有獨立的實在東西。從這「夢」喻，便應知道在任何時間、任何地方所見的都是一切唯識。

（47）

若於覺時，一切時處，皆如夢等，唯有識者，如從夢覺，便覺夢中皆唯有識，覺時何故不如是轉？真智覺時，亦如是轉。如在夢中，此覺不轉。從夢覺時，此覺乃轉。如是未得真智覺時，此覺不轉。得真智覺，此覺乃轉。

（《大正藏》卷31，頁138上-中）

這節引文是承接上文的「夢喻」而來，主要是解釋有關「夢喻」引申出來的問題。引文先提出這樣的疑問：一個人在夢中會執夢境為實有，但當他從夢中醒覺後，就會發覺剛才夢中所見的境都是幻像。那人知道那些景象是虛有，是因為他不在夢中，而處身於「夢」境外的「覺醒」狀態。但為甚麼一定要在「醒覺」後才可得知「夢境」如唯識一樣皆是「無義」的道理呢？在睡夢以外，有意識活動的人卻為何不能生起一種反省的心思，反問自己，現前所見到的種種外物都非實在，而是唯識無義呢？

對於這提問，引文回答說有情眾生如生起真智覺（tattvajñānapratibuddha），那時候他也能了知其所處的境界，所見的一切現象皆是唯識無義，這「真智覺」是照見事物真相的直覺。「真」（tattva）是真理，不是形容詞，從 buddha 一字可知，這直覺不應是感性直覺（sensible intuition），而應是睿智的直覺（intellectual intuition, intellektuelle Anschauung）。這在護法《成唯識論》來說，是轉識成智的「智」（jñāna），特別是大圓鏡智。

（48）

其有未得真智覺者，於唯識中，云何比知？由教及理，應可比知。此中教者，如十地經，薄伽梵說：如是三界，皆唯有心。又薄伽梵解深密經亦如是說，謂彼經中慈氏菩薩問世尊言：諸三摩地所行影像，彼與此心當言有異？當言無異？佛告慈氏：當言無異。何以故？由彼影像唯是識故。我說識所緣，唯識所現故。（《大正藏》卷 31，頁 138 中）

上節引文是用「夢喻」為例說明「唯識無義」的道理，這節引文則以佛經所載的教說引證有關的說法。引文開首說那些至今仍沒有得到真智覺的修行者，可以透過覺者留下來的教化和道理推知唯識無義。這裏所提到的教理便是來自《十地經》（*Daśabhūmika-sūtra*）和《解深密經》（*Saṃdhinirmocana-sūtra*）的說法。首先，依《十地經》所記，佛曾告訴眾生，三界只有心，說三界是由心識所變現出來，離開心識，根本沒有獨立的三界可言。引文便是引《十地經》這句話來證明一切唯識和唯識無義的道理。此外，引文又舉出《解深密經》曾記載慈氏菩薩（Maitreya-bodhisattva）向佛陀提問，問及有關在禪定中影像（samādhigocarapratibimba）與心識是同抑是異的問題，引文藉此申明「唯識無義」的道理。佛陀告訴他，在禪定中影像與心識是沒有差別的，因為影像都是由心識變現出來，是以識的對象（vijñānālambana）都是作為識的表象（vijñapti）顯現出來。

（49）

世尊！若三摩地所行影像，即與此心無有異者，云何此心還取此心？慈氏！無有少法能取少法，然即此心如是生時，即有如是影像顯現。如質為緣，還見本質，而謂我今見於影像，及謂離質，別有所見影像顯現。此心亦爾，如是生時，相似有異所見影現。　　（《大正藏》卷31，頁138中）

這節引文接續上節引文，慈氏菩薩再就影像與心識的同異作出提問，這次則集中在兩者的能取和所取的關係上。他問到假如在禪定中所見的影像跟心識是同樣的東西，為甚麼這個心識還能緣取自身變現的影像呢？依上文的析說，影像也不過是「識」，這麼一來，識又如何可以同時變現自己又緣取自己呢？它怎麼可能是同時的能取和所取呢？

對於這問題，佛陀表示並沒有實質的存在把握（gṛhṇāti）實質的存在。[60]然而佛陀不否定在這能緣的心識生起的時候，即有那樣所取的影像顯現。這裏的解說是引用了「緣生法」的觀念。簡單來說，雖然佛陀說明沒有任何一法是可以自取（無有少法能取少法），但在緣生法下，則可容許執取作用的出現。這即是說，在緣起的前後或同時的關係上安立能取和所取的關係，顯現出有能取對所取的了別作用。例如某物以自己為本質，於水中或鏡中現出影像，這是可以的。但不能說離開自己的本質，另外有獨立的影像映現出來（pratibhāsate）。心識的情況也是一樣，它起作用，變現影像，而可以認識這影像。[61]

（50）

復次，云何安立如是諸識，成唯識性？略由三相：一、由唯識，無有義故。二、由二性，有相有見二識別故。三、由種種、種種行相而生起故。　（《大正藏》卷 31，頁 138 下）

這節引文是從諸識的根本性方面成立「唯識性」（vijñaptimātratā）。引文提到的諸識，當是指前面提的十一種表象或識，所以這節引文是從這十一種識去成立唯識無對象的道理。

60　一切存在都是空無自性的，是緣起的。認識活動的主、客雙方，都是緣起的性格，並不是有自性的一方認識有自性的另一方。

61　這個意思到了唯識學的後期，便發展出法稱（Dharmakīrti）的「自己認識」的理論來：認識的對象即是自己的表象，這亦是所謂「自證」（svasaṃvid）。關於這點，可以參考桂紹隆之〈ダルマキールティにおける自己認識の理論〉，《南都佛教》第 23 號。

依引文所說，這十一種識可以簡略地從三種方法或形式去成立「唯識性」的道理。第一種是「由唯識，無有義」，由於唯識理論本身已清楚說明無有實境的道理（參見上文有關的解說），所以可以由此成立諸識只有「唯識性」，沒有獨立對象（arthābhāva）的說法。因依唯識學說，凡識都是虛妄，一切表象皆由識自身變幻出來。所以依此推想，十一種「識」或表象也當是「唯識性」，並由此成立「諸識」的「唯識性」。第二種是「由二性，有相有見二識別」去成立唯識性的說法。所謂「二性」（dvayatā）即相分和見分（nimittadṛṣṭi）。由於在各種識生起的時候，會生起所取的相分和能取的見分，而這種「相分」和「見分」，實質上是由識所變現出來，所以便稱它為「相識」和「見識」。這兩種識實際上還是由一識所變演出來。例如，一人看見面前有一朵鮮紅的玫瑰花，這便是「見」這作用的生起，又生起花的外「相」，由於它是由識所變現，所以稱這種「見」和花的「相」為識，於是便有了「相識」和「見識」兩種名稱，但實際上不過由一識所變現而已，是以引文以為就算有二性之別，也不外是如是，還是以「識」為性。第三種則是「由種種、種種行相而生起」去確立「唯識性」的義理。依唯識學說，一切法皆是唯識，一切現象都是由識變現，由於各種識不斷發生作用，又互為依持，於是才生起不同形相（citrākāra）的外物，但歸根究柢，也只是一識所現，是以引文依種種不同的外相的特殊性，仍可歸結到由識變現的共通性，以此成立其唯識性的道理。大體上，引文是說在識現起時，有相、見二性；在相、見二性的心境交涉中，有種種行相，但結論只是一切唯識。若從引文的內容來看，這節引文還是論證「唯識無義」的義理，不同的是它集中從「三相」去析說十一識皆為「唯識性」而無有獨立對象而已。[62]

這裏有人提出「識體」一語詞或名相，其中的「體」只是借說而已，識自身是虛妄的，怎麼能說是自體或體性這種自在存在的東西呢？識體的意思是識這樣的東西。

（51）

若依他起自性，實唯有識，似義顯現之所依止，云何成依他起？何因緣故名依他起？從自熏習種子所生，依他緣起故，名依他起。生剎那後，無有功能自然住故，名依他起。若遍計所執自性，依依他起，實無所有，似義顯現，云何成遍計執？何因緣故名遍計所執？無量行相意識遍計顛倒生相故，名遍計所執。自相實無，唯有遍計所執可得，是故說名遍計所執。若圓成實自性，是遍計所執永無有相，云何成圓成實？何因緣故名圓成實？由無變異性故，名圓成實。又由清淨所緣性故，一切善法最勝性故，由最勝義名圓成實。

（《大正藏》卷 31，頁 139 上-中）

以上幾節引文主要是集中說明「唯識無義」的道理。以下幾節引文則重點說明「依他起性」、「遍計所執性」和「圓成實性」三

---

62 這三相顯然以第一相為主，其餘二相是輔助性質。在後者中，第三相是第二相的延續，故第二相所說的相、見二分較為重要。這相、見二分表示所取與能取、客觀與主觀的側面，兩者都內在於識，故說「唯識」。

者的特色及其相互關係。其中，對於「遍計所執性」有較多的論述。而這節引文則先對三種自性的一般含義作出概括性的說明。

引文首先提到「依他起法」現起的原因和「依他起性」名稱的由來。引文指出假如是依他起自性，實際上只有識，但這種不真實的似義顯現的所依止（arthapratibhāsāśraya），為何會成為依他起呢？究竟是甚麼原因稱它為「依他起」呢？引文主要是從「生」和「住」兩個概念去說明這依他起性。先就「依他起」的「生」方面來說，由於依他起所現的種種現行、力用皆非由自體而得，須借助「他」法，並在它們的支持下才得發生，所以稱它為「依他起」。依引文所說，依他起法的現起，只是從自類的熏習種子（svavāsanābīja）所生，由於是依他種子為緣而生起，依其他原因（pratyayaparatantra）而生起，才命名為「依他起」。此外，引文又從「住」的概念加以說明，依他起的東西在「生」起的時候是剎那不住，不斷變化，沒有一相能得以自住，這些依他起的種種相只是在其他諸法的支持下才得以成立其「住」相，由此可知它是依於他法而安住，依他起的相根本不能獨自安住，所以稱它為「依他起」。簡單來說，依他起的種種相是託緣而有其安住性。

其次說及「遍計所執性」。引文提出以下的相關問題，即是怎樣成為遍計所執呢？和由於甚麼因緣名為「遍計所執」呢？依引文所說，這是涉及「意識」的遍計顛倒（manovijñānaparikalpa）的作用。意識在生起的時候，往往因過去無始以來已存在的虛妄熏習力，對所分別的非存在的對象似義（asadarthapratibhāsa），生起種種不同的了別行相，並錯誤地周遍執取它們為實有。由此可知，透過意識這種種顛倒及執取的作用出現「遍計所執」的現象。由於識所顯現出來的種種獨自的相狀（svalakṣaṇa），根本是沒有的，只是由能夠「遍計」的虛妄分別心所執為識所演變，故稱它為「遍計所執」。

引文最後談及「圓成實性」，同樣問及成就及名為「圓成實」的原因。引文主要是從「不變性」及「清淨勝義」加以說明。所謂「不變性」即沒有變異的意思，其正面的表述語是「常住性」，這是從一切法最後的真實的「法性」來說的，這「法性」相通於「空性」。依唯識學說，一切皆是由識所變現，根本沒有實體或自性可言，可以說，「空性」（沒有自性）是一切唯識的實相，無論是諸識生起的實際上不存在的假相（atyantābhāvalakṣaṇa），還是離假相而顯出真相，一切相都是「空」無自「性」，這「空性」可視為一切法不變異的性質，正由於這不變異的性質，是圓滿、成就和真實的，所以稱它為「圓成實性」。此外，引文又以「勝義」加以說明「圓成實性」，這又涉及清淨殊勝性。依唯識學所說，若能對依他起的事物作一正確的認識，不隨便生起遍計的妄執，能了知唯識無義的道理，則可不為識相所迷，漸漸遠離一切妄識及其熏習，待虛妄的熏習減少，清淨無漏的熏習不斷增加，則最終可轉識成智，成就佛道，永遠體證諸佛最清淨的境界（viśuddhyālambanatva）。而這種境界是最圓滿的事實，故它是圓成實。在唯識學中，到了圓成實性的達致，或轉依的成立，便能說現象學義。這是價值義、理想義，也是救贖義。

扼要來說，凡依仗種子，託緣而有的，名「依他起」；依識而生起的妄執，名為「遍計所執」；真實無妄，顯示法性的，是「圓成實」。

要注意的是，上面提到圓成實性的不變異，並不表示圓成實自身具有實體，這實體是不變異的。根本沒有實體，不變異便無從說起。有沒有不變異的東西呢？有的，這便是「空性」。一切法都是依他起，都無自性，都是空。這種空的性格便是不變異的。事物的外表與內容都可以變，但空性的性格，總是不變異的。

（52）

復次，此三自性為異為不異？應言非異非不異。謂依他起自性由異門故，成依他起。即此自性由異門故，成遍計所執。即此自性由異門故，成圓成實。由何異門，此依他起成依他起？依他熏習種子起故。由何異門，即此自性成遍計所執？由是遍計所緣相故，又是遍計所遍計故。由何異門，即此自性成圓成實？如所遍計畢竟不如是有故。

（《大正藏》卷 31，頁 139 中-下）

這節引文主要說明三性具有「非異非不異」的關係。簡單來說，這裏提到的「非異非不異」即「不一不異」的關係。究竟三性是相異還是不異（bhinnā vābhinnā vā）呢？引文清楚表示它們既不是不異又不是相異。依以往有關三性內容的析說來看，雖有三性的分立，但最根本的是「依他起性」，可以說「遍計所執性」和「圓成實性」都是依於「依他起」的染污性和清淨性而分立的。由此來看，三性是「不異」的。但由於「遍計所執」是虛妄性，而「圓成實性」則是了知諸法的真實性，依他起性則是通於染淨，由是三者所依的內容是有分別的，所以分立為三性。從這點來看，又可說它們是「異」。引文提到的「異門」（paryāya）便是指在相同事情上，可從某一種意義（paryāyeṇa），作某一種說明或看法。大體上，引文是從「依他熏習種子」為緣而「生起」的意義成立依他起性；從能生遍計心的「所緣相」及由遍計所現的「所遍計」影像成立遍計所執性；又從依他起法上去掉遍計所執性，顯出空性，而成立圓成實性。總之，引文要強調的是三性應當以「依他起性」為根本。[63]而所謂覺悟、解脫，正聚焦在於依他起的東西中不起周遍計度，而就依他起而證成其依他起性，不作任何執著，這便是圓成實性。圓成實性是正面說，是表詮；不作任何執著則是從反面說，是遮詮。

（53）

復次，何故如所顯現實無所有，而依他起自性非一切一切都無所有？此若無者，圓成實自性亦無所有。此若無者，則一切皆無。若依他起及圓成實自性無有，應成無染淨過失。既現可得雜染清淨，是故不應一切皆無。此中有頌：若無依他起，圓成實亦無，一切種若無，恆時無染淨。

63　在這一點上，長尾雅人有類似的說法。他認為，首先是全一的依他起的世界，這表示純粹地以依他的、緣起的思考方式來把握存在的觀點。由這觀點推移開來，可發展出全一世界舉體地被遍計執取的觀點，又可以發展出即此依他起而證其為依他起的圓成實的觀點。故依他起是由凡夫的遍計所執的立場轉化成聖者的圓成實的立場的根底。（《攝大乘論：和譯と注解》上，東京：講談社，1997，頁335。）只有到了這個程度，真正的現象學義才可說。

（《大正藏》卷 31，頁 140 上）

這節引文說明「依他起性」並非真的一無所有。引文開首明白表示即使由依他起性所顯現的種種現境（pratibhāsamāna），不是真實地存在，但依他起自性（paratantra-svabhāva）本身卻並非真的徹底沒有。引文接著從三性間相依的關係加以論說。三性中尤以「依他起性」最為根本，「遍計所執性」及「圓成實性」皆依於它而建立的。是以如果「依他起性」是徹底的甚麼都沒有，則根本不可能現起「遍計所執」和「圓成實」這兩性。由是引文說依他起性沒有，則由此而依立的圓成實性也沒有了（pariniṣpannasvabhāvābhāva）；若依他起性真的一無所有，這樣世間一切染法和淨法就不能真正成立，這又會造成世間沒有染法和淨法的過失（saṃkleśavyavadānābhāvadoṣa）。現在，從日常生活可見，染淨二法根本是存在的，不能沒有染淨二法。由此可知，依他起性確是有其存在的性格。[64]大體上，我們可用緣起法的觀念去理解依他起性的性格。雖然依他起是依於他物而生起一切現象，其本性應是一無所有，但在緣生法的原則下，儘管事物本無自性，但各種條件構合，也一定有其短暫的存在性，所以不可說依他起性是一無所有。後來天台宗提出「除無明，有差別」，亦是這種旨趣。

64　這裏說若無依他起，則不能有染法和淨法，固然是存有論的意義，但亦有實踐上的涵義。對唯識修行者或瑜伽行者來說，清淨是對治染污的，倘若沒有染污，則一切清淨的努力便變得不必要了。如不能確立清淨，則覺悟也無從說起。

無明是遍計執，要除去，但仍然保留世間的差別法，否則世間會自動崩解，成為純然的虛無主義。這「差別」正是依他起。

引文最後以偈頌形式再次肯定依他起性確非一無所有，它並非徹底甚麼也沒有，因沒有了它，一切染淨之法皆不可成立，也不能說圓成實性。

（54）

諸佛世尊於大乘中說方廣教，彼教中言：云何應知遍計所執自性？應知異門說無所有。云何應知依他起自性？應知譬如幻、炎、夢、像、光、影、谷響、水月、變化。云何應知圓成實自性？應知宣說清淨法。何等名為四清淨法？一者、自性清淨，謂真如、空、實際、無相、勝義、法界。二者、離垢清淨，謂即此離一切障垢。三者、得此道清淨，謂一切菩提分法波羅蜜多等。四者、生此境清淨，謂諸大乘妙正法教。由此法教，清淨緣故，非遍計所執自性；最淨法界等流性故，非依他起自性。如是四法，總攝一切清淨法盡。

（《大正藏》卷 31，頁 140 中）

這節引文是從佛教自身思想的發展，去說明三性思想非獨唯識派所提出，而是在大乘佛教中已有說明，且以不同的義理或名稱宣說開去。首先是「遍計所執自性」（parikalpita-svabhāva），有關這名稱，早在以前的方廣佛典已有記載[65]，這主要是從異門方面立

65 方廣佛典含方廣教法（vaipulya），它不是指某一特定的經典，而是

說。引文指出昔日的大乘佛典所提到的「無所有」的說法（abhāvaparyāyadeśanā），便是「遍計所執自性」的意思。「遍計所執自性」是周遍計度依他起之物，並錯誤地執取它們為實有。由於依起之物是依於外緣而有，本來就無有實性，所以錯執依他起之物的「遍計所執性」也是沒有實體的，這又與「無所有」的觀念甚為契合，所以早期的大乘佛典提到的「無所有」說與「遍計所執性」的概念是相通的。這種「無所有」的說法特別見於佛教強調「緣起性空」的般若學說中。例如，「無實」、「不可得」和「非有」等便是強調一切法的「無所有」的特性。

至於「依他起自性」（paratantra-svabhāva），引文則以為大乘佛典中屢屢出現的「幻術」（māyā）、「陽炎」（marīci）、「夢境」（svapna）、「影像」（pratibhāsa）、「光與影」（pratibimba）、「谷中的迴響」（pratiśrutkā）、「水中月」（udakacandra）和「變化」（vikāra）等一類的譬喻，早已揭示了依他起性的含義。儘管它們只以譬喻的形式說明，佛典中沒有直接提到「依他起性」的名稱，但這類譬喻本身已清楚揭示出一切法皆無實性，只依於外境，或以幻影，或以聲音等出現。這種無實性正是依他起那種「不實在」的特性。

最後是「圓成實性」（pariniṣpanna-svabhāva）。圓成實性所指涉的是最高真理的境界，為諸佛所體證的清淨無漏之境，也是修行者的最後目的，修行者無一不追求它。依引文所說，以往的佛典有

指那些發揚廣大義、空義的大乘經典，如《般若經》（*Prajñāpāramitā-sūtra*）。

所謂「四清淨法」（caturvidhavyavadāna-dharmadeśanā）的說法。這四種清淨法皆是指向或形容諸佛所體證的境界，所以可以視為唯識宗所提出的「圓成實性」。「四清淨法」即四種清淨的無漏法，它們分別是「自性清淨」、「離垢清淨」、「得此道清淨」和「生此境清淨」。

「自性清淨」（prakṛtivyavadāna）所強調的是本體方面的絕對清淨性，無論它生於哪處，它的本性清淨性格都是不會改變的。它是絕對的，不受時空限制而有所改變。有關這種「自性清淨」，不同佛典有不同稱號，有的就其真實不變的法性而稱它為「真如」（tathatā）；有的從其空性（遠離一切實體性的執著）而稱它為「空」（śūnyatā）；有的從其淨性常存不虛假而稱它為「實際」（bhūtakoṭi）；有的則以其不生、不具不真實的亂相而稱它為「無相」（animitta）；有的又以它具有特殊的妙智與境界而稱它為「勝義」（paramārtha）；有的則從它作為最究極的實在而稱它為「法界」（dharmadhātu）。

「離垢清淨」（vaimalyavyavadāna）指遠離一切障垢而顯現出來的清淨的本來面目，它實際上即是以上的「自性清淨」。簡單來說，「自性清淨」是就因位而說，「離垢清淨」是從果位而說。前者還未離垢，後者是專指離障垢（āvaraṇavirahita）以後所現的清淨性。

「得此道清淨」（tat-prāptimārga）泛指能生起能證入清淨法性的存在，如三十七菩提分法或覺悟的適切手段（bodhipakṣadharma）或六種波羅蜜多法（pāramitā）。由於這些存在能引生出清淨的果，所以也視作為一種清淨法。

「生此境清淨」（tad-utpādakālambana）指能生起諸淨道的種種所緣境，即是「諸大乘微妙正法」（deśitamahāyānasaddharma）。由於它們同樣是引生出清淨無漏道果的條件（vyavadānahetutva），所以也被視為一種清淨法。[66]

（55）

復次，何緣如經所說，於依他起自性說幻等喻？於依他起自性，為除他虛妄疑故。他復云何於依他起自性，有虛妄疑？由他於此，有如是疑：云何實無有義，而成所行境界？為除此疑，說幻事喻。云何無義，心心法轉？為除此疑，說陽炎喻。云何無義，有愛非愛受用差別？為除此疑，說所夢喻。云何無義，淨不淨業、愛非愛果，差別而生？為除此疑，說影像喻。云何無義，種種識轉？為除此疑，說光影喻。云何無義，種種戲論言說而轉？為除此疑，說谷響喻。云何無義，而有實取諸三摩地所行境轉？為除此疑，說水月喻。云何無義，有諸菩薩無顛倒心，為辦有情諸利樂事，故思受

66　由以上的討論，可以見出三性分開來的意思，自早期佛教以來已經有了，特別是大乘佛教強調緣起性空的義理，情況更為明顯。「緣起」即是依他起，「他」即是緣。「性空」則是圓成實性。若不通曉緣起性空，而妄計諸法有實體，而起執著，這自然是遍計執。不過，就把三性所表示的意思綜合起來，以概括諸法的存在形態，就這三面來說，最後發展出大乘佛教的存在論，則是唯識學的重點做法，這是唯識學的特有成就。起碼要到《解深密經》，完整的三性的說法，作為有系統的存在論，才正式出現。《攝大乘論》的三性理論，則是立根於《解深密經》所作的進一步的發揮。

生？為除此疑，說變化喻。

（《大正藏》卷 31，頁 140 中-下）

這節引文以八種譬喻去解除眾生對「依他起自性」所產生的疑惑（saṃdeha）。上述的部分引文清楚說明依他起性的虛妄性，它本身並沒有實性，但不可由此而否定依他起在世間的種種作用。這節引文便是透過提問者的疑問及種種譬喻，反複強調依他起的作用。這八種譬喻分別是「幻事喻」、「陽焰喻」、「所夢喻」、「影像喻」、「光影喻」、「谷響喻」、「水月喻」和「變化喻」。這八種譬喻在以上一節引文中曾出現過，這裏對它們作出更詳細的說明。

依引文所說，部分眾生因對依他起自性有所誤解，以為它是一無所有，於是質疑它如何可以成為心心所「所行」的境界。《攝大乘論》的論主便以「幻事喻」（māyopama）為疑惑者解惑。依論主所說，就算依他起自性沒有實質的色等境義，但因其虛妄性，亦可成為能遍計的心、心所法遍計的所行境界。這好像是幻像一樣，其體雖非實有，但仍有其虛妄的相狀可言。

此外，也有人懷疑若依他起無實性，所見的對象相也是沒有，這樣能認識的心、心所法（cittacaitta）又怎能依之而轉起呢？論主為了化解問者的疑惑，於是提出「陽焰喻」（marīcyupama）加以說明。陽光的熱力能令水形成水蒸氣，陽光雖不是水，也沒有水的成分，卻可以令人聯想到水。同樣道理，色等的依他起雖非實色，但它現起的色相，卻能令心、心所生起。這譬喻強調因依他起的虛妄性而成就種種對象相。

又有人懷疑若依他起自性無實，則理應不能生起愛與非愛的受用，但明顯地有情眾生具有這些受用感覺。引文以「所夢喻」（svapnopama）來解釋。在夢中所見的東西，雖是幻有不實，但因極具影響力，所以還是令人生起種種生理上的感覺。依他起自性也是一樣，雖非真實，也能令有情產生可愛與不可愛的受用差別。

有另一類的人則從「因果」的觀點提出疑問，他們以為若依他起性沒有實義，則怎會有淨業、不淨業（kuśalākuśalakarma）所招感的愛果和非愛果的差別呢？針對這疑問，論主提出了「影像」的譬喻（pratibimbopama）加以說明。影中之像是沒有實質的，但因鏡外有一相對的實物存在，才能在鏡中生起影像。同樣道理，依他起性雖非實有，但善惡之因卻是存在，所以能招感愛、非愛的果報。

也有人產生疑問，以為若依他起沒有實性，怎可能生起種種識（vijñāna）轉生的現象呢？論主以「光影」的譬喻（pratibhāsopama）加以說明，以為沒有實性也可以生起種種差別識，這猶如在光下作出不同手勢，致出現不同的光影。

除了以上五種疑問，也有人以為若依他起性沒有實義，又怎會生起種種戲論言說（vyavahāra）的差別相呢？論主則以山谷的迴響這種涉及似有非實的事物的譬喻加以說明。這即是「谷響喻」（pratiśrutkopama）。在山谷中大叫後所產生的迴響是沒有實體的。迴響是呼喚後才形成的聲音，那時的人早已不作聲，但那迴響之聲卻給人一種實有其事的感覺。依他起的言說也是一樣，雖沒有實在的見聞覺知的言說，也可現起種種言說的行為，是以依他起性雖非實有，也能起著一種勢用。

又有另一類的人產生疑問，若依他起真的沒有對象，為何會有種種禪定或三摩地（samādhi）的境界（gocara）轉生起來呢？論主主要是通過「水月」的譬喻（udakacandropama），強調三摩地中所現的境界其實是由三摩地的禪定力量變現出來。這好像水中沒有實的月，但因水的清澈能見，於是反映出相似的月影來。依他起在定中所現的種種境界，雖非實有，但因禪定的清淨力量，能生起看似實在的虛的景象。

最後，有一類人直接從菩薩度化眾生方面提出有關的疑問。這類人懷疑，如果依他起真的沒有實義，便可以推想到，有情的生死苦痛，也都是非實在的，這樣，菩薩又何須示現受生去度化眾生呢？論主則以「變化」的譬喻（nirmāṇopama）加以化解提問者的疑團。論主舉懂得變換戲法的幻師為喻，幻師能以幻術變出種種似實的幻象，這些幻像雖非真實，但變現出來的東西，還是有其效用與影響力。儘管菩薩知道諸法無常，但出於大慈大悲的憐憫心，菩薩也樂於度化眾生，不會因依他起性的不真實義而退轉。[67]

總括來說，疑問者之所以提出種種疑問，主要是針對依他起性的不真實性而說。疑問者欲藉著這些提問，反駁依他起的不真實性，沒有必要提出來。但論者為了維護唯識學自身的立場，於是援引了八種譬喻，對論難者的疑難逐一化解，從中宣明依他起性雖是沒有實義，但還是有它的作用與影響，它所顯現出來的種種景象也

---

67 按這裏所說的八個譬喻，在《大乘莊嚴經論》（*Mahāyāna-sūtrālaṃkāra*）中亦有提到。這裏的所說，可能是參照這《大乘莊嚴經論》的。

只是唯識性。[68]

（56）

世尊依何密意於梵問經中，說如來不得生死，不得涅槃？於依他起自性中，依遍計所執自性及圓成實自性，生死涅槃無差別密意。何以故？即此依他起自性，由遍計所執分成生死，由圓成實分成涅槃故。　（《大正藏》卷31，頁140下）

這節引文是就三性的相互關係去論說「涅槃」與「生死」的無分別。這即是說從三性的角度去說明生死即涅槃。依引文所說，這種說法見於《思益梵天所問經》（*Brahma-viśeṣacinti-paripṛcchā*）。依此經所說，在如來的正智中，生死與涅槃二者是

68　所謂依他起的虛妄分別性，是從一個終極的角度提出來的，特別是從救贖的（soteriological）目標而說的。即是說，依他起的東西都是不實在的，它可以誘使人在這點上起執著而陷於顛倒煩惱中，得不到解脫。其實，依他起是一個存有論的原則，它是為一切存有定性的。定甚麼性呢？正是定性為依他起。即是說，一切存有都是依他起；這其實是緣起。不說依他起，便不能對存有的根源作交代。存有唯有是依他起，才能作為這樣那樣的存有而出現。就此點看，依他起有其存有論的意義，實在不應輕忽，更不應將它廢棄。我們對於依他起，不必有過於敏感的反應，以為它不代表實在，甚至以為它必引起虛妄分別，因而要捨棄它。實際上，只要知依他起的事物為依他起，採取中和的態度，不對依他起的事物起執著，這不但不會對覺悟的目標的達致造成障礙，反而可以成為開悟的契機。因在依他起上可以開出圓成實性，由此可直證真理而成悟。

沒有實在的分別（saṃsāranirvāṇāviśeṣatā），引文以三性的觀念為依據提出自己的看法。正如上面那些引文所述，三自性實即只有「依他起性」，由於「依他起性」可通於染淨二法，於是成立「遍計所執性」和「圓成實性」。若「依他起」依於染法，則易被遍計所執性或那一面（parikalpitāṃśa）所執取，繼而形成種種業力，引出生死流轉的現象。若依他起依於淨法，不起妄取，則可由依他起而成就圓成實性或那一面（pariniṣpannāṃśa），這又能助有情眾生斷滅有漏種，生起無漏智，而轉識成智，進入清淨的涅槃。儘管有生死和涅槃的不同，歸根究柢，還是以依他起為根本，所以引文從「依他起性」通於二性而言及「生死」與「涅槃」的無差別。這是從義理的層面推出的一種結論。

一般來說，生死畢竟是生死，不是涅槃。涅槃畢竟是涅槃，不是生死。兩者正相矛盾，如何能變成無差別呢？原始佛教從如實的直觀來說，直證現前的種種現象的無常性。這無常便是真理。般若思想提出色空相即，強調現象與真理的「即」的關係、不相離性。真理當下要在現象中顯，不能遠離現前環境而往他處求真理，不應捨近圖遠。這都有生死世界即此即是真理的所在、涅槃的實現的處所之意。由此把生死與涅槃緊扣在一起，而成就「即」、「無差別」的關係。唯識學在這方面則提出三性說，以依他起為基本結構，一切事物都是依他緣而得生起，並無獨立的自性。在這依他起性上起執，則墮於生死世界。在這依他起上不起執，當下便能圓滿成就事物的真理，而證入涅槃。故生死與涅槃通過依他起為媒介被連繫起來，而成相即、無分別的關係。而亦由於依他起能當下開出生死、涅槃或染、淨兩個路向，因而有所謂「二分依他」的說法。

（57）

阿毗達磨大乘經中，薄伽梵說：法有三種：一、雜染分；二、清淨分；三、彼二分。依何密意作如是說？於依他起自性中，遍計所執自性是雜染分，圓成實自性是清淨分。即依他起是彼二分，依此密意，如是說。於此義中，以何喻顯？以金土藏為喻顯示。譬如世間金土藏中，三法可得：一、地界；二、土；三、金。於地界中，土非實有，而現可得。金是實有，而不可得。火燒鍊時，土相不現，金相顯現。又此地界，土顯現時，虛妄顯現。金顯現時，真實顯現，是故地界是彼二分。識亦如是，無分別智火未燒時，於此識中，所有虛妄遍計所執自性顯現，所有真實圓成實自性不顯現。此識若為無分別智火所燒時，於此識中，所有真實圓成實自性顯現，所有虛妄遍計所執自性不顯現。是故此虛妄分別識依他起自性，有彼二分，如金土藏中所有地界。

（《大正藏》卷 31，頁 140 下）

這節引文是以金土藏的譬喻（upama）去說明三性間相持的關係。引文開首直引《阿毗達磨大乘經》（*Abhidharma-mahāyāna-sūtra*）中世尊（Bhagavad，薄伽梵）說法有三種，即由遍計所執性而來的雜染分、由圓成實性而來的清淨分及集染、淨二分於一身的依他起性。這三分或三性並非各自獨立，而是互相關連的。三性中以「依他起性」最為根本。依據佛陀所說，如對依他起性有錯誤的了解，為遍計所執取，則成「雜染分」。如對依他起性有正確的見解，不起妄執，直知諸法皆依他起而假有，非具實性，則成了知諸法的圓成實性，這便是「清淨分」。由此可知，雜染分是由遍計所執而有，清淨分則是由圓成實方面說的，至於依他起性，則是兼通染淨二分。這種說法無疑是依「依他起性」而安立三性。

為了具體說明這義理，經文便引金土藏的譬喻加以說明。譬喻是說在這金礦中有三種法可得，它們分別是地界（pṛthivī-dhātu）、土（mṛttikā）和金（kāñcana）。照常理說，在金礦中可尋得藏於土壤中的黃金，但須經過篩選的過程，才能得到純金。依引文所說，在地界中的泥土能被採金者所見，但實際上泥土不是所想得到的，故並非實有。藏於土中的黃金雖不現見於採金者，但它是所想得的，故是真實的。只要經過火的煉淨，所有泥土的成分便離去，黃金便會呈現眼前。這樣看，泥土應為假有，黃金為實有，而相對於這二者，「地界」則具有假、實的性質。這主要是因為當地界中的土顯現時，就是假有的顯現。當金顯現時，則是真實的顯現。由此可見，含有土和金二法（dvayaṃśika）的「地界」，具有假實二分的特質，無論是土的虛妄假有，或是金的真實性相，皆是依於地界而有。

引文接著以此譬喻來說三性。當有情眾生還囿於無知的境界，那時無分別智（nirvikalpa-jñāna）還沒有生起，則有情眾生的識（vijñapti）皆是虛妄，所現的只有虛妄無實的遍計所執性，清淨的圓成實性根本不得呈現。若有情眾生起那無分別智，則能了知諸法皆依「他」而有，其本性為空，此時只有圓成實性，而再沒有遍計所執性了。這種說法，跟金土藏的情況甚為相似。此中，「火」喻「無分別智」，「金」喻「圓成實性」，「土」喻遍計所執性，而「地界」則因通含「土」與「金」而譬為通染淨二法的「依他起性」。金為實，土為假，則是說圓成實為真，遍計所執為假。金與土皆依於此界而有，即是說圓成實與遍計所執，皆依於「依他起性」而有。是以引文中提到的金土藏之喻，目的是說明三性中以依他起性最為根本，其餘二性皆依「依他起」而有。[69]

（58）

世尊有處說一切法常，有處說一切法無常，有處說一切法非常非無常。依何密意，作如是說？謂依他起自性，由圓成實性分是常，由遍計所執性分是無常，由彼二分非常非無常。依此密意，作如是說。　　（《大正藏》卷 31，頁 140 下）

這節引文主要是從三方面說一切法具有常、無常和非常非無常的特性。這是引用龍樹（Nāgārjuna）的四句（catuṣkoṭi）的思考方式來展開討論（缺第三句）。一切法是常是第一句，一切法不是常是第二句，一切法非常非無常是第四句。[70]引文開首即引述佛陀過去曾在不同的經典中就有關一切法的存在狀況作過不同說明。佛陀曾說一切現象都具有常住的（nitya）性格，也說過一切現象皆不是常住的（anitya），有時又說一切現象不是常住，也不是無常（na

69　關於這金土藏的譬喻的更詳細的討論，參看長尾雅人著〈三性說とその譬喻〉，載於長尾雅人著《中觀と唯識》（東京：岩波書店，1978），頁 207-236。

70　關於四句的意義與運用，參考拙著 Ng Yu-kwan, *T'ien-t'ai Buddhism and Early Mādhyamika*, Honohulu Tendai Institute of Hawaii/Buddhist Studies Program, University of Hawaii, 1993, pp.90-99.

nityo na cānityah）。這些說法表面看來，好像是充滿矛盾，存有不少歧義，究竟佛陀是依著甚麼深奧的道理作出這些說法呢？引文則說佛陀是以三種不同的角度而作這種說法。說一切現象都是從依他起性而有，如能對依他起性有正確的了知，則能由依他起性直達圓成實性，了知諸法本來緣起性空的性格。這圓成實性便是常，因它表示諸法本來的真實相狀。若對依他起有所迷惑，在其上生起遍計妄執，此種遍計所執即是無常性。可知常是指「圓成實性」；無常是指「遍計所執性」。二者都是依於「依他起性」而來，依他起是根本結構，是中性的，與兩者都不同，故是非常非無常。扼要來說，一切法的常、無常、非常非無常實際上是從三性中的圓成實性、遍計所執性及依他起性安立而說，因而有歧義。

四句有辯證的性格，這是多數現代學者的共識。無著以依他起性為中心，由此開出遍計所執性與圓成實性，把這三性配到四句（不取第三句）方面去，明顯表明三性具有辯證的意趣。

（59）

如是已說所知相。入所知相云何應見？多聞熏習所依，非阿賴耶識所攝，如阿賴耶識成種子。如理作意所攝，似法似義而生，似所取事有見意言。　（《大正藏》卷31，頁142中）

三性表示諸法或存在的三種形態，這都是屬於所知相（jñeyalakṣaṇa）或對象（artha）方面的。〈所知相〉章便是討論對象的問題。如何悟入對象或所知相的真實狀況呢？這便是入所知相的問題。由這裏開始討論這點。「入」是指悟入、證入

（praveśa）的意思；「所知相」則是指概括一切法的三種自性，也即是依他起、遍計所執及圓成實三種自性。「入所知相」即是悟入有關三性的種種方法，藉此了知一切法的真實性相。這應該是涉及解脫道的問題。依引文所說，悟入諸法，要靠多聞熏習，它並非由阿賴耶識所統攝。所謂「多聞熏習」（bahu-śruta-paribhāvita）即是多聽大乘教法的聞熏習，由於它是由聞正教正法而來，所以是清淨的無漏法。有情眾生能否開悟便要看這種熏習的力用有多大。多聞熏習為法身所攝，寄存於染污的異熟阿賴耶識中，是以引文說它「非阿賴耶識所攝」。可以說，阿賴耶識若為雜染的所依種子，則多聞熏習便是無漏淨法的所依種子，這多聞熏習能助有情眾生生起正觀，了知唯識無性的真理。若有情眾生多聞大乘法義，則可以熏生無漏種子。但光是聽聞正法還是不足夠的，必須對大乘法義作一慧觀，這便不得不借助「意識」（mano-vijñāna）的作用，因為意識是以名言分別為自己的本分，能分別一切言說、名相，產生認識作用。透過這意識的認識作用，則可認識大乘法義，這有助無漏熏習的不斷生起。這意識即是「意言」（manojalpa），指心中的言說。這是一個新概念，有分別形相的涵意，也指判斷的前階段的心中的理解，相當於聞、思、修所形成的整個求道歷程中的「思」。由引文可見，意識雖具有染污性，但因它能認識名言及種種概念，透過它能把握諸佛的大乘法義，這對於修行成佛的目標也起著很重要的作用。是以成佛一事，雖繫於無漏清淨種子的多寡，但也關涉到意識，意識在有情眾生輪迴及還滅的過程中，其影響力當不遜於第七及第八識。依我們的理解，第七識雖執第八識的見分為我，生起我執，但這種對「我」的妄執只是下意識的事，是有情眾生對內在生命的一種迷執而已。但意識則是具體的起心動念的機能。能跟前五識同時俱生，或單獨而生，總之能對感識的所緣或對象起了別分析作用。若意識執取這些對象為具有自性，就成為「法執」，它也在意識的層面引生「我執」。這節引文雖論及多聞熏習，但也同時突出了意識在迷妄與覺悟中所起的作用。[71]意識在迷妄中，不能說現象學；意識在覺悟中，則是現象學的開始。

（60）

此中誰能悟入所應知相？大乘多聞熏習相續，已得逢事無量諸佛出現於世，已得一向決定勝解，已善積集諸根故，善備福智資糧菩薩。（《大正藏》卷 31，頁 142 中）

這節引文討論悟入的人選問題，強調只有具備四種特殊力量的菩薩（bodhisattva）才能悟入唯識無性的道理，間接交代悟入唯識性實相的方法。依引文所說，菩薩若具備多方面的力量，則可漸漸悟入唯識的真實境界。首先指出菩薩不斷的生起「多聞熏習」（bahu-śruta-paribhāvita），可以生起一種相續的力用。由於多聞熏習所熏得的都是清淨的無漏種子，所以透過不斷的熏習。可相續不斷地積集清淨種子，提升悟道的機會。多聞熏習是悟入實相的主

71 按《攝大乘論》有十章。第一章〈所知依〉專討論阿賴耶識，第二章〈所知相〉討論三性。這兩章是理論部分。由第三章開始，一直到最後一章，都是討論實踐的問題。這第三章是由理論的討論引至實踐的討論，有媒介意味，故非常重要。

因。其次，菩薩除了多聞熏習外，如他們能適逢諸佛出現，則有助他們證入法界。因諸佛在世是大福緣，菩薩能藉著親自聞佛說法，增長悟道的力量，直入真理境界。此外，引文又指出那些菩薩因受多聞熏習及諸佛親自說法的力用，能漸生智慧，精進不懈，以堅定無比的道心精益求精，毫無半點退修之心，是以藉此堅定心，漸證正道。最後，引文指出，那些菩薩因曾發菩提心，修習菩薩道以利益一切眾生，漸漸生起並強化了普度眾生的心念，並對這種艱苦的工作起了一種承擔感，進一步修習四攝與六度等法門，積集無量善根資糧（su-upacita），最後覺悟成佛。

（61）

何處能入？謂即於彼有見似法似義意言，大乘法相等所生起。勝解行地、見道、修道、究竟道中，於一切法唯有識性，隨聞勝解故，如理通達故，治一切障故，離一切障故。

（《大正藏》卷 31，頁 142 中）

這節引文承接上引文，討論菩薩悟入唯識真理的處所問題。菩薩先從意識所了別的「似法似義」（dharma-artha-pratibhāsa）的種種境地開始，漸漸證入唯識的真理。dharma 是法，artha 是義，pratibhāsa 則是變現、變似，故說「似法似義」。意識雖為染法，且對一切法有所妄執，但它的了別名相作用卻同樣有助有情眾生了知無漏清淨法。一般來說，意識所了知的還不是真正的無漏淨法，只是一種似現的法義，所以引文說它是「似」（pratibhāsa）法「似」義的言說，但這種似法似義的「意言」（manojalpa），卻有助眾生漸漸了知大乘一切法的真實道理。接著引文便從諸大菩薩所經歷的次第說明漸入的過程。依引文所說，那些菩薩會依次證入勝解行地、見道、修道和究竟道的果位。扼要來說，勝解行地（adhimukti-caryābhūmi），相當於《成唯識論》中所提及的資糧位和加行位。在「勝解行地」中，菩薩可透過如理思惟，正確地觀察一切法唯有識（vijñaptimātra）的道理，並引出明確的「勝解」。在「見道」（darśana-mārga）位中，菩薩則能「如理通達」意言的假有性，發揮無分別智（avikalpa-jñāna），了見唯有「識」的道理。在「修道」（bhāvanāmārga）位中則能對治一切障礙（sarva-āvaraṇa），以至到達「究竟道」（niṣṭhāmārga）位時，便遠離一切障礙，證得無上佛果。[72]唯識現象學便能證成。

以上是有關三性問題的討論。《攝大乘論》的三性思想，主要都在這裏。三性與阿賴耶識有密切的關係。阿賴耶識是轉依的基礎，而三性正是說轉依的，即是，在依他起上轉捨遍計所執而依止圓成實，便是轉依。故我們說阿賴耶識，亦包括三性的討論在內。

三、全文總結

《攝大乘論》是唯識學派的一部很重要的論典。它提到很多有關唯識思想的重要概念，例如種子、阿賴耶識、熏習、三性和轉依等。它對於阿賴耶識有很詳細的說明，這些說明比較《解深密經》對阿賴耶識的論述更見仔細和嚴謹，且有不少義理上的發揮。基本

---

72 勝解行地的修行，仍有世間的意味，這由資糧一意可知，後面的見道、修道和究竟道的修行，則基本上是出世間的。

上，《攝大乘論》以阿賴耶識為世間一切法的依止處，也是其他轉識生起的來源。它是有情眾生輪迴的主體，也是他們得以解脫的主體。沒有阿賴耶識，則一切染法和淨法都不能成立，可見它對起惑造業、招引生死輪迴和達致解脫還滅有重要的意義。《攝大乘論》更由此識的涵義，發揮了「唯識無境」的思想，即說明一切法皆依阿賴耶識而有，它們有的只是唯識的虛妄性，而不是真實性和常住性。在《攝大乘論》中，曾提及的識共有十一種，它們全都是依於阿賴耶識而有。這十一種識涵攝了世界一切現象，世界一切現象都只是阿賴耶識的變現而已。

在招引生死輪迴及作為染法生起的主體方面，《攝大乘論》有不少論述。從它對阿賴耶識不同譯名的說明，可知阿賴耶識在這方面的意義。阿賴耶識被稱為「一切種子識」，這表示它具有能藏、所藏和執藏三種作用，積集種子，確保一切善和惡的種子不會失佚。它又被說成是「心」，離開阿賴耶識，便沒有其他識可得，因它內藏的種子能使第七識和前六識生起。此識又被稱為「阿賴耶識」，因它作為個體生命或自我，在有情眾生一期的生命中能執持六根，成為六根的依止處，使生命得以延續。當一期生命完結後，有情眾生會以「中有身」的形態受生。這中有身即是阿賴耶識。在一期生命後，阿賴耶識能夠執受名色自體，入胎成形，成為新一期的生命，可見阿賴耶識是有情眾生的輪迴主體。在這種解說下，《攝大乘論》便以「識食」的觀念強調阿賴耶識為一期生命形成和持續的精神食糧，它能滋長有情眾生的生命。

另外，《攝大乘論》又說阿賴耶識與染法有互為因果的關係，這即是「種子生現行，現行熏種子」的理論。依《攝大乘論》所記，在緣起法則下，藏於阿賴耶識中的染污種子可為因而變成果的現行，而現行又可為因復熏成果的種子，再藏於阿賴耶識中。如是因果相續，一切法便可流轉不息，有情眾生也會不斷起惑造業，依阿賴耶識為主體，死後受胎再生，在生死界中打轉，除覺悟外，無有了時。大體上，《攝大乘論》所強調的是阿賴耶識為一切染法的依止處。離開了它，熏習便不能成立，種子也無復更生。阿賴耶識除了是有情眾生生命得以延續的識外，它也是有情眾生所居處的來源，這即是說，器世界也是從阿賴耶識中變演的。

阿賴耶識雖與染法有密切的關係，但不可否認，它也是淨法的依止處，沒有了它，淨法便不能成立，解脫的出世道也不能成立。依《攝大乘論》所記，有情眾生由「非等引地」入「等引地」時所需的淨性種子便須由阿賴耶識所攝持，否則不可能出現往生上界的可能。此外，沒有阿賴耶識，無漏種子也不能被攝持，這樣，轉依便不可能成立。依以上所論來看，阿賴耶識是染、淨二法的依止處。

《攝大乘論》由阿賴耶識的特性出發，向外論及有關一切存在的狀態，提出依他起性、遍計所執性和圓成實性這三種自性的觀念，並以之來說轉依。依《攝大乘論》所記，阿賴耶識內藏了不少精神性的種子，它們會遇時而熟，變現出一切現象。可知一切存在皆是由阿賴耶識中的種子所變演的，它們都沒有實性，所生起的種種相狀也只是「依他起性」。由於阿賴耶識為無記性，能攝藏染、淨的種子，繼而生起染法和淨法，是以依他起也可分成染污的依他起性和清淨的依他起性，可見依他起性是通於染淨二法的。若意識對阿賴耶識的種子所變演出來的、依他起的種種法起錯誤的分別作用，則易生妄情妄執，令有情眾生不斷起惑造業，這便是遍計所執性。可見意識令有情眾生對現象生起分別妄執之情，對造成他們不斷輪迴負上一定的責任。但依《攝大乘論》所記，意識這種分別作用也不是一無用處，它能令有情眾生了解聖教所說，有助清淨種子的生起。如能對依他起的事物有正確的了解，不對它起分別妄心，直見它的唯識無性，這樣，則可從依他起性上成立圓成實性。可知代表諸法實相的圓成實性也是建基於依他起性而來。不過，《攝大乘論》以為真正能令有情眾生將染污的阿賴耶識轉成清淨無垢的識體，還是要依靠清淨的無漏種子。這些無漏種子是從最清淨的法界流出，它們與阿賴耶識存在著一種「非一非異」的關係。正由於這些無漏種子非阿賴耶識所生，所以能對治阿賴耶識，並引致「轉依」的結果，成就唯識現象學。

「唯識現象學」中的「現象學」是從轉依或轉識成智方面說的。把染污的識轉化為清淨的智。這轉識成智在世親的《唯識三十頌》、護法的《成唯識論》和窺基的《成唯識論述記》都有說明。在價值方面，識是負面的，智是正面的，由識轉而為智，表示價值的提升。

第三章　《唯識三十頌》與《成唯識論》的阿賴耶識思想

一、《唯識三十頌》與《成唯識論》的文獻學背景

印度唯識學（Vijñāna-vāda）肇始於彌勒與無著，這是一般的說法。但彌勒（Maitreya）是一個傳奇性的人物，究竟是否真有其人，難以確定。在這裏我們以無著（Asaṅga）為唯識學的開山立派人物，他寫有《攝大乘論》（*Mahāyānasaṃgraha*）和其他好些重要著作。他的弟弟世親（Vasubandhu）承接他的衣鉢，在理論體系方面開拓出唯識哲學，他有多本重要著作，包括《唯識三十頌》（*Triṃśikāvijñaptimātratā-kārikā*）和《唯識二十論》（*Viṃśatikāvijñaptimātratā-siddhi*）。其中尤以《唯識三十頌》（以下省稱《三十頌》）最具理論規模，但行文簡約，解讀不易，於是有唯識後學安慧與護法作注釋。安慧（Sthiramati）寫有《唯識三十論釋》（*Triṃśikāvijñaptibhāṣya*）；護法（Dharmapāla）則寫有《成唯識論》（*Vijñaptimātratā-siddhi*）。安慧的唯識學傳入西藏，而發展出藏傳唯識學；護法的唯識學則傳入中土，發展出漢傳唯識學。護法的《成唯識論》由玄奘翻譯，他同時也翻譯了世親

的《三十頌》。以下我們要依據《三十頌》和《成唯識論》分別探討世親和護法的阿賴耶識思想。安慧對阿賴耶識解釋和發揮不多，這裏就暫時把它擱下。

《三十頌》的梵文原典見於 Sylvain Lévi, *Vijñaptimātratā-siddhi, Triṃśikā*. Paris, 1925；西藏文翻譯則見於《影印北京版西藏大藏經》113。《三十頌》總結了《瑜伽師地論》和《攝大乘論》的要旨而提出整個唯識學的理論綱要，是偈頌形式的著作，著力於心所（caitasa）與識的轉變（pariṇāma）問題的發揮，說法非常簡明。在它之前的唯識學對心所問題說得很少，《三十頌》繼續發揮它、說明它。至於轉變這個語詞，本來便廣泛地見於多個學派的文獻中，佛教文獻只是其中的一部分而已。但世親把它與識（vijñāna）關連起來，而成識轉變（vijñāna-pariṇāma）一新的語詞，表示心識的一種獨特的活動方式。在世親之前的唯識學文獻中，沒有提及這個語詞，因此它是新的，同時也是非常重要的，起碼在唯識學的義理來說是如此。[1]

有關識轉變，安慧與護法有完全不同的解釋。在安慧來說，識轉變表示在緊接著的前後剎那中，識都是不同的。護法則提出，在同一剎那中，或現前的剎那中，能變的識與所變的東西有一種關係，因而轉變不可能跨越兩個瞬間、剎那。上田義文認為，安慧的

---

1 據日本學者上田義文的調查，識轉變（vijñānapariṇāma）一述語未有見於《攝大乘論》中，但在《三十頌》這一小部頭著作中，便出現了五次。參看中村元等編《新佛典解題事典》（東京：春秋社，1965），頁 141，上田義文解〈唯識三十頌〉條。

解釋較近於《三十頌》的原意，護法在《成唯識論》中以變指識體轉似為相分（nimitta）與見分（dṛṣṭi），是他自己提出的新的觀點，這種觀點構成了唯識說的基本架構。但安慧與世親都沒有由識變現相分的意思，他們認為轉變是指在前後兩剎那之間的識在轉變，故兩剎那中的識並不相同。[2]

至於《成唯識論》，如上面所說，是護法疏解世親的《三十頌》的巨構。這書也收納一些其他唯識學論師的觀點，但不多，主要還是收納護法的。按玄奘本來是要分別翻譯十大論師的解釋，其高弟窺基認為只有護法的解釋是正義，故應該集中翻譯護法的部分，而把其他論師的解釋縮為一小論典來翻譯，玄奘從之。這樣，把護法的解釋和其他論師的解釋集合起來，便成為《大藏經》中的

2　關於世親與護法對識轉變的理解，參看拙著《唯識現象學一：世親與護法》（臺北：臺灣學生書局，2002），頁 17-30；關於安慧對識轉變的理解，參看拙著《唯識現象學二：安慧》（臺北：臺灣學生書局，2002），頁 5-23。又，這裏說安慧與世親說識轉變的意思比較接近，但對於其他的說法，世親還是較接近護法的。在他的《三十頌》中的首頌的兩句「由假說我法，有種種相轉」（ātmadharmopacāro hi vividho yaḥ pravartate）中，提出我（ātma）與法（dharma）被施設地建立起來，成為種種相或現象，明顯地是以我或主體與法或客體來概括一切主體現象與客體現象的。我與法是在對比的脈絡中說的，主體現象與客體現象也是如此。這與護法所提出的由識轉出見分與相分也有相應點：主體現象或我相應於見分，客體現象或法則相應於相分。世親與護法都有主客的關係的意識，只是護法說得鮮明，以見分、相分字眼來表示，世親則比較含糊而已。但他的「我」、「法」的對比說法，明顯地也有主客關係的意識在。這是安慧未有直接涉及之處。

《成唯識論》。有人提議《成唯識論》的作者是玄奘本人，筆者認為這難以說得通。

在《成唯識論》中，有關阿賴耶識的說明，佔了相當多的篇幅，其中也引述了《瑜伽師地論》和《攝大乘論》的說法。唯識學傳到中土後，形成了法相宗，它的根本文獻，便是這部《成唯識論》。另外，這一宗派的開祖窺基寫了《成唯識論述記》來解釋這部論典，後來慧沼和智周也作過類似的注釋。[3]近現代的日本學者也對這部論典作出多元性的研究，其中包括宇井伯壽、渡邊隆生、太田久紀、小島惠見等。成績最優秀的，莫如法比系學者蒲桑（Louis de la Vallée Poussin）對這部論典的翻譯與疏解。[4]在華語學界，香港的李潤生也對《成唯識論述記》作過周詳的解讀。

二、《唯識三十頌》及《成唯識論》中的阿賴耶識說

（01）

《三十頌》梵文本：

vipāko mananākhyaś ca vijñaptir viṣayasya ca/

tatrālayākhyaṃ vijñānaṃ vipākaḥ sarvabījakam//

---

3 詳情參看結城令聞著《唯識學典籍志》（東京：大藏出版社，1985），頁 308-360。

4 Louis de la Vallée Poussin, *Vijñaptimātratāsiddhi, La Siddhi de Hiuen-Tsang*. Paris: Librairie Orientaliste Paul Geuthner, 1948.

梵本語譯：這是異熟與所謂末那，及境的了別識。其中，異熟即是稱為阿賴耶的識，具有一切種子。

玄奘譯《三十頌》：謂異熟思量，及了別境識。
初阿賴耶識，異熟一切種。[5]
（《大正藏》卷31，頁30上-中）

上半首偈頌首先列出三類能變識，即「三能變」。能變是變現現象之意。它們分別是異熟識（vipāka-vijñāna）、思量識（mano-vijñāna）和了別境識（khyāti-vijñāna）。異熟識指第八識，即阿賴耶識；思量識指第七識，即末那識；了別境識指前六識。下半頌開始逐一介紹這三種能變，首先是阿賴耶識（ālaya-vijñāna）。阿賴耶識又稱為異熟識和一切種子識。異熟（vipāka）主要是就種子來說，照唯識所說，一切善惡行為本身過去後，其影響力仍然存留，成為一股潛在勢力，這即是種子（bīja）。當這種勢力成熟時，就會招引果報。異熟主要是就種子的這種變化歷程來說。由於種子形成後要經過一段潛在的過程，在另一個時間才能成熟，招引果報，所以說種子是異時而熟，簡稱為異熟。這是對異熟的其中一種解釋，另一種解釋則是從因果的相異來說。善或惡的行為的餘勢在第八識熏習成種子，潛藏於其中。這第八識作為果報體，它整體來說

5　「玄奘譯《三十頌》」縮寫作「玄奘譯本」，見於《大正藏》卷31。另外，《三十頌》的梵文本以以下文獻中所載為據：
Sylvain Lévi, *Vijñaptimātratāsiddhi*, deux traitus de Vasubandhu, *Viṃśatikā* accompagnée d'une explication en prose et *Triṃśikā* avec le commentaire de Sthiramati. Paris, 1925.

是無記的。由或善或惡的行為的餘勢熏習成的種子構成的第八識，其性質跟它的或善或惡的因相異，故稱為異類而熟，亦簡稱為異熟。此外，唯識學認為不論是山河大地，或一切生命，就連其他識都是由阿賴耶識所藏的種子所變現，一切種子又是藏於這識中，所以阿賴耶識又稱為一切種子識（sarvabīja-vijñāna）。

（02）

《成唯識論》或《成論》說：

識所變相，雖無量種，而能變識，類別唯三。一謂異熟，即第八識，多異熟性故。二謂思量，即第七識，恆審思量故。三謂了境，即前六識，了境相麁故。及言顯六，合為一種。

（《大正藏》卷 31，頁 7 中）

這段引文是解釋三十頌中「謂異熟思量，及了別境識」一句，是護法（Dharmapāla）對三能變的解釋。首句指出由識所變現出的事物的相狀雖然有無數種類，但能夠變出這些相狀的識只有三種。它們依次為異熟識、思量識及了別境識。第八識又稱為異熟識，因它具有異熟的性格。第二種能變是思量識，即第七識。稱之為思量識是因為它恆時在審度思量，而審度思量的對象就是第八識的見分，它以為第八識的見分是一個恆常不變的自我。第三種能變是了別境識，即前六識。稱之為了別境識是因為這六識能了別粗大的境相，而且這六識同屬一類，同樣具有了別外境的作用，所以總稱它們為了別境識。在這八識中，只有前六識具有認識論意義。若與康德（I. Kant）的認識論比較，前五識即感識：眼識、耳識、鼻識、舌識、身識相當於康德的感性直覺（sinnliche Anschauung），意識則相當於他的知性（Verstand）。

（03）

《成唯識論》說：

此三皆名能變識者，能變有二種，一因能變，謂第八識中等流、異熟二因習氣。等流習氣由七識中善、惡、無記熏令生長；異熟習氣由六識中有漏善、惡熏令生長。二果能變，謂前二種習氣力故，有八識生，現種種相。

（《大正藏》卷 31，頁 7 中-下）

這段引文是護法對能變含義的析說。他將能變分為因能變（hetu-pariṇāma）和果能變（phala-pariṇāma）兩種。簡單來說，因能變指熏生的種子，果能變指種子在成熟後現行而產生的八識。種子現行時產生識，所以相對於識，種子就是因（hetu）。種子作為因而能變現八識，故稱種子為因能變。若從種子的功能來說，又可分為等流習氣（niṣyanda-vāsanā）和異熟習氣（vipāka-vāsanā）。等流習氣指名言習氣。名言（abhilāpa, vyavahāra）表示語言、概念。唯識學認為，宇宙萬物都是識所顯現，而識包括相分和見分，都是由種子生起的，由於語言、概念是用來表示宇宙萬物，所以生起宇宙萬物的種子稱為名言種子。這些種子是從前七識的認識活動熏習而成。所謂認識活動，是指相分和見分的生起，也即是識的生起。在識生起時，見分攀緣相分，認識相分，稱為了別。在見分和相分生起的同時，熏習阿賴耶識，成為見分和相分的種子，這些就是名言種子。反過來，這種子又是生起善（kuśala）、惡（akuśala）、無記（avyākṛta）等一切法的親因緣。由這些種子作為因，當它生起果（phala）時，這因與果之間有著等流（niṣyanda, naiṣyandika）關係，即是這因與果的性質是相同的，所以稱為等流。異熟習氣即是業種子。業（karma）是做作的意思，也可以指活動、行為。由於第六識的思心所能夠發動，作出善、惡、無記等東西，所以第六識的思心所生起時，能夠熏習阿賴耶識而成業種子。就種子的自體來說，業種子與名言種子無別。兩者的分別只在於功能上。可以說，業種子是某些具有特別功能的名言種子。業種子除了具有一般名言種子的功能，即是作為因緣，引生自身的果報之外，亦有增上緣的功能，招引異熟果往生善趣或惡趣。一般名言種子有善、惡、無記三種性格，但業種子只有善、惡二性格，而且都是第六識的思心所在有漏位中熏成的，所以都屬有漏善或惡的性格。業種子沒有無記或中性性格。果能變是指識在現行（samudācāra, pracāra）的狀態中說的。潛藏狀態中的識本身就是種子，當種子現行，就成為現行狀態中的識，故種子是因，而現行的識是果。這種作為果的識，本身又能變現出相分和見分，而成為被認識的客體和認識的主體。所以這現行的識就稱為果能變。[6]是以依前面所說的兩種習氣即等流習氣和異熟習氣的作用，有八識生

6 較確定而全面的意思是：由種子現行而成的識，自身起分裂、分化作用（differentiation），分生出客體方面的相分，而自身即以主體方面的見分的身分去了別、認識相分，並執持之為有自性的實在世界。

起，這八識又會變現見分和相分，即主觀方面的認識能力和客觀方面的認識對象。兩者相遇，便成就了有染污傾向的認識活動。

至於所謂「現行」（abhisaṃskara, mṅon par ḥdu byad），指實現、實行狀態，與種子（bīja）對說，後者指潛藏狀態。

（04）

《成唯識論》說：

初能變識，大、小乘教名阿賴耶。此識具有能藏、所藏、執藏義故。謂與雜染互為緣故，有情執為自內我故，此即顯示初能變識所有自相，攝持因果為自相故。此識自相分位雖多，藏識過重，是故偏說。（《大正藏》卷 31，頁 7 下）

這段引文是護法對《三十頌》「初阿賴耶識，異熟一切種」一句的解釋，重點是解說阿賴耶識的自相（sva-lakṣaṇa）。[7]對於第一能變識，大乘（mahā-yāna）和小乘（hīna-yāna）佛教皆稱之為阿賴耶（ālaya）。ālaya 是貯藏、倉庫的意思。由於此第八識貯藏著一切種子，像倉庫儲藏米粒那樣，所以稱為阿賴耶識。依引文所述，阿賴耶識是以藏為自相，而藏又有三種意義，即能藏、所藏和執藏。能藏是指阿賴耶識能攝持一切諸法種子。所藏是就阿賴耶識

7 這裏說阿賴耶識有自相，這與其說是相狀、形貌，不如說是作用，能藏、所藏、執藏的作用。這是一種心理學特別是深層心理學（Tiefen-psychologie）的作用。透過這種作用，包括自我（自我意識 Sebst-bewußtsein）與諸法便得以形成、存在。但這亦只是施設性的形成、存在而已，沒有終極的意涵。

與前七識互為因緣的關係而說的。引文中的「雜染」（saṃkleśa, aviśuddhi）是指有漏種子生起的前七識。由於阿賴耶識能攝持生起前七識的有漏種子，所以說阿賴耶識是雜染的緣；反過來，這些有漏（bhava-āsrava）種子生起的前七識又能對阿賴耶識進行熏習（vāsanā）作用，熏習成的種子就是阿賴耶識的自身，所以七識又是阿賴耶識的緣，故說阿賴耶識與雜染互為緣。就為七識所熏而生種子而言，阿賴耶識就是所藏。至於執藏，則指阿賴耶識的被妄執的作用。有情眾生的第七識，即末那識，恆常地執持此阿賴耶識的見分，以之為真實的自我，這就是阿賴耶識的執藏的意義。以上是第八識的自相的三種意義。

在述及自相、因相和果相三者間的關係時，引文指出自相是同時包含著因相和果相的。因相指種子，果相指果報，種子和果報都為阿賴耶識的自相所包含，所以引文說「攝持因果為自相故」。最後，引文又說到第八識雖然有很多方面的特性，但以藏的性質最為重要，故以「藏」，即「阿賴耶」（ālaya）名之。因此以「藏識」說阿賴耶識便流行開來。

（05）

《成唯識論》說：

此是能引諸界、趣、生、善、不善業異熟果故，說名異熟。離此，命根、眾同分等恆時相續勝異熟果不可得故，此即顯示初能變識所有果相。此識果相雖多位、多種，異熟寬、不共，故偏說之。（《大正藏》卷 31，頁 7 下）

這段文字主要是說明阿賴耶識作為諸法，包括色法、心法等一切現象的根源，如何引生種種現象。當中又突顯出阿賴耶識的果相。引文說在阿賴耶識中所藏的種子能生起不同界、趣和善、不善業的果報體。「諸界」（traidhātuka, sarveṣu）指的是欲界（kāma-dhātu）、色界（rūpa-dhātu）和無色界（ārūpya-dhātu）；「趣」（gati, gamana）是指天（deva-gati）、人（manuṣya-gati）、地獄（naraka）、餓鬼（preta-loka）、畜牲（tiryag-yoni-gati）等五個生存的領域；「生」（jāti, utpatti）是指胎生（jarāyu-ja）、卵生（aṇḍa-ja）、濕生（saṃsveda-ja）和化生（upapāduka）四種生命體誕生的方式。依佛教所說，胎生的有人、象等動物；卵生是從卵孵化成的，例如鳥；濕生是在濕潤的地方自動生出的，印度人認為某些動物會在潮濕的地方自行生成，例如孑孓；化生是因以往的惡業而生，佛教認為在地獄中的動物是透過化生而生成的。這當然不是全然有科學理據。由於阿賴耶識能引生三界（traidhātuka, dhātu-traya）、五趣（pañca gatayaḥ）、四生（catur-yoni）等由善業和不善業帶來的異熟果，所以又稱為異熟識。這裏的「異熟」（vipāka, vipakva）當解作異時而熟，即種子在阿賴耶識中被熏生後，會在不同的時段中成熟而生起果報。此外，引文又提到阿賴耶識為貫連前後期生命的識，令輪迴受生可能。如沒有阿賴耶識，則命根、眾同分等恆時相續的殊勝異熟果就不可得。命根（jīvita-indriya）是使生命延續不斷的一種力量。一個生命體在輪迴中生死相續，當中有一種力量令這個生命不會中斷，這種力量就是命根，所以命根是恆時相續的。眾同分（nikāya-sabhāga）是眾分子同時分有的性質，即各個分子共通的性質。基於這種共通的性質，各個分子可歸為一類，所以眾同分實際是指種或類的概念。生命體在一期生命中，會以某一種類的姿態出現，例如是人或某種畜牲，而在一期生命中，此生命體會固定地維持在這一類的姿態中，而不會一時是人，另一時變成豬。所以，一個生命體在一期生命中的種類的姿態是相續不斷的。命根、眾同分等這類恆時相續的異熟果必須依賴著一個恆時相續的識才能成立，八識中就只有阿賴耶識為恆時相續，所以，離開阿賴耶識就不能成立命根、眾同分等果，不能解釋某些生命現象。故阿賴耶識是眾生自我認同的基礎；它內裏雖有種子不斷熏生或滅去，但大體上仍然能讓生命作為某一類的生物而持續下去。此識的果相雖有多種，但以異熟的作用最為廣泛，而且其餘七識都不具有這作用，故以異熟識稱之。

（06）

《成唯識論》說：

> 此能執持諸法種子，令不失故，名一切種。離此餘法能遍執持諸法種子，不可得故，此即顯示初能變識所有因相。此識因相雖有多種，持種不共，是故偏說。
>
> （《大正藏》卷 31，頁 7 下-8 上）

這段文字說明阿賴耶識作為一切法的原因時所呈現出來的相狀，當中又突顯出阿賴耶識的因相。阿賴耶識主要的作用是執持一切法的種子，使它們不會消失。一切行為過後，其影響力不會消失，相反會以種子的形式藏在阿賴耶識中，所以阿賴耶識又稱為

「一切種識」，意即一切種子所貯藏的地方。[8]除此阿賴耶識，其餘一切東西都沒有執持諸法種子的能力，由是又顯示出阿賴耶識的因相，這因相就是能執持一切種子的功能。這識的因相即作為原因這方面的功能雖然有多種，但執持種子的這種性格是其餘七識所沒有的，所以以「一切種識」（sarva-bīja-vijñāna）稱之。

關於種子的性格、活動，護法在《成論》中特別標出種子六義的說法，突顯出種子的六種性質。有關這點，《成論》有如下的說明：

> 然種子義，略有六種：一、刹那滅，謂體纔生，無間必滅，有勝功力，方成種子。此遮常法，常無轉變，不可說有能生用故。二、果俱有，謂與所生現行果法，俱現和合，方成種子。此遮前後及定相離，……。三、恆隨轉，謂要長時一類相續，至究竟位，方成種子。此遮轉識，轉易間斷，與種子法不相應故。此顯種子自類相生。四、性決定，謂隨因力，生善惡等功能決定，方成種子。此遮餘部執異性因生異性果，有因緣義。五、待眾緣，謂此要待自眾緣合，功能殊勝方成種子。此遮外道執自然因，不待眾緣，恆頓生果，或遮餘部緣恆非無，顯所待緣非恆有性，故種於果，非恆頓生。

---

8 這解釋了因果報應的現象與律則。一個人努力向上，會在阿賴耶識中熏得殊勝的種子，這些種子會聚合起來，形成一種巨大的勢用，為當事者帶來善的果報。相反，惡人作壞事，將來也會召來邪惡的遭遇。這種因果說法，似乎很有理性基礎，符合因果律。

> 六、引自果，謂於別別色心等果，各各引生，方成種子。此遮外道執唯一因生一切果。或遮餘部執色心等互為因緣。
>
> （《大正藏》卷 31，頁 9 中）

引文提出的種子六義，便是從六個方面分別說明種子的特質。它們分別是剎那滅（kṣaṇika, kṣaṇa-bhaṅga）、果俱有（sahabhūka）、恆隨轉（saṃtānanuvṛt, anuvṛtti, nityānugatatva）、性決定（niyata）、待眾緣（pratyayāpekṣa）和引自果（svaphalasyaiva sādhanaṃ, svaphala-utpatti）。

現在先看剎那滅。依引文看，種子是以剎那（kṣaṇa）不住的方式在阿賴耶識中不斷流轉。當種子生起後隨即消失，正因為種子是無間即滅，這樣才能令生起可能，萬法才可相繼生起。如種子不是以剎那滅的方式存在，種子只會永遠保留它的因性，這樣就難以解釋種子具有生起現象的作用。此外，只有種子是剎那不住，這樣才可符合阿賴耶識恆轉不定的性格。因為依唯識學說，阿賴耶識本身便是一個恆轉不已的識，是以寄存在此識中的種子不能是常存不變，不然便會出現懶人永遠是懶人的現象，人便不能透過努力向上、不怠墮而轉化為勤力用功的人了。由此可知，種子在阿賴耶識中是恆轉不已，剎那生滅。引文指出提出種子是剎那滅，是要破斥以為種子為常住的說法，因為常住便不能有能生的作用，現種子有能生的作用，可見種子當不是常住的。我們甚至可以說，若種子有常住性，則世間一切事物的變化便不可能。

其次是種子的第二種特質，即果俱有。依字面看，果俱有是指種子早已涵攝著由它引生出的果性。這令種滅果生的現象可能。有關種子的因果關係，可從兩方面來看：首先是從種子與現行果報來說。依唯識學說，種子是因，現行是果。現行是由處於因位的種子變現而成，就算種子雖未變現出現行，但也涵攝著果性。這情況就如蘋果的種子含有生出蘋果的因性一樣。第二，從種子與種子相互間的流轉情況來說，潛存在阿賴耶識中的種子剎那不住，前種滅，後種即生。這時前種可說是後種的因，後種為前種的果。這樣因果得以相連。無論是哪一種說明，都強調作為果性的現行早已涵攝在因性的種子中。若種子不同時含有其果性，則種子已滅，果又如何能夠生起呢？依引文說，這是破斥因果前後異時及因果肯定相離的主張。

恆隨轉是種子的第三種特質。依引文說，種子是潛藏於阿賴耶識中，且不斷伴隨阿賴耶識而恆常流轉。這情況直到修行者修到究竟位，將阿賴耶識轉成大圓鏡智（ādarśa-jñāna）才會停止。具體來說，由於阿賴耶識是同類相續，流轉不已，可推知寄存在阿賴耶識中的種子也是流轉不停。正因為種子是即滅即轉，故才可令生起可能。依引文說，只有阿賴耶識才可與種子法相應，因二者都是以相續流轉為其活動方式。

性決定是種子的第四種特質。所謂性決定即果報的性質是由種子的性質所決定。種子的性質由因位至果位，都是保持著它的一貫性，不會改變。例如善種引出善果，惡種生出惡果。善惡二果的性質早已決定於它們的種子屬性中，而在因生果的過程中，善性決不會中途變成惡性而引出惡果。這種特質能令因果關係井然有序，不相雜亂。依引文說，這種說法是破除認為因與果性格相異的說法。

待眾緣是種子的第五種特質。所謂待眾緣，意即種子能生果，但必須待條件完備後方能生起果報。依唯識學說，種子生起現行須待四緣。除種子的自身的因緣（hetu-pratyaya）外，還得要具備所緣緣（ālambana-pratyaya）、等無間緣（samanantara-pratyaya）和增上緣（adhipati-pratyaya），方能有生的作用。所謂因緣是主要因素，結果之成為如何，基本上是由因緣所決定；所緣緣是指與心識俱起的對象。緣緣即作為對象的因素、條件，意指心識必須有對象作為牽引的因素，才能生起；前一緣字是對象之意，後一緣字是條件之意。等無間緣是從心王與心所方面來說，前念的心法必須滅掉，俾能讓出一個空位，使後念的心法得以生起。增上緣指三種緣以外的其他因素，凡對現象的生起不構成障礙的一切東西，都可以是增上緣。總括而言，待眾緣的提出是要破斥無因生的主張。這主張提出自然而有之因，不需要其他條件的配合也可永遠生起現行果報。此外，這也破斥外道恆存的主張。依此外道所說，能生起果報之外緣是常存的，是以因必能生果。但唯識學以為外緣本身也是依待其他條件方可出現，是以種子不一定能生起果報，而必須在各種條件構合下方可生起。

最後是引自果，即同類性質的種子只會生起同類性質的果報。依唯識學，宇宙萬象的五位百法中的每一法都由自身的種子作親因，它們都是按著同類相生的法則而成為萬法。例如心種子只會生起心法，色種子生起色法，有漏種子生起有漏法，無漏種子生無漏法。這樣諸法的成立便井然有序，因果不致相亂混雜。這種說法，是破斥一因能生起萬種不同性質的果報和色心二法互為因緣的說法。

（07）

《三十頌》梵文本：

asaṃviditakopādisthānavijñaptikaṃ ca tat/

sadā sparśamanaskāravitsaṃjñācetanānvitam//

梵本語譯：阿賴耶識的執受、住處與了別都是微細難知。它常伴隨著觸、作意、受、想、思。

玄奘譯本：不可知、執受、處、了，常與觸、作意、受、想、思相應，唯捨受。

（《大正藏》卷 31，頁 60 中）

這首偈頌續寫阿賴耶識，並提到它的行相（ākāra）、所緣（ālambana）和與此識相應的五種遍行心所。依頌文看，第八識的行相和所緣都是微細難知。行相是指了別（prativijñapti）；所緣是指執受（upadhi, upadhi-śeṣa）和住處（sthāna）。此識又恆常地與觸、作意、受、想和思五個遍行心所相應。其中的受有三種，包括苦受（duḥkha-vedanā）、樂受（sukha-vedanā）和捨受（upekṣā），與阿賴耶識相應的只有捨受。至於具體的內容，則頌文沒有作進一步的解說。

（08）

《成唯識論》說：

此識行相、所緣云何？謂不可知、執受、處、了。了謂了別，即是行相，識以了別為行相故。處謂處所，即器世間，是諸有情所依處故。執受有二，謂諸種子及有根身。諸種子

> 者，謂諸相、名、分別習氣。有根身者，謂諸色根及根依處。此二皆是識所執受，攝為自體，同安危故。執受及處俱是所緣。阿賴耶識因緣力故，自體生時，內變為種及有根身，外變為器。即以所變為自所緣，行相仗之而得起故。此中了者，謂異熟識於自所緣有了別用。此了別用，見分所攝。（《大正藏》卷 31，頁 10 上）

這段引文是對《三十頌》「不可知、執受、處、了」一句的解釋。引文指出對於一般人來說，第八識的行相都是不可知，但對覺悟的聖者來說則是可知。[9]這裏的行相是指了別，行是心之行、心之作用。所緣是指執受和處。以現代的語言來說，行相就是指作用的相狀，所緣是指作用的對象。而此識的作用的相狀正是了別，而作用的對象是執受和處。引文中提到的「了」是指了別（vijñapti），是一種認識事物相狀的能力，也是阿賴耶識的行相。[10]處（sthāna）指處所，此識的處所是器世間，也是我們日常面對的山河大地。諸有情生命都是依於此器世間的，這即是我們生活所處的地方。執受（upadhi）即所執持的東西，第八識所執持的

---

9 覺悟的聖者之所以能夠知曉第八阿賴耶的行相，是因為他自身曾經歷過這種有負面傾向的行相，其後矢志悔改；如人飲水，冷暖自知。一般人沒有這樣的悔改的行為歷程，故不知阿賴耶識的行相。

10 阿賴耶識的了別，相當於下意識或潛意識的了別，這不是在主客相互對峙而成的水平狀態的了別，所了別的東西也不是嚴格意義的、知識論涵義的客觀對象，而是心理學中的情執，了別模糊的東西即執取之，執取之為有自性也。

是種子和根身。而種子又可分成相習氣、名習氣和分別習氣三種。「相」指相狀，「名」指名言，「分別」指辨別對象的一種活動，這些種子都為第八識所執持，成為第八識的所緣境。「根身」又稱為「有根身」，是指「諸色根及根依處」。諸色根是指眼根（cakṣur-indriya）、耳根（śrotrendriya, śrotra）、鼻根（ghrāṇa-indriya）、舌根（jihvā-indriya）和身根（kāya-indriya）共五種淨色根（rūpa-prāsada），即五種感覺神經。而根依處即扶塵根，是五種感覺神經所依附而作用的五種感覺器官。淨色根和扶塵根亦是第八識所執持的對象。此淨色根和扶塵根都是物質性的東西，淨色根較為幼細，而扶塵根則較粗大而明顯可見。引文又提到能執持的阿賴耶識與被執持的根身和種子具有「同安危」的關係。如果第八識生於善趣（sugati），則種子和根身亦同樣生善趣，此情況就是同安；如果第八識生於惡趣（durgati），種子和根身亦會同樣地生於惡趣，此就是同危。此外，護法又提到第八識如何變現種子、根身和器世界。依他所說，阿賴耶識以因和緣的作用力，當其自體生起時，內部方面變現種子和根身，外部方面則變現器世界。此識繼而以本身變現的種子、根身和器世界作為所緣，而依仗這些所緣使本身的行相生起。這種作用是阿賴耶識的見分所特有的。

（09）

《成唯識論》說：

此識與幾心所相應？常與觸、作意、受、想、思相應。阿賴耶識無始時來，乃至未轉，於一切位，恆與此五心所相應，以是遍行心所攝故。觸謂三和，分別變異，令心、心所觸境為性，受、想、思等所依為業。……作意謂能警心為性，於所緣境引心為業。……受謂領納順、違、俱非境相為性，起愛為業。……想謂於境取像為性，施設種種名言為業。……思謂令心造作為性，於善品等役心為業。

（《大正藏》卷 31，頁 11 中-下）

這段文字是對《三十頌》「常與觸、作意、受、想、思相應」一句的解釋。引文總括地說明第八識與五種遍行心所具有相應而生起的關係，並對五種遍行心所作出簡介。照唯識所說，心的組成包括心王（citta）和心所（caitasa），心王指心本身，而心所是伴隨著心王而生起的心理狀態，即是心王所附帶的作用。唯識學者提出有五十一種心所，關於這五十一種心所，引文先交代其中五種。這裏提出的五種心所，不單是恆常地與第八識相應，亦與其餘七識恆常地相應，即八識中任何一識生起，這五種心所都相應地生起，所以稱為「遍行心所」。引文強調阿賴耶識從無始時來，直至轉依之前，在任何情況下都與這五種心所相應地生起。

第一個遍行心所是觸（sparśa）心所。觸是接觸的意思，是心能接觸外境，並能對各種對象產生了別的作用。簡單來說，觸心所本身的作用是令到心和心所接觸外境。而它的副作用或引生的作用就是令作意、受、想、思等心所依於它自己而生起。作意（manaskāra）是第二個遍行心所。它本身的作用就是「警心」，即是促發心的作用，使之對外境產生警覺，而副作用是引領心王去趨赴所緣境。受（vedanā）是第三個遍行心所。它本身的作用是領受種種外境的相狀，而副作用則是生起愛和惡兩種感受。這些外境包括順境、違境和非順非違三種境況。領受的主體會對順適的感受產生一種愛著的情感，對於違逆的感受產生憎惡。第四種遍行心所是想（saṃjñā），它並不是一般所說的想像，而是一種表面上的認識作用，是以「取像為性」。「取像」是攝取外境的相狀，令它存留於心中，這好比一部攝影機將外境拍攝下來一般，這就是想心所的本來作用。這個心所的引生作用就是「施設種種名言」，「名言」就是概念，它先攝取外境的相狀，然後提出種種概念去表象那外境。第五個遍行心所是思（cetanā）。它不同於一般所理解的思辯，而是以「令心造作為性」，即是說，它本身的作用是促發心造出一些行為，這些行為是對於境相的反應。而此識的引生作用是役使心生起善、惡或無記的行動。[11]

（10）

11　這裏提到想和思，表面看來，似乎有西方知識論特別是康德（I. Kant）所說的純粹理性（reine Vernunft）一機能，實際不是這樣。想是取像，有吸取外境的形相之意，再加上思的概念思維，便頗有以感性直覺認識事物的性格，而由思來提供概念，把事物分類的意味。想是取像，近於這方面的意思；但思則完全不同，它不是用範疇或概念去概括同性質、同類的東西，而是「令心造作」，讓心活動起來，生起倫理義的或善或惡或無記的行動。因此，想與思在這裏都沒有嚴格的認知意義，而是倫理的、心理的性格。牟宗三先生說到唯識學的這個「想」概念時，說想就是想像作用（imagination），這是不對的。他是以康德哲學中的構想力（Urteilskraft）來說這想，並不相應。牟宗三著《中西哲學之會通十四講》（臺北：臺灣學生書局，1990），頁 107、131、170。

《成唯識論》說：

此識行相極不明了，不能分別違、順境相，微細一類相續而轉，是故唯與捨受相應。……又由此識常無轉變，有情恆執為自內我。若與苦、樂二受相應，便有轉變，寧執為我？故此但與捨受相應。　　（《大正藏》卷 31，頁 11 下-12 上）

這段引文主要是解釋《三十頌》中「唯捨受」的意思。引文解釋了阿賴耶識只會與非苦非樂的捨受相應的原因。順境會引致快樂的感受；違境會引起苦痛的感受。由於此識不能確定對象是違抑是順，致不能與苦受或樂受相應，故此只會相應地生起捨受，即無所謂苦樂的感受。此外，由於第八識的轉變，不容易被察覺到，所以被第七識不斷地執取它，誤以為它是恆常不變，繼而以為它是一個不變的內在的自我。引文中的「有情」就是指第七末那識。倘若第八識與苦受和樂受相應，末那識就應察覺到它的時苦時樂的轉變。若末那識察覺到第八識有轉變，又怎會執取它作為常住不變的自我呢？故此第八識於對境所領受的只會是捨受。

（11）

《三十頌》梵文本：

upekṣā vedanā tatrānivṛtāvyākṛtaṃ ca tat/

tathā sparśādayas tac ca vartate srotasaughavat//

梵本語譯：此中捨棄受。又，這是無覆無記。觸等亦是這樣。
　　　　　又，這好像瀑流那樣，在流動中存在。

玄奘譯本：是無覆無記，觸等亦如是，

恆轉如瀑流，阿羅漢位捨。

（《大正藏》卷 31，頁 60 中）

這首偈頌說明阿賴耶識和五遍行心所的性格以及阿賴耶識的行相和轉捨的階位。還提到在何種情況下，此第八識會被捨棄。依頌文所說，第八識是沒有苦、樂的感受，它的性格是「無覆無記」（anivṛtāvyākṛta）。恆常伴隨它而生起的觸、作意、受、想、思五種心所也是無覆無記。而第八識會像瀑流一樣持續地轉動著。此識轉捨的階位是阿羅漢（arhat）。

（12）

《成唯識論》說：

法有四種，謂善、不善、有覆無記、無覆無記。阿賴耶識何法攝耶？此識唯是無覆無記，異熟性故。異熟若是善、染污者，流轉、還滅應不得成。又此識是善、染依故，若善、染者，互相違故，應不與二俱作所依。又此識是所熏性故，若善、染者，如極香、臭，應不受熏，無熏習故，染、淨因果俱不成立。故此唯是無覆無記。覆謂染法，障聖道故，又能蔽心，令不淨故。此識非染，故名無覆。記謂善、惡，有愛、非愛果及殊勝自體可記別故，此非善、惡，故名無記。

（《大正藏》卷 31，頁 12 上）

以上的引文是解釋《三十頌》中「無覆無記」的意思。引文開首即點出阿賴耶識為無覆無記，並提出三個理由加以解說。引文中提到的「法」（dharma），指的是一般的事物，這些事物依其品性，可分成善法、不善法、有覆無記法和無覆無記法四種。而阿賴耶識是屬於無覆無記法。

依引文所說，阿賴耶識是由善、惡業引生出來的一個總的果，這個果可以引生出清淨或染污的果報，所以就這個果本身來說應是無記。因為只有是無記，才能開出污染的流轉和清淨的還滅，所以第八識沒有明確的善或染的記號。如果此識確定地是善性，有情就必定得到善果，這樣就不會墮入流轉當中；倘若此識確定地是染污，有情就永不能達到還滅。所以，第八識不能確定是善或染污，否則就不能建立流轉和還滅。第八識不是善亦不是染，所以是無記。這是第一個理由。

其次，善和惡的果報都是依阿賴耶識而生起，若此識本身已確定地為善或染，就不能夠同時作為善法和染法的所依（āśraya）。因為如果阿賴耶識確定地是善性，就不可能有染法依此而生起；如果此識確定地為染性，則不可能生出善法。阿賴耶識同時作為善法及染法的所依，故不可能確定地是善或染，只會是無記。這是第二個理由。

第三個理由則是從熏習的觀點加以論證。第八識是被前七識所熏習，熏習成的種子藏在第八識中。如果第八識是明確地具有善或染的性格，正如極香或極臭的氣味，就不能受熏習。因為極香的東西不會受一般的香氣所影響；極臭的東西亦不會為一般的臭氣所影響；同樣地，如果第八識明確地是善性或染性，它就不會被其他的善、染業所熏習，這樣就不能建立阿賴耶識的受熏習的性格。如果承認此識具有受熏習的性格，此識本身就不可能明確地是善性或染性。由此可推知阿賴耶識只能是無覆無記。

此外，引文又提到「覆」是一種染法，它能障礙我們對聖道的體證，並遮蔽我們的心，使之變成不淨。而上面已經列舉了三個理由證明此識不是染性的，所以它是無覆。「記」指一種記號，有善的記號，亦有惡的記號。阿賴耶識無所謂善，亦無所謂惡，所以沒有善、惡的記號，稱為無記。最後，引文以為「愛」（iṣṭa）是可慾樂的東西，能使人對它趨赴；「非愛」（aniṣṭa）是不可慾樂的，使人憎惡它。某些事情能夠引生可慾樂的果，或是使人厭離的果，而這些殊勝的事情本身是可被判別為善或惡，這些事情就是有記；其中有愛果的是善記，有非愛果的是惡記。阿賴耶識不可被確定為善或惡，所以是無記。

（13）

《成唯識論》說：

> 觸等亦如是者，謂如阿賴耶識，唯是無覆無記性攝，觸、作意、受、想、思亦爾。諸相應法必同性故。又觸等五，如阿賴耶，亦是異熟，所緣、行相俱不可知。緣三種境，五法相應，無覆無記。故說觸等亦如是言。
>
> （《大正藏》卷 31，頁 12 中）

上引文字主要集中解說阿賴耶識這心王本身的無覆無記性格。這段引文則說明伴隨阿賴耶識而生起的五個遍行心所的性格。依引文所說，觸、作意、受、想、思這五個心所，跟阿賴耶識一樣，都是無覆無記，因這五個心所與阿賴耶識有五點相同的地方。它們分別是「亦是異熟」、「所緣、行相俱不可知」、「緣三種境」、「五法相應」和「無覆無記」。首先，「亦是異熟」指觸、作意、受、想、思這五個心所都是異熟性格，此五心所伴隨第八識而生起，第八識本身具有異熟性，故相應的五心所亦有異熟性。第二點，「所緣、行相俱不可知」表示此五心所的所緣與行相跟第八識一樣，都是不可知。第八識的所緣是執受和處，此五心所亦同樣以執受和處為所緣。執受指種子（bīja）和根身（indriya-kāya），處指器世界（bhājana-loka）。行相是了別的作用，第八識與此五心所的行相皆是了別的作用。它們的所緣和行相都相當細微，不易被了解。[12]第三點，「緣三種境」表示此五心所與第八識都是以三種境作為所緣，此三種境是種子、根身和器世間。第四點，「五法相應」表示此五心所加上第八識的心王共六法，當中每一法皆與其餘五法相應。例如觸心所，它與其餘五法，即作意、受、想、思、第八識心王是相應而生起的。最後一點是「無覆無記」，此五心所與第八識同是無覆無記。由於以上的相同之處，故說「觸等亦如是」，即是說觸等五個心所亦與第八識一樣是無覆無記。

---

12 這裏說第八識和五心所的所緣與行相都是不可知的，由此可以看到阿賴耶識的識的作用是隱晦的，有神秘主義的意味。從嚴格的角度看，現象層面的認知活動是非常清晰的，絕對不是「不可知」，或微細難知。就康德的知識論言，現象界的雜多在時空中為我們的感性直覺所吸收，而由知性的範疇加以範鑄，而成為對象，為我們帶來知識。我們的知識是清晰的，由意識或知性來導引，阿賴耶識或下意識的認識或了別才是含混的，對象的界線不清楚，它只是被執著而已。

（14）

《成唯識論》說：

阿賴耶識為斷為常？非斷非常，以恆轉故。恆謂此識無始時來一類相續，常無間斷，是界、趣、生施設本故，性堅，持種，令不失故。轉謂此識無始時來念念生滅，前後變異，因滅果生，非常一故，可為轉識熏成種故。恆言遮斷，轉表非常。猶如瀑流，因果法爾。如瀑流水，非斷非常，相續長時，有所漂溺。此識亦爾，從無始來生滅相續，非常非斷，漂溺有情，令不出離。又如瀑流，雖風等擊起諸波浪而流不斷。此識亦爾，雖遇眾緣，起眼識等，而恆相續。又如瀑流，漂水下上，魚、草等物，隨流不捨。此識亦爾，與內習氣、外觸等法恆相隨轉。如是法喻意，顯此識無始因果，非斷、常義。謂此識性，無始時來，剎那剎那果生因滅。果生故非斷，因滅故非常。非斷非常，是緣起理。故說此識恆轉如流。（《大正藏》卷 31，頁 12 中-下）

在這段引文中，論主以瀑流（augha）的現象比喻第八識恆時流轉的性格。引文先提出了「恆轉」的觀念，並就此說明了阿賴耶識的作用是「非常非斷」。「恆」（srotasa）是恆常不斷的意思。第八識自無始時來，其所藏的同一類種子會相續地發展，例如色法種子繼續作為色法種子發展，心法種子亦繼續作為心法種子發展，從不間斷。這種相續是以瞬間生滅的方式進行，如此不斷地發展。正因它是恆常不斷，所以它是施設界、趣、生的根本。這裏所說的界是指欲界、色界和無色界；趣是指五趣，即天、人、地獄、餓鬼和畜牲這五種生存領域；生是指胎生、卵生、濕生、化生。所謂界、趣、生，其實是指一切眾生的存在領域中的東西，這些東西全因以阿賴耶識為本，所以能相續地存在，從不間斷。此外，又因為阿賴耶識性格堅住，不容易被破壞，能不斷地執持種子，令種子不致失落。若此識有間斷，種子就會失落。所以說此識無間斷，而無間斷就是恆。[13]

至於「轉」（vartate）是變異的意思。第八識從無始時來每一瞬間都在生滅，這一瞬間生起，立刻就消失，下一瞬間又生起，又再立刻消失，沒有一個狀態是持續不變的，所以稱謂「念念生滅，前後變異」。種子因在第八識中不斷地轉，所以第八識整體地也在不斷地轉。理由是此識中的種子作為因，會不停地生起種種結果，不可能固定不變。此外，此識可被前七識熏習成種子，因此不斷會有新種子加入，所以必定不斷在變。扼要來說，「恆」是說明此識具有持續性，不會斷絕；「轉」表示此識不是常一的，它會不斷地轉變，所以第八識被認為是非斷非常。這種非斷非常的狀態就好像瀑流一般。瀑流的每一部分都不會有一瞬間停留，都是不斷地因滅果生，此一瞬間的瀑流為因，帶引出下一瞬間的瀑流為果，因與果之間已有所改變，不會恆常如一。這可說瀑流的轉相。另外，這種因果不斷地生起，此一瞬間的因，帶出下一瞬間的果，此果又作為

---

13 阿賴耶識的了別作用是恆時性的，不會間斷。知性或意識在現象層面的認識則是有間斷的，不是恆時性的。在睡眠中，或在禪定中，意識便休歇下來，不起了別、認知的作用，也不會成立甚麼對象。但阿賴耶識作為下意識，在意識的底層，為後者的依據，作用不會停止。

因，又帶出另一瞬間的果，如此不斷地持續，此謂之「因果法爾」。這可視為瀑流的恆相。引文續說第八識跟瀑流一樣，因二者同樣以因滅果生的方式延續下去。瀑流的水不會斷絕，亦沒有一滴水可停住不動，第八識亦好比瀑流的水，非斷非常。瀑流的水長時相續，人置身其中，會沉溺於水中。第八識亦是一樣，從無始時來已是相續地存在，非常非斷，亦由於此識的染污性，令有情生命沉溺於其中，不能脫離這種困局，這困局就是生死輪迴（saṃsāra）。瀑流雖經常遇到風等影響而激起波浪，但它本身仍然不斷地往下流動，沒有一刻停止。第八識亦是一樣，它的種子遇上適當的條件就會現行，生起眼、耳、鼻、舌、身等識的作用，但此第八識本身仍然保持恆時相續，沒有因其他作用的影響而停止。瀑流的水不住地由上往下流動，而水中魚、草等東西亦跟隨著水流由上而下，而不能離開水流。第八識亦如水流一樣，識中的種子以及其外的種種「觸等法」，即種種心所，都是隨著此識的洪流，不斷地流轉，而沒有間斷。

接著，論主又提出緣起（pratītyasamutpāda）的觀念去詮釋第八識這種恆轉如流的作用。從以上的比喻看，論主是要顯出第八識從無始時來一直保持著因滅果生的狀態。由於因會滅去，不能常住不變，故此是非常；而因滅去後，並非一無所有，卻是有果隨之生起，故此它不會斷滅。在這種因滅果生的情況下，此識的作用便是非常非斷。這種非常非斷的狀態的說明，就是緣起義理的應用。緣的聚合令事物生起，故非斷（anuccheda）；緣起的另一面是性空（svabhāva-śūnyatā），性空就是無自性，即無常住不變的自性（svabhāva），故非常（antiya）。緣起是非斷，性空是非常。由此可見第八識的這種非斷非常的作用是依緣起性空的義理而建立的。正由於「恆」表示非斷，「轉」表示非常，所以引文說第八識是「恆轉如流」。

（15）

《成唯識論》說：

此識無始恆轉如流，乃至何位當究竟捨？阿羅漢位方究竟捨。謂諸聖者斷煩惱障，究竟盡時，名阿羅漢。爾時此識煩惱麁重永遠離故，說之為捨。

（《大正藏》卷 31，頁 13 上）

這段引文說明了只有在證得阿羅漢位時，第八識才會被捨離。所謂捨離阿賴耶識，不是說將整個阿賴耶識的體性捨去，只是捨棄它的名稱而已。引文的首句表明第八識這種染污的作用要到阿羅漢的階位才能脫離。阿羅漢是小乘佛教中聲聞乘所證得的第四果。聲聞的修行者所證的四個果位依次是須陀洹（srota-āpanna）、斯陀含（sakṛdāgāmin）、阿那含（anāgāmin）和阿羅漢（arhat）。須陀洹又譯作預流，意即開始進入聖道，這是聲聞四果中的初果。斯陀含又譯為一來，證得此果者將再一次還生於天或人間，此後便證入無餘涅槃，不再還生了，故稱為「一來」，此為聲聞四果中的第二果位。阿那含又譯作不還，證得此果者斷盡了欲界的煩惱，來世不會再生於這個迷妄的欲界，只會生於色界或無色界，故稱為不還，此為聲聞四果中的第三果位。在其梵文語詞 anāgāmin 中，āgāmin 是還、回轉，an- 是否定之意。故 anāgāmin 譯為不還。阿羅漢又作應供，意思是應該得到供養、尊敬的聖者。在小乘，阿羅漢是最高階位的聖者，他們斷除了一切煩惱，是最理想的人格。依引文說，在阿羅漢的階位中，一切煩惱已經遠離，而「阿賴耶」此名，是就染污的第八識來說，所以到了阿羅漢果位就捨棄了「阿賴耶」之名，即表示此識脫離了染污的狀態。所謂「捨」是指阿羅漢斷除了此識中一切煩惱粗重的種子，在這種情況下，第七識不再執持第八識作為一個常住不變的自我，由於捨棄了我執，故捨棄「阿賴耶」之名。扼要來說，阿賴耶識本有執藏的意思，即被第七識執持為自我，現第八識已斷除一切煩惱，不再被執為自我，所以就失去了執藏的意義，由此亦不再名為「阿賴耶」。由此可見，「捨」是指捨棄「阿賴耶」這個稱號，而不是捨棄阿賴耶識整個識，因為第八識先前具有煩惱種子，是一個妄識，所以才稱為「阿賴耶」。當識中的煩惱種子都斷除了，此識仍然存在，只是從妄識轉變為另一種狀態，這種轉變就是唯識學所說的「轉識成智」或「轉依」，而「阿賴耶」這個表示妄識的名字亦要捨棄掉。

(16)

《成唯識論》說：

然第八識雖諸有情皆悉成就，而隨義別，立種種名。謂或名心，由種種法熏習種子所積集故。或名阿陀那，執持種子及諸色根，令不壞故。或名所知依，能與染淨所知諸法為依止故。或名種子識，能遍任持世出世間諸種子故。此等諸名通一切位。或名阿賴耶，攝藏一切雜染品法，令不失故，我見、愛等執藏以為自內我故。此名唯在異生、有學，非無學位，不退菩薩，有雜染法執藏義故。或名異熟識，能引生、死、善、不善業異熟果故。此名唯在異生、二乘、諸菩薩位，非如來地，猶有異熟無記法故。或名無垢識，最極清淨，諸無漏法所依止故。此名唯在如來地有，菩薩、二乘及異生位，持有漏種，可受熏習，未得善淨第八識故。

（《大正藏》卷 31，頁 13 下）

這段文字主要是補充說明阿賴耶識的不同稱謂。依引文說，第八識又可稱為「心」、「所知依」、「種子識」、「阿賴耶識」和「無垢識」。[14]這些異名是按不同的修行階位而安立的。第八識名「心」（citta），這是相對於意和識來區分的。唯識學所說的八識，其中的前六識稱為「識」，第七識稱為「意」，而第八識就稱為「心」。第八識稱為「心」，主要是就種子來說。種種事物以種子的模式留於第八識中，由於種子的積集，故將此識稱為「心」。[15]此外，此識執持事物的種子和諸色根，諸色根相當於神經系統。因為神經系統相當幼小，故又稱為「淨色根」（rūpa-prasāda）。第八識執持種子和神經系統，使之不會壞滅，因具有執持的作用，所以此識又稱為「阿陀那」（ādāna）。「所知依」是《攝大乘

---

14 在這裏，「種子識」的「種子」是一個存有論甚至宇宙論的概念，種子的現起，便構成種種事物、存在，以至整個宇宙。「無垢識」的「無垢」則是一個工夫論的概念，把一切染污的成素否棄、滅除，「無」掉，便是無垢。眾生在倫理學上必須能達致無垢，成覺悟、得解脫才能說。

15 心的梵文是 citta。這個字除表示思考、研究之外，亦可解作積集。

論》（*Mahāyānasaṃgraha*）採用的名稱。「所知」（jñeya,viṣaya）指一切作為對象的東西，由於一切對象都是依止於第八識，所以稱第八識為「所知依」。又由於一切對象都依於第八識而生起，而生起一切對象的種子都是藏於第八識中，所以第八識又稱為「種子識」。以上名稱的內容其實是有重覆的，例如「種子識」攝藏種子的意義在「阿陀那」中亦已包含了。此外，「所知依」、「心」等名稱都是跟種子有關。這幾個名稱都可以用在一切階位的眾生之上。

引文繼續說，第八識又稱為「阿賴耶」（ālaya），「阿賴耶」是倉庫的意思。由於此識攝藏一切雜染之法的種子，使它們不會失去，故稱為「阿賴耶」。由於阿賴耶識是被第七識的我見、我愛等作用執為內在的自我，所以此名稱只用在異生（pṛthagjana）和有學（śaikṣa）階位中。異生指異於聖者的眾生，即是凡夫；有學是小乘四果中的前三果，即是仍要繼續學習的階位。異生和有學階位的眾生仍執持雜染，故他們的第八識可稱為「阿賴耶」。但到了無學（aśaikṣa）和不退轉菩薩（avaivartika-bodhisattva）階位，就不能稱為「阿賴耶」。無學是小乘最高的果位，即阿羅漢果。不退菩薩是菩薩的第七地（第七個階位）以上的階位。到達此階位的菩薩不會退墮變回雜染的眾生，故稱為「不退菩薩」。無學和不退菩薩已脫離雜染，故他們的第八識不再稱為「阿賴耶識」。第八識又稱為「異熟識」（vipāka-vijñāna），因為此識作為無記性格的一個總體，引生出善、不善的果報，就著果報的善、不善性異於作為因的無記性這一點，而稱為「異熟」。此名稱只用於異生、二乘（yāna-dvaya）、諸菩薩位的眾生，而不用於如來（tathāgata）階位。二乘是聲聞（śrāvaka）和緣覺（pratyekabuddha）。在這些階位中的眾生的第八識仍有異熟無記法，會引出善、不善果，故他們的第八識可稱為「異熟」（vipāka）。到了如來階位，因與果無異，都是清淨的，沒有異熟的情況，故不稱此識為「異熟」。第八識又稱為「無垢識」（amala-vijñāna），amala 音譯為「阿摩羅」。由於此識為一切清淨的無漏法所依止，故稱為「無垢識」。此名稱只用於如來的階位，因為如來是完全清淨無雜染的。而菩薩、二乘和異生階位的眾生的第八識，由於仍藏有有漏種子，可受熏習，未轉為淨善的第八識，故不能稱為「無垢識」。

（17）

《三十頌》梵文本：

yena yena vikalpena yad yad vastu vikalpyate/
parikalpita evāsau svabhāvo na sa vidyate//

梵本語譯：不管甚麼樣事物依於甚麼樣的虛妄分別而虛妄地被分別，這全是分別性。這不是實有。

玄奘譯本：由彼彼遍計，遍計種種物，
此遍計所執，自性無所有。

（《大正藏》卷 31，頁 61 上）

以下幾首偈頌和引文主要是析述唯識學中有關三性的理論。在未解說這偈頌的內容前，需先對三自性作一扼要的介紹。三自性（tri-svabhāva）是指遍計所執性（parikalpita-svabhāva）、依他起性（paratantra-svabhāva）和圓成實性（parinișpanna-svabhāva）。

三自性中的「自性」並不是佛教一般所指的自性。按照一般所說，通常人了解事物時，都會以一種實在的眼光去看，以為有自性可得，而不知道事物本身是無自性的。一般人以為事物中有一種實在性，這種虛構的實在性就是自性，即 svabhāva。但三自性所說的 svabhāva 並不是指實在性，而是指三種事物的存在形態。三性是對一切事物的存在狀態的說明。其中，遍計所執性屬於染污方面，依他起性是中性，而圓成實性是屬於清淨方面。若以八識的觀念看，三性應與第六識有密切關係，因為一切事物都是依於其他事物而生起的，[16]它們本無自性，這是依他起性的基本意思。當事物生起後，若意識對它起執著，以為所見的事物具有自性，這種虛構出來的自性的本質就是遍計所執性。如果能夠直觀事物的自身，就能了解到認識中的事物的緣起性格，這樣就不會對它們起執著。這種所觀的事物自身的本質就是圓成實性。

這首偈頌主要是解釋遍計所執性。偈頌的意思是說第六識會對種種事物進行周遍計度，以為事物各具自性。這種由遍計而起的執著，其本身是沒有存在性的。即是，這個世界中本來並沒有遍計所執性；在這個世界之外的任何處所，都不存在一種稱為「遍計所執性」的東西。這遍計所執性的矛頭指向人的虛妄執著的行為。若不生起這種行為、這樣的東西便成無有。

（18）

《成唯識論》說：

16　這事物指在認識中的事物，即現象，而不是說物自身（Ding an sich）。

周遍計度，故名遍計。品類眾多，說為彼彼。謂能遍計虛妄分別，即由彼彼虛妄分別，遍計種種所遍計物。謂所妄執蘊、處、界等，若法若我，自性差別。此所妄執自性差別，總名遍計所執自性。如是自性，都無所有。理教推徵，不可得故。或初句顯能遍計識。第二句示所遍計境。後半方申遍計所執若我若法，自性非有。（《大正藏》卷 31，頁 45 下）

這段文字是護法對遍計所執自性的解釋。依引文看，遍計即周遍計度的意思。第六識會對事物生起周遍計度的作用，並廣泛地對事物進行主觀的臆測、主觀的計度，以為事物具有實體，並對它們生起自性的執著。自性是實體的一種表述形式。第六識因有了別的作用，所以稱為「能遍計」；而被第六識所認識的事物則相對地稱為「所遍計」。第六識所周遍計度的事物可概括為「法」（dharma）和「我」（ātman）。「法」即客觀的存在物，泛指十二處（dvādaśāyatana）和十八界（aṣṭādaśa dhātavaḥ）等法數；「我」則指五蘊所構合而成的假我，是主觀存在的我。由此可見，第六識與被認識的事物具有主客和能所的關係。引文接著提出了「自性差別」（svabhāva-viśeṣaṇa, svabhāva-viśeṣa）和「遍計所執自性」（parikalpita-svabhāva）兩個概念。第六識對於它的對象產生誤解，以為每件事物都有各自的自性，這就是所謂「自性差別」。這種以一切事物都有自性的認識，它的本質就是「遍計所執自性」。在這種認識中的事物根本是不存在的。引文末幾句是對整首偈頌作一總結。「初句」即偈頌的第一句，這句指能遍計識。「第二句」指被第六識遍計的種種事物。第三、四句指出被執為實在的我和法，其實都是無自性的。

（19）

《三十頌》梵文本：

paratantrasvabhāvas tu vikalpaḥ pratyayodbhavaḥ/

niṣpannas tasya pūrveṇa sadā rahitatā tu yā//

梵本語譯：但虛妄分別是依他起性，由緣所生。然而，一切在這方面時常遠離前者的，是真實性。

玄奘譯本：依他起自性，分別、緣所生，
圓成實於彼，常遠離前性。

（《大正藏》卷 31，頁 61 上）

這首偈頌解釋依他起性和圓成實性的性格。首先說依他起性。依他起性具有分別（vibhāga）和緣所生（pratyayodbhava）兩方面的性格。《成論》解釋說：

眾緣所生心、心所體及相、見分，有漏、無漏，皆依他起。依他眾緣而得起故。頌言分別緣所生者，應知且說染分依他。淨分依他亦圓成故。或諸染、淨心、心所法，皆名分別，能緣慮故。是則一切染、淨依他，皆是此中依他起攝。

（《大正藏》卷 31，頁 46 中）

從存在方面說，依他起的事物都是由眾緣所生，包括心、心所的自體及它們的相分和見分。按這裏提心體和心所體，「體」字易生誤解。心和心所都是緣起法、生滅法，沒有自性、體性義。《成論》更指出，有漏、無漏的緣生法都屬於依他起。照這樣說，依他起性包括了清淨和雜染二分。依他起既然有二分，上引《三十頌》所說的依他起性是指其中一分，還是包括了二分呢？《成論》認為有兩種可能性：第一種可能是單獨染分依他；第二種包括了染、淨二分的依他起。《三十頌》說：「分別、緣所生。」「緣所生」所指的相等於整體的依他起，包括雜染和清淨二分，這點毫無疑問。關鍵就在於「分別」的意思。《成論》指出，「淨分依他亦圓成故。」它的意思是，如果「分別」表示非圓成實，則只能代表染分依他，不應包括淨分依他，因為淨分依他含著圓成性格。圓成即是圓滿成就，這有絕對、整一的意思。所以，如果「分別」表示有相分、見分的區分，即是有主體與客體的相對性，就只能包括現象界的事物，這樣，所說的依他起性就只代表染分依他，不包括淨分依他。但是，如果「分別」的意思只是「能緣慮」，則所說的依他起性就包括了染、淨二分，因為無論染或淨的心、心所，都有緣慮的作用。就上述的問題看，《成論》只提出兩種可能性，並沒有確定的說法。下半首偈頌解釋圓成實性，《成論》說：

> 二空所顯，圓滿成就諸法實性，名圓成實。顯此遍、常，體非虛謬。……於彼依他起上，常遠離前遍計所執，二空所顯真如為性。說於彼言，顯圓成實與依他起不即不離。常遠離言，顯妄所執能、所取性，理恆非有。前言義顯不空依他。性顯二空非圓成實，真如離有離無性故。
>
> （《大正藏》卷 31，頁 46 中）

「二空」指我空（ātma-śūnyatā）和法空（dharma-śūnyatā）。圓成實表示「圓滿成就諸法實性」，意思是「遍、常，體非虛謬。」「圓滿」（paripūrṇa, saṃpad）表示普遍，亦有絕對的涵義。「成就」（siddha, niṣpatti）表示恆常。「實」（tattva, satya, dravya）表示自體為實在。偈頌說「圓成實於彼，常遠離前性。」「彼」指依他起，「前」指遍計所執，意思是圓成實是於依他起之上，恆常離開遍計所執性。遍計所執性包括我執（ātma-grāha）和法執（dharma-grāha），即是執著自我和對象為具有自性。「空」（śūnyatā）表示否定自性，「二空」即是我空和法空，是否定對自我和對象的自性的執著。所以二空即是離開遍計所執性。依他起之上離開遍計所執性，就顯出圓成實性。此圓成實以真如為性，即是圓成實之性就是真如。《成論》又指出，偈頌中說「於彼」，是要顯出圓成實與依他起有不即不離的關係；「常遠離」顯示遍計所執的能取和所取恆常地非有；「前」指「不空依他」，「性」表示二空並非圓成實。在「於彼」中，主詞是圓成實，受詞是依他起，這表示圓成實並不等同依他起，這是不即。但「於」亦表示圓成實的顯現，是以依他起為基礎，所以圓成實並不能離開依他起，即是不離。故此，圓成實與依他起不即不離。在依他起的根本架構上，若有執取，便是遍計所執，無執取，即是圓成實。引文最末說到，偈頌中的「性」字，顯出「二空非圓成實；真如離有離無」。對於這句說話，窺基在《成唯識論述記》解釋說：

> 真如是空之性，非即是空。空為所由，如方顯故，如體空者，何所妨也？真如離有，及離無相。若言於空，雖離有相，非

離空相。故此空言，非真如體。故致性言，深為有用。真如離空，名空性；真如離有，名有性。病多起有，但說空門。若空病生，亦立有性。此意總顯圓成實性於依他上，無前所執，所顯之性。（《大正藏》卷 43，頁 546 上-中）

按照窺基的解釋，圓成實性就是真如。真如並不等同空，而是空之性。真如離有離無，但空只離有而不離空（無）。所以真如與空並不是等同。這裏說的「離」應解作不完全等同，不能解作別異或隔絕，因為真如為空性，亦為有性，空與空性，有與有性，都應是不一不異。「圓成實於彼，常遠離前性」這兩句話的意思是：圓成實是在依他起上，遠離遍計所執所顯的性。而「前性」中的「前」，則指遍計所執。

照窺基的意思，《成論》在這裏所說的「二空」中的「空」，只是與有相對的概念，並不是具有終極意義的空。

（20）

《三十頌》梵文本：

ata eva sa naivānyo nānanyaḥ paratantrataḥ/
anityatādivad vācyo nādṛṣṭe'smin sa dṛśyate//

梵本語譯：因為這個原故，這與依他既不是相異，亦不是不相異。這應說為像無常等那樣，這個不見時，那個也看不到。

玄奘譯本：故此與依他，非異非不異。
如無常等性，非不見此彼。

（《大正藏》卷 31，頁 61 中）

這首偈頌主要是說圓成實性與依他起性的關係。這兩者的關係應是「非異非不異」，即是並非完全不同，亦非完全相同。依偈頌所說，圓成實與依他起的這種關係，應說為像無常與諸行的關係，無常與諸行亦有著非異非不異的關係。偈頌中最後一句「非不見此彼」是從修行實踐的角度來說明圓成實與依他起的關係。「此」指圓成實性，「彼」指依他起性。全句的意思是，如果我們不了解圓成實性，也就不能了解依他起性。換句話說，我們要先了解圓成實性，然後再去了解依他起性。這個意思在梵文本中非常清楚，但在玄奘的譯本中就很模糊。

（21）

《成唯識論》說：

由前理故，此圓成實與彼依他起，非異非不異。異，應真如非彼實性；不異，此性應是無常，彼此俱應淨、非淨境，則本、後智用應無別。（《大正藏》卷 31，頁 46 中）

這段是護法解釋圓成實與依他起的「非異非不異」的關係的文字。護法是基於上首偈頌所說的「圓成實於彼，常遠離前性」的道理，說明圓成實和依他起有著非異非不異的關係。引文先假設兩者的關係為「異」，再指出這種假設會出現的問題，由此推斷兩者的關係並非異。如果圓成實與依他起是完全不同的、隔斷的，則「真如」這個圓成實性就不能當體作為依他起性的真實性。換句話說，如果圓成實與依他起是完全隔絕的，我們就不能說真如或圓成實性是依他起的本質或本性。但事實上，真如或圓成實是依他起的本質或本性，所以我們不能說圓成實與依他起兩者是「異」（anya, viśeṣa），亦即是說，兩者的關係為「非異」。[17]

接著護法假設兩者的關係為「不異」（ananya, aviśeṣa），然後指出這個假設會導致困難，由此推論兩者的關係是「非不異」。引文主要是以「常法」、「無常法」、「淨法」、「不淨法」、「本有智」和「後得智」的論據作論證。如果圓成實與依他起的關係是「不異」，則會出現兩種困難。第一個困難是，如果兩者是不異的，則圓成實應跟依他起同樣是無常法。但圓成實不應是無常法，所以兩者「不異」的關係不能成立。第二個困難是，如果兩者是不異的，則兩者應同時通於淨境和不淨境，而不能說依他起為不淨、圓成實為清淨。本有智以清淨的圓成實為境；後得智以不淨的依他起為境，如果圓成實與依他起為不異，則本有智和後得智的作用就毫無分別。《成論》的意思是，本有智和後得智的作用應是有別的，所以它們的境，即圓成實和依他起應是非不異。

（22）

《成唯識論》說：

云何二性非異非一？如彼無常、無我等性。無常等性與行等

17　印度佛學要論證某個題材，先擬設它的反面，引致這反面的不可能性，因而推斷出該題材的合法性。在這裏也以同一方式來進行，先假設非異的反面異，而引出異不可能，這樣便導致非異的關係了。

法，異，應彼法非無常等；不異，此應非彼共相。由斯喻顯此圓成實與彼依他，非一非異。法與法性，理必應然；勝義、世俗，相待有故。　　（《大正藏》卷31，頁46中）

這段引文是以無常法和行等法的關係比喻圓成實與依他起的非異非一的關係。「行等法」指種種心念。行（saṃskāra）即是心念、心之行。依引文看，如果無常法與行等法的關係為異，就會產生「應彼法非無常等」的困難；如果兩者的關係為不異，則會出現「此應非彼共相」的困難。由於假設兩者的關係為異會出現困難，為不異亦會出現困難，所以兩者的關係應是非異非不異。依引文所說，如果無常法與行等法是異，異就是互相隔絕，沒有任何相同點，則行等法就不是無常。這違反了佛教的基本義理，即三種法印（dharma-mudrā）中的「諸行無常」（anityā bata saṃśkārāḥ, saṃskārānityatā）。所以不能說無常法與行等法是相異的。故此，兩者的關係應是非異。另一方面，如果兩者是不異，不異就是完全相同，則無常不能說是行等法的共相。但實際上，無常是行等法的共相（sāmānya-lakṣaṇa）所以兩者的不異的關係亦不能建立。因此，行等法與無常的關係是非異非不異。圓成實與依他起的關係亦是這樣，所以圓成實與依他起的關係亦是非一非二。引文末句更以「相待」的概念再次論證出二者具有非異非不異的關係。「法」（dharma）指依他起，「法性」（dharmatā）指圓成實，法與法性的關係必定是非異非不異。「勝義」（paramārtha）指圓成實，「世俗」（laukika, saṃvṛti, saṃvṛtti）指依他起，兩者是相待而有。相待而有一方面表示兩者是兩樣不同的東西，所以是非不異；另一方面，兩者是相依待，互相依待就不可能完全隔絕、完全不同，所以兩者是非異。勝義和世俗是相待而有，所以有非異非不異的關係。同樣地，圓成實與依他起亦是相待而有，所以亦是非異非不異。

（23）

《成唯識論》說：

> 非不證見此圓成實，而能見彼依他起性。未達遍計所執性空，不如實知依他有故。無分別智證真如已，後得智中方能了達依他起性。（《大正藏》卷 31，頁 46 中）

這段文字是護法對《唯識三十頌》中「非不見此彼」一句的釋說。引文清楚表示不能不證見圓成實而見到依他起。這即是說，必須先證見圓成實，才能見到依他起。這種說法是從實踐修行的角度來說的。依他起好比一個歷程，而圓成實就是歷程的目標。從邏輯上說，我們要先走過這歷程，然後才達到目標，即是要先經過依他起的歷程，然後才達到圓成實的目標。但從整個宗教活動的導向說，修行者要先確認目標，然後再決定應走的途徑，去達到這個目標。即是先要究明圓成實，然後再看依他起。是以，從實踐的角度看，修行者先要通達虛妄的根源，認清遍計所執的性格，然後再看遍計所執的對象，其真性應是依他起。接著引文又提到無分別智與後得智在實踐上的先後次序，藉此再論證出圓成實性和依他起性的關係。無分別智（nirvikalpa-jñāna）是照見空理的智慧，這種智慧能照見事物的本性都是空的，沒有個別的情狀。後得智（pṛṣṭha-labdha-jñāna）能照見各種事物的特殊相狀，亦可說是一種世俗的智慧。這種智慧亦就是照見科學的研究對象的特性的智慧。無分別智則是照見終極真理的智慧。按照一般的程序，修行者先要把握世俗的智慧，然後才能進一步認識事物的空的真相。但從宗教實踐的角度看，則先要照見第一義，然後再回頭看事物不同的相狀。所以，偈頌說如果不先了解圓成實性，修行者就不能了解依他起性。

（24）

《成唯識論》說：

有頌言：非不見真如，而能了諸行，皆如幻事等，雖有而非真。此中意說：三種自性，皆不遠離心、心所法。謂心、心所及所變現，眾緣生故，如幻事等，非有似有，誑惑愚夫，一切皆名依他起性。愚夫於此橫執我、法、有、無、一、異、俱、不俱等，如空花等，性、相都無，一切皆名遍計所執。依他起上，彼所妄執我、法俱空。此空所顯識等真性，名圓成實。是故此三不離心等。

（《大正藏》卷 31，頁 46 下）

這段引文是對以上三首偈頌所說的三性問題的總結。論主指出，三性都是不可遠離心而獨立存在。可以說，它們是依於心識而被確立。引文先對依他起性作一總結說明。一切心、心所以及所變現的東西都是眾緣所生。「所變現」指由識變現出來的相分和見分。相分（nimitta）相當於客觀的現象世界，見分（dṛṣṭi）則是主觀的自我。這些東西都是由因緣和合而生，就好像虛幻的事物，不是實有，但表面上卻似是有。這些事物迷惑一般愚夫。然而，一切都只是依他起，都不是實有。

引文接著總結遍計所執性的意思。愚夫在依他起的事物上起執著，對我（ātman）、法（dharma）、有（bhāva）、無（abhāva）、一（eka）、異（anya）、俱（ubhaya）、不俱（anubhaya）等對立的概念加以執著，將主觀的自我和客觀的事物對立起來。這些在執著中被虛構出來的實體，既無自體，亦無相狀，全都屬於遍計所執性。

最後，引文總結圓成實性的意思。依引文所說，在依他起之上，如果我們了解到我和法都是空的，則由這種空所顯示出的識等真實性格，就是圓成實性。

總結以上所述三自性的意義，三自性是存在的三種形態，包括：虛構的存在，顯現為現象的存在和真實的存在。其實，虛構的存在不應視為一種存在的形態，因為它完全沒有存在性，只可以說是關於存在問題的一個概念，但三自性既將三者並列來討論，為方便計，現姑且當作一種存在形態來說。三者中，從存在的角度來說，最根本的當然是真實的存在，這即是圓成實性。但如果要把三者串連起來，去了解它們的關係，則顯現為現象的存在，即依他起性就成為重心。按照《成論》的意思，依他起性包括染、淨二分。染分依他是一般人所見的現象，這些現象都是由緣而起，亦就是主體生起的心、心所的外表的變現物，而不是事物本身。所以，它是一種面對這種依他而起的現象，主體會對它們起執著，把這些現象視為具有自性的真實存在。這些由主體虛構出來的，不具有自性的事物，它們的存在性格屬於遍計所執性。主體接觸事物時，只能感知緣起的現象，而不能達到事物的自身，這是由於主體的認識能力有障礙，即有煩惱障（kleśa-āvaraṇa）和所知障（jñeya-āvaraṇa）。當主體排除這兩種障礙，就能直達事物的自身，這就是體證諸法實相。這時接觸的是真實的事物自身，這真實的事物自身的存在性就是圓成實性。在體證圓成實性後，再觀察事物的緣起（pratītya-samutpāda）現象時，就清楚體會到緣起事物的空的本性，由此就不會對它們執著。這種在無執狀態下所見的現象，它們的存在性格就是淨分依他起。

依他起性，包括染分和淨分都是由緣而起，所以都不是真實的存在。但依他起的現象既然在我們面前生起，成為我們認識的對象，它們也不可能是一無所有，因為生起的事物總要有它們生起的基礎，不可能脫離任何存在的基礎而有現象生起。所以緣起的現象亦有它們的存在性。由於這種存在是以認識對象姿態出現，所以它們存在的性格，可以說是一種只有認識意義的存在性。這所謂認識對象，不是主體以外的東西，它們的本質就是主體所生起的識的相分。所以，就存在性來說，認識對象不離於認識主體。即是說，依他起的現象的存在性是來自認識的主體。所以，最終只有認識的主體才具有真實的存在性。然而，這個認識的主體並不是一般人所執著的，以為是具有自性的自我。這個具有自性的自我只屬於遍計所執性。這點稍後再討論。

對於依他起的現象的認識，會在一種主體與客體相互對待、對峙的格局中進行。如果我們把這個在相對格局中的主體當作真實的主體，這個所謂「真實的主體」只屬於遍計所執性。因為當我們思考這個主體時，它已經成為了客體，這客體是依他起的現象。如果我們把這個客體現象當作實在的自我，這「實在的自我」就只是虛構的，所以只屬遍計所執性。真正的主體永遠不能在相對的格局中被認識或思考，而需要被直覺，而且是睿智的直覺（intellektuelle Anschauung），不是感性的直覺（sinnliche Anschauung）。

在體證事物自身時，那種認識並不是在相對的格局中進行。在這種情況中，沒有認識主體和認識對象的區分。在這種體證中的事物的存在性格就是圓成實性。我們試區分開來說，在這種真實的體證中，所證的是事物自身（Ding an sich），能證的是真實的認識主體，都是真實的存在。但實際上不能作出區分，所說的所證和能證，二者其實是一，真實的認識主體其實是沒有相對的客體的主體，只有這樣，主體才是真實的存在。

（25）

《三十頌》梵文本：

trividhasya svabhāvasya trividhāṃ niḥsvabhāvatām/

saṃdhāya sarvadharmāṇāṃ deśitā niḥsvabhāvatā//

梵本語譯：基於三種自性，因而有三種無自性。一切法的無自性便被說示了。

玄奘譯本：即依此三性，立彼三無性。

故佛密意說，一切法無性。

（《大正藏》卷31，頁61上）

上文已解釋過，三自性包括了一切事物的存在性格，分別是虛構的存在性，即遍計所執性；作為現象的存在性，即依他起性；以及真實的存在性，即圓成實性。這首偈頌說，依於三自性而立三無性（tri-vidhā niḥsvabhāvatā），這顯示出了三無性跟三自性的關係。這裏說三無性依於三自性而立，但這種「依」不是一種肯定性的依靠。如果是肯定性的依靠，則表示必須肯定所依，才能確立能依，就好像建築一座大廈，必須先建立根基，然後才能在根基之上建立大廈。「無性」原文是 niḥsvabhāva，意思是自性的否定。而所謂「依」，只是一種相對概念在意義上的依持關係，例如有與無的關係。

由於三自性涵蓋了一切法的存在性，它的否定面，即三無性亦具有同樣的涵蓋性，所以三無性亦涵蓋了一切法。三無性的建立，意思就是對一切法的存在性的否定，即是偈頌所說的「一切法無性」。至於這首偈頌的詳細意思，可參看《成論》：

> 即依此前所說三性，立彼後說三種無性。謂即相、生、勝義無性。故佛密意，說一切法皆無自性。非性全無，說密意言，顯非了義。謂後二性雖體非無，而有愚夫於彼增益，妄執實有我、法自性，此即名為遍計所執。為除此執故，佛世尊於有及無，總說無性。　（《大正藏》卷 31，頁 48 上）

三種無性依於三自性而立，這點正文已提過。護法指出，這三種無性是：相無性（lakṣaṇa-niḥsvabhāvatā）、生無性（utpatti-niḥsvabhāvatā）和勝義無性（paramārtha-niḥsvabhāvatā）。他特別強調一點，偈頌說一切法皆無自性，這種說法是非了義。他解釋說，這種說法是佛帶有密意而說，並非真的認為一切法皆無存在性。「非了義」表示這種說法是權教，這樣說是另有目的。護法解釋說，「後二性」即依他起性和圓成實性並非沒有存在性，但一般凡夫會在這二性上增益，執著為實在的我和實在的法，由此形成遍計所執性。佛為了除去凡夫這種執著，於是無論是存在性，即後二性，和無存在性，即遍計所執性，都總說為無性。所謂「增益」（samāropa, vṛddhi），即是把事物的存在性格過分加強地理解。在依他起上增益，即是把原本只是現象的事物理解為真實的東西，這即是以為一切所見的事物都具有自性。在圓成實性方面，從真實的角度說，圓成實性是終極的實在，本來是無可增益。以語言文字表達的「圓成實性」只是一種概念，屬於依他起性。若執著圓成實性這個概念，以為外在世界有一種實在的東西與它相應，這就是一種增益。

偈頌指出，三無性是依於三自性而立，這種立可理解為假立。《三十頌》開首就說「由假說我、法」，表示我和法都是假立，而假立我和法，目的是要對凡夫演說唯識的義理。這裏假立三無性，亦是另有目的，就是要去除凡夫的妄執。可見這種非了義的說法是《三十頌》常用的。而偈頌又特別指出「一切法無性」是佛密意言，表示這種說法是帶有另一層意思。再者，唯識學一向承認真如為實性，如果在這裏說圓成實性為無性，即全沒有存在性，這豈非自相矛盾麼？所以，護法理解三無性，或一切法無性為非了義的說法，應是可接受的。

（26）

《三十頌》梵文本：

prathamo lakṣaṇenaiva niḥsvabhāvo’paraḥ punaḥ./

na svayaṃbhāva etasyety aparā niḥsvabhāvatā//

梵本語譯：第一，就特質一點而為無自性。其次，此中不是自有。這樣所說的，是跟著的圓成實性的無自性。

玄奘譯本：初即相無性，次無自然性，

後由遠離前，所執我法性。

（《大正藏》卷 31，頁 61 上）

這裏逐一列舉三種無性的意思。第一種是相無性，第二種是無自然性，第三種是遠離前所執的我性和法性。相無性對應於遍計所執性。屬於這種性格的事物完全是虛構的，不單沒有真實的存在性，就是作為現象的存在性也沒有，所以它們連相狀（lakṣaṇa）也是沒有的。所以對應於遍計所執性的無性，是存在性的徹底否定，包括否定相狀的存在。對應於依他起性的無性是無自然性。自然性是表示自己本身就是這樣的一種性格。若事物具有自然性，即表示它具有自身存在性的充足條件。依他起性是依靠其他事物而生起的性格，而生起的只能是相狀或現象，不是真實事物的生起，因為真實事物本身就是存在的，不用生起。依他起性的事物具有相狀，所以不能對應它說相無性。但它們只有依他起的相狀，不具有本身存在的條件，所以對應依他起性可以說無自然性。這即是否定依他的事物有自身的存在性，但不否定它們具有相狀，即作為現象的存在性。最後一種是由遠離前所執我性、法性而達到的性格，這對應圓成實性而說。要注意的是，這裏沒有再稱這種性格為無性。若與前兩種無性相比，第一種是連相狀也要否定的無性，第二種是否定自身存在性的無性，但第三種，若從了義的說法，就不應再稱為無性。因為圓成實性是真實的存在性格，不能對它否定。「後由遠離前」中的「後」指圓成實性，「前」指對應於相無性的遍計所執性。在圓成實性中具有否定意思的地方就是否定遍計所執的我性和法性，這就是「遠離」的意思。但這不是對圓成實性的否定，所以不能對圓成實性說無性。現再看《成論》的解釋：

> 云何依此而立彼三？謂依此初遍計所執，立相無性。由此體相，畢竟非有，如空華故。依次依他，立生無性。此如幻事，託眾緣生，無如妄執自然性故，假說無性，非性全無。後圓成實，立勝義無性。謂即勝義，由遠離前遍計所執我、法性故，假說無性，非性全無。
>
> （《大正藏》卷 31，頁 48 上）

護法在這裏逐一解釋如何依三自性而立三無性。首先，依遍計所執性而立相無性。由於遍計所執性體、相全無，因此，對應它而說相無性。「體」（bhāva）指真實的存在，「相」（lakṣaṇa）指相狀，即作為現象的存在。遍計所執既非真實的存在，就是現象的存在也不是。說遍計所執性是相無性，不單是說它沒有現象的存在性，而是說它這兩種存在（真實的存在與現象的存在）都沒有。由於現象存在性是一種較為寬鬆意義的存在性，所以說沒有這種存在性即表示必定也沒有真實的存在性。

其次，依於第二種自性，即依他起性而立生無性。依他起性是說依眾緣而生起的一種現象的存在性，就好像幻化的事物，只有形相，沒有實體。說依他起性為無，是就著一種妄執的自然性而說的。自然性是具有自身存在的一種性格，依他起的事物須依靠眾緣而起，不是自性無。說依他起性為無性，只是就著它沒有自然性而說，並非說它完全沒有存在性。所以，這第二種無性只是假說，其實不是說依他起性完全沒有存在性。

最後，依於第三種自性，即圓成實而立勝義無性。勝義無性並不表示一種徹底的、絕對的無的性格，像虛無主義（nihilism, Nihilismus）那種。而是說，這第三種無性是勝義的。這種無性是遠離遍計所執的我和法而說的。「無」表示沒有被執著的我和法，由此而假說無性，並非說圓成實性為無存在性。這種遠離執著的性格就是勝義，所以稱為「勝義無性」。

（27）

《三十頌》梵文本：

dharmāṇāṃ paramārthaś ca sa yatas tathatāpi saḥ/
sarvakālaṃ tathābhāvāt saiva vijñaptimātratā//

梵本語譯：因此，這是諸法的勝義。另外，這是真如。因為在一切時間中，都這樣地是存在。這正是所謂唯識。

玄奘譯本：此諸法勝義，亦即是真如，
常如其性故，即唯識實性。

（《大正藏》卷 31，頁 61 上）

「此諸法勝義」的「此」，不能指整體的三無性。因為第一種無性代表遍計所執性，這完全是虛妄的，不能說是勝義。第二種無性是依他起性，這種性格是現象性，是世俗的，不是真實性，所以也不是勝義。只有第三種無性，即圓成實性才是真實性，才能說是諸法的勝義，所以「此」應只是指前者偈頌的下半頌所說的「後由遠離前，所執我、法性」，即是指圓成實性。[18]此性是諸法的勝義，表示圓成實性是一切事物的真實性。這即是真如。為甚麼稱它為真如呢？「常如其性故」，即是說此性為常，而且如其性，即為事物原來、真實的性格。這亦就是唯識實性（vijñaptimātratā）。我們再看《成論》較詳細的解釋：

> 此性即是諸法勝義，是一切法勝義諦故。然勝義諦略有四種：一、世間勝義，謂蘊、處、界等；二、道理勝義，謂苦等四諦；三、證得勝義，謂二空真如；四、勝義勝義，謂一真法界。此中勝義，依最後說，是最勝道所行義故。為簡前三，故作是說。此諸法勝義，亦即是真如。真謂真實，顯非虛妄；如謂如常，表無變易，謂此真實，於一切位常如其性，故曰真如。即是湛然不虛妄義，亦言顯此復有多名，謂名法界及實際等，如餘論中，隨義廣釋。此性即是唯識實性。謂唯識性，略有二種：一者虛妄，謂遍計所執；二者真實，謂圓成實性。為簡虛妄，說實性言。復有二性：一者世俗，謂依他起；二者勝義，謂圓成實。為簡世俗，故說實性。　（《大正藏》卷 31，頁 48 上-中）

18 上田義文亦有同樣看法，他亦認為只有第三種無自性才是諸法的勝義。參考他的《梵文唯識三十頌の解明》（東京：第三文明社，1987），頁 93。

「此性」指圓成實性。圓成實性是諸法勝義，因為此性是一切事物的勝義諦（paramārtha-satya）。引文說勝義諦有四種，關於這四種勝義諦，窺基的《成唯識論述記》有較詳細的解釋：

> 此隨淺深，以立四種，皆勝之義，或以勝為義。勝即是義，隨其所應，皆勝於初世俗諦故。然此初真即十善巧。第二即是四諦因果理等。第三即是依詮顯實。第四廢詮談旨。
>
> （《大正藏》卷 43，頁 555 上）

按照窺基的解釋，四種勝義可理解為指向同一道理的四個階段。「此隨淺深，以立四種」表示出這四個階段依著淺深程度，逐步提升。而且這四種亦只是方便安立的名稱。這四種稱為勝義諦，是由於它們比世俗諦更為優勝。第一種，世間勝義，即是十善巧。關於十善巧，世親著《辯中邊論》（*Madhyāntavibhāga*）說：

> 於蘊等十法，起十種我見：一、執一性；二、執因性；三、執受者性；四、執作者性；五、執自在轉性；六、執增上義性；七、執常性；八、執染淨所依性；九、執觀行者性；十、執縛解者性。為除此見，修十善巧。
>
> （《大正藏》卷 31，頁 470 上）

引文所說的「蘊等十法」，包括：蘊（skandha）、界（dhātu）、處（āyatana）、緣起（partītya-samutpāda）、處非處（sthāna-asthāna）、根（indriya）、世諦（saṃvṛti-satya）、乘

（yāna）、有為無為法（saṃskṛta-asaṃskṛtatva）。由於執著這十種法而生起十種我見，以為這些事物具有實在性。要破除這些我見，就要修十善巧，可見十善巧是對治這十種我見的。《辯中邊論》又說：「此中緣蘊等十義所起正知，名蘊等善巧。」（《大正藏》卷 31，頁 471 上）總括來說，對蘊等十種法起執，就會生起十種我見；若對這十種法的意義有正確的見解，這就是十善巧。所謂正確的了解，是對治我見的了解，即是無自性的了解。

第二種，道理（yukti, nyāya）勝義，即是四諦因果理，這是從因果關係去理解四諦的義理。第三種，證得（adhigama, prāpta）勝義，窺基解釋為「依詮顯實」，意思是依靠詮釋來顯示真實。這是透過語言概念去了解實相。第四種是，勝義（paramārtha）勝義，窺基解釋為「廢詮談旨」，即是廢棄語言概念的詮釋，而直指真理本身。

《成論》繼續說，真正的勝義，是第四種，即勝義勝義（paramārtha-paramārtha）。圓成實性是廢詮談旨的勝義勝義，這勝義亦就是真如。《成論》說：「真謂真實，顯非虛妄；如謂如常，表無變易。」真如的意思就是不虛妄、無變易。這兩方面意思把圓成實性跟遍計所執性和依他起性區別開來。遍計所執性是在本為緣起的事物上執著的自性的性格，自性在認識論上雖無變易，但這種由執著的工夫論而來的自性卻是虛妄的。依他起性是緣起事物的性格，這不是虛妄，但是變易的。不虛妄、無變易的就只有圓成實性，所以只有圓成實性才是真如。偈頌說「常如其性故」，其中的「常」表示不變易，「如其性」就是不虛妄。依照《成論》的解釋，圓成實性就是真如，而真如即是「湛然不虛妄」。「湛然」表示寂然不動，所以一般稱唯識所說的真如為「凝然真如」，這有別於中國佛教真常心系統的心真如。[19]

偈頌最後一句是「即唯識實性」，意思是圓成實性即是唯識實性。按照《成論》的解釋，唯識性可分為兩種：一者虛妄，指遍計所執性；二者真實，指圓成實性。唯識性之中的實性，就是圓成實性。我們又可從另一個角度劃分為兩種：一者世俗，指依他起；二者勝義，指圓成實。實就是勝義，所以唯識實性就是圓成實性。這樣的劃分，實在令人不解。我們知道唯識性有三種，但這兩個劃分的方式，都沒有同時包括三性。若劃分為虛妄和真實兩種，依他起性究竟屬哪一種呢？若劃分為世俗和勝義兩種，遍計所執性又屬於哪一種呢？按道理，依他起為現象，在現象事物上起執而成的自性是遍計所執性，故遍計所執性是虛妄的。但這虛妄的性格是由執著而成的，就依他起性本身來說，應不是虛妄。而對現象事物的正確了解就是世俗諦。所以依他起性應是真，不是妄。若從真、妄來劃分，圓成實性和依他起性應是真；遍計所執性則是妄。然而，依他起性雖是真，但不是實，因為實則不變，而依他起性是變易的。在兩種真性當中再劃分為世俗和勝義，則依他起是世俗，圓成實是勝義。所以「唯識實性」應是指三種唯識中的真實性。遍計所執性是虛妄不真，依他起性雖真非實，只有圓成實性為真且實，故圓成實性即唯識實性。

19　參考拙著《佛教思想大辭典》（臺北：臺灣商務印書館，1992），頁 361 右。

（28）

《三十頌》梵文本：

acitto'nupalambho'sau jñānaṃ lokottaraṃ ca tat/

āśrayasya parāvṛttir dvidhā dauṣṭhulyahānitaḥ//

梵本語譯：這是無心、無得。因而，這是出世間的智慧，是所依的轉得。因捨棄了兩種麁重。

玄奘譯本：無得不思議，是出世間智，

捨二麁重故，便證得轉依。

（《大正藏》卷 31，頁 61 中）

這首偈頌談到轉依的問題。轉依（āśraya-parāvṛtti）在佛教很多文獻中都有提到，一般意思是轉捨染污，依於清淨。轉和依不是兩種工夫，而是同一種工夫的兩面。轉依並不是先轉捨染污，然後才依得清淨。轉和依是沒有時間上的先後之分的，兩者應是同時進行的。當轉捨染污時，同時間就能依於清淨。在唯識學來說，轉依專指轉識成智，即轉捨有分別的心識，而成就無分別的智慧。轉識和成智是同時進行的，兩者其實也是同一事體的不同表示。當轉捨分別的心識時，同時間就能成就無分別的智慧。

偈頌的大意是說當修行者能捨離煩惱和所知兩大障礙，就能修到「無得」（anupalambha）和「不思議」（acintya）的境界。那時修行者可超越主觀的分別的心識和客觀的被分別的對象，獲得出世間的無分別的智慧。那時污染的識體會被轉捨，成就清淨的智慧。這意味著修行者已達致轉依的目標。

有關轉依，《成論》有很詳細的文字說明：

> 菩薩從前見道起已，為斷餘障，證得轉依，復數修習無分別智。此智遠離所取、能取，故說無得及不思議。或離戲論，說為無得；妙用難測，名不思議。是出世間無分別智。斷世間故，名出世間。二取隨眠是世間本，唯此能斷，獨得出名。或出世名，依二義立：謂體無漏及證真如。此智具斯二種義故，獨名出世，餘智不然。即十地中無分別智。……依謂所依，即依他起，與染淨法為所依故。染謂虛妄遍計所執。淨謂真實圓成實性。轉謂二分：轉捨、轉得。由數修習無分別智，斷本識中二障麤重故，能轉捨依他起上遍計所執，及能轉得依他起中圓成實性。由轉煩惱，得大涅槃；轉所知障，證無上覺。成立唯識意，為有情證得如斯二轉依果。　　　　（《大正藏》卷 31，頁 50 下-51 上）

這段文字談到轉依和無分別智的關係，並對轉依作出字義上的解說。修行的菩薩由見道開始，為斷除煩惱障和所知障而證得轉依，於是繼續修習無分別智。無分別智（nirvikalpa-jñāna）是一種超越主客的分別而達到的智慧。[20]它有助菩薩遠離所取、能取而達致「無得」和「不思議」的無分別境界。「無得」即遠離種種戲

20　無分別智不是要否定、捨棄分別，而是要超越分別，超越分別的主客對峙的二元關係，由二元、相對上翻騰出來，以達於一元的絕對的理境。天台宗也說過「除無明，有分別」，一般的世間的、現象性格的分別還是要保留的。一個人成就了正覺，還是要在世間中生活，以普渡眾生。因此，對於世間方面的種種知識、分別，還是要保留的。

論，不對它們加以任何執取。「不思議」表示妙用難測。這裏可以解作超越一般的思惟。由於這種智慧能斷除世間的二取隨眠（anuśaya），它們是世間的根本，所以無分別智被稱為出世間的智慧。此外，這種無分別智也因具足「體無漏」和「證真如」這兩方面的意義，所以名為「出世間無分別智」。「體無漏」指無分別智的體性是以無漏清淨為主，且以真如覺性為所依，這是「證真如」。這兩者都不屬於有漏的世間法，所以無分別智又被稱為「出世間無分別智」。

接著引文便從三性的觀念去說明轉依的含義。轉依的依表示所依，即是以依他起為所依。在依他起上生起種種遍計執，這就成為染法；在依他起上不起任何執著，而就著依他起本身如實地了解，這就是圓成實，亦即是淨法。轉依表示轉染依淨。在三性的脈絡中說，轉依就是轉捨虛妄的遍計執，而依於清淨的圓成實。而轉有轉捨和轉得兩個意思。轉捨和轉得是同時進行的。轉捨是轉捨遍計執；轉得是轉得圓成實。轉捨遍計執，表示同時轉得圓成實。依引文的意思，菩薩只要透過不斷地修習，實踐無分別智，由此斷除第八識中的煩惱障和所知障的種子，就能夠轉捨依他起上的遍計執和轉得依他起中的圓成實。轉依理論的提出是要令有情眾生證得這二轉依果，即大菩提（mahā-bodhi）和大涅槃（mahā-parinirvāṇa）。

從轉依的觀念出發，唯識哲學提出了自己一套獨特的理論去說明成佛的可能。這即是轉識成智的理論，將虛妄的心識轉化為清淨的智慧。具體來說，轉識成智即轉八識成四智，分別將前五識轉為成所作智；意識轉為妙觀察智；末那識轉為平等性智；阿賴耶識轉為大圓鏡智。一般來說，前五識轉為成所作智，這是由於前五識屬於感識，它們轉成的成所作智都是跟感官和日常生活有具體關係的智慧。成所作智的意思是成就世間日常事務的智慧。這主要是觀照俗諦而表現出來的智慧。妙觀察智是從第六意識轉出的。這種智慧能夠觀察不同事物的個別相狀。平等性智是由第七末那識轉出的。這種智慧牽涉到諸法的普遍性。平等性指諸法的緣起無自性或空的性格，是諸法的普遍性。平等性智就是觀照事物的空性的智慧（śūnyata-jñāna）。大圓鏡智是從阿賴耶識轉出的。這種智慧能同時觀照一切事物的個別的特殊面相和普遍面相，即是能夠同時觀察事物的特殊性（particularity）和普遍性（universality）。

有關四種清淨的智慧，護法在《成論》中有頗詳細的說明。現先看大圓鏡智：

> 云何四智相應心品？一、大圓鏡智相應心品。謂此心品離諸分別，所緣、行相微細難知，不妄、不愚一切境相。性、相清淨，離諸雜染，純淨圓德，現種依持。能現能生身、土、智影，無間無斷，窮未來際。如大圓鏡，現眾色像。
>
> （《大正藏》卷 31，頁 56 上）

這段文字談的是大圓鏡智（ādarśa-jñāna）的內容。由於四智都是從心而生，是相應於心的作用，所以四智都可稱為「相應心品」。依引文來看，這種智慧能遠離虛妄分別，即不對外境概念化，而執取它們，以為它們具有自性。由於大圓鏡智是轉第八識而成，所以大圓鏡智和阿賴耶識的所緣和行相，即所處理的對象和本身的作用都是相同，而且一樣是微細和難以了解。不同的只是阿賴耶識對於一切法是有執著的，而大圓鏡智則沒有執取的作用。所以大圓鏡智是「不妄、不愚一切境相」，即是對於一切境相都予以正確的安立，不會作出虛妄分別。正由於這種智慧好像一塊明淨的鏡，能照見種種事物的真實性格，所以被冠以「大圓鏡智」的稱號。

引文繼續說，這種智慧的本質和相狀兩方面都是清淨無染。「現種依持」表示這種智慧是現起的一切種子的所依，但這些種子不同於阿賴耶識的有漏種子（sāsrava-bīja），而是無漏種子（anāsrava-bīja）。在轉識成智中建立起的大圓鏡智，其中所包含的種子都是無漏的。在轉識成智之前的第八識所包含的現行種子基本上是有漏的。雖然第八識亦含有無漏種子，但這些種子未起現行，所以在轉識成智前的第八識之中，現行的都是有漏種子，致第八識整體來說亦是有漏。但轉識成智後，大圓鏡智中的種子都是無漏的，沒有染污的成分。

引文又說這大圓鏡智能生起無量身（ananta-kāya）、無量土（ananta-kṣetra）、無量智（ananta-jñāna）的表象。無量身、無量土、無量智是從教化方面說的。當菩薩成就了大圓鏡智，表示已得到覺悟，解脫成佛。在教化的工作上，他能表現出無量的身相，對應於不同的眾生而示現不同的身相去進行渡化，亦可變現無量環境，運用無量的智慧去點化眾生。無量身、無量土、無量智表示覺者所表現出來的種種功德（guṇa）。而這些表現是無間斷的，在未來不停地表現，永無終止。

交代過大圓鏡智以後，《成論》便轉而談及平等性智。《成論》說：

> 二、平等性智相應心品。謂此心品觀一切法，自、他、有情，悉皆平等。大慈悲等，恆共相應。隨諸有情所樂，示現受用身、土影像差別。妙觀察智不共所依，無住涅槃之所建立。一味相續，窮未來際。（《大正藏》卷 31，頁 56 上）

平等性智（smatā-jñāna）是由第七末那識轉出。平等性的意思關連到一切事物的無自性空的性格。這種智慧能夠照見事物的普遍性格，即無自性（asvabhāva）空（śūnyatā）的性格。在這方面，一切事物都是無差別的。在平等性智的觀照下，一切法的自相、他相和有情眾生都是平等無自性。此外，這種智慧與大慈悲（mahā-maitrī-karuṇā）恆常地相應。當表現平等性智時，慈悲會伴隨著；同樣地，當表現慈悲時，亦有平等性智伴隨著。證得平等性智後，聖者便可隨著各有情眾生所樂於接受的方式，為他們示現受用身和受用土，用以引導眾生堅決求道。這平等性智是妙觀察智的「不共所依」。在轉識成智之前，第六意識依於第七末那識的我執而產生自我意識。在轉識成智之後，第六意識轉成妙觀察智，第七末那識轉成平等性智，這種依待的關係仍然存在，即是由第六意識轉成的妙觀察智，仍要依於第七末那識轉成的平等性智而發揮它的作用。所以平等性智是妙觀察智的所依。「不共」正好表示沒有其他智慧具有這種所依的作用，只有平等性智才能成為妙觀察智的所依。接著引文指出無住涅槃的建立也是依於平等性智的。無住涅槃（apratiṣṭhita-nirvāṇa）指由心靈不住著於任何對象而顯示出的一種涅槃境界。所謂任何對象包括在染污方面的生死的範圍的東西，以及清淨方面的寂滅的範圍的東西。這無住涅槃的達致，是依於平等性智的實現。可以說，平等性智是妙觀察智的所依以及無住涅槃的建立基礎，這些作用會延續不斷，無窮無盡。

關於妙觀察智，《成論》有以下的說明：

> 三、妙觀察智相應心品。謂此心品善觀諸法自相、共相，無礙而轉。攝觀無量總持之門，及所發生功德珍寶，於大眾會，能現無邊作用差別，皆得自在。雨大法雨，斷一切疑，令諸有情皆獲利樂。（《大正藏》卷31，頁56上）

妙觀察智（pratyavekṣanika-jñāna）是對應於平等性智而提出。平等性智是觀照事物的普遍的相狀的智慧，而妙觀察智則是觀察事物的特殊相狀的智慧。在妙用方面，妙觀察智能「攝觀無量總持之門，及所發生功德珍寶」，即這妙觀察智包含一切令人進入覺悟境界的法門和一切由覺悟而來的功德珍寶。依引文所述，妙觀察智又具有教化的作用，能對於不同的眾生施以不同的作用，以教化他們，使他們都能得到精神上的自由。這有如天降甘霖，施予每一個眾生，幫助他們斷除一切疑惑，令他們獲得精神上的種種殊勝的益處。

至於成所作智，《成論》有如下的說明：

> 四、成所作智相應心品。謂此心品為欲利樂諸有情故，普於十方，示現種種變化、三業，成本願力所應作事。
> （《大正藏》卷31，頁56上）

成所作智（kṛtyānuṣṭhāna-jñāna）一般來說是指成就世間種種事務的智慧。這可以說是一種俗諦的智慧，是在解決日常生活中種種困難時表現出來的智慧。依引文說，具備這種成所作智的菩薩，為著要令有情眾生獲得種種利益和快樂，於是在十方，即一切地方示現出種種變化身，因應著眾生不同的情況，而示現不同的變化身來渡化他們。「三業」指菩薩因應不同的眾生而示現的不同的身業（kāya-karma）、語業（vāk-karma）和意業（manas-karma），目的都是要教化眾生。成所作智所成就的，是與眾生日常生活最切近的願望。

以上的文字解釋了四智及其相關的內容，接著《成論》便正式提出轉識成智的說法。有關這點，《成論》有如下的說明：

> 此轉有漏八、七、六、五識相應品，如次而得。智雖非識，而依識轉；識為主故，說轉識得。又有漏位，智劣識強；無漏位中，智強識劣。為勸有情依智捨識，故說轉八識而得此四智。（《大正藏》卷31，頁56中）

這裏說，四智相應於第八、第七、第六和前五識而轉生。關於智和識的關係，可以說，智是清淨，識是虛妄；智是無執，識是有執。所以智和識是不同的。但兩者又有很密切的關係，因為智是從識轉出來。若沒有識，就不能轉出智來；必須以識作為基礎，才能轉出智。所以智是依於識。從這裏可以再進一步說，智和識基本上是一體。所謂一體，是就著智和識都是從種子生起來說。智基於無漏種子而生起，而識則基於有漏種子。當有漏種子現行，就成為識；當有漏種子轉為無漏種子而現行，就成為智。所以兩者的基礎都在種子。

引文繼續說，在有漏位中，智劣識強；在無漏位中，智強識劣。即是說在有漏位中，智和識都已經存在，但在這時，智處於劣勢，而識處於強勢；而在無漏位中，智處於強勢，而識則處於劣勢。在有漏位中所表現出的主要都是虛妄心識的作用，而智則處於一種潛隱的狀態，所以是智劣識強。但到了無漏位，則是「智強識劣」。在無漏位中，智慧當然處於強勢，但識仍然存在，只是處於劣勢。按照這種說法，人就算達到了解脫的階位，仍然存有妄識，即是說，仍然有墮落的可能性。在解脫的階位中，雖然妄識處於劣勢，但只要生起妄念，妄識仍會產生作用，令生命退墮。這是從引文中可引伸的意思。是以修行者雖然已經得到覺悟解脫，仍需要經常警惕自己，避免生起邪惡的念頭。引文繼續說，為著勸化有情歸向智慧而捨棄妄識，所以向他們述說「轉八識得四智」的方法。

三、全文總結

《唯識三十頌》為世親晚期的成熟著作，最能代表他的唯識思想。可惜他未對《三十頌》作深入義理的分析時便已離世，這為後學在解讀上增添了不少困難。幸而當時印度有十大論師曾對《三十頌》作注釋。這對了解世親的唯識思想有一定的幫助。其中，護法對《三十頌》有非常詳盡的注解，這些解釋被玄奘翻譯成《成唯識論》。

《三十頌》雖只得三十首偈頌，共六百字，但它對唯識的一些基本義理已有說明。其中對識轉變的理論更有很深入的發揮。世親按八識的功能將它們分成異熟識、思量識及了別境識三大類，並對識的三種能變功能逐一說明，又詳細列寫了每個識與不同的心所間的關係。最後又提出三自性及三無性的說法，由識的虛妄性歸結出一切法無性的主張。在還滅方面，則提出轉依的說法，強調轉有漏的識為清淨的智慧。這所謂「轉識成智」，提供人在實踐生活中一種具有理想義、現象學義的活動方式。

護法則在《三十頌》的內容上進一步發揮及深化世親的唯識學說。在某程度上看，這又可視為護法的個人見解。依本文所見，護法同樣將八識分成三類，即異熟識、思量識及了別境識。其中對異熟識的阿賴耶識有不少的論述。例如護法以自相、果相及因相分別說明阿賴耶識的特性。護法以阿賴耶識為自相，強調它以藏為其自身的作用，這又可分為能藏、所藏及執藏三種。以異熟識說明果相，詳細說明阿賴耶識為不同界、趣、善惡業的果報體，又提出「眾同分」的說法，強調一個生命體在一期生命中會以同類性質的姿態相續不斷，不會隨時改變他們的存在形態。以一切種子識說明因相，強調阿賴耶識能執持一切法的種子。此外，護法又論及阿賴耶識的行相和所緣。大體上，護法對阿賴耶識的解釋，與前人的解釋沒有太大的分別。不同的是，護法將這些說法以極具條理的方式表達出來。不過在解釋還滅的轉依問題時，護法則加入了個人的析說。護法將轉依解釋為轉八識成四智，將轉依跟識的概念關連起來，認為只有將有漏的識轉成無漏的清淨智慧方可解脫生死輪迴。所謂轉識成智，具體來說，即轉前五識為成所作智、轉第六識為妙觀察智、轉第七識為平等性智及轉第八識為大圓鏡智。此外，護法又特別將三性的觀念引入轉依的內容，強調在實際的修行過程中，修學者應先把握圓成實性，然後回去了解遍計所執性及依他起性的虛妄性格。

如將《三十頌》和《成唯識論》、《攝大乘論》和《瑜伽師地論》所述的阿賴耶識說作一比較，可發覺後兩者對於阿賴耶識如何引出生死輪迴有較詳細的說明。例如《攝大乘論》特別提到「食識」的觀念，強調阿賴耶識為一期生命形成和持續的精神食糧，能滋長有情眾生的生命，而《瑜伽師地論》則對中陰身的說法有十分詳盡的記述。反觀《三十頌》和《成唯識論》則較集中說明阿賴耶識與其他識的關係，且傾向理論化的說明。

以上我們對《唯識三十頌》和《成唯識論》的內容就其自身的概念、語言作了一總的說明。以下我們轉變一下方式，透過哲學方面，特別是宇宙論與宗教救贖論方面對這兩部文獻的義理作進一步的闡述與發揮。而所用的「識」、「阿賴耶識」等語詞，倘若不是特別說明的話，可同時就《三十頌》與《成唯識論》而言。

首先，唯識學所說的識，包括其中的意識，基本上都不是指嚴格意義的西方知識論特別是康德的那一套的客觀的、靜態的知識或認識、認知，而是具有濃烈的心理學（包括精神分析與深層心理學）的情執在裏頭。識自己起分裂，分化出相應於客觀的質體世界的相分，自身則以作為主觀的、心理學性格的自我或見分去了別它，在了別的同時，執取它為具有常住不變的自性、實體的存在。我法二執都是從這種脈絡中說。識只攀緣質體而已。作為心所的想、思，由取像到辨解，亦是攀緣活動。

第二，上面剛說過識分化出相分，而自身則以見分來攀緣它，這相分便表示了整個存在世界、整個宇宙。在這個意義下，識實具有存有論以至宇宙論的意義。具體來說，世界或宇宙的一切質體，都是從識特別是阿賴耶識變似、變現出來的，唯識學者把這種作用或現象稱為轉變（pariṇāma）或詐現（pratibhāsa）。阿賴耶識中藏有世界、宇宙的全部質體、事物的種子，這些種子是精神性的，說氣更為貼切，因它們畢竟是經驗的、材質的性格。它們作為因，待得到足夠的緣或條件時，便會現行，表現為在時空下的現象。順著這點說下去，阿賴耶識存在於每一個眾生之中，統攝一切存在。即使是在經驗方面似是不可能的事、不可思議的事，它們的可能性、種子都存在於阿賴耶識中。在幾乎全部的情況下，它們都不可能實現，不可能成為現實，那是由於條件未具足。一朝條件具足，便甚麼怪異的事都會出現。如一個窮小子，一夜之間可以成為總統，或億萬富豪。故一切取決於緣或條件是否湊得成。說來說去，還是原始佛教的緣起的道理。

第三，在倫理與宗教活動上，阿賴耶識也擔負重要的功能。由於它內藏的種子每一瞬間都在生滅變化，而七識又不斷現行，現行後餘勢不失，熏習阿賴耶識，而成為新的種子，藏於其中。基於阿賴耶識是眾生的主體、靈魂，它的善惡性格會相應於其內的種子的變化而變化，惡的阿賴耶識可以轉變為善的阿賴耶識，由於這種變化，眾生才能在道德上可被教化，在宗教上可被轉化。惡的性格可成為善的性格，生死流轉可轉化為涅槃還滅。倘若不是這樣，種子的數目、性質、功能若是常住不變；例如一個人一出生便有了固定數量的種子，不能增、減，這些種子都是惡性的，也無殊勝的功能，則這個人註定要做一個惡人了，不管他如何自覺，如何努力，嘗試謀求教化、轉化，都變得不可能，這勢必淪於宿命論這一錯誤的思想，人的前途會變得一團漆黑，沒有希望，沒有現象學，沒有生活世界。

第四章　弗洛伊德的精神分析與佛教唯識學的比較研究——以潛意識和阿賴耶識爲中心

一、關於精神分析

如所周知，精神分析（psycho-analysis）是治療神經症患者的方法，有一定程度的有效性。即是，這種精神病學（psychiatry）的目標，是要去除我們的心理障礙（mental disorder）。具體言之，精神分析是要在我們的心理生活中找尋在潛意識或下意識中被壓抑的東西，讓它們在意識中得到確認，以治療心理方面的種種問題或困擾。弗洛伊德（Sigmund Freud）自己便曾有如下看法：

> 精神分析……使我們認識到，這些疾病（癔症、強迫性神經症等）是心因性的（psychogenic），源於潛意識（壓抑了的）觀念化情結（ideational complexes）的活動。[1]

1　車文博主編《弗洛伊德文集》第三冊（長春：長春出版社，2004），這裏說得很清楚，精神分析是處理心理上的問題，與潛意識的活動分不開。但還不止於此，弗洛伊德更提出性的問題，他說：

> 這些潛意識情結具有性的內容，它們源於人未被滿足的性需要。……我們應當將破壞性生活、壓制性活動、歪曲性目標的因素視為精神神經症的病因學原因。（《文集》三，頁85）

在心理學、哲學上，弗洛伊德對性（Sex）的問題的重視，是出了名的。他認為我們的很多心理上、情緒、精神上的問題、情結，都與性分不開。性的問題必須被疏導、注意以至滿足，才有快樂的人生可言。人在精神上之會陷於歇斯底里（hysteria）、不能控制的狀態，亦即是癔症，也離不開性的問題。

不過，弗洛伊德認為人人都在身體中含藏著一些可以幫助自己找尋到出路或解決之道的心理上的能量。這便是他所提倡的癔症創傷理論（trauma theory of hysteria）。這些能量遇到矛盾、困難，便會生起病理症候，我們便可以以此為線索，找尋治療的方法。弗洛伊德也就從這種想法出發，而開拓他的精神分析理論。他特別指出，在這樣的矛盾中，總是有兩種力量在相互對抗。即是，精神病患者一方面要盡力把在潛意識中的種種想法、觀念帶入意識之中，

頁85。為便利計，此書以下簡作《文集》。《文集》三，頁85表示《佛洛伊德文集》第三冊第85頁。另外，我把這種附註的識別直接放在所涉《文集》的文字後面，請讀者垂注。

展示它們的力量。另方面，又有一種抵抗的力量會盡力阻止那些被壓抑的想法、觀念進入意識中。這種力量有大有小；力量越大，對想法、觀念有較大程度的歪曲。力量小時，這些想法、觀念便不易受到歪曲。

這樣，弗洛伊德便可以談精神分析的治療的目的了。他指出，精神分析可以增強人的自我、自信心，使它更為獨立於超我，開拓出更寬廣的知覺領域，與本我競爭（《文集》五，頁 50）。這種治療可以帶來良性的影響，具有現象學的意義。至於有關超我、本我的詳細說明，參看下文。

弗洛伊德進一步指出，上面提及的精神病患者身體中所涵的相互矛盾、相互對抗的力量，從動力學的角度來說，亦即是依據對立的心理力量的衝突來解決，這兩種相互對抗的心理力量進行的鬥爭便出現了。但這並不必然地導致精神分裂的結果。他認可心理衝突的情況是很普遍的，但那種以自我努力來迴避痛苦的回憶而沒有造成精神分裂的事情也是常見的。他認為，倘若這種衝突最後真正帶來精神的分裂狀態，則其中必定存在著更深層性格的決定因素（《文集》五，頁 132）。這種決定因素可以關連到心理學家厄爾布（W. Erb）的一段有意義的說法來看。厄爾布提出，現代生活使神經病患（nervous illness）不斷增長。現代生活的出色的成就、科學上的發現與發明、為了求取進步而日趨增加的競爭，需要以極大的心理上的努力，才能保持各方的平衡，而避免災難性的結果的產生。但社會、社群總是漠視那些普泛價值，如宗教之屬，讓不安與貪婪充斥於社會的每一角落。結果是一切都變得匆忙與狂躁，嚴重的政治、工業與經濟危機帶來了空前的精神上、心理上的廣泛躁動。人們的疲憊的神經試圖通過增加刺激、陶醉於歡愉的活動中以求平安之所，結果卻導致更大的社會衰歇。結果是，病態人物、性變態的行為、革命鬥爭一類的不健康的事物都出現了。（《文集》三，頁 84）

這種不尋常的狀態、病態，我想可以用「狂躁混亂」的字眼來形容。也正是為了對治這種狂躁混亂的社會，弗洛伊德才提出他的精神分析的治療法。這當然是從症狀出發的，而症狀又在一切的心理內容中，最為自我所不知，對我們最為陌生。弗氏指出，這症狀起源於我們的被壓抑的欲望；我們可以說，這症狀是被壓抑的欲望在自我面前的代表。但壓抑是與自我完全不同的領域，是我們內部的異質領域。我們可以從這樣的背景通到潛意識、本能生活以及於性行為（《文集》五，頁 36）。以下我們便可以概括地說明精神分析的輪廓了。

大體而言，弗洛伊德的精神分析有兩個焦點：潛意識和性欲望。他的精神分析思想可分為前期與後期。在前期，他把人的心識分為三個層級，這即是外面的意識（consciousness）、中間的前意識（preconsciousness）和內面的潛意識（subconsciousness）。意識比較容易理解，它是我們在清醒時對內、外界直接接觸的心識；包抄和抑制要進入自身中的種種印象、概念；發出我們內心的種種欲求，這些欲求也可包含本能衝動在內。前意識顧名思義，是介於意識和潛意識之間的一種心識媒介，是過度性的。它的主要工作是抑制、阻止潛意識的觀念和想法進入意識之中，因此有所謂「稽查」、「檢查」的作用。潛意識是三種心識中最重要的，這是就其內容與功能的深度與廣度而言。它包含人的本能衝動，和後者的替代形式，如夢、歇斯底里；也概括被監視、被壓抑的種種欲念。它是一種心理機制（psychological mechanism），在能量、效率方面都非常突出。它是原始的衝動，超越群體關係、道德、言說，也沒有時間性與空間性，自身是很難理解的。

到了後期，弗洛伊德把焦點集中在自我方面，對人格提出三面構造（tripartite personality structure）的思想，強調人格的三面相狀或作用，這即是自我（ego）、本我（id）和超我（super-ego）。自我是指人的意識；本我經由外部世界的影響可構成一知覺系統，有智慧與常識的意味，與我們也有較密切的關係。如同前意識的位置或角色，自我是本我與超我之間的媒介，溝通兩者。本我時常發出非理性的衝動，自我有一個任務，去守護、制止這些衝動的氾濫。下來是本我，這是最原始的、最缺乏理性的、自然生物性格的一個大我，也可以說是相應於潛意識。追求滿足是它的活動目標。至於超我，則指人格或生命存在中最開明的、開放的而又帶有道德取向的成分。在某種程度，它有道德良知的性格，又能提出理想，因而在估值層次上高於自我與本我。若與三層意識比較，我們可以說自我相當於意識，本我相當於潛意識，而超我則與前意識相應。在弗洛伊德看來，這三個我若能有平衡的發展，而不趨向極端，人的心靈便會走正常的途徑，倘若三者失調、失衡地發展，神經症狀便會來了。

上面提到，在自我、本我與超我之中，超我有道德的意涵或取向，因此與道德活動、文化有關。那麼在具有同樣的有估值義的「本我或潛意識」與「超我或前意識」方面，能否說與估值活動，特別是藝術與宗教，有一定程度的聯繫呢？答案是，聯繫是有的，但弗洛伊德把這兩種文化活動扯到欲望的滿足與幻想的表現方面去。就藝術的本質而言，弗氏以潛意識的欲望、幻想和性來說。在他看來，藝術離不開幻想，是一種白日夢（day dream）的反映。他又以被壓抑的原始的、生物學的欲求的宣泄、解放來說藝術。至於宗教，弗氏以心理上的幻覺來說宗教，以之為人的一種神秘化的抗議，抗議要過現實的窮愁潦倒的生活。在弗氏看來，宗教不外乎一種精神性的自我麻醉，也麻醉他人。[2]

二、阿賴耶識與潛意識、本我的初步印象

以下，我要從精神分析轉到唯識學方面去。我們不妨先這樣說：對於廣義的意識，唯識學予以三分：第六意識、第七末那識（mano-vijñāna）和第八阿賴耶識（ālaya-vijñāna）。其他的識亦即是前五感識。感識相當於弗洛伊德所說的知覺，第六意識相當於弗氏的意識或自我，第七末那識較難在弗氏的精神分析中找到對應物，它與前意識或超我很有一段距離，只是有中介、媒介作用，亦即是介於意識與第八阿賴耶識之間，與弗氏的前意識介於意識或自我和潛意識或本我之間，有點相似而已。第八阿賴耶識相當於弗氏的本我，是潛意識。

在文獻方面，我們選取無著（Asaṅga）的《瑜伽師地論》（*Yogācārabhūmi*）、《攝大乘論》（*Mahāyānasaṃgraha*）、世親（Vasubandhu）的《唯識三十頌》（*Triṃśikāvijñaptimātratā-*

---

2 在上面的闡述中，我部分地參考了車文博的〈總序言〉，車文博主編《弗洛伊德文集》一：《癔症研究》，頁 1-16。

kārikā）和護法（Dharmapāla）的《成唯識論》（*Vijñaptimātratā-siddhi*）來處理。這些文獻的重要性與對於唯識學的代表性，應該是沒有疑義的。

《瑜伽師地論》或《瑜伽論》主要是闡明一個瑜伽修行者在境（對象）、行（工夫實踐）和果（所證成的覺悟、解脫的成果）三方面的內容。在結構上，這部文獻由五個部分組成，其中以本地分最為重要，佔全書的一半，其中又分為十七地分。內裏的意地所述，接近精神分析的意識、自我。有尋有伺地和無尋唯伺地也與意識有多元性的交集。而無尋無伺地則相應於潛意識或本我。這種比配自然有保留，我們在這裏姑先這樣說。《攝大乘論》則是《阿毗達磨大乘經》（*Abhidharma-mahāyāna-sūtra*）中的〈攝大乘章〉的注釋，有很濃厚的哲學意味，目標是要建立大乘佛教的理論體系。書中討論的問題，都是重要的，其中對阿賴耶識（ālaya-vijñāna）概念有周詳的探討。《唯識三十頌》是以三十首偈頌，扼要地闡述唯識的義理，對於阿賴耶識、末那識（mano-vijñāna）和意識都有交代，同時列出種種心所（caitasa）或心理狀態，其中多有可與精神分析的所論有交集的、有對話的空間。《成唯識論》則是疏解《唯識三十頌》的鉅著，對於後者說得不足或未及說的，都加以補充。最後開拓出轉識成智的現象學思想，這則是非精神分析所能比擬的。

在這裏，我要把焦點集中在有關阿賴耶識的性格與作用上，看它在哪些方面與弗洛伊德的精神分析所說的潛意識有義理上的連繫，其異同分際如何，並旁及其他相關連的問題。我們先從《攝大乘論》的〈所知依〉章說起，這章是討論阿賴耶識的。「所知依」

即是所知的法或存在的根據，亦即是阿賴耶識，這個心識內藏一切存在的種子（bīja），是作為一切存在的所依的依據。這一章或品提到《阿毗達磨大乘經》（*Abhidharma-mahāyāna-sūtra*）的一首偈頌「無始時來界，一切法等依，由此有諸趣，及涅槃證得」，[3]便表示了上面說的意思，並含有阿賴耶識是流轉與還滅的旨趣。一切事物，不管是善是惡，都以這心識為依歸。這依歸有存有論義，因為阿賴耶識攝藏一切存在或事物的種子，這些種子遇到足夠的緣或條件，便會現實地展現，成為在時間與空間之中的物體、現象。弗洛伊德所說的潛意識或本能，並沒有這種意涵，潛意識中的一切事物、觀念，只是以抽象的、形式的狀態匿藏在該心識中，沒有現起而在現實世界中存在的問題。本我更只是生物的本能和欲望而已，這些本能和欲望要得到滿足，人才生活得快樂（在自己的感受方面感到痛快）。不過，有一點我們倒要注意：在倫理學上，阿賴耶識、潛意識或本我含有很多惡的要素，這是有礙於眾生或人要過理想生活的，我們要做的，是把它們克服、滅除；特別是在精神分析來說，我們要高度警覺這些惡的因素，不讓它們進入意識中而在我們的現實生活中肆虐。在這裏，我們必須強調，唯識學是宗教的義理，強調覺悟、解脫而成佛，因此有轉識成智的說法，轉捨阿賴耶識中的染污性的種子，而轉得清淨的種子，變成佛。弗洛伊德的情況則不同。他雖然是醫生，但其精神分析在這方面沒有相應的境地，它只治療人的種種精神症候，即使治療好了，人仍然會有執著的行為，會有污垢，心識不能達致清淨無染，不能成覺悟、得解

3 《大正藏》，31・133 中。

脫。精神分析只是一種科學的、心理學的治療法，不是一種宗教。

在上面所涉及的唯識學的四本文獻中，《瑜伽師地論》和《攝大乘論》較為早出，《唯識三十頌》和《成唯識論》較為晚出。前二者與後二者相比，較有系統性，內容也較為周延。特別是無著的《瑜伽師地論》強調一個生命在一期生命中會以同類性質的姿態相續不斷地發展，不會隨便改變他們的存在形態。這是阿賴耶識思想所導致的，因為一切眾生都有其自身的種子，藏於阿賴耶識中，阿賴耶識作為個體生命本身、個別我本身，以至靈魂主體，由一期生命體轉到下一期生命，期期相承，而證成其輪迴的教說。特別值得注意的是，《瑜伽師地論》對中陰身或中有的說法，非常詳盡，其轉生在時間上亦有其限制，由七天至四十九天不定。不管如何，在這段期間，轉生必能成功實現，因而能確立輪迴思想。但阿賴耶識作為一輪迴主體的穩定性並非一定不能改變，只要遇上外在的有力的條件，它仍可被熏習，而生起教化、轉化的活動，不然的話，阿賴耶識的穩定性便會是一種有自性（svabhāva）的實體，而墮於常住論了。

有一點我們不應忽視：弗洛伊德所說的潛意識或本我，是一種非常負面性格的東西，它的內容無一不是本能衝動，特別是性欲的渴求滿足，全無價值可言。阿賴耶識在很多方面來說都是染污性的、惡性的，甚至以極端愚痴的一闡提（icchantika）為載體，是無可救藥的。這是精神分析與阿賴耶識思想的最大交集處。但唯識學除了是哲學外，也是宗教。宗教是要講教化、轉化的。唯識學家除了以有垢、染污來看阿賴耶識之外，也要講它的受教化、受轉化的可能性。即是說，阿賴耶識必須是能受熏習的、被影響的。說到底，阿賴耶識雖是無明處處，但由於要受熏習，要被轉化，唯識家最後還是對它作了保留，說它雖是向無明傾斜，但總的來說，它還是中性的、「無覆無記」的。熏習需在中性的基礎上說、實行，因此不能不說它是中性的。這真是宗教家的無奈，甚至悲哀。

三、精神分析中的自我

在我們的日常生活中，總離不開自我的問題。我們有時以自己的軀體為自我，有時以自己的想法、意識為自我。在精神分析中，自我也是人格中一個重要的原素。弗洛伊德以心理過程的連貫組織為自我。這自我與意識相連繫，是心理上的調節機構，讓生命存在於一種和諧的氛圍中。到了晚上，這個自我似乎是睡覺了，但對我們的夢仍然有一種稽查、守查、檢察的作用（censorship）。[4]另外，自我也擔當海關員的角式，把一些心理傾向加以壓抑，讓它們不能進入意識之中。

在人格分析方面，弗洛伊德提出自我、本我和超我，但三者的界線並不明顯，時常是交集、交疊在一起。自我是軟弱的，特別是與本我相比的時候。它對本我來說，像是一個僕役，要執行後者所提的命令，也要滿足它的要求。不過，並不是有很多人自覺到他們的自我，因為自我與超我很多時處於潛意識的狀態，這是由於這兩個我與相應於潛意識的本我並未有清晰的界線的緣故。

4　這種作用不能在意識中進行，只能在潛意識中進行。但意識與潛意識有相對反的傾向。弗洛伊德大抵上是把自我看成是與潛意識相應的本我的一部分。

康德（I. Kant）在他的《純粹理性批判》（*Kritik der reinen Vernunft*）之中，把自我分為三個面相：感性直覺的自我、智思的自我和睿智的直覺的自我。弗洛伊德傾向於把自我視為現象性格的，這即是感性的自我。他強調自我是一個主體，也能夠成為客體，並觀察以至批評這客體。自我又可被分離為不同的部分，這些不同的部分又可重新整合，成為原來的自我。這種分離和整合是有紋路，有次序的。弗洛伊德提出一個例子：假如我們把水晶物體投擲到地板上，水晶物體就碎了，但並不是碎成雜亂無章的碎片。它總是沿著一定的紋路裂成碎片的。這些紋路雖然是看不見的，但卻已是由水晶的構造預先決定了的（《文集》五，頁 37）。他最後指出心理病人（mental patients）就是這樣一類的分裂體和破碎體。弗氏在這裏所展示的自我，好像是介於感性與知性之間，感性相應於破碎體，知性則相應於破碎的水晶有倫有序地被整合起來，以所謂「紋路」回復原來的狀態，這紋路顯然與知性所提供的範疇（Kategorie）有關連或交集。不過，在感性與知性之間，他還是傾向把自我歸到感性方面去，而且要在形軀的次元（dimension）來說自我。他說：

> 自我首先是一個身體的自我，它不僅是一個表面的實體，而且它本身還是一種表面的投射。……自我基本上是從身體的感覺中派生的，主要是從身體表面產生的那些感覺獲得的。因此，可以把它看做是身體表面的一種心理投射。……它代表心理結構的外觀。（《文集》六，頁 127）

這樣便把自我扯到軀體方面去，而成形軀我了。不管怎樣，在弗洛伊德看來，這自我離不開生理、心理的本質而為經驗性格。在這裏，他多次提到自我投射的問題，其中更把自我視為是身體表面的一種心理投射，這讓人想到唯識學中的種子概念。據後者，每一個眾生都有其獨具的阿賴耶識，內中儲藏著無量數的種子（bīja），這些種子遇到足夠的條件，便會向外投射，而成外在世界的種種存在物。在唯識學來說，這種投射正表示識體的轉變（vijñāna-pariṇāma），讓其中的種子現成。這識體自然是阿賴耶識，它畢竟是經驗性格的主體性，無與於超越的主體性。

以下我們要聚焦於自我的作用或功能來看自我與本我的關係。在這一點上，弗洛伊德說：

> 自我是伊底中由於接近外部世界而為其（筆者按：這是指外部世界）影響所改變的那個部分，它適合於接納刺激，並作為一種防止刺激的保護物，其功用可以比做環繞一個生命物質周圍的外層。對自我而言，與外層的關係變成了決定因素；它接受了將外部世界呈現給本我的任務～這對本我來說是幸運的，因為本我盲目追求本能的滿足時，常常會忽略最強大的外部力量，從而不可避免地導致自身的毀滅。在完成這個動能或任務時，自我必須觀察外部世界，把外部世界的精確圖景存儲在它的知覺記憶裏。……自我在本我的命令下控制著種種聯繫活動的途徑。……廢除了無限制支配本我中事件的快樂原則，而代之以現實原則（reality principle）。（《文集》五，頁 47-48）

自我對於本我來說，有護衛的作用，它介於外部世界與本我之間，一方面，它把外層世界的訊息傳達、呈現給本我，讓後者對外在世界有所警覺，而不致受外在世界的東西所傷害，因而可以安心地追尋原始的欲望、本能的滿足。同時，自我可以以本我的名義控制種種聯繫活動的途徑，使本我得以放心地、輕鬆地敞開它的情欲世界，向各方招手。又，「伊底」（Id）即是本我。

在弗洛伊德看來，自我是本我的一部分，它的屬土是由本我開拓出來的。它與本我若即若離，雙方有相互限制而又相互支持的關係。依於此，自我得想出一些途徑以與本我周旋，以得到本我的信任與支持。關於這點，我得從雙方的區別說起。弗洛伊德以為，自我與本我的區別主要在於：自我有一種綜合本我的心理過程的能力，這是本我所欠缺的。[5]它可以藉著這綜合與組織能力，從知覺出發，培育出能夠控制本我的本能。它可以作為本能的代表的身分，在一個相當大的集合機構中，為本我安排一個恰當的位置，把它放在一個有條理的聯繫中，與它周旋，建立一種能夠自我防衛的機制（mechanism），而不會受到本我的壓制。畢竟自我是微小的、弱勢的；從動力方面看，它的能量、能力是從本我中散發出來的。在與外在世界的接觸中，它要善巧地認同一些對象，甚至取代這些對象，以迎合本我的興緻，得到本我的加持、支持。而在與本我的內在聯繫中，自我要盡量吸收本我的性本能力比多（libido, Libido），[6]以強化自己。這些都是需要執行本我的意圖，找到能

5　倘若以自我關連於意識或知性來說，的確是如此。

6　關於力比多（Libido）一概念，有點複雜。我在這裏姑只說它是求取

讓這些意圖圓滿實現的環境，才能完成任務的。

說到底，自我雖然比本我較有理路，不如後者橫蠻，但它畢竟是微小的、弱勢的。弗洛伊德以下的一段話，頗能解剖出自我的困惑與尷尬的情狀：

> 有一句格言告誡我們，一僕不能同時侍二主。可憐的自我處境甚至更糟；它侍候三個嚴厲的主人：外部世界、超我和本我。[7]……自我覺得自己三面被困，受到三種危險的威脅。假如它難以忍受其壓力，就會產生焦慮。由於自我起源於知覺系統的經驗，[8]所以它擔任著表達外部世界需要的職責，但它也努力爭取成為本我的一個忠實奴僕，保持與伊底的良好關係，[9]把自己作為對象推荐給本我，並把它的力比多吸引過來。在它企圖調節本我和現實的過程中，它常被迫用自己的前意識的文飾作用來遮掩本我的潛意識要求，掩飾本我

性欲的滿足的性方面的能量（sexual energy）。

7 弗氏在後面強調自我和本我的分化，表示這分化不僅要歸因於原始人，甚至要歸因於更簡單的有機體，因為這是在外界影響下的不可避免的表現形式。至於那個具有監視作用的超我，則是起源於導致圖騰崇拜的經驗。自我是外部世界通往本我的代表。他提醒說我們不要把自我和本我之間的差異過分嚴重化，但也不能忘記自我是本我透過特殊的分化活動而形成的，是本我的一部分。（《文集》六，頁 136）這是說，自我在存有論上源自本我，不是獨立的主體。

8 與自我相應的知性則沒有這樣親切的經驗。知覺與外界有直接的連繫，知性則不然。

9 語詞翻譯，相應於英語的 it 或德語的 Er。

> 與現實的衝突。……另一方面，自我所採取的每一步，都受到要求嚴格的超我的監視；超我絲毫不考慮自我在本我和外部世界方面所遇的困難，為自我的行為規定了明確的準則；而且自我一旦不服從這些準則，超我就用強烈的自卑感和罪疚感來懲罰它。這樣，自我被本我所驅使，受超我所限制，為現實所排斥，為完成其經濟的任務而奮鬥，以便使它遭受到的種種力量和影響達到和諧。……如果自我被迫承認自己弱小，它就會產生焦慮：有關外部世界的現實性焦慮、有關超我的道德性焦慮和有關伊底中激情力量的神經性焦慮。（《文集》五，頁49）

根據弗洛伊德在上面的說明，自我的確是被置定於一種相當困擾、迷惑的境況中，而且最後可能在來自外部世界、本我和超我三方面的壓力這樣的張力、逼迫中，讓人們感到焦慮以至其他精神症所帶來的問題，這可以說是三面受敵。在這種情況，我試參考一下弗洛伊德自己的說法來作一些反思，看我們可以有哪些做法能解決自我的這個問題，起碼減低一下自我所背負的壓力與張力。

我們可以先注意自我和所謂「知覺意識」之間的關係，這知覺意識（perceptual consciousness）是心理結構的最表層的部分。[10]在

10　這知覺意識是一個頗為麻煩的表述式，它表示知覺與意識之間的連繫、交集。但知覺基本上是感性傾向的，而意識則是一種知性甚至理論理性的發源地。感性與知性是認識活動的不同次元（dimension），本來很難混合在一起。這如同胡塞爾（E. Husserl）所說的範疇直覺（kategorische Anschauung）、唯識學陳那

這種關係中，自我可以說意識，而本我則不能，超我則涉及良心的運作，後者依其道德的反省而與意識有間接的交集，但還是以直覺、知覺為主。自我可以說是與意識有直接關連的機制，就與本我、超我與意識因疏離關係而分隔開來，而展示其實際的特徵。此中最明顯的特徵是與外部世界的直接連繫。自我與外部世界連繫的結果，便成就所謂「意識現象」：意識活動的這樣的現象。在這種現象中，自我最受注意的，是它的刺激的生起。它不單感受到外界的刺激，同時也感受到來自心理內部的刺激。自我是本我中由於接近外部世界而為它所影響及改變的。便是因為這樣，自我作為外在世界與本我的媒介，將外部世界呈顯予本我。弗洛伊德特別指出，這種呈顯作用對本我非常重要，因為本我總是盲目地追求本能的滿足，時常會忽略了最強大的外部力量，因而讓自己受到嚴重的傷害，以至毀滅。為了完成這個任務，自我必須審視外部世界，把後者的精確圖景儲存著，並透過「現實檢驗」（reality-testing），去掉所有附加到外界圖景中的、來自內部的興奮的要素。它同時揚棄那些無限制地支配本我的快樂原則，而以現實原則來取代它（《文集》五，頁 47-48）。

以上的對於自我的闡述，明顯地傾向於負面的，沒有理想、價

（Dignāga）特別是法稱（Dharmakīrti）所提的意識現量（mano-pratyakṣa）一樣，是知性（範疇、意識）與感性（直覺、現量）的交疊。這如何可能？這涉及一些比較專門的、複雜的知識論問題，我們在這裏無意涉入；我們姑且先作這樣的理解：當直覺或現量作用於某些與料或雜多時，意識或知性的範疇也在同時作用著。「知覺意識」便是在這種脈絡中被提出來的。

值可言。關連著這點，弗洛伊德假定在自我中有一種等級存在，這是一個自我作內部分化的階段，這便是所謂「自我理想」或「超我」。以這自我理想為依據，弗氏反對流行的對精神分析的指責，後者認為精神分析不理會人類本性中較高級的、道德意義的、超越個人的面相。他認為這種指責在歷史學和方法論方面都是不公正的，他說：

> 我們從一開始就把進行壓抑的功能歸之於自我中道德和美學的傾向；其次，一般人都拒絕承認精神分析研究不能產生一種全面、完善的理論結構，就像一種哲學體系那樣。……自我理想是伊蒂普斯情結的繼承者，因而也是本我的最強有力的衝動和最重要力比多變化的表現。通過建立這個自我理想，自我掌握了它的伊蒂普斯情結，同時使自己處於本我的支配之下。鑒於自我主要是外界世界的代表，是現實的代表，而超我則和它形成對照，是內部世界的代表，是本我的代表。自我和理想之間的衝突……將最終反映現實的東西和心理的東西之間、外部世界和內部世界之間的這種對立。通過理想的形成，生物的發展和人類種族所經歷的變遷遺留在本我中的一切痕跡就被自我接受過來，並在每個人身上又由自我重新體驗了一遍。由於自我理想所形成的方式，自我理想和每一個人在種系發生上的天賦～他的古代遺產～有最豐富的聯繫。因此，這種我們每個人心裏生活中最深層的東西，通過理想的形成，才根據我們的價值觀標準變成了人類心靈中最高級的東西。……顯而易見，自我理想在一切方面

> 都符合我們所期望的人類的更高級性質。……包含著一切宗教都由此發展而來的萌芽。……隨著兒童的長大，父親的作用就由教師或其他權威人士繼續承擔下來；他們把指令權和禁律權都交給了自我理想，並且繼續以良心的形式行使道德的稽查作用。在良心的要求和自我的實際表現之間的緊張是作為一種罪疚感被經驗到的。（《文集》六，頁 134-135）

按這裏提到伊蒂普斯情結，我們得了解一下。按這種情結（Oedipus Complex, Ödipus Komplex）在希臘神話中，有一關於稱為「伊蒂普斯」的國王的神話，說男人有反抗父親的傾向，而向母親方面強力傾斜。這種傾斜便是伊蒂普斯情結。弗洛伊德以之相應於幼兒期，及後又將之關連到壓抑的神經症狀方面去。就上面弗洛伊德論及自我理想的旨趣來說，它顯然不是歸於（pertain to）道德理性的立場，即使他提到道德和美學的語詞；它毋寧傾向於心理學和社會學的導向。要在這種旨趣中建立道德的哲學理論，是不可能的，更不要說道德實踐的工夫論了。說自我代表外部世界，代表現實，超我則代表內部世界，代表本我，更是把自我理想定了位，定在生物本能的、經驗主義的平台上，甚至可以說是停留於伊蒂普斯的情欲的層次上。不過，引文提到「自我理想在一切方面都符合我們所期望的人類的更高級性質」、「包含著一切宗教都由此發展而來的萌芽」，則頗值得注意。這是要提升自我理想到人們盼望的高層次的階位，一種宗教所自來的源泉的層次，這便有超越的精神性可言。但倘若不放棄本我或潛意識的那種本能衝動、對性欲的滿足的渴求，無論如何是不能說精神性、超越性的。但精神分析不講本我、性衝動、生物本能，還會剩下甚麼呢？

有一點頗為有趣，那即是自我的遺傳問題，這與唯識學也頗有關連，特別在阿賴耶識與種子方面。弗洛伊德說：

> 自我的經驗似乎最初並不會遺傳，但是，當這些經驗足夠經常的重複，並在「隨後許多代人」身上有了足夠的強度之後，可以說，就轉移到本我的經驗中去了，即成為遺傳所保留下來的那種印跡。因此，在能被遺傳的本我中儲藏著由無數過往自我所導致的內在遺跡；並且當自我從本我中形成它的超我時，它或許只是恢復已經逝去的自我的形象，並且保證它們的復活。（《文集》六，頁 136）

弗氏基本上並不倡導自我的經驗的遺傳性，但有一點我們需要注意。即這些經驗倘若經常地重複出現，以至於代代相傳，而轉到本我之中，便可說有遺傳的痕跡了。這「隨後許多代人」便有阿賴耶識的個別承傳的意味，而說轉移到本我的經驗中，這本我的經驗，讓人聯想到《瑜伽師地論》所說的中有，代代相傳必須要預認中有，或阿賴耶識，就現代的觀點與語詞來說，即構成靈魂的輪迴。即是，自我經驗通過中有形式不斷向下推延、承傳，這不正是遺傳的意涵麼？至於弗氏說到「印跡」，正相應於阿賴耶識中的種子；種子現行，由潛存狀態變為現實、實現狀態，在現象世界中便成為印跡，或有跡可尋了。那個能被遺傳的「本我」，恰巧便相應於阿賴耶識，本我中的存在遺跡，也正相應於內藏於阿賴耶識中的種子。說「自我從本我中形成它的超我」並不好解，自我與超我是分開的，前者受後者所監視。「形成」云云，從何說起呢？不管怎樣，已經逝去的自我形象的「恢復」與「復活」，也不難被理解為相應於種子六義中的「果俱有」與「引自果」兩個意涵。這二義的矛頭都指向原來便存在著的生命因素。

最後弗洛伊德在其《文集》第六冊中的《自我與本我》中的幾句文字最堪注意：「在超我的幫助下，是以我們還不清楚的方式，它（自我）利用了儲藏在本我中的過去時代的經驗」（《文集》六，頁 148）。這裏提到超我的幫助，但沒有說明如何幫助。不過弗氏提到自我用儲藏在本我中的過去的經驗，這過去的經驗之相當於種子，真是呼之欲出；而儲藏這些種子的，自然是阿賴耶識了，弗氏在這裏特提本我，則以阿賴耶識來與本我對配，不用多辨便洞然明白。

四、末那識與心所

以上闡述了精神分析思想中的自我觀點。現在我們轉到唯識學方面去。嚴格來說，在唯識學中，我們很難找到與精神分析的自我概念相應的東西，倘若一定要找，要比較，則只能提第七識，亦即是末那識。

世親的《唯識三十頌》對末那識有如下的描述：

> tasya vyāvṛtir arhatve tadāśritya pravartate /
> tadālambaṃ manonāma vijñānaṃ mananātmakam //
> kleśaiś caturbhiḥ sahītaṃ nivṛtāvyākṛtaiḥ sadā /
> ātmadṛṣṭyātmamohātmamānātmasnehasaṃjñitaiḥ //

yatrajas tanmayair anyaiḥ sparśādyaiś cārhato na tat /
na nirodhasamāpattau mārge lokottare na ca //[11]

我的翻譯如下：

> 這識的轉捨在阿羅漢位中（按這是闡述阿賴耶識的）。至於名為意的識，則依止這識，以它為所緣而生起。這是以末那作為其性格的東西。常與四種煩惱的有覆無記一齊，後者是我見、我癡、我慢、我愛。又隨著所生處而存在，及伴隨其他的觸等。這意在阿羅漢中會變成無有。在滅盡定中亦無有。又，在出世間的道路中亦無有。

世親在他的《唯識三十頌》中，以前面四首偈頌來說阿賴耶識，以第五、六、七三首偈頌來說末那識（mano-vijñāna）。這心識不純是潛意識，也不純是意識，而是這兩者的中介，即介乎意識與潛意識之間。它執取阿賴耶識為自我（一說是執著阿賴耶識的見分 dṛṣṭi 為自我），從而導致我癡、我見、我慢、我愛四種大煩惱。最嚴重的，是他恆審思量，恆時在周遍計度之中，以阿賴耶識為自我實體，視之為恆常不變的個體生命、靈魂主體，讓它在無了期的

11　S. Lévi, *Vijñaptimātratāsiddhi*, deux traités de Vasubandhu, *Viṃśatikā* accompagneé d'une explication en prose et *Triṃśikā*. avec le commentaire de Sthiramati, Paris, 1925, p13. 案此書收入世親《唯識三十頌》的梵文本 *Triṃśikā*, pp. 13-14。

生死苦海中流轉，輪迴、沉淪不已。

關於四煩惱的我癡（ātma-moha）、我見（ātma-dṛṣṭi）、我慢（ātma-māna）、我愛（ātma-sneha），護法的《成唯識論》有如下說法：

> 我癡者謂無明，愚於我相，迷無我理，故名我癡。我見者謂我執，於非我法，妄計為我，故名我見。我慢者謂倨傲，恃所執我，令心高舉，故名我慢。我愛者謂我貪，於所執我，深生耽著，故名我愛。[12]

這四者可總括在我執一總的煩惱中。這我執是自我意識（或自我潛意識）的根源。由此可生起自我中心的取向，一切以自我的利害考慮為依歸。由我執會導致種種顛倒的見解，由這些見解可引發種種顛倒的行為，從而讓當事人永遠陷溺於迷失了方向的無明的苦痛煩惱的生死大海之中，在六道與四生中兜兜轉轉，沒有出頭的了期。末那識介於意識與潛意識之間，成為兩者的連繫橋樑。潛意識亦即阿賴耶識的信息可以藉著它而傳達到意識之中。而意識中的想法也可透過它而以種子的形式存留於阿賴耶識之中。當我們在意識的層面生出種種想法、念想，它們早已以末那識作為它們的基礎，得到末那識的認可了。

上面我們說末那識可以勉強與自我相對應。以下我要分若干點，包含本我，在這方面作些簡單的說明。

12　《大正藏》31・22 上-中。

1. 自我與意識相連繫，末那識則與阿賴耶識相連繫。但是意識所依據的自我是軟弱的，特別是在與本我比較來看，更是如此。因此自我對我們的日常的影響，遠不如末那識，後者是形成我執的基礎。人的活動倘若都隨著我執起舞，則他的生活是虛幻的，不是真實的，他也不會得到他人的尊重，反而會讓人看不起、不齒。
2. 自我有紋路，它的思想與行為都有一定的軌跡可循。末那識則只是盲目的執著，從自我出發，廢公而從私。
3. 自我有某種程度的理性，也能作綜合性的工作。末那識則只知執取阿賴耶識或它內藏的種子為自我。但這自我是緣起的，沒有實體的，因而是虛假的，末那識卻視為實在。
4. 自我在某一程度可說與外部世界有接觸，通過它，本我可有限地接受外在世界的影響。自我可接受外界的刺激，因而可阻截這些刺激，不讓它們傷害本我，因此它有保護本我的作用。末那識則很難說，它的意識的程度雖然高於作為潛意識的阿賴耶識，但還是要借助於意識而與外界溝通、接觸。它不具有保護阿賴耶識的作用。
5. 自我受到外部世界、本我和超我三方面的壓力，因而產生內部的張力，而引來焦慮。末那識則是半潛意識的東西，高傲自大，倨傲還覺不足，怎麼會有壓力呢？它因此也沒有焦慮。
6. 自我可說自我理想，雖然只是心理學的理想，仍不脫於經驗義。但既是理想，便有追尋、建立的價值。末那識則是為四大煩惱所包圍、操控的心識，是染污性格，沒有理想可言。

因此它最後要在轉識成智中被轉為平等性智（samatā-jñāna）。

最後，我們要看看弗洛伊德的自我與唯識學的心王（citta）特別是心所（caitasa）的關連。這只是初步的比較，不能抓得太緊。心王指心識自身，心所指心所有法，即伴隨著心識而生起的心理狀態（mental state）。唯識學提出八種心識：阿賴耶識、末那識、意識及通常所說的眼、耳、鼻、舌、身等五種感識。自我勉強相應於末那識，上面已經說過，至於心所，唯識學提出五十一種，其中，有五種是恆時與心識相應的，即八識中有任何一識生起、現行，這五種心所都相應地生起，所以稱為「遍行心所」。這即是觸（sparśa）、作意（manaskāra）、受（vedanā）、想（saṃjñā）、思（cetanā）。自我與觸沒有甚麼交集，因這觸是軀體性的心所，傾向於存有論特別是宇宙論方面的意涵，相連於物體模式的東西，弗洛伊德比較少談存有論、宇宙論的問題。自我與其他四個遍行心所則有較密切的關係。作意為通向警覺、警醒的意味，指向自我的自覺活動。受是感受、接受，接受之後，便有感受，這近於弗洛伊德的自我接納刺激的作用。想是取像，而不是想像。取象近於意識的概括作用、記憶作用、類比作用，以概念來涵蓋對象。思則是思維、促發思維，讓自我、意識主動地去活動，而激發起行動。要補充一點，這即是有倫理義的受或感受，這是自我要捨棄的。自我若就相應於末那識而言，是常無轉變的，也談不到苦、樂的估值問題，而是無記的，即捨棄苦、樂的感受而為無記性格、中性性格。

至於其他心所，自我可以說與慢、疑、慳、憍、不信、失念較有關聯。慢、疑是煩惱心所，慳、憍、不信、失念則是隨煩惱心所。慢（māna）是自恃比他者優越，高舉自己。以自己對於他者為有所恃，因而侮辱、侮慢他者。它引生的作用是障礙不慢、謙虛之心，以及生起苦果。《成唯識論》說：

> 云何為慢？恃己於他，高舉為性。能障不慢，生苦為業。[13]

疑（vicikitsā）是對於諸法緣起的正理猶豫，不能確信。引生障礙由不疑而生的善業的作用。自我因此而缺乏自信，不能勇於擔當。《成唯識論》說：

> 云何為疑？於諸諦理，猶豫為性。能障不疑善品為業。[14]

慳（mātsarya）是耽著於寶貴的東西，不願意施予別人，自私自利，自我孤立。它引生出的作用是極為吝嗇，自我與社會疏離。《成唯識論》說：

> 云何為慳？耽著財法，不能慧捨，祕悋為性。能障不慳，鄙畜為業。[15]

憍（mada）是對於自己所從事的事務具有染著心念，執迷於這些

---

13 《大正藏》31．22 上-中。
14 《大正藏》31．31 下。
15 《大正藏》31．33 下。

事務之中，自以為所從事的工作很偉大，因而高高在上，與他人保持距離。《成唯識論》說：

> 云何為憍？於自盛事，深生染著，醉傲為性。能障不憍，染依為業。[16]

不信（āśraddhya）是對於事情的實、德、能不願意接受，這是由於接受了這些公共價值會相對地降低自己的優越性的緣故。當事者內心有污垢，沒有清淨的信念，只是怠惰，自暴自棄。《成唯識論》說：

> 云何不信？於實、德、能不忍樂欲，心穢為性。能障淨信，惰依為業。[17]

失念（muṣitā-smṛtiḥ）是對於所認識的事物不能記憶起來，減少了自己的知識，也使內心變得混亂，不能集中。《成唯識論》說：

> 云何失念？於諸所緣，不能明記為性。能障正念，散亂所依為業。[18]

---

16 同前註。
17 《大正藏》31・34 中。
18 同前註。

五、本我問題與唯識學的相應描述

以上說過自我，也略提及本我，那是相應於自我而提起的。在這裏，我們要對本我問題作進一步的處理。就弗洛伊德而言，本我是我們的生命存在中挺隱晦因而也不易清晰地覺知的成分。我們只能透過對夢的分析研究和對神經症狀的多元研究而碰到它，因此，我們對它所知不多。我們只能概略地說，本我基本上是否定性格的，是自我的對立面。進一步，我們可視本我為一種本能的欲望、力量，但不具有組織，更無共同而一致的意志，只依於快樂原則（pleasure principle），以滿足本能的欲念。這裏無所謂思維，更無所謂思想法則，因而無所謂矛盾律，一切都是非理性的。弗洛伊德說：

> 本我是不知道價值判斷的：它沒有善惡，無所謂道德。……與快樂原則緊密聯繫的經濟的或數量的因素，支配著其（筆者按：指本我）所有過程。在我們的觀點中，尋求發洩的本能的精神貫注就是本我中存在的一切。這些本能衝動……是本我的特徵，而且完全忽視受到精神貫注的事物～在自我中，我們將它叫做觀念～的特性。（《文集》五，頁 47）

故本我即是生物本能，種種生理、心理上的欲求、欲望，它一方面要發洩，一方面要滿足，即使與我們的思想、觀念相違逆，也不會退縮。在哲學理論上，它純然是唯物、唯欲（望）的立場，這欲望可以伸延到性欲方面去。它的欲求、欲望的依據，是快樂原則，這快樂純然是生理、心理上的，與精神上的快樂無緣。我們甚至可以說，它連外在意義的工具主義（instrumentalism）與實用主義（pragmatism）都掛不上鈎，而純是與慾望的步伐起舞。

回到與自我的關係、對比方面，弗洛伊德認為，從本能控制和道德意識來說，本我與自我是很對反的，可說是兩個對反的極端。本我完全是無所謂道德的，自我則要盡力向道德方面傾斜；而另外一個下面要處理的超我，則是超道德的。在感受上，超我是冷酷無情，本我則是熾熱如火。有一點很奇怪：人在心理上會因超我而變得陰冷刻薄，要保護自己，因而不攻擊他人；但他的本我則會越是殘暴，越要攻擊別人。此中有一種精神力量、心理力量的非理性的反彈：越要不想攻擊別人，便越讓自己的個性變得殘酷，越要構成危險。這是不善於處理我（自我、本我、超我）的問題所致。

本我是埋藏於內心的，與潛意識是在同一層次中存在。弗洛伊德說：

> 本我獨有的主要品質是潛意識性。……最初，當然一切皆屬本我，由於外部世界的不斷影響，自我從本我中分化出來。在這個緩慢的發展過程中，本我的某些內容轉化為前意識狀態，因而被帶到了自我當中。本我的其他內容則原封不動地保留在本我中，成了本我的幾乎無法接近的核心。（《文集》五，頁 216）

在這裏，我們看到本我分幾個部分。它原本是在潛意識狀態，然後分化出自我，這自我自然是在意識狀態。[19]繼續下來，本我中的又一些內容由前意識狀態轉而為意識狀態，而混入自我之中。當然本我仍得保留其自我認同的部分，那是它的存在的基礎，不會外現，在隱蔽狀態中。

這樣，我們便可以為我們的生命存在所涵蓋的要素寬鬆地序列如下：

本我→自我→超我

在其中，本我（Id）是最原初的、無所謂理性而又潛意識的心理機制，充塞著本能和欲求的衝動，這種衝動可視具體的情境而為強烈或為溫和，同時也受快樂原則所影響。這快樂主要是就情欲得到滿足而成，這是情緒性的、主觀性的，而不是理性的、精神性的、客觀性的。自我（Ich）是受到知覺系統所影響的，是來自本我而經過整飾的，代表常識和理性，根據現實原則來辦事，這是與本我不同的。它的任務是壓抑本我的非理性的衝動，但間中也滿足它的欲念。超我（Über-Ich）是人格中最高尚的心理機制，具有道德的、倫理的意涵，以良心、自我理想之類的善的原則來行事，特別是限制自我。

大體來說，自我是意識性的，但也不能完全與潛意識分割開

19　這種分化讓人聯想到唯識學中所說的識自身分化成相分（nimitta）與見分（dṛṣṭi），和《大乘起信論》所說的眾生心分化為心真如門與心生滅門。但我們只能從格式、模式方面看，不能涉及具體的內容。

來，更不能與本我完全分開，它的較低部分合併到本我中去。比較地說，本我與自我有重疊之處，本我包括整個潛意識，而自我則只包括潛意識中的一部分，並不包括潛意識中被壓抑的部分。在弗洛伊德來說，本我是我們的生命存在或人格中的模糊不清的部分，不容易把捉，時常表現於強烈的興奮與激情之中。它也不是純經驗性格的，這由它超越時間與空間可見。

就上面所述本我來看，它無疑是非常複雜的。要在唯識學中找尋相應東西，而進行對話，相當困難。有一點可以確定的是，在唯識學，與本我最具有比較意涵的，是阿賴耶識。這心識內藏染法與淨法的種子，因此它的（表面上的）種子中有染有淨，有惡有善。佛教所強調的所謂無始無明，應該可以直接指涉阿賴耶識中的染法、惡法種子，或乾脆說染惡種子。這種子談不上理性，而全是由過往的宿業傳承下來的無明火焰，這與本我中的原始的本能和欲望的衝動相應。但有一點不同：阿賴耶識的染惡種子是價值或更恰當地說是估值意味，有善惡一類道德性格可言。本我則純然是一種原始的盲目衝動，一種在本能和欲望上需要儘快得到滿足的衝動。如弗洛伊德在上面所說，本我是無所謂價值判斷的，是無所謂道德的。道德是在超我（Über-Ich）方面說的。

另外，如上面所說，本我是極其隱蔽的，埋藏於心靈深處。阿賴耶識也是如此，它內裏的種子都是現實事物的潛存狀態，我們在外面完全看不到，感受不到。它必須借助外邊的條件而現行，才會展示為具體的事物。

在自我的問題上，弗洛伊德的自我來自本我，這自我是經過裝飾的、整備的，在這裏可以說知覺、理性和常識。在唯識學，本來無所謂自我，只有在介於意識與潛意識之間的末那識執取阿賴耶識整體或它的見分時，才能有自我意識，才能說自我。更具體言之，當在意識方面出現自我這一概念之先，末那識已在潛意識的層面執取阿賴耶識或它的見分為自我了。沒有末那識的這種基礎作用，自我意識還是出不來。

關於心理狀態或心所的問題，唯識學所說到的六煩惱心所、二十隨煩惱心所都可說與本我相應。我在這裏只選其中較有關連的幾個心所來作些說明。在六煩惱心所方面，其中的瞋、癡說與本我非常相應。瞋（pratigha）是對於苦痛和苦痛的原因予以憎恚，往往會在突然之間生起憎恨之心，把憎厭的情緒發向周圍的事物或人物上。它所引生的流弊是障礙無瞋，以及作為不安穩性和惡行的所依。《成唯識論》說：

> 云何為瞋？於苦、苦具，憎恚為性。能障無瞋，不安穩性、惡行所依為業。[20]

癡（moha）是對於種種世間的道理、情事迷妄不知。它會引生的作用是障礙無癡，以及作為一切雜染法的所依。按癡也是無明（avidyā），它不單是六種煩惱之一，也是一切煩惱的根源，有非常嚴重的迷執性。《成唯識論》說：

> 云何為癡？於諸理、事，迷闇為性。能障無癡，一切雜染所

20　《大正藏》31．31 中。

依為業。[21]

至於隨煩惱的心所，與本我最為相應的有恨、惱、害、散亂等。恨（upanahana）是內在的心的怨憤，當遇上不如意的事時，內心與有關對象結成怨懟，而成為死對頭的關係。恨的引生作用是障礙不恨，在內心上有怒火在燃燒，有要摧毀一切的傾向。《成唯識論》說：

> 云何為恨？由忿為先，懷惡不捨，結怨為性。能障不恨，熱惱為業。[22]

惱（pradāśa）是一種很深藏隱閉的隨煩惱心所，比恨更為深藏不露。內心先從恨而生起怒火，經過一段時間，會化為一種兇殘暴戾的心態，它所引生的作用是障礙不惱，以及化為行動，如蛆螫一般去咬噬他人。《成唯識論》說：

> 云何為惱？忿、恨為先，追觸暴熱，狠戾為性。能障不惱，蛆螫為業。[23]

害（vihiṃsā）是對於有情眾生不存慈悲憐愍，而要加以損害的一

---

21 同前註。

22 《大正藏》31・33 中。

23 同前註。

種心態。它引生的作用是障礙不害，以及逼害他人，使他受到困擾。《成唯識論》說：

> 云何為害？於諸有情，心無悲愍，損惱為性。能障不害，逼惱為業。[24]

散亂（vikṣepa）是內心不能專注於對象。這種心所令內心對於所緣的對境流蕩，不能停下來注視。它引生的作用是障礙正定。《成唯識論》說：

> 云何散亂？於諸所緣，令心流蕩為性。能障正定，惡慧所依為業。[25]

六、超我、良心與正聞熏習

在「我」的問題上，上面已探討過自我與本我，並與唯識學的相應概念、問題作過對比。這裏要處理精神分析中的第三個我，亦即是超我。弗洛伊德認為除了自我與本我外，還有一個超我，它是存在於我們的內心中的一種頗為特殊的我。這是一個具有批判和禁誡作用的心理機制，它與我們的作夢活動的形成有密切的關連。它監視著我們的行為，以進行對它的評判與懲罰；此中也涉及良心行

24　《大正藏》31・33 下。

25　《大正藏》31・34 中-下。

為。在弗洛伊德看來，超我直接聯結著本我，並在某種程度下擔任本我與自我相互溝通的媒介角式，它存在於本我的深層中。

關於良心，弗洛伊德說：

> 在我們身上，幾乎沒有任何別的東西能像我們的良心那樣，如此頻繁地讓我們與自我分離，如此容易地與後者相對立。我傾向於作那些我認為會給我帶來快樂的事情，但考慮到我的良心不允許，我放棄了。……這個我開始從自我中分出的特殊機構便是良心（conscience）。但保持該機構的獨立，並假設良心是其功能之一，而作為良心判斷活動的基本準備的自我監視是另一個功能。（《文集》五，頁 38）

表面上看弗氏對良心的理解，與我們的理解並無特別的不同，特別是在自我監視一點上。我們的良心有應然意識，決定我們可以做甚麼事，不可以做甚麼事。良心是超我中一個極其重要的內容。或許我們可以這樣想，在我們的日常生活中，常常感覺到在自己之上，總有一種監督的力量存在，不讓自己做某些被認為是壞事，和應做那些的事，這便是良心的力量了。這是一種自我偵察、自我監視和自我約束的實體性的機制，是弗洛伊德所說的超我（Über-Ich）。這超我時常壓逼著自我，讓我們生起罪惡感，下來便是一連串的懲罰。

有一點我們必須注意，良心雖然存在於我們心中，但它並不是在人生之初就已具備的。在這裏，弗洛伊德特別就性本能的存在性作一對比。他說我們的性生活與良心不同，前者實際上是產生於生命之初，而不是後天才形成。這良心或超我其實是取代了父母的職能，並採取一種同於父母對兒童的管教的方式來監視、指導和威脅自我。弗氏顯然是採取良心是後天才成立的觀點，反對有所謂「天賦良心」。這種良心的天賦性與後天習得性的差異的確很類似儒學中孟子的性善說與荀子的性惡說的不同。孟子以為，人本來便有超越性格的善性或良知、良能，他應該做的不是要把良知、良能或良心培養出來，卻是要把這本來便具足的良心充量地展現出來，以成就聖人的人格。荀子則認為人一生出來是無所謂善惡的，只是由於人的本能需求太多，社會的資源有限，人為了滿足自己的需求，不惜霸佔別人所擁有的，雙方因此起爭端，讓社會趨於混亂，到處發生爭奪的事情，這樣便成就了性惡。[26]

良心或超我對於自我的偵察、約束若進一步惡化，便成壓抑。弗洛伊德認為，壓抑是超我的工作，或由超我自己實行壓抑，或由自我依從超我的命令實行壓抑。倘若我們在精神分析中遇到的抵抗並未為病人所意識及，這便意味著超我和自我在某些相當重要的情況中能夠無意識地活動。（《文集》五，頁 43）

超我對於自我既然有監視、約束的作用，則也應有理想性、價值性可言。在這一點上，弗洛伊德本來便有「自我理想」的觀點，我們在上面也提到這自我理想。他甚至有超我是自我理想的載體的說法；自我依照它來估量自己，竭力模仿它，盡力滿足它的更為完善的要求。（《文集》五，頁 41）不過，弗氏說自我理想並不是

26　關於孟子與荀子在人性論方面的差異的說法，參看拙著《儒家哲學》（臺北：臺灣商務印書館，1988 年），頁 25-63。

從超越的、絕對的路數來理解，卻是從經驗的、生物學的旨趣來理解，常涉到遺傳問題。即是，自我理想是來自父母的，是父母形象的結晶，表示當事者亦即兒童對於父母所具有的完善的、完美的印象。但父母的這種印象如何注入當事人的觀念、想像中而成為超我義的形象呢？弗洛伊德透過認同作用（Identifizierung）來說明。認同的意思是一個自我向另外一個外在的、價值義的我體趨附（aspire to），而向後者學習、模仿，希望自己在言說上與行為上與後者相一致、有直接的牽連，甚至成為後者。這樣，後者對於當事人來說，便是一個自我理想（Ich-Ideal）。我們甚至可以說，自我理想表示當事者或自我要在自己心中建立一種人格典範，他最先是在其父母中找尋這個人格典範的，因為在兒童期，對他最為切近的，便是他的父母。長大後，他可能會找尋一些偉人作為自己的人格典範，向他們學習、模仿。在學習上與模仿上感到滿足，便沾沾自喜，不然的話，便嚴刻地責怪自己，要讓自己受到懲罰。這些偉人的人格典範可以是超我。

這樣，依弗洛伊德，我們已知道超我有三面的性質或功能：監視自我、以良心判斷和行動、保持理想。故超我是我們在心理學層面所能開拓出的人類生活的崇高的東西，雖然它的良心是經驗性格而不是超越性格。我們也可對超我作縱向與橫向的追溯，以及於父母或師輩的影響。父母通常都是以他們自己的超我典範來教育子女、兒童，讓兒童也有他們的超我典範。但兒童的超我典範並不是以他們的父母為模型，卻是以他們的父母的真實的超我典範為模型。因此，超我的典範與其說是個別的、特殊的，毋寧應說為有一定程度的普遍性（universality）的，它自身便是傳統的價值判斷、理想模式的載體。人的民族的過去以迄於今的傳統，都是存在於超我的典範的意識形態中。

自我在超越的監臨下，很容易產生自卑感，從而對自己缺乏信心。由於自我與超我在權力方面有嚴重的落差，二者之間常處於緊張的關係中，超我為大自我為小，自我是很難避免不生起自卑感的；這種心理也常與罪疚感相連在一起。自我感到自卑，同時也覺得自己犯了罪。弗洛伊德說：

> 超我保持著父親的性格，當伊蒂普斯情結越強烈，並且越迅速地屈從於壓抑時（在權威、宗教教義、學校教育和讀書的影響下），超我對自我的支配，愈到後來就愈加嚴厲～即以良心的形式或許以一種潛意識罪疚感的形式。（《文集》六，頁 133-134）

這裏又提到伊蒂普斯情結，亦即是男人的反對父親而癡戀母親的情結。在這種情結下，人（特別是男人）在倫理上覺得羞愧而自卑，覺得自己犯了過錯而有罪疚感，也越是受到超我的支配，受壓抑的力度也隨之增大，又覺得極度被羞辱。

對於精神分析的這種超我思想，我們一時間難以在唯識學中找到恰當的對應物。我想來想去，終於覺得唯識學所說的熏習（vāsanā）概念與弗洛伊德的超我、良心思想有些對話空間。熏習是在轉依（āśrayaparāvṛtti）的脈絡中說的；指轉捨染污、歸依清淨。熏習有很多種，其中最重要亦即是最有效的，是正聞熏習（samyak-śrutavāsanā）。這種熏習是直接聽到已經得道的，或已得覺悟、成解脫的佛在現前說法，聽者可以受到熏陶、影響而生清淨念頭，在言說上與心念上捨惡歸善、捨妄歸真，讓存藏在阿賴耶識中的染法種子變成淨法種子，讓未有現行的淨法種子作動起來，實現起來，而表現在一切生活云為之中。一旦一切染法種子都轉成淨法種子，一切淨法種子都能現行，便能夠遠離、克服虛妄的心識，轉出清淨的正智，這便是所謂「轉識成智」；能轉識成智，便能成覺悟、得解脫而成佛了。

染法種子即是有漏種子，淨法種子即是無漏種子，轉識成智即是轉依。一切重要的唯識典籍，都談及這轉依的實踐，特別是《成唯識論》與《攝大乘論》。上面的所述，是《成唯識論》的具體說法。《攝大乘論》則提出，種子的受熏，特別是進行正聞熏習，是依著漸進的方式進行的：先由下品熏習（mṛduvāsanā）進於中品熏習（madhyavāsanā），再由中品熏習進於上品熏習（adhimātravāsanā）。修行者可借助勤修聞、思和修（śrutacintābhāvanā），三種智慧，由下品熏習成中品，由中品熏習成上品。聞即是聞慧，是由聽聞聖教後產生的智慧；思即是思慧，是由思維一切佛法真理而得的智慧；修即是修慧，是由修習禪定而得的智慧。[27]

就唯識學與精神分析的有關的對話言，正聞熏習可以說相應於超我特別是其中的良心；不過，正聞熏習是宗教導向的，良心則是道德導向的。唯識的修行者則相應於精神分析的自我。至於阿賴耶識特別是它內中所藏的一切染淨法的種子，則相應於本我；雙方的

---

27 《大正藏》31．136 下。

性格都是本能性格的、經驗性格的。這種比較只能在表層方面進行，不宜作深層次的連繫，致淪於無據的附會。實際上，雙方各有自身一套說法，交集之點還是有限。例如阿賴耶識中的種子有有漏的，亦有無漏的，後者在轉依中有其貢獻；而本我中的內容，則基本上是負面的，只依生物本能的腳跟轉，沒有在教化上、轉化上的道德的、宗教的意義可言。關於這點，我在上面已約略地提過了。

在心所或心理狀態方面，相應於精神分析的良心的唯識學的心所，或許可以舉作意，這是通向警覺、警醒的意味，在上面也提過。我在這裏只想說，作意是一種良心的活動、呈現，覺得不應該做某種事情，因而自我警剔、警誡，不讓自己去做那件事。至於與自卑感、羞辱感有關連的心所，大體上有忿、恨、覆、惱諸種。後三種在上面已經提過。至於忿（krodha），是指對於現前不滿意的、於己無益的事，加以憤恨的心理。它能引生的作用是障礙不忿，障礙一種平和的心境，以及對現前的事情的不滿，覺得它根本不應該出現。《成唯識論》說：

> 云何為忿？依對現前不饒益境，憤發為性。能障不忿，執仗為業。[28]

另外，慚與愧也可說與羞辱感、自卑感與罪惡感相應，雖然這種相應性不是很強烈。慚（hrī）與愧（apatrapā）經常一起提到；崇善為慚，拒惡為愧，意思是崇尚善法謂之慚，而拒斥惡法就謂之愧。

28　《大正藏》31．33 中。

詳細地說，慚是依著本身的教法而崇重賢者與善法。引生作用方面，慚是對治無慚這種不善心所，以及止息惡行。《成唯識論》說：

> 云何為慚？依自法力，崇重賢、善為性。對治無慚，止息惡行為業。[29]

愧則是依據「世間力」拒斥、輕視暴、惡。世間力是世間眾生共同發出的力量，例如社會上的輿論壓力，或是眾人對某些事情的呵斥。依據這種世間的力量而拒斥殘暴、惡行，便謂之愧。對治無愧以及止息不正當的行為就是愧所引生的作用。《成唯識論》說：

> 云何為愧？依世間力，輕拒暴、惡為性。對治無愧，止息惡行為業。[30]

七、意識

在精神分析中，佔據最特顯地位和最受注意的，便是潛意識與意識。關於潛意識，我們在後面會有周詳的探討與說明，在這裏要集中講意識。在弗洛伊德的精神分析中，意識並不是一個意義很明確的概念，它是精神分析開始的階段。它對我們來說可算是不陌生

29 《大正藏》31・29 下。
30 同前註。

的，但我們似乎對它了解得不足夠。

弗洛伊德首先強調，對於心理過程，我們觀察、感受到的不夠細密；但可以確定的是，在我們所能直接地觀察到的心理過程的唯一特徵，但是所謂「意識性」，意識正是在這個抽象的概念中說的，它是一種認知能力，相當於我們一般所說的理解（Verstehen）、知性（Verstand）。它的來源或成立的基礎，是潛意識。即是說，意識中的好些內容，都是由潛意識中涉入的。弗洛伊德嚴格地以心理活動來說潛意識。他表示我們所有的對於潛意識心理活動的假說，一方面是原始的泛靈論的拓展、延伸，這種活動使我們在周圍的事物中覺知自身；另方面是康德（I. Kant）對於各種有關外部知覺的種種錯誤的看法的批駁的延續。弗氏強調，我們不可將意識的覺知和作為這種覺知的對象的潛意識的心理活動混同起來。即是說，意識所覺知的是一事，而作為它的覺知對象的潛意識的心理活動是另一事。意識的覺知是不能達於潛意識的心理活動的。（《文集》三，頁 350）[31]

在這裏，我們要闡明一點：心理活動或心理過程是潛意識性格的，而在這整個活動或過程中，只有某些個別的環節是意識性格的。我們平常總是把精神性格的東西視為意識，總是只視意識為在心理上的確定的特徵，把心理學看作是研究意識的內容的學問。實際上，意識並不包含有這麼多的內容，心理活動的焦點並不全在於意識，意識的覺知的範圍很有限，它的覺知不能達於潛意識的內裏。只有那些能夠進入意識中的潛意識的東西，才能成為意識的內

31　這裏也包含我自己的詮釋在裏頭。

容。這便涉及意識的形成問題，弗洛伊德說：

> 在本能活動的根基部位，各系統的相互交流是極其廣泛的。其中一部分活動較活躍地穿過潛意識，進入前意識系統，最後進入最高級的心理發展層：意識。（《文集》三，頁366）[32]

在這裏，弗洛伊德把意識視為最高級的心理層面，這即是意識心理學。另外又有所謂「心理地形學」（psychical topography），這是在提到某種特定的心理活動時，總要提到它是屬於哪一個系統，或是它在哪些系統間發生過，這便是所謂「深層心理學」（depth psychology），這是另一心理學家榮格（C. Jung）所擅長的。

關於上面剛說到的意識的形成問題，我們要注意一點：弗洛伊德表示，意識總是會把全部的心理活動放在前意識的領域中，由於來自潛意識的相當一部分的前意識的材料都具有潛意識的衍生物的特徵，所以當它們進入意識之前都需接受稽查（這種工作通常是由自我去執行的）。而另外一些前意識的材料則可不受訊問而可直接進入意識。（《文集》三，頁364）

現在的問題是，甚麼東西才能進入意識而成為其中一部分呢？在弗洛伊德看來，我們要憑知覺收取外界的東西，這些東西可成為記憶痕跡（residues of memories），它們可以依記憶而重現於意

---

32 在這裏我們可以看到，在弗洛伊德來說，潛意識中可以隱藏著種種不同的觀念。

識，成為其中的內容。即是，只有曾作為意識知覺的東西才能成為有意識的，或為意識所包攝。在這裏，弗氏又提及上面說過的意識知覺這一複合概念。弗氏在這裏是說意識的對象，而且是以記憶的能力說；但意識是一種認識機能，弗氏對認識的問題沒有興趣，他只注意作為心理機能看的意識，因此把與認識、認知活動有密切關連的意識輕輕帶過了。他所說的記憶或記憶痕跡基本上也不是認識能力與認識對象。至於意識知覺，他較重視意識一面，表示我們從外部和內部～我們叫作感覺和情感～所得到的一切知覺，從一開始就是意識的。在知識與意識之間，他顯然偏重後者，表示我們的一切知識都總是和意識密切相連的，即使是潛意識的知識也只有使它成為意識的，才能得到。而成為意識的東西一般來說只是具體的思維主題。（《文集》六，頁 122-123）。在這裏，弗洛伊德的說法、觀點顯然有矛盾。他最初是從知覺與外在世界的關係說意識的，及後又以具體的思維來說意識，前者是經驗論的導向，後者則是觀念論的導向。

到了這裏，我們可以較有規劃地透過潛意識來說意識了。在弗洛伊德看來，精神分析所依據的信念，是意識和潛意識的心理生活，而潛意識是指潛伏的但能成為有意識的機能。我們可以把心識作如下的剖示：

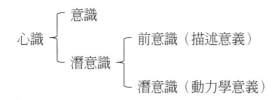

- 心識
  - 意識
  - 潛意識
    - 前意識（描述意義）
    - 潛意識（動力學意義）

以下是弗洛伊德的重要說明：他透過考察心理動力學（mental dynamics）在其中生起作用的一些經驗，發現了「潛意識」概念，我們可以假定，在這概念中存在著一般非常強大的心理過程或觀念，它們在心理活動可以產生日常觀念所能產生的全部結果，包括像觀念那樣成為有意識的結果，雖然它們本身不能成為有意識的。有意識的結果含有意識活動，有意識的只是就性格說。弗氏強調，這是精神分析理論的重點所在，同時認為這些觀念不能成為有意識的原因，在於生命中有一定的力量和這些觀念相抗衡。弗氏透露在精神分析的技術中已經發現出一種方法，可以消除那個抗衡的力量，使有問題的觀念成為有意識的。他特別稱這些在成為有意識之前的觀念的存在狀態為「壓抑」（repression），而在分析中保持這種力量的，則稱為抵抗或抗拒（resistance）。弗氏指出，我們是從壓抑理論中獲得潛意識這個概念的。壓抑正是潛意識的原型。進一步，他提到潛意識有兩種，一是潛伏但終究能成為有意識的，另一則是被壓抑而不能成為有意識的。他表示，對於那種潛伏的，只在描述意義上說的潛意識，可成為前意識（preconsciousness），而那種被壓抑的潛意識，則是真正的潛意識。這樣便有關連到意識問題的三個述語：意識（Cs）、前意識（Pcs）和潛意識（Ucs）。前意識可能比較潛意識更為接近意識（《文集》六，頁 118）。即是說，前意識是可轉成有意識的，潛意識則無此可能性。

以上是有關精神分析對於意識問題的闡釋、處理。有一點很明顯的是，我們一般都視意識是一種認知機能，通於理解、知性（understanding, Verstand），能提供範疇概念，對感性所吸收到的外界與料加以範鑄，使它們成為對象，而成就知識。精神分析看意識，則不是這種旨趣。在這種學問中，意識的認知意義很弱，卻具有濃厚的心理感受與心理回應的意味。轉到唯識學方面，意識的認知意義更為淡薄。它作為自我中的一個部分（其他一個部分為潛意識），其作用幾乎完全偏向心理意義的情執，不大具有客觀認知的能力。在《瑜伽師地論》中，它的認識或個別作用，更被規限於現前活動之中。佛教本來認為意識有很廣遠的了別作用，不只能了別現在的東西，更能回憶過去的東西，和推斷以後的東西。唯識學卻強調這種限制，此中的原因是，意識的了別事物，是常與前五感識一齊作用的，前五感識與事物有直接的接觸，意識的最大作用，是在前五識的接觸事物之中，即時以概念對後者加以概括，以回憶過往發生的事物的概念為基礎，對後者作出概念性的認識。在這種情況，《攝大乘論》的說法比較好些，它強調我們對於感官對象的認知，需要意識來配合。因為意識的本分是運用名言分別，以分別一切言說、名相，加以比較，產生認識作用。這便有所謂「意言」（manojalpa）：心中的言說，以這言說來作認知。但在這樣的活動的認知中，有很濃厚的宗教救贖的實踐意味，不是純然的認知意味。在泛說的包含阿賴耶識、末那識和意識的整個意識的串聯中，前二者都只是虛妄情執的機能，只有意識能具體地對被認知的東西起心動念，與前五識同時生起，或單獨生起（這種情況很少），對有關的對象、所緣加以分析、了別。[33]在唯識學，特別是陳那、法稱以前的唯識學，很難說獨立的知識論。說知識，總是關聯著正聞熏習、渡化一類題材而提出的。

33　《大正藏》31・142 中。

至於心所方面，與意識相應的有想與思。想（saṃjñā）並不是一般所說的想像，而是一種較為確定的認識作用，以「取像為性」。「取像」是攝取對象的相狀，讓它存留於心中。好比一部攝影機將外境拍攝起來，這是想心所的本來作用。這個心所所引生的作用是「施設種種名言」，名言就是概念。它先攝取外境的相狀，然後提出種種概念去表象那外境。《成唯識論》說：

想謂於境取像為性，施設種種名言為業。[34]

思（cetanā）不同於一般所理解的思辯，而是以「令心造作為性」；即是說，它本身的作用是促發心造出一些行為，這些行為是對於境相的反應。「於善品等役心為業」當中的「善品等」包括善、惡和無記品，此識的引生作用是役使心生起善、惡或無記的行動。《成唯識論》說：

思謂令心造作為性，於善品等役心為業。[35]

八、潛意識的含義

上面探討的是意識，以下要周詳地探索、探討潛意識的問題。從字眼上看，意識（Bewußtsein, consciousness）是自我在覺醒的狀

34 《大正藏》31·11 下。

35 同前註。

態，潛意識（Unbewußtsein, unconsciousness）則是自我不在覺醒的狀態，它有時也被稱為無意識或下意識。這種意識或潛意識學說可以說是精神分析的基礎，我們可以說精神分析學是一種有關潛意識的心理歷程的科學。就弗洛伊德自己來說，他表示潛意識可分成兩種：一種是在發生頻繁的狀態中比較容易轉為意識的潛意識，另一種則是很難轉變成意識的潛意識。對於前者，弗洛伊德以前意識（preconsciousness）名之，對於後者，則仍稱之為潛意識（《文集》五，頁 45）。

進一步看，「潛意識」這一語詞是在兩種意義中使用的。一種是描述義的，另一種是動力學義的。在弗洛伊德來說，「潛意識」這個語詞的最古老而又恰當的含義是描述性的。即是，無論是哪一種心理過程，我們若根據它所產生的影響而不得不假設它的存在性，但又無從直接覺察到它，我們便把這種心理過程稱為「潛意識的」。即是，倘若我們一定要設定一種心理過程在目前正在進行著，而目前我們又完全不能意識到它，我們便將這一心理過程稱為潛意識。弗氏指出，多數意識過程只在極短時間中是有意識的，很快便會變成潛在的狀態，但也能夠很容易地變成有意識的（《文集》五，頁 44）。這樣，我們對於意識系列，便有如下多種叫法：潛意識（下意識、無意識）、前意識、意識。

弗氏特別強調對於潛意識的推定，要具有有力的認證。對於那些容易成為意識的意識系列的項目，可以叫做前意識。那些沒有那麼容易變為意識的意識系列的項目，必須在具有確定的跡象的情況下，才能被推導為潛意識。這些跡象包括能長時期持續地引起知覺的刺激，並能讓這些知覺刺激重複出現。（《文集》五，頁 214）

潛意識雖然是潛在性格，但畢竟還要是實在的，是能真正引生某種效應的，特別是知覺的效應。

就弗洛伊德來說，潛意識的形成，需要經過三個階段的歷程。第一階段是神經病理學階段。弗氏透過對癔症亦即是歇斯底里（hysteria）病症的研究，認識到在神經病症的背後，[36]藏匿著一些東西，這些東西總是處於一種在意識上被壓抑、被防禦的狀態中，難以找到出口而展現出來。但當病症發展到某個程度，要發作時，便會突破壓抑的防線，以一種變態的心理狀態而洩出。這些東西一向都潛藏在意識的深處，因而被稱為「潛意識」或「無意識」。

第二階段是心理學階段。在其中，潛意識進入人的心理渠道，以至精神活動的心理學領域。弗洛伊德在探索癔症或歇斯底里症狀的致病過程中，累積了大量心理經驗。在其中，他認識到在歇斯底里病症背後作動的，並不是情緒刺激，而是一種性本能。情緒刺激是臨時性的，不會停留很久，但性本能則有恆久性，是當事人對過去的「創傷的偏執」（Fixierung an das Trauma）所致。當事人總是死執守著、癡戀著過去的一些事情，不能從其中解放開來，結果是與現在、未來脫節，連續不起來。此中的癡戀是受性本能所引導而致的。進一步說，無意識或潛意識不完全是被動的，它具有原動性，它甚至是意識的原動因素。意識只是由深藏的本能的伏流所產生的心理生活的表面的微波而已，潛意識才是本能生活的源頭。這裏說及它與意識的關係，讓我們想到唯識學中的末那識與意識的關係：末那識存在於意識與作為潛意識的阿賴耶識之間，當意識上展

36 這裏說神經病症，也即是我們一般所謂的精神病症。

出自我的想法、概念，已有末那識在它的底層運作，而成為它的基礎了。這裏說意識是潛意識這種伏流展示出來的微波，也有潛意識是意識的基礎的意味。

第三階段是人類學、社會學以至哲學的階段。在這一階段中，弗洛伊德以性本能來解釋人類一切活動領域，特別是人類的文明、科學創造、藝術審美活動，以及於道德和宗教一類具有深厚的精神性格的文化生活。這點又讓我們想起唐君毅以道德理性對人類一切文化活動、文化意識的根基的旨趣。[37]

大陸學者陳小文頗有以弗洛伊德的潛意識概念來解釋人的社會發展的歷史的基礎的意味，這可以說是弗洛伊德的潛意識的社會史觀。他表示弗洛伊德從上世紀二十年代起即從事社會發展史的研究，把自己的精神分析學說應用到人類學、社會、教育學、宗教學、倫理學等社會科學的領域中，努力展示人類社會發展的奧秘。他的理論正是「潛意識理論」。他無疑是認為潛意識是一切社會關係的基礎。

弗氏表示：

> 群體的本質在於其中存在著力比多聯繫……群體中每一個成員都受到力比多兩個方面的束縛，一方面與領袖（基督或統帥），另一方面與群體中其他成員聯繫在一起。[38]

37　以上的說法，部分參考了陳小文所著的《弗洛伊德》一書（臺北：東大圖書公司，1994 年），頁 134-144。

38　S. Freud, *Studienausgabe*. Herausgegeben von A. Mitscherlich, A.

弗氏又提到集體的凝聚力與個體的行為問題。集體的凝聚力在於潛意識的力比多精力貫注；個體的行為則在於領袖的「認同性」，個體將領袖當作「自我理想」或超我，以作為追求完美、高尚的標準。由於所有成員的認同對象與「自我理想」都是一致的，這便使個體在群體中彼此等同，消除了各自身上的差異性，而形成一個群體中所有成員的共通性、一致性及對同一領袖的「父愛」聯擊。這樣便形成了部落、教會、軍隊、國家等社會形式。很明顯，弗洛伊德是要通過個體的上述的潛意識活動來說明社會的起源，並試圖證明潛意識是社會形成的唯一基礎。他又提到生的本能與死的本能的抗衡對社會的影響。他認為生的本能把個體集合起來，組成人類社會，個人在這個團體中相親相愛，共同合作，社會便儼然像一個和睦的大家庭。但死的本能卻破壞這種統一性，它破壞全體的統一性，催生攻擊、殺戮、流血、鬥爭種種活動，使社會的統一體解構。弗氏作結謂，人類社會的發展、文明的進步，便是在這種生的本能與死的本能中進行的。這種潛意識的力量是社會發展的真正動力。[39]這可以稱為生與死的本能的鬥爭史觀，其核心概念與動力正是潛意識。

九、潛意識的被排斥性、被壓抑性

和弗洛伊德合作過的心理學家、精神分析家布洛伊爾（J.

Richards, J. Strachey. Band ix: *Fragen der Gesellschaft, Ursprünger der Religion*. Frankfurt a M.: Fischer Tatschenbuch Verlag, 1969-1979, S. 90.

39 陳小文著：《弗洛伊德》，頁 156-158。

Breuer）表示，我們具有意識性格的觀念，那是我們能夠覺察到的觀念。我們能看到和觀察到宛如物體一樣的觀念存在於我們之中，而且一個接著一個地出現。這從我們每個人都能說「我認為是這個或那個」可以見到。布氏強調，除了上述的那些觀念之外，我們還有其他觀念，這便是潛意識觀念。同時，我們生活中的一切行為是不斷受到這潛意識觀念所影響。所有直覺活動都得受到觀念所支配，這些觀念大都是潛意識層次的。只有最清晰和最強烈的觀念才能被自我意識所察覺，而普通大量微弱的觀念仍是潛意識層次的。布氏表示，當一個潛意識觀念的強度增加時，它便能進入到意識中（《文集》一，頁 144-145）。布洛伊爾顯然很強調潛意識觀念的普遍的存在性。弗洛伊德也有同感，他指出在某些特定的時刻中，意識在我們內心只佔極少的內容；在大多情況下，大部分我們稱為意識的東西，都長期在潛意識的層面中存在著（《文集》三，頁 348）。

布洛伊爾更觀察到，有些觀念，即便是流行的，卻是潛意識性格的，這並不是因為它們只有較低的活躍程度，而是儘管它們有很大的強度，仍是「不能納入意識中的」（bewußtseinunfähig）觀念。布氏認為這種不能納入意識中的、不受意識所控制的觀念是病理性格的，屬少數情況。他指出，在正常的人中，如果所具有的觀念有足夠的強烈性，這些觀念會時常完全進入意識之中。實際的情況顯示出，能納入意識的觀念的大情結與不能納入意識的觀念的小情結是可以並存的。（《文集》一，頁 146）依於此，我們可以說，人的心理觀念性活動可區分為意識的和潛意識的兩方面。這是一種心理分裂活動（splitting of the mind），但不是意識分裂活動

（splitting of consciousness）。在這種情況，潛意識觀念具有一定程度的獨立性，不易受到意識或思維的影響。

以上我們對弗洛伊德的潛意識思想作了初步的觀察、理解。以下我們看他的深層的潛意識理論，並看它如何受到意識的抗拒而被壓抑。這又得把弗氏的潛意識論與本能論作些對比。按弗洛伊德的精神分析學說或思想有兩大支柱：潛意識論與本能論。這又得從衝動一概念說起。弗氏在他的早期作臨床精神科醫生時，發覺病人的腦海中多數不能免於某種衝動，在另方面又有一強大的衝動生起，與原初的衝動相對抗。他分別稱這兩種衝動為「本能」與「抵抗」（「抗拒」），因而確立他的壓抑理論，或被排斥理論。由此進一步發展、開拓，最後成就了自己的潛意識理論。

上面提到，潛意識有兩種面相，其一是描述性的，另一則是動力學的。在這裏，我們集中講作為純粹描述性語詞的潛意識，但也不能完全不涉及動力學的觀點。另外，我們又要注意弗氏的壓抑理論。在弗洛伊德看來，我們心理中的壓抑現象無可避免地使潛意識成為被壓抑的（the repressed）。所謂「壓抑」（repression）是指潛意識中的某些分子要進入意識中，為心理檢查組所攔阻，後者的作用是盡量防止潛意識的東西進入意識的範圍中，不讓潛意識的東西有向外發洩的機會。

弗洛伊德又進一步就描述性的意義把潛意識區分為兩種：一種是潛伏性格，能夠進入意識中而變成意識。另一種則是被壓抑的，因而不能變成意識。他因此強調，只有被壓抑的東西才是潛意識的，它們總是處於被壓抑的狀態之中。那些能變成意識的潛意識的東西則是上面曾提及的前意識，它們未有受到壓抑，或只受到輕微的壓抑，因此能夠轉成意識。另外，潛意識不能直接轉成意識，需先變成前意識，才能轉為意識。而前意識則可以直接轉為意識。

有一點值得注意的是，弗洛伊德透露潛意識或它的衍生物在進入意識時，會經歷相當嚴重的扭曲。即使潛意識在被壓抑後還保留一些原有的特徵，但與它的原貌相比，已變得面目全非了。他又指出，許多前意識構造仍處於潛意識狀態，不是如想像（推想）中理應成為意識，其中的原因是潛意識對它們具有更強的吸引力。進一步，弗洛伊德認為我們固然要留意意識與前意識之間的區別，同時也要留意前意識與潛意識之間的區別。他指出，潛意識總是在前意識領域的邊緣上被稽查者擋回，不讓它進入意識的範圍，但它的衍生物卻可繞過關卡，獲得更高層次的組織結構，並在前意識中達到一定強度的貫注。當這強度不斷提高，到了某一限度，它們便會迫使自己向意識領域進發。但當它們被認出是潛意識的衍生物，便會被位於前意識與意識之間的一個新的關卡所審查，重新被壓抑而退回潛意識的領域（《文集》三，頁 365）。

以上是弗洛伊德就描述的角度說潛意識。以下要闡述弗氏就動力學的角度來看潛意識。他表示，進入潛意識狀態的本性只是精神活動的一個特徵，還有好些具有各種不同價值的其他心理活動，也具有潛意識的性質。由此可知，潛意識一方面含有種種因潛伏而暫時不為意識所察覺的活動，另方面又包含種種被壓抑的活動。（《文集》三，頁 351）這點與佛教唯識宗所說的阿賴耶識攝藏種種尚未實現出來的事物、活動的種子非常相應。這些種子早晚會遇緣而得現行，成為現實的事物、現象。潛意識中的種種事物的概念也可在適當時期進入意識之中，而成為被認知的概念。弗洛伊德因此強調潛意識活動的產物是可以進入意識之中的；不過，要能這樣表現，需要極大的努力。當我們想做到這一點時，就會明顯地覺察到潛意識事物的被拒斥、被壓抑的遭遇。這種遭遇必須被克服，此中必會發生抵抗、抗拒（resistance）的現象。這樣我們便清楚了解到，潛意識觀念很多時被一些所謂活力（living forces）排斥到意識之外，這些活力反對潛意識觀念被意識所接受，但並不反對前意識觀念進入意識中。在弗洛伊德來說，我們不必一定要拒斥、壓抑潛意識，他反而覺得，潛意識對於我們要建構心理活動來說，是一種正常的、不可避免的階段。他強調每一種心理活動一開始都是潛意識的，它或者保持一如既往的狀態，或者發展成為意識。（《文集》三，頁 341）弗氏頗有一種估值義的做法，視潛意識既不是負面的，也不是正面的，而是中性的。它本來無所謂價值；但我們如要實現心理活動的歷程，潛意識可以說是開始階段，而進於意識階段，一切價值問題都是由意識開始的。

在一般的心理學界或精神分析界，有一種把潛意識與情感連結起來的傾向。這即是所謂「潛意識情感」或「潛意識情緒」等術語。弗洛伊德認為，這是我們的本能衝動經過壓抑後在量方面的變化所致。這種變化可能有三種：一是本能衝動經壓抑後全部或部分保留下來；二是本能衝動變成一種不同質的情感，例如轉變成焦慮（anxiety）；三是本能衝動被壓抑、被制止，或者它的發展受到阻止。弗氏認為壓制、壓抑的真正目的在於壓抑情感的發展。每當壓抑成功地抑止了情感的發展，我們稱這種情感為「潛意識的」（《文集》三，頁 355）。根據弗氏的說明，我們可以說潛意識的根源是本能衝動受到壓抑。本能衝動原來是盲目的，它沒有方向，而只求發洩。我們對於它可以有兩種處理方式，一是壓抑、壓制它，一是疏導它。前者若處理不當，則會產生情感上、情緒上不良的效果，例如焦慮症，讓人變得躁動、焦慮不安，不能正常地工作、生活。但若能處理得宜，則衝動可被調適為一種正面的功能，讓人在做事時信心得以加強，以更堅定的意志去處理日常的事情，做事事半功倍。因此，潛意識自身並不是最後的，我們不能過早給它定位，說它是好，或者是不好。它基本上是中性的，端看我們怎樣處理它，因此實際的經驗很重要。

以上剛說過對本能衝動的壓抑問題。弗洛伊德作進一步的補充：對患有嚴重的本能衝動的精神病者如處理不宜，則會讓他們透過兩種方式脫離現實，終日耽於幻覺與妄想中。倘若被壓抑的潛意識變得過於強烈，[40]則這壓抑會壓倒依附於現實的意識，致意識活動失衡，不能正常地運作。或倘若現實環境太過於惡劣，讓人痛苦以致不能忍受下去，他的自我撐不下去而倒下，便任隨潛意識的本能力量肆虐，生命便形流蕩與迷失（《文集》五，頁 11）。弗氏這樣說，並不誇張。人在氣質、材質的經驗性的承受量是有限的，過了他的限度，情感便會像山洪爆發地膨脹起來，釀成難以彌補的災難。

當然，我們在這裏仍可提出一個原始性的問題：在我們的心理中，是不是真有一個潛意識系統？對於這樣的系統，我們能否提出一種可靠的科學證明？這個問題與唯識學中如何證立第八阿賴耶識的存在性有點相似。這種問題是要向內亦即是生命本身探索的，不

40　這裏的潛意識本來應是本能衝動。

像一般的科學是向自己以外的東西進行研究的。對於這種問題，我們可以考量兩點：一是癔症或歇斯底里現象，在這種情況，意識應該是失去了主導的力量，而讓位於潛意識。另一是夢中的經驗，在夢中，意識不起作用，而由潛意識起作用。但在我們醒來後，還依稀記得夢中的經驗。若意識在夢中完全不活動，則醒後的夢境，如何能被回憶起呢？此中只有一個可能性：在夢中活動的潛意識，在醒後轉變為意識。

弗洛伊德自己怎樣看這個夢的問題呢？他認為夢的真正生發者，正是潛意識，後者具有足夠的心理能量以產生夢。潛意識與其他任何本能衝動無異都是追求自身的滿足。他指出，我們的心理活動入夜時便脫離現實，有可能退回到種種原始的結構中，使夢者以一種幻覺的形式，做出種種稀奇怪異的夢，以體會和享受本能的滿足（《文集》五，頁 12）。弗氏更強調，我們在夢境中的潛在思想與我們正常的意識活動的產物並沒有甚麼不同。它們可叫作前意識思想，在覺醒時的某個時段可被意識到。（《文集》三，頁 342）一般情況大體上是這樣，所謂日有所思，夜有所夢。但有時我們在夢中的經驗，的確光怪陸離，不但在過往的生活中未有經歷過，也很難想像在將來的日子中會發生。這便很難說了。這只有參考唯識學說中的種子理論，我們的生命中的阿賴耶識，其種子類別，無所不包，包括我們在思想上完全無法想像的東西，甚至是邏輯上矛盾的東西，例如一個既是圓形也是方形的圖畫。關連著這一點，弗洛伊德說過，我們無法覺察到一個潛意識的概念。（《文集》三，頁 339）但這是就我們在清醒時是這樣，在夢中的情況便應該不同。我們在夢中應該可以遇到相應於任何概念的東西；夢幻與現實何其相異，不只是一線之隔而已。

實際上，弗洛伊德也早已為這些無法想像的東西在潛意識中留了空間。這又得回到壓抑這樣的動作。他強調壓抑過程的實質不是取消或廢棄本能的「觀念性呈現」，而是迫使它不能進入意識。當此事發生時，我們便說這種觀念只能停留在「潛意識」中；但我們已有充分可信的證據證明，即使它是無（潛）意識的，卻仍然在起作用，最終甚至會影響到意識。所有被壓抑的東西肯定處於潛意識中。但我們現在還不能肯定，潛意識的全部內容是由被壓抑的東西構成的。弗氏最後強調，潛意識的範圍非常寬廣，被壓抑的東西只是其中一部分而已。（《文集》三，頁 347）這是說，潛意識中的東西，除了被壓抑的東西外，還有另外很多東西，這可包含上面說的在思想上完全無法想像的東西。

十、相應於潛意識的阿賴耶識與其無所不包性

上面探討過精神分析中的潛意識思想，以下要就比較的角度看唯識學的相應思想，那便是有關阿賴耶識（ālaya-vijñāna）的學說。首先，阿賴耶識是一切事物，包含過去、現在和未來的東西儲藏的處所，它們是以精神性的種子（bīja）存在的。這阿賴耶識和它的種子都是處於潛意識狀態，大部分時間中都呈潛在狀態，只是當因緣具足的場合，它們才會現行、現實化，成為意識和前五感識所展現（或在其面前展現）的具體的觀念、現象。[41]所謂因緣，是

41　這裏說「具體的觀念」，並不是說觀念自身有具體性，而是說個別的觀念出現在意識之中，而為我們所覺察。

指作為主要原因或條件的種子，再加上其他的因素、條件，如所緣緣、等無間緣和增上緣所成的輔助組合。[42]

關於阿賴耶識的無所不包性，我們先看護法的《成唯識論》中的一段文字：

> 初能變識，大、小乘教名阿賴耶。此識具有能藏、所藏、執藏義故。謂與雜染互為緣故，有情執為自內我故，此即顯示初能變識所有自相，攝持因果為自相故。此識自相分位雖多，藏識過重，是故偏說。[43]

這段引文是護法對世親《唯識三十頌》「初阿賴耶識，異熟一切種」一句的解釋，重點是解說阿賴耶識的自相（sva-lakṣaṇa）。這裏說阿賴耶識的自相，與其說是關於相狀、形貌，不如說是作用，這即是能藏、所藏、執藏的作用。這是一種心理學、精神分析以至深層心理學的作用，相當於弗洛伊德的潛意識概念。透過這種作用，包括自我的諸法便得以形成、存在。但這只是施設性的形成、存在，沒有終極的意涵，起碼在唯識學中是如此。不過，它有存有論以至宇宙論的意味，與弗洛伊德所重視的潛意識不同，後者的重

42 這便是所謂四緣。這是佛教特別是唯識學的法數，很多著述都有提到和闡釋，在這裏為省篇幅，不多做交代了。只有一點需要說一下：很多觀念、概念都儲藏於阿賴耶識中，呈潛意識狀態。若現行的條件足夠，它們便會出現於意識之中，而為我們的意識所察覺到。

43 《大正藏》31·7下。

點是心理分析、精神分析的心理科學機制。

世親以阿賴耶識是第一能變識。所謂能變，是變現、詐現現象世界的心識。世親區別能變或能變識為三種：第一是阿賴耶識，第二為末那識，第三是意識和前五感識。對於第一能變識亦即是阿賴耶識，大乘和小乘佛教都以「阿賴耶」（ālaya）名之。ālaya 在梵文是儲藏、倉庫的意思：由於這第八識儲藏著一切事物的潛存狀態的種子，像倉庫儲藏稻穀那樣，所以稱為阿賴耶識。依引文所述，阿賴耶識是以藏為自相或作用，而藏又有三種意義：能藏、所藏和執藏。能藏是指阿賴耶識能攝持一切法的種子。所藏是就阿賴耶識與前七識（前五感識、意識、末那識）互為因緣的關係說的。引文中的「雜染」（saṃkleśa, aviśuddhi）是指汙染性格或有漏種子生起的前七識。由於阿賴耶識能攝持生起前七識的有漏種子，所以說阿賴耶識是雜染的緣；反過來，這些有漏種子所生起的前七識又能對阿賴耶識進行熏習（vāsanā），熏習成的種子就是阿賴耶識的自體，所以七識又是阿賴耶識的緣，故說阿賴耶識與雜染互為緣。就為七識所熏習而生起種子而言，阿賴耶識就是所藏。至於執藏，則指阿賴耶識被虛妄執著的作用。即是，第七末那識執取阿賴耶識的主體面亦即是見分（dṛṣṭi）為常住不變的自我。[44]這便成了阿賴耶識的執藏的意義。

在說到自相、因相和果相三者之間的關係時，引文指出自相同時包含著因相與果相。所謂相是指面相、內涵之意。因相指種子，

44　另一說法以末那識執持整個阿賴耶識（包括見分與相分 nimitta）為真實的自我。

果相指果報，種子和果報都為阿賴耶識的自相所包含，故引文說「攝持因果為自相」。最後引文提到阿賴耶識雖然有很多方面的特性、面相，但以藏的作用為最重要，因此以「藏」（ālaya）名之。

若就「藏」這一概念比較阿賴耶識與精神分析的潛意識，則阿賴耶識的內涵顯然多於、多元於潛意識。潛意識的內含都是一些概念和本能衝動，它們在潛意識中沒法展現、宣洩出來，但又亟亟要展現和宣洩，那只有想盡辦法進入意識的領域，藉著後者的覺察作用以達成它們的願望。而意識中亦有種種關卡或稽查者處身於有關孔道，對要進入意識的概念與衝動加以壓抑，盡量不讓它們進入意識之中。它們有責任要守衛意識，不讓後者受到干擾與侵入。因此，我們可以說，潛意識中的內含基本上是作用性的，是一些未能夠得到宣洩的本能衝動，存有論的意味並不濃厚。阿賴耶識的內含便不同，它含藏無量數在潛在狀態的概念與事物，是在潛伏狀態而不能實現（actualise），不能存在於時空中的現象，這即是種子。這些種子遇到足夠的條件，或在適當的機緣，是可以實現的，成為質體、事體或現象，在時空之中存在、呈顯。就這點看，阿賴耶識的存有論意味很明顯，即是，它能發展出、開拓出種種存在物、存在事。這些存在的物事都有其倫理性格，它們或是善的、淨的，或是惡的、染的，或者沒有顯著特徵而為中性的、無記的。不過，阿賴耶識作為一個整體看，是向惡的、染的一面傾斜，起碼在唯識的攝論派來說是如此。「無記」是指沒有或善或惡的特別標識。

因此，我們可以說阿賴耶識是一切存在的源頭。這一切存在包含觀念的、概念的、時間的、空間的、經驗的存在，這源頭是從種子說的。我們也可總持而扼要地說，阿賴耶識是一切概念、心物現象的源頭。它也有自己的種子，這便是它的前一世代（每一個眾生世代都有其阿賴耶識）死亡而過渡到一新的生命軀體而持續地存在的中陰身或中有。這中有可以是無量數的種子的聚合體。[45]

還有一點要鄭重提出的是，精神分析是一種心理治療的醫學或科學，以治療有精神問題的病患者，讓他能從種種困擾他的精神問題中解放開來，讓心靈敞開，不被封閉於一個狹小的空間中，產生種種恐懼與幻覺，卻是重新融入社會，過一種平常人、正常人的生活。能夠做到這點，精神分析作為一種醫學方法，便足夠了。它不必關涉到宇宙的終極問題：宇宙的終極起源與終極歸宿，也不必為人提供一種可以安身立命的目標與方法。那是宗教的事。佛學（包括唯識學在內）是一種宗教，它除了包容上面提到的精神治療的事情之外，還得從宗教的角度提升人的精神的、心靈的境界，讓人有安身立命的目標和實踐這目標的方法。關於這一點，不同宗教有不同說法。就唯識學來說，它認為阿賴耶識內所攝藏的種子，有流轉與還滅兩方面。流轉的種子是染汙性格的，人或眾生的生死流轉或輪迴，主要由這些染汙的種子決定。但另方面，阿賴耶識中也含藏著一些清淨的種子，覺悟或還滅，便依靠這些清淨的種子的開發、現起。眾生能否打拚出一條安身立命之道，便全靠它們了。

關於阿賴耶識的流轉與還滅的種子，《瑜伽師地論》有如下的說法：

45　關於中陰身或中有，我們會在下面有詳細的闡述。

> 若略說阿賴耶識，由四種相建立流轉，由一種相建立還滅。云何四相建立流轉？當知建立所緣轉故，建立相應轉故，建立互為緣性轉故，建立識等俱轉轉故。云何一相建立還滅？謂由建立雜染轉故，及由建立彼還滅故。[46]

這是說個體生命的流轉與還滅。流轉是在生死苦海中打滾，還滅是證得涅槃，結束生死流轉的存在狀態。阿賴耶識正是那流轉的主體，一般可說為是自我或靈魂。一個生命結束了一期的生命活動，它的阿賴耶識不會消失，而是會保存下來，投生到另一生命體。所以，生命的流轉其實即是阿賴耶識的流轉（saṃsṛti, pravṛtti）。阿賴耶識的流轉表示一種延續不斷的生起，而所生起的正是阿賴耶識。不過，佛教認為，生死流轉只是生命中的一種狀態，在生死流轉之外，生命還有還滅（nivṛti, nirvāṇa）的狀態，後者更具有終極的價值。

關於還滅，亦即是轉依。這問題不存在於精神分析思想之中，只存在於作為宗教的佛教特別是唯識學之中。關於轉依，我們可省略地闡述一下。《瑜伽師地論》說：

> 又般涅槃時，已得轉依，諸淨行者，轉捨一切染汙法種子所依。於一切善、無記法種子，轉令緣闕，轉得內緣自在。[47]

---

46 《大正藏》30·579 下-580 上。

47 《大正藏》30·284 下。

這段引文扼要說明轉依的問題。轉依（āśraya-parāvṛtti）是唯識學的極重要的概念，也是唯識學可稱為現象學的關鍵點。此中的轉是轉捨的意思，而依則是依止的意思。合起來說，轉依是專指轉捨染汙的煩腦、所知二障，而依止清淨的菩提、涅槃二果。它是修行者最圓滿的果位。依引文所說，當修行者修行圓滿的時候，即能進入「般涅槃」（parinirvāṇa），那時修行者可捨離煩惱種子的依止體，完全轉捨阿賴耶識的自體，將它由染汙的性質轉成清淨無染。修行者只要將染汙的種子完全轉捨，而變成清淨性格，便能進入般涅槃，也即是成佛。轉依可以說是瑜伽行學派對成佛過程的一種說明。如依引文的內容看，所謂轉依，除了指斷除阿賴耶識中的一切染汙種子外，還要令一切有漏善和無記性的種子處於伏滅的狀態中，讓它們不再生起。因為這些有漏善和無記性的種子一旦生起，便會牽起有漏的果報體，這樣便不能完成轉依的過程。另外，引文又提到要達成轉依的過程，必須同時使在阿賴耶識中的內緣，即無漏種子在不被阻礙的情況下隨意生起方可。順帶一提的是，轉依的概念跟後來瑜咖行學派亦即是唯識學的轉識成智的義理有密切的關係。瑜伽行學派的八識理論發展到後來，便從識的轉依而安立成佛的可能。依這種說法，修行者到了成佛的階位時，便能依次序將染汙的前五識、第六識、第七識和第八識分別轉成為成所作智（kṛtya-anuṣṭhāna-jñāna）、妙觀察智（pratyavekṣaṇā-jñāna）、平等性智（samatā-jñāna）和大圓鏡智（ādarśa-jñāna）。若依這則引文表面來看，本論已有轉依的觀念；但就這則引文的內容來看，只可說轉依的理論仍處於初步建構的階段。

有一點是極為重要的，在唯識學，我們日常的活動與經驗，都是有執取性格，以現象為實在，為常住不變。一切苦痛煩惱便會由此而起。因此需要自我轉化，從樸素性格的常識俗見翻騰上來，讓自己的眼光變得深遠，心靈更加敞開，提高精神的境界。必須要這樣做，現象學才能說。至於精神分析，則由於它不是宗教，不必提供具有終極意味的安身立命的歸宿，故沒有現象學可說。

至於阿賴耶識與心所或心理狀態的相應問題，我試在這裏扼要地闡述一下，同時也關連著精神分析方面的說法作些比較。有關唯識學的文獻方面，我選取了《成唯識論》（也兼及它所疏解的《唯識三十頌》）。這書在上面提到的唯識學的重要的論典中，成書最晚，因此也應最具有綜合的性格。《成唯識論》說：

> 此識與幾心所相應？常與觸、作意、受、想、思相應。阿賴耶識無始時來，乃至未轉，於一切位，恒與此五心所相應，以是遍行心所攝故。觸謂三和，分別變異，令心、心所觸境為性，受、想、思等所依為業。……作意謂能警心為性，於所緣境引心為業。……受謂領納順、違、俱非境相為性，起愛為業。……想謂於境取像為性，施設種種名言為業。……思謂令心造作為性，於善品等役心為業。[48]

這段文字是對《三十頌》「常與觸、作意、受、想、思相應」一句的解釋。引文總括地說明第八識與五種遍行心所具有相應而生起的關係，並對五種遍行心所作出簡介。照唯識所說，心的組成包括心

---

48 《大正藏》31・11 中-下。

王（citta）和心所（caitasa），心王指心體本身，而心所是伴隨著心王而生起的心理狀態，即是心王所附帶的作用。唯識學提出有五十一種心所，關於這五十一種心所，引文先交代其中五種。這裏提出的五種心所，不單是恒常地與第八識相應，亦與其餘七識恒常地相應，即八識中任何一識生起，這五種心所都相應地生起，所以稱為「遍行心所」。引文強調阿賴耶識從無始時來，直至轉依之前，在任何情況下都與這五種心所相應地生起。

第一個遍行心所是觸（sparśa）。觸是接觸之意，是心能接觸外境，並能對各種對象產生了別的作用。扼要地說，觸心所自身的作用是讓心和心所接觸外境。它的副作用或引生的作用是令到作意、受、想、思等心所依於它自身而生起。弗洛伊德的精神分析很少談及宇宙萬物及它們的生成問題，也就是外在世界問題，因此在觸心所一點上難以與唯識學說交集。[49]作意（manaskāra）是一個遍行心所，它的作用是「警心」，即是催促、促發心的作用，使它對外境生起警覺，而副作用則是引領心王或心自身去趨赴所緣境。精神分析雖不大涉外境、所緣境，但它的超我或良心在這方面有警示、促發對外境的留意的作用。受（vedanā）是第三個遍行心所。它的作用是領受、吸收種種外境的相狀，而副作用則是生起愛和惡兩種感受。這些外境包括順境、逆境和非順非違、無所謂順、違這三種境況。這種受心所近於弗洛伊德的自我中的對待外界的刺激的接納的作用。這外界不是存有論、宇宙論的外界，而是自我的周圍

49　弗洛伊德認為精神分析沒有能力創建自己的宇宙觀。它並不需要自己的宇宙觀，它遵循科學的宇宙觀。（《文集》五，頁 117）

環境。第四個遍行心所是想（saṃjñā），它是以「取像為性」，攝取外物的相狀，使它停留於心中。它除了有心理學意義外，還有認識論意義。這個心所的作用是「施設種種名言」，「名言」就是概念，想先攝取外境的相狀，然後提出種種概念去表象那外境。第五個遍行心所是思（cetanā）。它不同於一般所理解的思辯，而是「令心造作」；即是說，它的作用是促發心展示、表現一些行為，這些行為是對於境相的反應。而此識心所的引生作用是役使心生起善、惡或無記的行動。這種對心的役使，可與弗洛伊德的超我相通，都能發動、驅使心去思索和做出一些行為。不能消極等待，而是要有實際行動，要 take action。

十一、中有或中陰身

在這裏，我們要略提一下眾生透過阿賴耶識在前一個生命軀體中死亡，而投生到另外一個生命軀體，以繼續其生命活動。這其實是一般所說的輪迴。就筆者淺狹的所知，弗洛伊德很少談及輪迴的問題，也不大重視死亡與再生的問題。這通常是宗教的問題，精神分析是醫學，不是宗教，因此不大過問輪迴生死的問題，它的本務是把病人在精神上、情緒上、心理上由不正常的活動狀態轉而為正常狀態，過一個健康的人生。在這種生死輪迴活動中，阿賴耶識由始至終都是最重要的概念。因為它攝藏眾生的全部種子，而這些種子都是眾生自無量數的世代以前開始被眾生的行為所熏習而成的。也可說是它們熏習阿賴耶識，成為種子，而隱藏於阿賴耶識中。由此展轉相傳下來，由過往到現在，由現在到未來。眾生一朝未能得解脫，便總是擁抱著其自身的阿賴耶識，以之為自我，或其自身的個體生命。這個體生命或自我展轉相傳，由上一世代傳至下一世代，以至永遠，便成為輪迴。眾生要得覺悟、解脫，作為個體生命的阿賴耶識才自動解構，讓眾生融入終極真理：真如的境界中，而般涅槃，或入涅槃。唯識學的重要論典，都或簡或詳地說到阿賴耶識的這方面的活動面相。以下我以《瑜伽師地論》為據，闡述一下眾生在這方面的活動。

說到輪迴或受生的問題，一切凡夫，都會以中有或中陰身（antarā-bhava）輪迴受生，這即是阿賴耶識。眾生在死亡之際，肉身逐漸腐朽，其中有或阿賴耶識會慢慢離開垂死者的肉身，讓後者變得冰冷。這冰冷感會由後者的上身向下擴散，到垂死者的心臟停止跳動為止。這種跳動的止息表示阿賴耶識已由原來的生命軀體離開，找尋新的生命軀體，受胎而生。而原來的生命中的執著業力會牽引中有，讓它離開身軀，投向和開拓一新的生命身軀。我們凡夫的肉眼不能見到中有，只有聖者的天眼才能見到。論中甚至說及中有受生為男或為女的細微經過，和中有在受生之際由精神團凝結為物質性的身體的情狀。而這物質性的軀體的生成也有一個過程，開始時是胚胎，慢慢發展，生出有形的器官。中有或阿賴耶識終於投生到新的生命軀體，進入所謂羯羅藍（kalala）階段。這羯羅藍有時亦作加羅羅時，指胎內五位中的最初一位，指胎兒在母胎中生起的最初一周間，是一時間概念。這大體上也可以叫作「受孕」。其後一切器官與神經系統逐漸發育，讓心識在作用方面有所依附，有據點。同時，肉身也需要心識和各種心理活動來維持。故心識與具有各種器官的身體有相互依賴的關係。還有一點關連到中有或中陰身活動的，這即是眾生的死亡。論主通過識的表現、活動來解釋死亡現象，並仔細地描述當事者以中有的身分由一期生命離開其色身，後者中斷呼吸，也停止心跳活動，這便是死亡。接著而來的是中有把自己投入下一期的色身而受生，這也促使種種幻象產生。在這一點上，《瑜伽師地論》較其他論典說得更為完整、周延。其中說：

> 又諸眾生將命終時，乃至未到惛昧想位，長時所習我愛現行，由此力故，謂我當無，便愛自身，由此建立中有生報。若預流果及一來果，爾時，我愛亦復現行。然此預流及一來果，於此我愛，由智慧力數數推求，制而不著，猶壯丈夫與羸劣者共相捔力，能制伏之。當知此中道理亦爾。若不還果，爾時我愛不復現行。[50]

這段引文續寫有情眾生在彌留的時候，因愛執的牽引，會由前期的生命過渡到新一期的生命，期間會以中有或中陰身的形態受生。而從引文對中陰身的解釋來看，可推知證得不還果（anāgāmi-phala）的聖者在一期生命終結，不會以中陰身的形態存在。現先看引文的前段內容。引文首先指出當一期生命行將屆滿的時候，它會漸漸失去知覺，但在它未進入完全昏迷的狀況前，由長時期經我愛而成種種現行的剩餘力量會在這時牽動這期生命，令他相信自己將不久於人世，於是產生種種愛念及依戀自身的念頭，並執持自身。這樣，愛念漸漸形成在死後和投生到新一期生命之前的輪迴主體，佛教稱

50 《大正藏》30・281 下-282 上。

這種精神的輪迴主體為中有（或稱為中陰身）。

另外，本論與《解深密經》同樣提到了阿賴耶識為生死輪迴的主體，但本論在說明一期生命在臨終前後以至受生的過程的情況，遠比《解深密經》及後期的唯識經論有更深入的交代，其中有關中陰身的說法更是非常詳盡，可說是唯識經論中討論得最詳盡的一部。這對於了解阿賴耶識受生過程有很大的幫助。此中不但具有心理學、生理學的意義，同時也有存有論的意義。亦唯有清楚知道阿賴耶識的在個體生命之間的轉生過程，覺悟、解脫才能說。

十二、本能衝動

以下我們看本能或本能衝動的問題。按「本能」（instinct, Trieb）是弗洛伊德的精神分析中的一個重要的概念，依初期的弗洛伊德的說法，本能是介於心理與軀體之間的概念，是刺激的心理表徵，這種刺激由有機體內部產生，具有機體的力量，甚至可通達到精神（mind）方面。他甚至認為本能是「內滲的（endosomatic）、不斷在流動中的刺激的源頭（source of stimulation），是一個介於心理與生理之間的概念」。在這裏，弗洛伊德雖然未有對「本能」和它的「心理表徵」作出明顯的區分，但已明確地將本能視為一種軀體力量的心理表徵。到了後期，弗氏在說到潛意識的問題時，明確地視本能不能成為意識的對象，只有代表本能的觀念（idea, Vorstellung）才可以。即使在潛意識中，本能也只能為觀念所代表。他並強調本能衝動的觀念表徵是潛意識的。（《文集》三，頁 141-142）在這裏，我們要注意到作為本能這種東西與「本能」的概念或觀念的差異。本能一方面可以說是一種表徵心理的軀體力量，另外也可就「本能」這一觀念說。心理的軀體力量是一種實質性的力量、一種事件，觀念則是表義的，不是東西自身。我們的意識所具有的，是本能觀念，不是本能的軀體力量。只有表徵本能的觀念，才是意識的對象；即使在潛意識中，本能也只能以代表它的觀念而存在。

以上對本能的說明，不是很清楚，也不足夠。弗洛伊德補充謂，本能永遠不能成為意識的對象，只有本能的觀念才能是意識的對象。他並表示，如果本能不附著於一種觀念上，或者它自己的狀態沒有清晰地顯現出來，我們也不能了解它。（《文集》三，頁354）弗氏在這裏也明晰地把本能作為一種力量、一種事件與「本能」作為一個觀念區分開來，但他也提到「潛意識的本能衝動」，這種表述也會讓人生起一些聯想。在意識中的本能衝動只能是觀念，在潛意識的本能衝動更只能是觀念了。

就弗洛伊德的意思看，本能是一種後天的、經驗性格的力量，也可以說是能量。弗氏更就起源與目的（Ziel）來說本能：

> 本能不同於刺激，即本能起源於人體內的刺激，它作為一種經常性的力量發生作用，並且主體不可能像對待外部刺激一樣，通過逃避的方式來避開本能。我們能夠區分開本能的起源對象和目的。其起源是人體內的某種興奮狀態，其目的是去掉這些興奮，在從起源到目的的道路上，本能對人的心理產生作用。我們把它想像為某種向特殊方向前進的能量。（《文集》五，頁61）

弗氏在這裏以本能起源於我們身體中的某種興奮狀態，我們亦以去除這些興奮為人生目的，則這種興奮性必是負面的，對於整個人生來說，不是一種好的東西。弗氏似乎以為這種興奮是盲目的，甚至是非理性的，或許可以用佛教的無明（avidyā）來說它，因此我們要把它去除，而人生目的亦是從解構這種興奮說起。最後，弗氏以能量來說本能、興奮，這能量應該是原始的自然動力，是自然野性的，未經任何道德法則所處理、培育。[51]

我們可以進一步推斷，能量、本能本身是一種情欲上的衝動，它表示一種物質義的渴求，這渴求是需要得到滿足的，這滿足便是我們的人生目的。本能的衝動得到回應、滿足，人便可進入興奮的狀態。在弗洛伊德來說，我們有兩種本質不同的本能，即是性愛本能與攻擊本能。人要在這些本能的滿足中求得興奮。但我們要做的是疏導本能，而不是盲目地去滿足它。

在比較具體而常見的顯著本能方面，弗洛伊德舉出三種本能來闡述：攻擊性本能、死的本能和生的本能。關於攻擊性本能，弗氏強調，這種本能的提出與許多宗教假說和社會習俗有悖離之處。因為從本質上來說，人類應該是天生善良的，至少是本性善良的。即使他偶然表現出野蠻、粗暴和殘忍的行為，也只是他的情感生活的暫時的失調所致；因為它們大部分是被煽動起來的，或由於那些不

51　本能的確是一種很麻煩的東西，不容易處理。弗洛伊德自己有時也不能免於陷入迷亂的想法中。例如，他承認本能的神秘性，是不確定的。但又提出頗多不同性格的本能：自我肯定的（self-assertive）本能、模仿的（imitative）本能、遊戲的（play）本能、群居的（gregarious）本能和許多其他類似的本能。（《文集》五，頁 60）

明智、不文明的社會制度所使然的。但歷史的發展並不向這邊傾斜，反而展示出對人性善良的信仰是有害的錯誤觀念。憑藉這些觀念，人們會期望生活變得更加美好和安適。但在現實生活中，它們反而往往造成災難。此中的明顯的原因，是人類具有的特殊的攻擊的和破壞的本能。（《文集》五，頁 66）按弗氏的這種理解，在某種程度下是合乎歷史事實的。但他所提的讓攻擊本能流行的原因的人的被煽動性與社會制度的不文明性只是經驗性格，它們可以不是這樣出現，不足以成為人的攻擊本能的主導原因。弗氏只能提出一些後天的事例，不能提出理性的、具有普遍性的理據。另外，他所列舉的攻擊本能的原因只是部分的社會事實而已，對於那些善良的社會現象，以及於人的善良的本性，他並沒有注意到。因而他的理據失諸偏頗，不夠客觀、全面。

關於死的本能，弗洛伊德作出一個假設：設使生命確曾產生於無機物，那麼，依據假設原理，早初便應該產生一種要摧毀生命、重建無機物狀態的本能。倘若我們在這個本能中能識別出我們假設的自我破壞性，我們便可以視這種自我破壞性為一種死的本能的表現。弗氏又認為這種本能可分為愛的本能和死的本能。前者將越來越多的有生命的物質結合起來，形成一個更大的生命整體；後者則要使有生命的東西退回無機物的狀態。生命現象便產生於這兩種並存但又矛盾的行動中，最後引致死亡的歸宿。（《文集》五，頁 68）按弗洛伊德這種說法顯然過於輕率，難以成立：他所說的一切，都是基於一種設定；一說設定，便無必然性，甚至也缺乏實然性。弗氏何以會提出這樣單純而又膚淺的理據，令人費解。

至於生的本能，只是從性欲的拓展而提出，而成立的。性欲本能是遍及於所有動物的，不獨在人方面為然。人的文化很難與性欲本能放在一起講。這點非常明顯，沒有探討的價值。不過，關連著這生的本能，陳小文又提出弗氏把自我本能與性欲本能合而為一，形成以「愛欲」（Eros）觀念為核心的「生的本能」（Lebenstrieb），並相應地提出一種以破壞本能為主要內容的「死的本能」（Todestrieb）。他引述弗氏的名著《超越快樂原則》（*Jenseits des Lustprinzips*）的文字如下：

> 我們就把性本能轉變成了愛欲（Eros），這種愛欲旨在逼使生物體的各部分趨向一體，並且結合起來。……愛的本能從生命一產生時便開始起作用了。它作為一種「生的本能」（Lebenstrieb）來對抗「死的本能」（Todestrieb），而後者是隨著無機物質開始獲得生命之時產生的。這些看法是想通過假定這兩種本能一開始就相互鬥爭來解開生命之謎。[52]

> 要理解「自我本能」這一概念所經歷的轉變過程並不太容易。起初，我們用這個名稱表示所有與以對象為目標的性本能相區別的本能的傾向。而且我們把自我本能同以力比多為表現形式的性本能對立起來。之後，我們對自我作了進一步的深入分析，從而認識到「自我本能」的一部分也具有力比多的特點，並且它以主體本身的自我為對象，因此，這些自戀性的自我保存本能也應被包括在力比多的性本能範圍內。

---

52 陳小文著《弗洛伊德》，頁 179。

> 這樣一來，自我本能和性本能之間的對立就轉變成自我本能（Ichtrieb）和對象本能（Objekttrieb）之間的對立。這兩種本能都具有力比多的性質。然而又出現了一種新的對立，它取代了原來的對立，這便是力比多（自我和對象）本能（Libidinöser [Ich-und-Objekt-] Trieb）和其他一些本能之間的對立。我們的觀點是把這種對立轉變成生的本能和死的本能之間的對立。[53]

這裏提到「力比多」（libido）一詞，需要作些解釋。按 libido 是拉丁文語詞，其意是性欲、渴愛；在估值上是負面的。弗洛伊德在他的《精神分析導論》中，表示力比多是一種本能性格的力量，這本能主要是就性本能而言。我們可以將它理解為一種性欲望的渴求力。弗氏在他的後期著作《超越快樂原則》中，把力比多的意義層次加以升華，不以性為重點來看它，卻把它關連到哲學和詩方面去，視之為一種愛（不完全是性愛）的本能，這本能可以凝聚一切機體、有生命的機制的力量。之後，他把這本能義從性方面推廣開去，以及於排泄、吸收營養方面的本能。他更視力比多為一種情緒學說（Affektivitätslehre）的語詞，以之概括一切具有愛的意涵的本能、能量。甚至說力比多是來自我們身體的器官的具有本能性格的力量。不過他始終脫不了以性欲為重點來說力比多的思想，在他的名著《性學三論》中，他強調性興奮，但這不光是局限於性器官之中，而是遍及於身體中的所有器官，這些器官都能提供力比多。

---

53 同上書，頁 180。

弗洛伊德的這種力比多概念，讓人聯想到在印度古代流行的性力派所強調的「原質」（prakṛti）思想，這原質具有一切能量、力量的本源的意味。回返到上面的引文，我們可以看到本能的二元對抗關係的發展：

自我本能		自我本能		力比多本能		生的本能
↕	⇨	↕	⇨	↕	⇨	↕
性本能		對象本能		其他本能		死的本能

這樣，在本能的發展中，每一個階段都存在著本能的二元對抗的關係：自我本能與性本能的對立、自我本能和對象本能的對立、力比多本能與其他本能的對立、生的本能與死的本能的對立。這種二元性結構的模式必須被突破、解構，理想的、現象學的目標才能說。否則只能永遠地停留在心理學的層面，而且是經驗性格的心理學。

在精神分析中，存在著一種快樂原則的主軸，依於這主軸，人人都會以「趨吉避凶」、「趨樂避苦」的生活準則去做事。不過，外面的現實性畢竟是我們的自我本能的實現場所，因此，我們不能不顧念著關連著外部現實的現實原理，即便有時為現實原則所驅使也在所不計了。因此，自我本能有時便得暫時聽從現實世界的指令，而離開主觀的快樂感受。當然最理想的情況是我們的快樂原則與客觀的現實原則相諧協，這樣，自我本能便能順適地活動來實現自己的目標、理想。

最後，弗洛伊德論到夢或夢念的問題。弗氏認為夢念的最有力的、最強的元素即是被壓抑的本能衝動。這種衝動是在偶發刺激出現的基礎上，通過向白天的殘餘物轉移的方式，在夢念中為自己創造一種表現形式。與其他種種本能衝動一樣，它也強烈地希望通過活動得到滿足，但它的活動通道被隱藏在睡眠狀態下的生理調節機制所填塞，它被迫退回到一種相反的知覺途徑，即只是一種幻覺的滿足。這樣，內隱的夢念就被轉化為感覺形象和視覺情境的混合物。（《文集》五，頁 13）依弗洛伊德，我們的夢念仍然存有本能衝動，這衝動來自夢中製作種種幻覺，以求自我滿足。在夢念之中，夢者所經驗到的事物自是虛擬的，但對夢者來說，則是具體的、貌似真實的感覺特別是視覺的形象。

十三、唯識學的本能衝動思想

以上我們花了不少篇幅探討精神分析的本能衝動問題。下面我們要就唯識學在有關這方面問題的看法，作些比較。總的來說，佛教對於本能衝動問題是非常重視的。佛陀釋迦牟尼在他最初悟道時提到的十二因緣（dvādaśāṅgika-pratītya-samutpāda）這一對生命存在的成立與詮釋，便涉及幾個與本能衝動有關係的環節，這便是第一環節無明（avidyā）、第二環節行（saṃskāra）、第三環節識（vijñāna）、第八環節愛（tṛṣṇā）和第九環節取（upādāna）。無明是宇宙與生命的最原始的狀態，一切都呈混沌一片。行是由無明發展下來而為一種盲動：盲目的意志活動。識是一種含有濃烈的情執在內的認識。愛是渴愛，是一種只想滿足情意的饑渴的索求。取則是要佔有所愛著的東西。

佛教繼續發展下來，都很強調自我克制，不能讓生命的本能衝動氾濫橫流。這在唯識的文獻中殊為明顯。以下我們試列述一下《成唯識論》中的文字作些例解。《成唯識論》說：

> 阿賴耶識為斷為常？非斷非常，以恒轉故。恒謂此識無始時來一類相續，常無間斷，是界、趣、生施設本故，性堅，持種，令不失故。轉謂此識無始時來念念生滅，前後變異，因滅果生，非常一故，可為轉識熏成種故。恒言遮斷，轉表非常。猶如瀑流，因果法爾。如瀑流水，非斷非常，相續長時，有所漂溺。此識亦爾，從無始來生滅相續，非常非斷，漂溺有情，令不出離。又如瀑流，雖風等擊起諸波浪而流不斷。此識亦爾，雖遇眾緣，起眼識等，而恒相續。又如瀑流，漂水下上，魚、草等物，隨流不捨。此識亦爾，與內習氣、外觸等法恒相隨轉。如是法喻意，顯此識無始因果，非斷、常義。謂此識性，無始時來，剎那剎那果生因滅。果生故非斷，因滅故非常。非斷非常，是緣起理。故說此識恒轉如流。[54]

這段文字雖是說第八阿賴耶識，但這心識是一切感受、存在的基礎，它的活動狀態會對我們的感性生命產生全面的影響。這心識不斷活動，不斷流轉，沒有了期。因而我們的生命也以其盲動的無明力橫衝直撞，沒有方向，也沒有目標。論主以瀑流、瀑布作譬，表示這種無明的本能衝動恒時在作動，沒有停息的瞬間，除非我們證得真理，達致覺悟。引文中的「瀑流（augha）」、「漂溺」等字眼，都表示這個意思：「恒轉如流」。漂溺是對我們眾生說的，表示由於我們生命中的無明的本能衝動的肆虐，讓我們的生命都陷於

54　《大正藏》31・12 中-下。

漂溺狀態，隨時都會滅頂，自我摧毀。

顧名思義，衝動倘若是無明的，則它是本能性格的，遠離自覺、理性思維。它只是一種無所從來，無所向往的流逝，只是到處漂流，到處攀緣而已。以上的《成唯識論》的引文，是闡述這種現象的典型的、有代表性的文字。我們也可以在《瑜伽師地論》、《攝大乘論》中找到相近似的說法。

對於這種無明的本能衝動的問題，我們應該怎樣做呢？《成唯識論》有如下的說法：

> 此識無始恒轉如流，乃至何位當究竟捨？阿羅漢位方究竟捨。謂諸聖者斷煩惱障，究竟盡時，名阿羅漢。爾時此識煩惱麁重永遠離故，說之為捨。[55]

按在小乘，阿羅漢是最高階位的聖者，他們斷除了一切煩惱，是最理想的人格。依引文說，在阿羅漢的階位中，一切煩惱已經遠離，而「阿賴耶」此名，是就染汙的第八識來說，所以到了阿羅漢果位就捨棄了「阿賴耶」之名，即表示此識脫離了染汙的狀態。所謂「捨」是指阿羅漢斷除了此識中一切煩惱粗重的種子，在這種情況下，第七識不再執持第八識作為一個常住不變的自我，由於捨棄了我執，故捨棄「阿賴耶」之名。這裏所說的染汙的第八識和煩惱粗重種子，可視為相當於精神分析的本能衝動。這是要被克服的。扼要來說，阿賴耶識本有執藏的意思，即被第七識執持為自我，現第

---

55 《大正藏》31・13 上。

八識已斷除一切煩惱，不再被執為自我，所以就失去了執藏的意義，由此亦不再名為「阿賴耶」。由此可見，「捨」是指捨棄「阿賴耶」這個稱號，而不是捨棄阿賴耶識整個識，因為第八識先前具有煩惱種子，是一個妄識，所以才稱為「阿賴耶」。當識中的煩惱種子都斷除了，此識仍然存在，只是從妄識轉變為另一種狀態，這種轉變就是唯識學所說的「轉識成智」，而「阿賴耶」這個表示妄識的名字亦要捨棄掉。

如上面說過，精神分析是治療精神問題的一種科學，更貼切地說是醫學，不是宗教，因此它對於種種本能衝動，只能採取疏導的做法，使它慢慢淡化下來，較積極的做法是突破本能的二元對抗關係，甚至可以權宜地製作夢幻以滿足一些本能衝動。但精神分析畢竟不是宗教，不能對本能衝動問題提供終極解決的方法。它當然也不涉及宗教的救贖活動。這都是它的限制。

在唯識學，有哪些心所與本能衝動相應呢？我想可以舉欲、惡見、誑和害。欲（chanda）是對於自己所喜好的對象有一種希望得到的性向，由此而產生的作用是奮力去追求，不到手決不罷休。《成唯識論》說：

> 云何為欲？於所樂境，希望為性。勤依為業。[56]

56　《大正藏》31·28 上。要注意，欲表示欲望，它的程度難有一定。這裏是指嚴重而邪僻的欲望，人若為欲望所燃燒，非要得到對象不可，便會起橫逆，這會對他人構成嚴重的傷害。

惡見（dṛṣṭi）是一種顛倒真理的推度。推度本來是慧心所的作用，但這種顛倒的推度則是染汙性格的慧。它引生的作用是障礙善見，以及招來苦痛、迷執。《成唯識論》說：

> 云何惡見？於諸諦理，顛倒推求（度），染慧為性。能障善見，招苦為業。[57]

誑（māyā）是為了獲取名利而假扮成具有德行，以進行欺詐的一種心態。它引生的作用是障礙不誑，以及奉行邪僻的生活。《成唯識論》說：

> 云何為誑？為獲利譽，矯現有德，詭詐為性。能障不誑，邪命為業。[58]

害（vihiṃsā）是對於有情眾生不存慈悲憐愍，而要加以損害的一種心態。它引生的作用是障礙不害，以及逼害他人，使他們受到困擾。這是一種隨煩惱，是瞋的分位假立。《成唯識論》說：

> 云何為害？於諸有情，心無悲愍，損惱為性。能障不害，逼惱為業。[59]

---

57 《大正藏》31・31 下。
58 《大正藏》31・33 下。
59 同前註。

最後，總的來說，對應於精神分析的本能衝動的說法，唯識學中提到的多個概念，如戲論、取、苦、我慢等，都有關連。在這裏，我想可以作一種歸納性格的述論。我先引述《瑜伽師地論》的一段文字：

> 又諸種子，乃有多種差別之名，所謂名界、名種姓、名自性、名因、名薩迦耶、名戲論、名阿賴耶、名取、名苦、名薩迦耶見所依止處、名我慢所依止處，如是等類，差別應知。[60]

薩迦耶（satkāya）是有身的意思，也即是「我」的意思。依瑜伽行學派或唯識學所說，我的形軀都是由阿賴耶識中的種子變現出來的果報體，它本無實體，只不過是第七末那識執第八阿賴耶識的見分為我，有情眾生不但會妄執我為實體，更會執取我周圍的東西、環境為我之所有，這樣又會形成薩迦耶見（satkāya-dṛṣṭi），即有身見。大體上，這種對我產錯誤認識的見解是依於種子而來，所以種子又被稱為薩迦耶，它是我執的對象。另外，又由於阿賴耶識中的種子能生起愛論和見論，所以又稱為戲論（prapañca），它們是由言說分別而來的種種錯誤見解，主要分成愛論和見論兩種。愛（tṛṣṇā）論是指因有情眾生愛著事物，易生迷妄之心，繼而生起不正確的言論。而由種種偏見而來的言論，則稱為見（dṛṣṭi）論。它們都會熏成愛論和見論的種子，並藏於阿賴耶識中。它們都是名言

60　《大正藏》30・284 下。

種子。名言種子能依於概念，令諸有情生起種種衝動、愛著，都是本能性格的，而輪迴不已，可以說它是生死輪迴的原動力，所以這節引文直接將戲論說成為種子。至於種子又被稱作阿賴耶識，則主要是從種子被攝藏的地方來說。依瑜伽行學派所說，一切種子都是藏於阿賴耶識中，不會寄存在其他的識中，可見種子與阿賴耶識有密切的關係，是以引文稱阿賴耶識為種子。

另外，種子因通染法，能生起一切染汙的果報，此等果報即煩惱（kleśa），也容易生起執取行為，是以種子有時又被稱為取。取（upādāna）即為煩惱的異名。而惡的果報又多伴隨種種苦受，所以種子又被稱為苦（duḥkha），它是身心受到逼迫而呈現出來的苦惱狀態，與樂對揚，為受的一種。最後，正如前面提到，種子藏於阿賴耶識中，它們的數量龐大，又如恆河流水般川流不息，念念都會轉變。這些種子會被末那識執取為自我，繼而對自我生起實有的錯覺，以為它們是常住不變。末那識會執取這些川流不息的種子為實體，形成自我的概念及生起我慢等行為，可見我見和我慢的形成都是源自於第八識中的種子，所以引文視種子為薩迦那見的所依止處和我慢的依止處。此外，引文中末句提到的我所依止處，是指我們所認識的各種對象，它們也是由種子形成，同樣是依種子而來。綜合來說，引文指出我及一切被我所認識的事物都是由種子形成，它是我執、我慢等煩惱法的源頭，也都是本能衝動。

十四、力比多和相關概念

以下我們看力比多的問題。按此詞由 libido 一字音譯而來，是一種本能特別是性本能的力量。（《文集》五，頁 61）弗洛伊德是一個「性主義者」，他對性的問題非常重視，認為人的一切動機和行為，以至各種社會的、文化的生活的根源，都是性。可以說，性是一種生命的本能、潛在的力量，幫助、促使人們去追求快感，滿足欲望。他並以這種本能、力量的發展，是人格的發展。這發展依序為口欲、肛欲、陽具欲、性潛伏、性器欲五個階段。他又借希臘古代的神話中的兩個情結：伊蒂普斯情結（Oedipus Complex，戀母情結）和愛列屈拉情結（Electra Complex，戀父情結）來說明女孩依戀父親、男孩依賴母親的心理現象。

弗洛伊德進一步把力比多看作是人的精神病患的主要因素。在他看來，這些精神病患者之所以致病，源於他們的力比多亦即是性本能、性衝動不能得到滿足。力比多像河流的主流受到阻隔，沒法向前流動，只能向早已乾涸的支流流過去。人患上精神病症，而向變態方面傾斜，也是這個道理：由支流為主流的河水所泛濫湧入所致。主流被阻截，便出現性壓抑現象。他強調，一個人之所以會脫離正常狀態，除了一些外在因素的自由受限制、無法得到正常的性對象和正常的性行為出現危險等外，作為內在因素的性壓抑亦不應忽略。因此，他斷言，不同的神經症患者，行為必會不同。有些人具有先天強烈的變態傾向；有些人則由於力比多被迫離開正常的性目的和性對象，不得不轉到旁門左道方面去。（《文集》三，頁28）

弗洛伊德的力比多概念有很濃厚的性的意味。唯識學中一時不易找到相應的概念或觀點。不過，《瑜伽師地論》在說到中陰身或中有撤離原有的、正在趨向死亡的肉身，而詣新的肉身，將要入胎受生之時，它所見到的兩性交配的動作中，涉及男女雙方（亦即是將來的父母）的敏感的有關「性」方面的事物。《瑜伽師地論》是這樣說的：

> 若薄福者，當生下賤家。彼於死時及入胎時，便聞種種紛亂之聲，及自妄見入於叢林、竹葦、蘆荻等中。若多福者，當生尊貴家。彼於爾時，便自聞有寂靜美妙可意音聲，及自妄見昇宮殿等可意相現。爾時父母貪愛俱極，最後決定各出一滴濃厚精血，二滴和合，住母胎中，合為一段，猶如熟乳凝結之時。當於此處，一切種子異熟所攝、執受所依，阿賴耶識和合依託。[61]

這節引文寫中有或中陰身投生到母體後受孕的過程及突出阿賴耶識與中有的關係。依引文所說，中有可投生到富裕的家庭或貧窮下等的家庭，這主要由他們福緣的深與淺來決定。凡生前作孽過多、福德淺薄的中有，會投生到低賤下等的家庭中去。在他們離世及再投生到母體中受孕、受生時，他們會聽到種種紛亂和渾濁的聲音，並產生種種幻象，他們或看見自己獨自走入叢林、竹葦或蘆荻中。至於那些福德較豐厚的中有，他們多能投生於富裕家庭。同樣地，在他們離開原來身體進入母體受孕、受生時，他們會聽到種種清淨聲音及生起種種美妙幻境。不過，他們所見的盡是皇宮、寶殿等賞心悅目的景象。這些景象正好為他們將來的出身和背景作出一種預示。這也可說是泛說的授記。接著引文指出，當男女雙方的愛慾達

61 《大正藏》30·282 下-283 上。

到極點時，男方會流出精液，這些精液會跟女方子宮裏的卵子結合，這時可被視為中陰身進入母體受孕、受生的最初階段。這也意味著中有由精神團的狀態凝結為物質性的胎兒身體。引文在末處又清楚表示父母精血的結合與中有入胎的同時，作為中有的阿賴耶識也會隨之一併進入母胎。阿賴耶識是攝持中有生前所依附的前一身體所藏有的種子的識，並且是中有的一切執著和感受所依止的識。它的入胎並與中有結合，成為自我或靈魂，構成新一期生命的誕生和成長。

回返到精神分析方面。弗洛伊德把注意點由力比多移轉到幻覺方面去。他指出我們人類有著標準、水平高的文明，但又要承擔由內心壓抑感所帶來的巨大壓力。我們時常發現現實的狀況、處境不能讓人滿意，因此不免產生一些幻想、幻覺，在其中，我們編織出種種美妙可人的情景，以滿足自己的欲望、願望，彌補居於現實但又得面對現實方面的缺憾。倘若在這方面做得不好，倘若由於外在世界的抵抗和個人自身的弱點，連這一點都做不到，我們往往會逃離現實，退縮到那個稍能讓自己滿意的想像世界中，盡量幻想桃花園。慢慢地，這幻想世界或世外桃園的內容最後會轉化為一種病症，讓自己在精神上受到多方面的困擾。（《文集》五，頁 147-148）

這樣的幻想，其實也是夢想。弗洛伊德指出，要創造夢幻，我們的潛意識便能勝任，它能提供夢的構成所需要的心理能量。與其他本能衝動一樣，它也只追求自身的滿足。做夢的效果必須是：在各人夢中，本能欲望必須得到滿足。在弗氏看來，心理活動到了夜間，便脫離現實，甚至退回種種原始的結構中，這樣就讓夢者能在相關的情況下，以一種幻覺形式，體驗到這種夢寐以求的本能上的

滿足。（《文集》五，頁 12）

弗洛伊德也曾對夢作過一些反思：無害的夢的精神病是意識造成的，它只是暫時脫離外部世界的結果。一旦我們與外部世界的關係恢復過來，夢就會消退。在睡覺的個體與外部世界相分開時，其心理能量的分配也會發生變化，通常用以抑制潛意識而消耗的壓（應為能）力，現在可以節省一部分下來。因為如果潛意識利用它的相對自由而積極活動，它就會發現其活動的通路已被關閉，而只有導向幻覺滿足的無害的通路才是敞開的。因此，目下正是形成夢的時候。（《文集》五，頁 11）按弗洛伊德說夢的精神病是意識造成的，可能會引起誤解。正是意識不起作用，才能生起夢。此時的夢表現在潛意識中，而不是表現在意識中。因此，弗氏應說，夢的精神病是意識不表現其能力之際在潛意識中造成的。

弗洛伊德在幻覺方面作出一個實例，表示我們對在這方面有問題的人可以怎樣治療，讓他痊癒過來：

> 如果一個年輕女病人表現出這種情況：她的重要內部器官（心臟、腎臟等）經客觀診斷均屬正常，但卻經常表現出強烈的情緒波動。……醫生認為他們所面對的不是一種大腦的器官性疾病，這種莫名其妙的症狀被古希臘醫學稱之為「癔症」（hysteria），具有產生一系列嚴重疾病的幻覺症狀的能力。……在多數病例中，醫療技術對嚴重的大腦疾病無能為力，而醫生對癔病失調也無計可施。……他觀察到，當病人處於「失神」（absence）伴有精神錯亂（[mental confusion] 交替人格）狀態時，她會習慣地對自己嘟噥幾句

> 甚麼，這些話好像產生於佔據其頭腦的某種思緒，醫生在把這幾個詞記錄下來以後，常常使她進入一種催眠（hypnosis）狀態，再把那幾句話重複給她聽，以引導她以此作為開始。病人果然依計而行，並以這種方式在醫生面前把那些在「失神」狀態下佔據其心靈的精神創造物再現出來，她講出來的這些隻言片語吐露出了這些創造物的存在。它們都是深沉而憂郁的幻想～我們可以稱之為「白日夢」（daydreams）。……病人在「失神」狀態下的心理狀態是這些高度情緒化的幻想刺激的結果。……如果讓她在催眠狀態下，伴有情感的表達，回憶起某種症狀最早出現的場合及相關的經歷，就有可能消除這種痛苦的症狀。（《文集》五，頁 122-123）

按這裏所說的，很像薩滿教（shamanism）中的童乩的作法實踐，那是原始宗教的一種治病儀式。作為主持人的童乩有自己的本尊或崇拜的對象。他作起法來，亂舞一番後，進入狂癡狀態讓本尊佔上自己的身體，並借他的口說話，這叫做「跳神」、「跳大神」，其實是鬼上身。不過，在精神分析的治療中，作出跳神活動的不是童乩，而是病患者本人。醫生對病人實施催眠，讓他暫時失去知覺、意識，而生起幻覺，並且透露或說出他的病症的狀態和種種感受、遭遇。醫生會就這些訊息來決定應該用甚麼方法去治療病人，減輕後者所受的痛苦。在這種治療中，醫生必須要讓病人生起幻覺，以在幻覺中所見到、所遭遇到或自己的經驗來替代他由病症而承受的痛苦。在這種情況，幻覺是虛假的；但即便是虛假，在心理上也能起積極的作用，滿足病人的需求，讓他的心情安定下來，再加上醫生的治療方法，病症便會慢慢淡化下來，病人最後能康復過來。

在佛教，特別是唯識學，幻覺、幻想情事也常常被提到，也有精神治療的意味。《成唯識論》說：

> 有頌言：非不見真如，而能了諸行，皆如幻事等，雖有而非真。此中意說：三種自性，皆不遠離心、心所法。謂心、心所及所變現，眾緣生故，如幻事等，非有似有，誑惑愚夫，一切皆名依他起性。愚夫於此橫執我、法、有、無、一、異、俱、不俱等，如空花等，性、相都無，一切皆名遍計所執。依他起上，彼所妄執我、法俱空。此空所顯識等真性，名圓成實。是故此三不離心等。[62]

這是在說及三性或三自性（tri-svabhāva）時提出的。三自性表示事物的三種存在形態：遍計所執性（parikalpita-svabhāva）、依他起性（paratantra-svabhāva）和圓成實性（pariniṣpanna-svabhāva）。唯識學的意思是，一切事物都是由心與心所變現而得，是幻有，不是真有，這是依他起。一般人不知事物的依他起性，它們有如空花，卻橫執為有自性，而且到處執著，這是遍計所執。若能了達事物的依他起真性，不再到處執著，便成就圓成實。此中的「幻事」、「空花」、「誑惑」等概念，都有幻覺、幻想意味。

《攝大乘論》在解說阿賴耶識的譬喻相（upamālakṣaṇa）時，

62 《大正藏》31・46 下。

說阿賴耶識有生起虛幻不真實的東西的作用，並以四種東西來作譬：

> 復有譬喻相，謂此阿賴耶識，幻炎夢翳為譬喻故。此若無者，由不實遍計種子故，顛倒緣相，應不得成。[63]

這節引文正是說明阿賴耶識的譬喻相。引文是以「幻」、「燄」、「夢」、「翳」四者作譬喻說明。「幻」（māyā）即看似實而非實的東西，阿賴耶識能集種種種子，生起一切幻有的現象。「燄」（marīci）即陽燄，指海市唇樓。渴鹿見陽焰以為是水，所以是指虛假不實的意思，泛指阿賴耶識所起的種種法皆是虛幻、不真實。「夢」（svapna）喻世間上萬物如夢中物，只是虛幻不實的影像。「翳」（timira）即「眼翳」，因有眼疾，故易生幻象。[64]

《攝大乘論》在解說依他起性時，有如下闡述：

> 云何應知依他起自性？應知譬如幻、炎、夢、像、光、影、

63 《大正藏》31・137 下。

64 這裏也讓人想到《金剛經》（*Vajracchedikā-sūtra*）所說的一首名偈：一切有為法，如夢幻泡影，如露亦如電，應作如是觀。（《大正藏》8・752 中）這首名偈指出發菩提心的人說法時應取的態度，並說一切從緣起的有為法都是如幻如化的。在偈頌中，世尊以夢、幻、泡、影、露、電來譬喻一切緣起的有為法的性格，都是幻有假設，變化無常的，其中並無自性或實體。夢的性格本來就是不真實的，它只依於心識構作而成。幻即幻覺；泡是水泡，是空的；影是實物的影子，是虛的；露和電則是剎那生滅的性質。

谷響、水月、變化。[65]

引文認為大乘佛典中屢屢出現「幻術」（māyā）、「陽炎」（marīci）、「夢境」（svapna）、「影像」（pratibhāsa）、「光與影」（pratibimba）、「谷中的迴響」（pratiśrutkā）、「水中月」（udakacandra）和「變化」（vikāra）等一類的譬喻，早已揭示了依他起性的含義。儘管它們只以譬喻的形式說明，經典中沒有直接提到「依他起性」的名稱，但這類譬喻本身已清楚揭示出一切法皆無實性，只依於外境，或以幻影，或以聲音等出現。這種無實性正是依他起那種「不實在」的實性。[66]

十五、關於性的問題

以上是討論幻覺問題。以下我們順著力比多所涵有濃厚的性的意味，轉到性問題方面去。弗洛伊德在他的〈文明的性道德與現代神經症〉一文表示自己的泛性論的文化觀；集中論述了現代社會的性道德與文化的關係問題；強調性的因素是現代社會文化危機、人的焦慮與神經症的主要根源；也抨擊現代社會的性道德觀；提出了改善文明與發表文藝的性本能升華作用說。（《文集》三，頁82）在這裏，弗洛伊德顯然是不滿意西方文化對人的性的問題注意

---

65 《大正藏》31・140 中。

66 在上面所引《攝大乘論》文字的後面，論主更不厭其煩地對該段文字所列出的八個譬喻作進一步的說明。有關這方面的說法，筆者認為沒有再作說明的必要。

的不足夠，對於性問題有諱疾忌醫之嫌。在他看來，人的性觀念與性活動對於文化的發展，有深遠的影響。因此，我們要正視性的問題，它不染汙邪惡的東西，即便有這方面的傾向，也可以被疏導、被轉化。性本能可以被昇華上去，成為一種合理的生活方式、內容。《金瓶梅》與《查泰萊夫人的情人》可以被轉化為《紅樓夢》。

弗洛伊德認為，人在性方面的態度與表現，可以追溯到童年的階段。即是，兒童的性快感的主要來源是對刺激特別敏感的身體的某些部位所產生的適當興奮。這些部位除了生殖器以外，還有口腔、肛門、尿道、皮膚和其他感官的表層。他提議，既然幼兒性生活的最初階段是從自己的身體上獲得滿足的，不關連到外部對象，我們可以稱這一階段為「自體性欲」（auto-erotism）階段。其中一個顯明的事例是幼兒吸吮拇指而獲得自體性欲滿足。我們可以把獲得性快感的重要的身體部位稱為「性感帶」。弗洛伊德又強調，在我們生命中的這個時期，另一種性滿足可以從對性器官的手淫興奮，它對一個人今後的生活有著深遠的影響。在我們還是非常年幼的時候，仍有一種把某個外人當成對象而產生性快感的本能。到了青春期結束時，個人的最終性特徵通常會完全成熟，按這即是可以展開正常的性活動、性交合了。一方面，這些單獨的本能從屬於生殖器的支配，因此整個性生活服務於生殖活動，單獨的本能滿足（按這是指手淫）的重要性只在於輔助和促進正當的性行為。另一方面，對象的選擇變得重要起來，甚至使自體性欲退居其後。因此，在一個人的性生活中，性本能的所有成分都要在他所愛的人身上獲得滿足。（《文集》五，頁 143-144）

弗洛伊德繼續他的在人的性生活中進行精神分析。他發現精神分析的研究在回溯患者的症狀時，總是遵循令人吃驚的規律，在病人的性生活印象中找到病因。它告訴我們這些致病的願望衝動在本質上都是性本能的成分。它還迫使我們設想，在致病的諸因素之中，性障礙（erotic disturbances）是起著主導的作用，而且在男女兩性中都是如此。又在性問題上，人們普遍是不坦率的。他們不會自由地表現自己的性欲。我們的分析工作要想獲得對病例的透徹理解和完全治癒的效果，就不能只停留在患者發病時所發生的事件上，而是必然要追溯到患者的青春期和幼兒期。只有在那裏，才能找到決定後來發病的印象和事件。只有童年期的經驗，才能解釋其對後來的創傷的敏感性，我們才能獲得消除這些症狀的力量。這些強有力的童年期願望衝動都可以無一例外地被視為具有性的意味。通常一個兒童在一出生時就有了性本能和性活動，他是和這些東西一起降臨到這個世界上的。按這與基督教的原罪、佛教的無明和道家特別是莊子所說的憂相似，都是生而有之的。弗氏指出，這些性本能和性活動在經過許多階段的重要發展歷程後，才形成我們所謂的成人的正常性欲。（《文集》五，頁 141-142）

弗氏又表示，兒童與他們的父母間的關係並非絲毫不伴有性興奮因素的。兒童把父母雙方，尤其是其中一方，當成是自己性愛欲望（erotic wishes）的對象。在這樣做的過程中，他通常會注意父母的暗示，而父母的柔情常常有明顯的性活動特徵。通常是父親偏愛女兒，母親偏愛兒子；而孩子對此做出反映是，如果他是個兒子，就希望能取代父親，按即與母親相好；如果她是個女兒，就希望能取代母親，按即與父親相好。（《文集》五，頁 145）

以上是弗洛伊德的精神分析的有關性問題的看法。他顯然是非常重視這方面的重要性，說他以性欲問題是人類文明、文化生活的基礎，也不為過。在他來說，性欲是要滿足的；但我們也不必順著自身本來便有的原始性欲來生活，這樣跟動物何異呢？弗氏的意思是我們可以調節性欲，疏導以至轉化它，讓它能在某個限度下升華，成為我們要建立的美好的人生的一部分。關於性欲問題，佛教談得很少，因為它是一種宗教，它的關心點主要不是在世俗方面，而在超越方面。「出家」正表示我們要從經驗性的世俗層面解放開來，以證成超越的宗教理想。

下面看自戀問題。這也可以說是自愛。一個人缺乏自知之明，本然地以為自己很了不起，很矜貴，與別人不同，超越別人，這便是自戀。[67]弗洛伊德提出，一個人倘若懷有理想自我的意識，便以這理想自我為目標，便是自愛（self-love）。這目標在他童年時，為其真實的自我所陶醉。個人透過自戀，將自己展示給新的理想自我。理想自我像早期自我（infantile ego）一樣，發現自己佔有價值的所有部分。個人屢屢表現出不能放棄自己曾經享有過的滿足，不願意放棄童年的自戀成就（narcissistic perfection）。他為自己樹立的理想只是童年失卻的自戀的替代而已，在這種自戀中，他就是自己的理想。（《文集》三，頁 133）

---

67 弗洛伊德自己便曾對自戀下過明確的定義、說明：將自我作為性愛對象，其對象選擇類型可稱為「自戀的」。（《文集》三，頁 129）自戀（narcissism, Narzißmus）指個體像對待性對象（sexual object）一樣對待自體的一種態度（attitude）。自戀者自我欣賞、自我撫摸、自我玩弄，直至獲得徹底的滿足。（《文集》三，頁 121）

在這個問題上，弗洛尹德頗能顯現他的巧思、妙觀，他表示，父母愛護子女，不是真正地有愛在其中，而是他們要在這愛的行為中，重拾他們的動人而天真的自戀而已。即是，他們對其子女充滿感情與關懷，是要讓他們過往所經歷過的自戀復活、再生。（《文集》三，頁 131）在他看來，力比多有兩種：自我力比多（ego-libido）與對象力比多（object-libido）。前者又可稱自戀力比多（narcissistic libido）。自我力比多是力比多貫注於自我，對象力比多則是力比多貫注於對象。倘若是這樣，則在弗洛伊德來說，父母對子女的愛，不具有客觀的道德性，不是出自無私；而是主觀的、有私的。這「私」即是父母的自戀。父母早已失去這種東西，他們愛子女，只是讓自己的自戀行為重現而已。按弗氏在這裏以性欲與私欲來說父母對子女的愛，自然是一偏之見，膚淺得很。他不承認這是人的善性、天性的表現，不認同五倫的關係，只誇張性欲的影響力量。禽獸也知道愛牠們的子女，在弗氏眼中，人連禽獸都不如。當然，他也可以以性欲來說禽獸愛子女。

在唯識學中，也有對於自我生起的自戀，不過，文獻用的字眼是「我執」。而在說四種常與第七末那識一同生起的所謂四煩惱：我見（ātma-dṛṣṭi）、我癡（ātma-moha）、我慢（ātma-māna）和我愛（ātma-sneha），都有自戀的意味。特別是我愛，自戀的意涵非常明顯。我愛即是對自我愛著、自我戀棧，死執著自己，不輕言放棄。至於較詳細和明顯的說法，則可見於《瑜伽師地論》的以下一段文字中：

又一切種子識，於生自體雖有淨、不淨業因，然唯樂著戲論

> 為最勝因。於生族姓、色力、壽量、資具等果，即淨、不淨業為最勝因。又諸凡夫，於自體上，計我、我所及起我慢。一切聖者，觀唯是苦。[68]

這節引文是說明阿賴耶識中的種子與我執等形成的關係。引文又以種子為主因，解釋有情眾生能投生及導致新一期生命在投生後出現不同的壽命、資質等。依引文所說，阿賴耶識為一切種子識，所含攝的種子會遇時而熟，產生不同的果執現象。有情眾生所以會輪迴不息是因為阿賴耶識中的有漏種子不斷生起現行，而具染汙性的現行又復熏成種子，形成生死循環的現象。其中最能決定個體生命不斷輪迴受生的，正是阿賴耶識中所攝藏的種種由樂著戲論而生起的種子。戲論（prapañca）在這裏泛指種種名言概念和對象。如對這些概念有所執取，則由這些執取而生起的餘力（即種子）便會寄存在阿賴耶識中，成為生死輪迴的主因。論主似乎以為個體生命的輪迴、受生是直接受這些戲論種子所影響。大體上，這些戲論是指對真實義理產生顛倒的見解。如凡夫不見真實義，誤以為在自身的識體外有真實的自我存在，繼而生起我見（ātma-dṛṣṭi）。又從我的立場出發，視自己以外的一切外物也是真實，具有不變的自性，產生法執（dharma-grāha）。對於自己也產生我執（ātma-grāha）。於是在日常生活或思想中，都以我為衡量事物的出發點，繼而又生起種種與我執有關的錯誤見解。最明顯不過的便是我所（ātmīya）和我慢（asmimāna），即以自己為中心，強調自己具有的東西為

68　《大正藏》30·284 中。

有自性，並對他人生起種種輕慢的念頭。而上面提到的我執，更有濃厚的自戀意味。它不單指對自性、實體的執著，也有對自己的自我、生命存在的戀棧迷失的意涵。

很多唯識學的論典都曾指出一期生命在命終時，都會因著對一己的貪戀，配以種種業力的牽引，開始新一期的生命。由此可見，我執等的戲論是直接推動阿賴耶識投生的主要原因。至於聖者，他們因能了知諸法無自性，不會生起種種我執和法執。他們藉著修習佛法而不被種種戲論所蒙蔽和顛倒。這裏的「對一己的貪戀」，便是自戀，是對我執的一種情意上的描述。

最後，弗洛伊德談到伊蒂普斯亦即戀母情結的問題。他指出，宗教、道德和社會感是人類較高級方面的主要成分，三者最初是同一東西。他在其《圖騰與禁忌》中提出一種假設，表示這三者之能被人達致，從種系發生上說，是源自戀母情結：通過掌握伊蒂普斯情結自身的實際過程獲得宗教與道德的限制，和為了克服由此而保留在年輕的一代成員之間的競爭的需要而獲得社會情感。（《文集》六，頁 135）弗氏的意思是，在實際的發生、產生的角度看，戀母情結在客觀方面、社會方面，都可讓人在宗教、道德和社會感情或責任得到處理周圍事物的經驗與結果。

唯識學又怎樣看這戀母情結和有關問題呢？在上面我們提過中有在進入母胎中受生之前見到男女雙方的性欲行為，在另處還有相類似的描述。《瑜伽師地論》說：

> 若無如是三種過患，三處現前，得入母胎。彼即於中有處，自見與己同類有情為嬉戲等，於所生處起希趣欲。彼於爾

> 時，見其父母共行邪行所出精血而起顛倒。起顛倒者，謂見父母為邪行時，不謂父母行此邪行，乃起倒覺，見己自行，便起貪愛。若當欲為女，彼即於父便起會貪；若當欲為男，彼即於母起貪亦爾，乃往逼趣。若女於母，欲其遠去；若男於父，心亦復爾。生此欲已，或唯見男，或唯見女。如如漸近彼之處所，如是如是漸漸不見父母餘分，唯見男女根門，即於此處，便被拘礙。死生道理，如是應知。[69]

這節引文主要是說明中有形成男胎和女胎的原因和經過。引文清楚表示，如果中有在投生的過程中，能避開三種過患的情況，而所需的三種處所又能具足，則中有便會在其居處看見與自己同類的中有在嬉戲，繼而會對投生的處所的問題產生投生該趣的意欲。趣指投生的處所，眾生輪迴受生的處所有六種，即天（deva）、人（manuṣya-gati）、阿修羅（asura）、地獄（naraka）、餓鬼（preta）和畜牲（tiryag-yoni-gati），合稱六趣（ṣaḍ-gati）。這時候，中有會被業力牽引，見到他的父母進行性事而產生的精血，便生起顛倒的想法。這顛倒指他看著父母進行性事時，卻以為正在進行性事的是自己，因而對性事起貪愛。如果他想成為女性，就會對父親起貪念；如果想成為男性，就會對母親起貪念。基於這種貪念，他會逼近該受生的處所。將成女性的中有會希望母親離去，自己接近父親；將成男性的中有會希望父親離開，讓自己接近母親。生起了這種欲念後，女的中有只看父親，而向他趨近；男的中有只

69　《大正藏》30・282 下。

看見母親，而漸向她接近。如是逐漸看不見父或母的身體，而只看見父或母的根門。在此處便受孕成胎。

大體上，論主以為中有在投生方面，其男女性別的區分或取捨，早在其投生時已被自身的心念所決定。接著，引文指出當一切準備就緒後，中有會按其心念和業力的牽引進入母體。起初還會看見父母的整個身體，漸漸地他會將集中力凝聚於父母的生殖器官方面，並朝向它們出發。那時，中有會被男女雙方的有形質的色身所障礙，並藉著男女精血的流出而進入母胎，完成整個投生的過程。

另外，這裏說到中有若想成為女性，會對父親起貪念，想成為男性，會對母親起貪念；兩者分別傾向接近父親而希望母親離去，接近母親而希望父親離去。這頗近於弗洛伊德所提到的情結（complex）。一種是愛戀父親的愛列屈拉（Electra）情結，另一種是愛戀母親的伊蒂普斯（Oedipus）情結。這兩者都是在潛意識亦即在阿賴耶識的層次說的。

唯識學以至整個佛學並沒有突顯性愛意識或概念，它的中心課題是心識，特別是阿賴耶識，一切流轉還滅都是在這阿賴耶識中說，也就這個心識的熏習作用來決定眾生的根性和他們所居處的環境，這與文化活動特別是道德、宗教、社會、藝術等都沒有深刻的聯繫。弗洛伊德則以性本能來解釋一切，甚至從人的嬰兒期說起。人的多元的面相，都可以在其性本能的傾向中看到。我們可以說弗氏的精神分析為一種性欲現象論（不是性欲現象學）。他並不措意道德理性與宗教歸宿的問題，與東方哲學在旨趣上很是不同。

十六、憂鬱、罪疚感、躁鬱、壓抑、焦慮

以下我們具體地看人一般所患上的精神上的問題或症狀，弗洛伊德提出五種：憂鬱、罪疚感、躁鬱病、壓抑和焦慮。按弗氏的精神分析是從症狀出發的，因而頗有現實上的依據，不是憑空想出來。總的來說，這些症狀都起於我們的欲望不能得到滿足，它們可通到潛意識、本能生活以至性行為方面去。

首先看憂鬱的問題。弗洛伊德認為這種問題的特徵是超我對待自我的方式所起的衝激。人在憂鬱症發作的時期，他的超我會變得很嚴厲，對自我不客氣地加以責備。超我代表道德，它的責備構成或引生我們的道德內疚感，自我與超我之間存在著緊張的狀態或關係。[70]

順著超我對待自我的苛刻要求，弗氏進一步表示超我具有一定程度的自主性，要自我遵循自己的主意行事，這種要求非常嚴厲，甚至可以說是「殘忍」。這是有良知義的超我對自我的嚴酷方式，讓自我無法接招、容受，而陷於憂鬱的心態中。弗氏強調，在憂鬱症發生之初，超我變得難以估量的嚴厲，責備甚至虐待那可憐的自我，以最可怕的懲罰來威嚇它。弗氏更用兩個階段說超我的這種威脅：它先是以自我在很早以前所做出的輕率的行為而責備自我，其後又進一步收集自我的罪症，等到自己的力量變得、發展到異常強

70　對於道德，弗洛伊德作為一個心理學者，持的自然是經驗主義的立場。但在這裏，他卻說道德經驗是上帝賦與我們的，因此是深植於我們的心中。（《文集》五，頁 38）此中便有矛盾，展示弗氏對道德問題的認識與體會，並不深邃。

大時，一並宣佈這些罪症、罪名，以此為依據，對自我作出重度的批判，甚至羞辱。超我把最嚴格的道德標準施加給在它控制下的無助的、無奈的自我。也可以說，當自我與超我之間的緊張狀態發展到巔峰時，自我的道德內疚感便像山洪爆發地流露出來。然而，這種情況不會一直延展下去，過了一段時期，例如幾個月之後，由於道德上的全部糾紛都結束了，超我的無情的批判也沉默下來，自我亦能夠回復它原來的狀況與位置，而且再次享受原來可以享受的權利，直至下一次憂鬱症的發生。（《文集》五，頁 38-39，我加了一些自己的整理）

憂鬱症可通於罪疚感。弗洛伊德表示，超我能夠控制意識，這種控制可以加強。但自我不敢貿然反抗；它只能承認有罪並且甘願受罰。再加上憂鬱感，因而有罪疚感的生起。但這罪疚感只發生於潛意識的層面，這是因為自我受到超我在潛意識層面的壓抑、懲罰。總之，自我感到自己要對這種保留在潛意識中的罪疚感負責。弗氏又強調，這種潛意識的罪疚感的加劇會使人成為罪犯，這是令人感到驚訝的發現，但卻是事實。在許多罪犯中，特別是年輕的罪犯中，我們可以發現他們在犯罪之前就存在著一種非常強烈的罪疚感。因此，罪疚感不是人的行為的結果，而是其動機。在所有這些情境中，超我表現出它和意識的自我無關，而和潛意識的本我卻有密切關係。（《文集》六，頁 145-146）

弗洛伊德指出，我們不難對正常的、有意識的罪疚感亦即是良知責備，它是立根於自我和自我理想之間的緊張關係中，並且是由它的批判功能進行自我譴責的表現。我們可以推測到，在精神症中為人熟知的自卑感（feeling of inferiority）可能和這種有意識的罪疚感有密切關連。在兩種我們熟悉的疾病中：強逼性神經症、憂鬱症，我們可以強烈地意識到罪疚感。自我理想（按這是與超我相連）在其中非常活躍，它不時嚴酷地對待自我。（《文集》六，頁145）罪疚感表示自己心中感到做錯事，在道德上感到不安，也覺得自己不如他人，因此產生自卑感。

弗氏又指出，以某種強逼性神經症的形式進行良心上的譴責也非常流行，同樣讓人感到痛苦和煩惱。強逼性神經症和憂鬱症不同，甚至相反，它不會循著自我毀滅的方向發展，它要避免自殺，比癔症或歇斯底里症能夠更好地保護自己，讓自己能從危險邊緣退卻下來。（《文集》六，頁146）

憂鬱症發展到某個階段，可以引發躁鬱症（manic-depressive psychosis, mannisch-depressive Irresein）。這種病症是憂鬱症惡化下去的結果，人會變得消極、缺乏動力去做任何事，連死亡也懶得去思考，也提不起勇氣去死，結束自己的生命。弗洛伊德表示，當超我獲得對意識的支配權力，人會變得情緒不穩定，超我時常會對自我大發雷霆，好像要盡全力對當事人進行肆虐。弗氏提出肆虐狂的觀點是，當超我充滿著破壞性成分時，常以這破壞性去對付、壓逼自我。他運用這樣的字眼：「在超我中取得支配地位的東西可以說是對死的本能的一種純粹的培養」。（《文集》六，頁 146）倘若自我不能及時通過轉變成躁狂症或躁鬱症，以避免受到超我的暴政統治、壓逼的話，死的本能便常常成功地驅使自我步向死亡。因為如上面所說，躁鬱症含有一種消極的成素，讓自我變得軟弱疲怠，連要自殺也不起勁。

以下看壓抑問題。在弗洛伊德來說，人的生理機能是恆常地運作的，不會真正靜止下來，除非他死了。意識與潛意識之間的爭鬥也是規律性的心理活動。[71]人的潛意識活動貫穿著人從生到死的一生中的有規律性的現象，弗洛伊德把它說為是「壓抑」（repression, Verdrangung）過程。而在內容方面，潛意識並不是偶然的、隨意的（random）零碎的經驗，而是一種典型性的、有相當穩定性的經驗的組合，以性的經驗為主。關於這種組合，弗洛伊德稱為「情結」（complex, Komplex）。這些情結在每一個人的生活歷程中時常重複出現，根據確定的周期分別被壓抑，在潛意識的次元中被壓抑。

壓抑是一種精神病症。在治療這種病症時，弗洛伊德發現，病人總會表現出一種反抗的力量。此中有兩個來源，其一是理智上的反抗，另一是情感上、情緒上的反抗。關於前者，病人總是想辦法把自的想法隱藏起來，至少是把其中的某一部分隱藏起來，以防止醫務人員的不斷的盤問、「進攻」。對於這種反抗，並不是很難處理。難處理的是後者。病人往往對醫生的分析（精神分析）的作業起著抗拒、不合作態度。他並不去回想以往生活中的一些情感和心境，而是重現這些情感和心境，以一種所謂移情作用（Übertragung）抗拒醫生的治療。精神分析得越深入，其抗拒的強度也越大。據弗氏的解釋，這種症候的成因，是病人的有關心理不能進入意識，只是隱藏於潛意識中。據弗氏的說明，我們的心理活動是先在潛意識中進行，其後才移挪到意識的內裏。但要移挪到

---

71 生理活動是身體上的器官的運作，心理活動則是意識、思想的運作。

意識中，需要一些條件。若不具有這些條件，移挪現象便不能出現。

這移挪是怎樣進行的呢？潛意識的東西如何才能進入意識中呢？弗洛伊德把潛意識系統作比作一個大前房，在這個前房中，有著各種各式的精神內涵，互相擠擁在一起。與這大前房相連的是一個較小的房間，像是一個接待室，意識的要素都儲存於這個接待室中。在大前房與接待室之間的門口，有一個檢查官站立著。它負責稽查的工作，當它不喜歡大前房中的某些東西，便阻攔它們，不讓它們移挪到接待室中。所有它喜歡大前房的東西，便讓它們進入接待室中。因此，在接待室中的東西，或意識內容，都是大前房中的潛意識的東西能夠通過檢查官的關卡而進入接待室中的。在一般的情況，潛意識的東西都擠到在大前房的門口，但不為檢查官許可進入接待室。弗洛伊德把這些不能成為接待室中的一員而被排擠於門外的潛意識的成分的處境，稱為「被壓抑」的處境。而在接待室與大前房之間還有一個小房子，這是前意識的房間。前意識房間中的東西，都可以進入意識的接待室，只是遲早不同而已。因此，所謂「壓抑」就是潛意識的東西被檢查官所阻攔，不能進入前意識的小房間。[72]

在這裏，弗洛伊德以「被遺忘的記憶」來說潛意識的東西，他指出，這在潛意識的大海裏的被遺忘的記憶雖然不能明白地在意識中出現，但也沒有真正喪失，它們仍然是屬於患者，並隨時會在聯

72　以上我參考了陳小文的《弗洛伊德》的說法（頁 137-139），並加上自己的整理。

想到那些還被記得的事情時再顯露出來。但是，確實有一種力量在阻止它們進入意識中，而逼使它的處於潛意識狀態。這種力量的存在性是可以確定的，因為當你試圖把病人的潛意識記憶引入他的意識中時，你會覺察到一種與此相關的力量在對抗它。在精神科醫學上要取得治療效果，消除這種抵抗力量是必要的。弗氏強調，以抵抗的形式出現，阻止被遺忘的材料進入意識的那些力量，在最初必定曾經導致出遺忘的活動，並把那些致命的經驗排除在意識之外。弗氏把這個設想的程序稱為「壓抑」（repression）。（《文集》五，頁 130-131）這樣我們便可以明白，精神醫學在治療上，要把病人在潛意識的東西引到意識中，讓醫生正確地檢測到病人的實際狀況，特別是其潛意識的實際狀況，以進行治療。但在病人方面，在他的心理上、精神上存在著一種阻力，阻止潛意識的東西移挪到意識層面。這便是對於潛意識的壓抑。醫生需要先處理這種壓抑力量，把上面說的抵抗力量、阻力淡化下來，至少把它減弱。

這種壓抑的施行者是甚麼呢？是誰呢？依弗洛伊德，這壓抑是超我所為的；或者由超我親自壓抑，或者是由自我依照超我的命令、主意而為的。弗氏又表示，若我們在精神分析中碰到的抵抗、抗拒未有被病人意識到，就意味著超我和自我在一些很重要的情況中能夠無意識地活動；或者自我和超我的某些部分就是潛意識性格的。（《文集》五，頁 43）倘若我們向上追溯，尋求作為精神分析的根源的癔症或歇斯底里症的研究的話，便得對壓抑作出基本的假定：把心靈分為兩個面相，其一是受壓抑的，一是實施壓抑的。前者是潛意識性格的，後者是意識性格的。那我們便可以這樣理解：在自我中有一種爭持：意識壓抑潛意識，不讓後者通到前者方面去，而永遠待在後者的內裏。

關於壓抑的心理學意義，我們可以提一下所謂「伊蒂普斯情結」（Oedipus Complex, Ödipus Komplex, complexe d'œdipe）。在希臘神話中，有一個關於國王伊蒂普斯的神話。它表示男人有反抗父親的傾向，而向母親方面強力傾斜。這種傾斜便是伊蒂普斯情結，是弗洛伊德時常提及的。神話中的伊蒂普斯王不知道父親是自己的親人，卻把他殺死，而與其母親結婚。這表示男人在潛意識中對父親持反抗之心，而特別鍾愛母親。弗氏以之來表示幼兒期的一種狀態的情結。其後弗氏把它與被壓抑的神經症掛鈎，把它關連到強大的社會中的父權至上的觀念方面去。

最後我們看焦慮問題。焦慮在存在主義（existentialism）哲學中常被作為人的精神上的不安狀態而被提及，弗洛伊德所說的焦慮（anxiety），則是一種精神病的症狀，而且有多方面的不同性格。在這裏，我們得先從自我問題說起。按自我在人的生命中是一個弱者，它缺乏獨立性，而是依附於自然世界、超我和本我之中。首先，它有物理性、生理性的經驗的基礎，與外在世界分不開，同時也有自己的知覺系統。因此它要面對外在世界，在很多問題上要屈就經驗條件。又與本我關連起來，忠實於本我，俾能吸納本我的力比多。另外，它的種種活動，都在超我的監視下，隨順道德規律，不能肆意放縱。倘若它不這樣做，便會被懲罰，讓自己畏縮、緊張起來，而陷於自卑感與罪過感。它也時常讓我們有一種生命苦惱、生活艱難的感覺。自我不是強者，而是弱者，它被多方面的元素所壓逼，而形成種種的憂慮，特別是焦慮。這些元素可以是現實性格、道德性格和神經性性格。

弗洛伊德將焦慮描述為一種情感狀態：快樂與苦痛系列的情感的混合。這些情感都具有與其相對應的外導神經衝動和對於這神經衝動的知覺。弗氏也曾主張焦慮是透過遺傳表現出來的某種特別重要事件的積澱物（precipitate），也可以被視為一次習慣性的癔症（歇斯底里症）的發作。他特別提出兩種焦慮：現實性焦慮與神經性焦慮。前者是一種我們可以預見的來自外界的傷害或危險的心理反應；後者則是神秘莫測的，我們對它知道得不多。（《文集》五，頁 51）

在對於現實性焦慮的分析中，依弗洛伊德，我們可以將它還原到感覺注意和運動緊張增加的狀態，視之為「焦慮的準備」（preparedness of anxiety）。神經性焦慮則可有三種。一是自由飄浮的、普遍的憂慮。二是在所謂恐怖症中這種焦慮穩固地依附於某些觀念上。三是在癔症或其他嚴重的神經症中生起的焦慮。（《文集》五，頁 52）按第一種焦慮是自由飄浮的、時常發生的，也沒有特別的導因。一個人多愁善感，如林黛玉，便常有這種焦慮，它來自來，去自去。第二種焦慮由恐怖症帶引出來，它沒有獨立性格，只依附於一些觀念如死亡、苦痛、怖懍之屬。第三種焦慮也沒有獨立發生性，而是一種副作用（side effect），例如至親病亡、大災難如地震、海嘯之類所引起的結果。

十七、唯識學中與精神分析症狀相應的心理狀態

以上我們闡述了弗洛伊德的精神分析中所涉及的五種心態，這些心態都是負面意義的，是需要治療的。弗洛伊德自己是精神科醫生，自然有他的治療法。佛教的唯識學也有相類似的有關人的心

態的分析，他們稱此為心所。只是它們不全是負面的，也有正面的。

心所（caitasa）即是心理狀態，所謂 mental state，是伴隨著心自身而生起的心的副作用。按在佛教中，說一切有部（Sarvāstivādin）與唯識學派都對存在世界的各種事物有研究的興趣，它們各自把後者歸納為五個大類，這即是所謂「五位」：心王、心所、色、不相應、無為。心所即為其中的一類，且為最大的類。

在這裏，我們要拿唯識學特別是世親的《唯識三十頌》和護法的《成唯識論》（《成論》）所說及的心理狀態或心所與弗洛伊德所涉及的心態作些比較。有一點我們需要先強調的是，弗洛伊德的心態：憂鬱、罪疚感、躁鬱、壓抑和焦慮，全是負面的，是病態性格的，因而需要治療。唯識學的心所則有正面的，也有負面的。正面的有五遍行心所：觸、作意、受、想、思；五別境心所：欲、勝解、念、定、慧；十一善心所：信、慚、愧、無貪、無瞋、無癡、勤、輕安、不放逸、行捨、不害。負面的有六項煩惱心所：貪、瞋、癡、慢、疑、惡見；二十隨煩惱心所：忿、恨、覆、惱、嫉、慳、誑、諂、害、憍、無慚、無愧、掉舉、惛沉、不信、懈怠、放逸、失念、散亂、不正知；四不定心所：悔、眠、尋、伺。其中的遍行心所、別境心所、善心所是正面意義的，我們暫時不必理會。我們在這裏要留意的，是負面意義的心所，這即是煩惱心所、隨煩惱心所、不定心所。

進一步，在唯識學所說的負面意義的心所中，只有以下的心所與精神分析的五種心態有相近似的意味：癡、疑、惡見、忿、恨、惱、嫉、掉舉、惛沉、不信、懈怠、放逸、失念、散亂、不正知。以下我們就護法的《成唯識論》或《成論》看這些負面意義的心所的意涵。

《成論》說：

> 云何為癡？於諸理、事，迷闇為性。能障無癡，一切雜染所依為業。[73]

癡（moha）是對於種種道理、事情迷妄不知。它引生的作用是障礙無癡，以及作為一切雜染的所依。癡亦即是無明，所以它不單是六種煩惱之一，亦可說是一切煩惱的根源，有著非常凝重的執著。

《成論》說：

> 云何為疑？於諸諦理，猶豫為性。能障不疑善品為業。[74]

疑（vicikitsā）是對於諸法緣起的正理猶豫，不能確信。諦即是真理，緣起正理之意。引生的作用是障礙由不疑而生的善業。

《成論》說：

> 云何惡見？於諸諦理，顛倒推求（度），染慧為性。能障善

73 《大正藏》31・31 中。

74 《大正藏》31・31 下。

見，招苦為業。[75]

惡見（dṛṣṭi）是一種顛倒真理的推度。推度本是慧心所的作用，但這種顛倒的推度則是染汙的慧。它引生的作用是障礙善見，以及招來苦痛。善見即是正見，由於正見被障礙，於是招來迷執和苦痛。

《成論》說：

云何為忿？依對現前不饒益境，憤發為性。能障不忿，執仗為業。[76]

忿（krodha）是對於現前不滿意的、於己無益的事情加以憤恨。它引生的作用是障礙不忿，即障礙一種平和的心境，以及對現前的事情進行攻擊。這種隨煩惱是根本煩惱中瞋的分位假立，本身沒有別體。

《成論》說：

云何為恨？由忿為先，懷惡不捨，結怨為性。能障不恨，熱惱為業。[77]

恨（upanahana）跟忿的意思很接近。忿是較為表面的，而恨則是

75　同前註。

76　《大正藏》31．33 中。

77　同前註。

內在的，是一種內心的怨憤。當遇到不如意的事情時，先會產生忿，然後，這種忿會埋藏在內心，不願捨棄，以致結成怨懟，這就是恨。恨的引生作用是障礙不恨，在內心產生一種怒火，令內心不安。這種心所亦是依瞋而假立，本身沒有別體。

《成論》說：

> 云何為惱？忿、恨為先，追觸暴熱，狠戾為性。能障不惱，蛆螫為業。[78]

惱（pradāśa）是一種很深藏隱閉的隨煩惱心所，以忿和恨為基礎，亦比忿和恨更為深刻。內心先從忿、恨而生起怒火，惱就是繼續發展這種怒火，以致化為一種兇狠暴戾的心態。惱引生的作用是障礙不惱，以及化為行動，如蛆螫一般去咬噬他人。這種隨煩惱是瞋的分位假立，不是另有別體。

以上幾種隨煩惱有著次序上的關係，先是有忿，繼而有恨，再以忿、恨為先而生惱，可見這三種隨煩惱的關係很密切。由此亦可見唯識學的心理分析相當細密，而且條理分明。

《成論》說：

> 云何為嫉？徇自名利，不耐他榮，妬忌為性。能障不嫉，憂慼為業。[79]

---

78 同前註。

79 同前註。

嫉（īrṣyā）是一般所說的妬忌。具體來說，是為著自己的利益，不能接受別人比自己要強，對於別人的榮耀不能忍耐，而產生的一種不安的心理狀態。這種隨煩惱是瞋的分位假立。它引生的作用是障礙不嫉，使內心憂慼不安。這種心理很接近西方學者謝勒（Max Scheler）的著作 *Ressentiment* 中所說的憤恨（resentment）。這種憤恨從不能接受他人的功績而產生。在內心幻想一個價值世界，將他人的功績的價值貶抑，而顯出自己的崇高，將正常的價值標準顛倒過來。這正是魯迅筆下的阿 Q 精神。

《成論》說：

> 云何掉舉？令心於境不寂靜為性。能障行捨、奢摩他為業。[80]

掉舉（uddhava）指一種輕佻浮燥的心態。當人處於這種心態時，內心會對於當前的事情不能保持平穩，以致胡亂地批評。它引生的作用是障礙行捨和奢摩他。行捨是寂靜；奢摩他（śamatha）是佛教修行的「止」，即是一種心念平靜的狀態。

與掉舉相對反的一種大隨煩惱是惛沉。《成論》說：

> 云何惛沉？令心於境無堪任為性。能障輕安、毗鉢舍那為業。[81]

80　《大正藏》31·34 上。

81　同前註。

惛沉（styāna）是對於當前的事情沒有覺識，內心對事物缺乏了解，不能輕鬆地處理。它引生的作用是障礙輕安和毗鉢舍那。輕安是安然放鬆；毗鉢舍那（vipaśyanā）是佛教修行的「觀」，即是將意識集中於某一對境，甚至沒有對境的狀態，只是將意識集中起來，不使向外消散。

《成論》說：

> 云何不信？於實、德、能不忍樂欲，心穢為性。能障淨信，惰依為業。[82]

不信（āśraddhya）是對於事情的「實」、「德」、「能」不願接受，而且內心汙穢。「實」（astitva）指事物的自體；「德」（guṇavattva）是事物的性格；「能」（śakyatva）是事物的作用。不信是對於事物這幾方面的狀況不接受，甚至拒斥。它引生的作用是障礙淨信，以及依於怠惰。淨信是對於正確的、清淨的事情加以信受。怠惰是自暴自棄、百事不理。

《成論》說：

> 云何懈怠？於善、惡品修、斷事中，懶惰為性。能障精進，增染為業。[83]

82 《大正藏》31・34 中。

83 同前註。

懈怠（kausīdya）是在修善和斷惡的實踐中的一種懶惰的心態。它引生的作用是障礙精進，以及增加染濁。

《成論》說：

> 云何放逸？於染、淨品不能防、修，縱蕩為性。障不放逸，增惡、損善所依為業。[84]

放逸（pramāda）是不能防止雜染的事情，又不懂修習清淨的善法的一種放縱蕩逸的心態。它引生的作用是障礙不放逸，作為增進惡法、損害善法的事情的所依。《成論》說：

> 云何失念？於諸所緣，不能明記為性。能障正念，散亂所依為業。[85]

失念（muṣitā-smṛtiḥ）是對於所認識的事物不能明確地記憶。它引生的作用是能夠障礙正念，以及使內心散亂，不能集中。

《成論》說：

> 云何散亂？於諸所緣，令心流蕩為性。能障正定，惡慧所依為業。[86]

---

84 同前註。

85 同前註。

86 《大正藏》31‧34 中-下。

散亂（vikṣepa）是內心不能專注於對境。這種心所令內心對於所緣的對境流蕩，不能停下來注視。它引生的作用是能夠障礙正定。正定是佛教修行中的止，即令心思集中。此外，散亂又作為惡慧的所依。惡慧是一種邪惡的判斷。

《成論》說：

> 云何不正知？於所觀境，謬解為性。能障正知，毀犯為業。[87]

不正知（asaṃprajanya）是對於所觀的對象作出錯誤的理解。它引生的作用是障礙正確的理解，以及對於賢、善加以毀謗侵犯。

以上我們用了很多篇幅來闡述弗洛伊德的精神分析和護法唯識學的有關的對人的負面的心理狀態的內容。所謂負面，只是概括地說而已，雙方對有關的心理狀態的負面性，確定地達到哪種程度，是不能說的。如上面已提及，精神分析是一種科學性格的醫學，唯識學是一種宗教義理，它們在人的日常生活上扮演不同角色，雙方對人的相關的心理狀態注入甚麼意義、內涵，是很難說清楚的。因此，對於唯識學所說的心理狀態的類別所冠予的名稱，如遍行、別境、善、煩惱、隨煩惱、不定等的確定意涵，我都沒有作出概念性格的交代，以免讀者對於這些概念執實，或執得太死煞，致與精神分析中涉及的精神病症作比較時，強求雙方的相同性，而忽略了雙方由於背景的不同而應留有寬鬆的解讀空間。讀者如要對唯識學的心理學的心所的類別求取精確的理解，可參考拙著《唯識現象學

---

87 《大正藏》31・34 下。

一：世親與護法》一書的有關部分。[88]另外一點是，心理狀態是有關心或心識的感受，由於我們具體的心或心識有主觀性，因而相關的心理狀態自也有其主觀性，我們不能依學術研究所要求的純粹的或高度的客觀性來處理精神分析與唯識學這兩個系統的概念，在雙方的比較方面抓得太死煞，在同異之間劃清界線，特別是嚴格地精確的界線。

交代了這些點後，我們便可以對於精神分析的心理概念與唯識學的相關方面作些比較，特別是比配，看看精神分析的心理概念可以在唯識學的心所方面作出怎樣的溝通，或者說，前者可以包含或指涉後者哪些方面的意思。首先，憂鬱是一種非常深微但也極為普及的精神病症，它的來源很多元，因此常常依不同的人而有不同的症狀表現。它起碼具有惡見、嫉、掉舉、惛沉、不信、懈怠、放逸、失念、散亂這多個心所的意思，尤其與惡見、嫉、惛沉、懈怠和散亂等的意涵有密切的關連。罪疚感也很複雜，成因也很多方面，其程度依人不同。它具有惡見、惱、掉舉、懈怠、惛沉、失念、散亂的意味，其嚴重的結果是讓人懈怠，也使人陷於惛沉，甚麼也不能做，只想把責任推給他人。躁鬱的症狀比較簡單，是憂鬱所引致的在外表上的躁惱不安，有癡、掉舉、散亂、失念的意味；特別是失念。一個躁鬱的人，內心極度煩躁，甚麼也不能忍耐，也缺乏明覺，不辨是非，到處妄撞、盲動。壓抑是嚴重的精神症狀，不管是受壓抑者或是施壓抑者，他們心中都有忿、恨、嫉、惛沉、

88　吳汝鈞著《唯識現象學一：世親與護法》（臺北：臺灣學生書局，2002）。

不信。特別是受壓抑者，總是想報復，但又在生理、智能方面是弱者，不足以達成報復，因而轉為嫉妬、仇恨。焦慮則是最內在的心理症狀，也最為深微，難以處理、治療。它具有疑、惡見、惱、惛沉、不信、失念、散亂和不正等心所的義涵。特別是不正知。患者沒有自知之明，也不瞭解他人以至整件事情。處事不能鎮定，對過往、現在、未來的事情所知，無從預測，只能一味焦急、憂慮。它與憂鬱有時也很難分清界線。

十八、癔症或歇斯底里病患的活動與成因

在精神分析中有一個非常普遍又難以處理或治療的病症：癔症或歇斯底里現象。這歇斯底里（hysteria, Hysterie, hystérie），根據字典、辭典的說法，是一種精神病，患者平時喜怒無常，感覺過敏。發作時，手足痙攣，知覺喪失，流口水，說胡話。這種病症多由心理上的劇烈的矛盾所引起。[89]這樣的解釋自然是不足的，我們得向深處探討。按歇斯底里的希臘文是 hysterrie，其原義是子宮。這是巫婆的說法。據她們的所見，具有這種生理、心理現象的女性的行為總是混亂、不成章法的。她們認為它的成因是人在心理上、精神上受到壓抑、傷害，於是聯想到女性的子宮的受壓情況。不過，這種病症並不單流行於具有子宮的女人中，也出現在沒有子宮的男人中。

根據弗洛伊德的研究，歇斯底里症與壓抑現象有一定的關聯，它自身也很複雜，略分有三種：焦慮性歇斯底里（anxiety

89 《中華新字典：普通話・粵音》（香港：中華書局，1986）。

hysteria）、轉換性歇斯底里（conversion hysteria）和強逼性神經症（obsessional neurosis）。這三種症候的現象不盡相同。弗洛伊德選取強迫性神經症說一下其症狀：患者頭腦中充溢著他並不感興趣的思想，時常感到有奇怪的衝動，並且被迫去做一些毫無樂趣的動作。患者顯然為這種思想的困擾而感到精疲力竭，有點像唯識學所說的懈怠心所。他自己雖然不願意陷入這種狀況中，但又不能自己控制自己。這是甚麼思想呢？弗洛伊德沒有明說。但他指出，人在強迫性神經症中所作出的行為受到一種能量的支持，這種能量很強大，常使患者在思想中展現種種負面的觀念，例如以一個愚蠢的觀念去替代另一個比較緩和的觀念。患者自身也有一種能力，可以將任何症狀替換成與其原來形式根本不同的東西，甚至對通常最為肯定的、確定的東西也加以懷疑。漸漸地，患者變得日益猶豫不決，喪失精力，減損活動的自由度。但在開始時，強迫性神經症具有旺盛的精力和超常的思考力。（《文集》四，頁 149-151）按這樣的歇斯底里症並不是很嚴重，但已能讓患者在思考上碰到挫折，精神不集中、不固定，而且感到疲勞，有時也不能在思維上控制自己。

以下我們看看歇斯底里的發作情況，俾能進一步理解它的性格。弗洛伊德和他的拍檔布洛伊爾（Josef Breuer）合寫了好些著作，是研究歇斯底里症的。在其中，他們表示大多數不同的歇斯底里的症狀是自己發動的，但也可以逆向地追溯這種發動的契機，這包括各種類型的神經痛、神經衰弱，其中不少患者持續數年都有這個問題，他們有痙攣型和麻痺性的傾向和發動，慢慢會產生癲癇症、抽搐性症，和慢慢嘔吐和厭食現象，同時視覺開始紊亂，反復地經驗幻視，也會造成創傷性神經症。（《文集》一，頁 17-18）

關於歇斯底里的特徵，布洛伊爾表示，我們的一個過強的興奮可能會迂回地發洩或突破協調中心，以原始的運動方式溢漏出來。在嬰兒中，除了哭叫時的呼吸動作外，情感的產生和表達只是以這種原始的肌肉不協調地收縮，如彎曲身體、亂踢的方式進行。在發展過程中，肌肉越來越多地是在相互協調和意志力的控制之下。但是，表示整個肌肉運動至最大用力程度的角弓反張、亂踢及來回猛烈擺動的陣攣性運動是終身存在的，它們是大腦最大興奮的反應方式～是癲癇發作的純粹生理性興奮的反應方式，也是或多或少癲癇樣抽搐中大量情感發洩的反應方式，即歇斯底里症發作的純運動方式。這類異常的情感反應正是歇斯底里症的特徵。（《文集》一，頁 133）因此，歇斯底里症的呈現，基本上是生理性格的，說不上自覺，更說不上理性。其動機是要表現自己，展示自己的存在性而已。

在這種特徵與動機之中，存在和展示著一種自然的生理性的報復的本能。布洛伊爾指出，報復本能在普通人中是強烈的，它是一種藏在生命中的未被釋放出來的反射性興奮。這也有防衛自身、免受外在因素傷害的本能。這種本能雖說是報復性格，但未必有報復的明確對象，只是要把生命的能量發放、釋放出來。倘若這種動作受到障礙，報復本能會變為一種非理性的意志衝動，這種衝動可以衝破對自己安危的考慮，而只想求得本能的向外發放。（《文集》一，頁 134 註 1）依於此，我們可以初步說歇斯底里症是要將身體的自然生命力量發放出來，讓內在的潛能能夠向外消耗，讓身體的生理狀態得到平衡。不然的話，身體內裏若埋藏著大量的自然能量，到身體內累積的能量到了警誡線，便會像山洪般爆發，這會嚴重影響身心的生活。

這種歇斯底里症怎樣形成的呢？它的肇因是甚麼呢？這在上面已透露出一些訊息，但失之過簡，也太籠統。我們在這裏要認真研究一下。據弗洛伊德的看法，幾乎所有的病症都由所謂「情緒體驗」（emotional experiences）的殘留物或可稱為「沉澱物」（precipitates）所形成。弗氏其後把這些經驗稱為「心理創傷」（psychical trauma）。這些病患是由那些記憶殘留下來的創傷性情景所決定的，我們不一定要把它們說成是神經症造成變幻無常、神秘莫測的產物。（《文集》五，頁 124）弗氏的意思是，歇斯底里症起於對於往日發生的創傷的事件的回憶，這則不單是要發洩生命體的過盛的本能那麼簡單了。這些創傷的回憶可以讓當事人受到折磨，因此可能出現要向涉事人報復的意圖。報復自然可以在心理上產生一些療效的。但不管如何，創傷已然形成，它是去不掉的，根本的解決途徑是克服傷創的心理，為自己找尋新的、有希望的路向。

創傷可以是軀體性的，也可以是精神性的或心理性的。弗洛伊德和布洛伊爾認為，與心理創傷（psychical trauma）相比，肢體創傷並不重要。心理創傷可以造成當事人的恐懼感，倒轉來說也是一樣：恐懼感可以造成心理創傷；另外，焦慮、羞慚或身體的不適都可以引起人的心理創傷。他們指出，心理創傷的更準確的說法是對創傷的回憶，它有如進入、潛入身體中的異物，長時間地繼續困擾當事人。（《文集》一，頁 19）按這個道理，顯淺易懂。這有如疾病，肉身的疾病，容易治療，也容易發掘它的成因。心靈上的、精神上的、心理上的疾病由於不如肉身的疾病那麼具體，那麼明顯，它們是埋藏於心靈深處的。這非得經過長時間的耐心視察不可。

弗洛伊德與布洛伊爾又指出，這麼長時間以前經歷過的「事情」，還會如此強烈地起作用，這乍看似是反常的，因為我們的記憶畢竟是要磨滅的，但這種「事件」的記憶卻不是這樣。他們提出如下的說法，俾能較易理解這種反常的事情。即是，記憶消退或情感喪失取決於多種因素，其中最重要的因素是對激發這種情感的事件是否有一種強烈的反應，我們或可就這些反應而發洩情感。如果這種反應充分地發生了，淡化了，則結果會是情感的大部分消失掉。但如果這種反應受到抑制，則相關的情感仍會存留在記憶中。一個已得到補償的即使是口頭補償的傷害，在回憶它時會完全不同於那種必須默忍的傷害。（《文集》一，頁 20）按這裏所說的「事情」、「事件」，正是指那種引致創傷心理的經驗。一般性的傷害，是會隨著時間的流逝而逐漸淡化下去，以至消失掉的。發洩情感可以是引致這種淡化、消失的結局的有效方式。但刻骨銘心的精神上的、心理上的創傷則不是這樣，它會長時間地留存下來。只要對於創傷作回憶時，人便難以避免傷心，他必須長時間地默默地面對和忍受這種傷害。弗氏和布氏在這個問題上的觀察與思考的確很深微。

對於記憶問題，弗氏和布氏繼續指出，那些作為歇斯底里症現象的決定因素的記憶，長時期地以驚人的鮮明程度，而且帶著它們全部的情感色彩保持下來。這些記憶和患者過去生活的一般的記憶不同，它們不在患者支配之下。相反地，當患者處於正常心理狀態時，這些經歷完全不在他們的記憶中，或只是以非常簡略的形式存在於記憶中。只有在催眠作用下詢問患者時，這些記憶才像最近的事件那樣鮮明地呈現出來。（《文集》一，頁 21）按這樣的事情，在平時的記憶中不會出現，因此患者不能支配它們，亦即是它們不存在於意識中，而存在於潛意識中。這樣，不光是患者不能支配它們，連意識到它們的存在性也不可能了。只有借助催眠作用，才能將它們由潛意識中帶到意識之中。這些事情或經驗，自然不是一般性的，而是與患者有特殊的深厚關係，如至親的逝去、自己多年努力經營的目標落了空，或者犯下嚴重的罪行，嚴重傷害他人，不為他人諒解，致自己的道德良知對自己產生莫大的壓力，等等。

上面提到情感的問題，弗洛伊德進一步說明這個概念。他表示，情感可被視為可替代的能量，成為致病和治療的決定性的因素。他繼續強調，疾病發生的原因是在病態中所表現出來的情感的正常出口被堵住了。疾病的本質在於這些「被窒息的」情感繼而發生了一種變態的作用。它們一部分保留下來，成為病人心理生活的永久的負擔和產生持續性興奮的源泉；另一部分則通過向非正常的體內的神經分布和神經壓抑的轉化，成為疾病的生理症狀。這便是所謂「歇斯底里性轉換」（hysterical conversion）。（《文集》五，頁 127）按這裏所說的情感自然不是普通的情感，而是災難性的情感，或是對患者構成深沉而又廣遠的屈辱的心情。要處理這種情感問題，首先是讓患者把它們盡情地發洩出來，讓他人同時也感受到這種情感上的痛苦，而生起同情共感的心，以至能夠分享患者的這種痛苦。這便好像情感本身被淡化下來，壓力也減少了，其中的部分由他人承擔下來了。當然這只是一種主觀的、一廂情願的感覺。但對於舒緩患者所感到的壓力會有幫助。

弗洛伊德由創傷性神經性說到精神分裂的問題。他說到讓內（Pierre Janet）提出精神分裂和人格分裂的症狀，表示歇斯底里症是神經系統的一種退化形式，本身作為心理綜合能力而表現，這能力是薄弱的。讓內還認為歇斯底里症患者在把複雜的心理活動統合為一個統一體是先天地無能的、無效的，由此便向相反處發展下去，向精神分裂傾斜。（《文集》五，頁 129）這讓歇斯底里症的患者缺乏足夠的能力和信心，思緒混亂，不能定下心來，面對種種複雜的事情，不知如何應對。

歇斯底里症也與報復有關。布洛伊爾指出，報復本能在普通人中非常強烈，它是被文明所厭惡，而不是被文明所壓抑的；它是一種未被釋放的反射性的興奮。為了防衛自己以免受到戰爭中的損傷，在這樣做時，損傷對手是適當的和原已形成的心理反射。若在實施中不完善或完全不是這樣做，則其興奮持續地通過回憶而釋放，並且「報復本能」漸漸地變成一種非理性的意志衝動，正像其他「本能」的表現一樣。其證據恰恰就是非理性的衝動，脫離了任何有用性或適宜性，事實上是完全不考慮主體自己的安全。一旦當該反射被釋放，衝動的非理性性質就能被意識到。（《文集》一，頁 134 註 1）這裏布洛伊爾在說明上不是很善巧，但意思還是清楚的。人有報復的本能，這若與歇斯底里症聚在一起，便常常會出亂子。在歇斯底里症的發作中，人的本能會轉成衝動，向四方八面宣洩；除了宣洩、釋放本能外，人也要保護自己，向要傷害自己的方面報復。但當這種本能不能被控制，而順著盲目的衝動的腳跟轉，人便會迷失原來的方向，反過來會不顧自己，不顧慮自己的安全。在這種情況下，所做的一切都是非理性的。

最後，弗洛伊德對歇斯底里症作出總結。他表示，對於歇斯底里症患者和其他神經症的研究使他們知道，患者未能成功地壓抑那些不被容許的願望所依附的觀念。他們雖然能夠把它逐出了意識和記憶之外，並且明顯地使自己免除了大量的痛苦，但是這種被壓抑的願望衝動繼續存在於潛意識之中。這些願望衝動正在窺視著被激活的機會；一有機會，那些被壓抑的觀念就會以一種經過偽裝、難以辨認的替代形式成功地進入意識之中，而原來認為可以通過壓抑免除的不愉快情緒又與這些替代物聯繫在一起。如果被壓抑的觀念再次被帶回到有意識的心理活動中，在心理醫生的指導下，病人竭力想避免的那種心理衝突會有一個較理想的結果，這會獲得比壓抑更好的結果。有很多這樣的治療方法，它們可以使心理衝突和神經症有一個令人滿意的結局，而且在一些特定的病例中這些方法可以結合使用。（《文集》五，頁 133）弗氏的意思是，在我們的潛意識中，有很多觀念和想法困於其中，它們都有其一定的能量，這些能量不能長期間留於潛意識，而是需要表現出來，發洩出來。倘若不是這樣，則到了某一限度，在潛意識的這些東西會達到飽和，以爆破的方式突發出來，進入意識中，這對生命個體會構成重大的傷害。弗氏要在意識與潛意識之間建立一種平衡關係，讓心理活動能夠順暢地發展，生命之流可以暢通無阻。

十九、歇斯底里症的治療

以下我們看歇斯底里症的治療方法。在這方面，我們得先探究一下這種病症的直接生發基礎；弗洛伊德在一處提到性本能的衝動替代問題，但又語焉不詳。他強調歇斯底里的症狀是源於性本能力量的衝動的替代。歇斯底里症患者的性格表現出了超乎尋常的性壓抑，強烈地抵抗性本能，本能力量反抗對性問題的理智思考。（《文集》三，頁 25）不過，在另一處弗氏有較詳細的描述。他表示，認識與正常人不同的一些人的性本能，只有一個重要來源，並只有通過一個特殊渠道方可達成。也就是說要做到對精神神經症患者〔癔症、強迫症、命名不當的神經衰弱及早發生性癡呆 dementia praecox 和偏執狂〕的性活動準確認識，只有一個渠道，即由布洛伊爾與他在 1893 年提出的精神分析研究。這些精神神經症均源於性本能力量。弗氏強調，性本能力量是神經症的最重要的惟一持續性的能源，精神分析要消除歇斯底里症患者的症狀，必須以下列假設為基礎，即這些症狀是替代物（如同文章的副本），與一系列心理過程、期望、欲望保持著情緒性聯繫，由於特殊心理過程的介入（壓抑），它們無法在意識的水平上予以心理上的宣洩。於是，這些心理過程便在潛意識狀態中依據其情緒的重要性尋求表達、宣洩。在歇斯底里症中便以身體症狀予以表達，形成歇斯底里症。若將這些症狀系統地變成情緒性觀念，即意識性觀念，就可準確無誤地認識原先潛意識心理結構的本質與根源。（《文集》三，頁 24-25）在這裏，弗洛伊德表示由於壓抑的緣故，包括歇斯底里症的一些症狀不能在意識的層面求宣洩，只能在潛意識的層面求宣洩。不過，這裏有一個問題：在潛意識層面宣洩、發洩歇斯底里症，自己如何確定呢？又如何能使他人注意呢？而把歇斯底里等症狀轉為情緒性觀念、意識性觀念，若這些症狀的本原是在潛意識，則潛意識如何能包容像觀念方面的東西呢？對於這些問題，弗洛伊德都沒有交代。

說到觀念，弗氏的拍檔布洛伊爾倒提出一個問題，那是我們在這裏未有留意的，那便是疼痛和幻覺，特別是後者。他也不是完全肯定幻覺，而忘記了觀念；但幻覺倒是一個值得我們注意的問題。他的意思是，歇斯底里症會引來疼痛，這些疼痛時常是直接由思想所引來的。由疼痛可關連到人的幻覺，所謂「疼痛的幻覺」。如果我們仔細地檢視這些疼痛，便會發現，思想或觀念的呈現並不足以導致疼痛，其中應該有一個特殊的異常情況的裝置與疼痛的感覺和傳導有關，這即是疼痛的幻覺。在布氏看來，觀念並不如想像中重要，它是純粹的和簡單的記憶性意象，沒有知覺器官的任何興奮。但疼痛的幻覺在歇斯底里症中是很容易發生的，則我們必須確定有一個與痛覺有關的器官的變態性興奮。這種變態性興奮正是幻覺。這種興奮不僅在各種想法的激發下，而且在周圍刺激的激發下造成痛覺。（《文集》一，頁 123-124）

以下我們看一下弗洛伊德所提出的有關歇斯底里症的治療的案例。凱瑟琳娜似乎只有一次焦慮發作，由此引起氣短這一症狀，並感到緊張。[90]她覺得有甚麼東西壓在眼睛上，頭痛，有嗡嗡聲作響，頭暈，有某些東西壓在胸口，有窒息的感覺。弗洛伊德認為這是一次焦慮發作，是歇斯底里症的先兆。在發作時，她總是看到一張可怕的臉以嚇人的樣子看著她，讓她感到恐懼。弗氏認為這恐懼是由於女子初次面對性欲的情境，她們的純潔的心理被攝住了。據她所說，有一次她看到她的伯父和堂妹弗蘭西斯卡的曖昧行為：伯父躺在堂妹身上。於是頭部覺得劇痛，對所看到的事感到憎厭。

90　這氣短應是呼吸緊促的意思。

其後弗蘭西斯卡懷孕。凱瑟琳中斷了貫穿的思緒，對弗洛伊德講述在此事發生以前兩三年的兩件事。第一件事是這伯父對她本人有性進攻。有一次伯父要侵襲她，向她進行攻擊。第二件事則是有關伯父和弗蘭西斯卡之間的。她們三人在一個房間，她注意躺在她和法蘭西斯卡之間的伯父，因而轉身過去，而法蘭西斯卡剛躺下來。

弗洛伊德表示，當她看到兩人性交的場面時，立即把新的印象和過去的兩種記憶聯繫起來，她開始理解他們，同時避開他們。接著有一個短暫的「潛洑期」。在轉換的症狀出現後，[91]嘔吐代替了道德和生理上的憎惡。使她作嘔的不是看到兩人，而是看到該情景時激起的曾發生在自己身上的記憶。使這些事真相大白的，只能就是那晚上在她身體上圖謀不軌的記憶：當時她「感覺到了伯父的身體」。弗洛伊德對她表示，他知道她在向房間裏望時在想甚麼。[92]她是在想，此時他對她所做的，正是那晚或其他時候要對自己做的，這正是凱瑟琳娜感到憎厭之處。因為當凱在晚上醒來時，感覺到伯父的身體。

經過與弗洛伊德的一番「談話療法」後，凱的第一個歇斯底里症症狀，即嘔吐消失了，但仍有焦慮性發作。弗氏覺得還要提供凱發洩的空間。凱後來告訴伯母關於伯父對她進攻的事。弗氏表示，在這樣早的年齡在性敏感性方面受到傷害的凱在雙方（即弗氏自己和凱）交談有所受益，淡化了她自己的歇斯底里性的疑惑。這種治

91 這轉換的症狀即是潛伏期中的症狀。

92 這所望的，應是指伯父與弗蘭西斯卡性交的事件。

療是有效的。

弗洛伊德作結謂，性欲對兒童不會產生嚴重影響，在她漸長，便會讓她受到創傷，這顯然是由於記憶的緣故。在這個階段，女孩或已婚的女士已獲得到性生活的理解。弗氏更表示，凱的病例有一奇怪之處：歇斯底里症的現象並不是在創傷後馬上發生，卻在潛伏一段時間之後才發生。凱在發作時表現出焦慮情緒，這是一種歇斯底里症的焦慮，這是聯繫到每次性欲創傷後所出現的焦慮的再生。弗氏一再強調，對性關係方面的猜疑會引起處女們的焦慮情感。

弗氏又作了如下的交代，在許多年後，她揭去謹慎的面紗，披露出真相：凱瑟琳娜的伯父不是真正的伯父，卻是她的父親。因此，這女孩的得病是她父親對自己的女兒進行性方面的襲擊所致的。（以上病例參考《文集》一，頁 87-94）

另外一種治療歇斯底里症的方法是催眠（hypnotism）。弗洛伊德和布洛伊爾表示，如果我們能與全身慢性痙攣，或強直性僵直，或與睡眠發作的病人搞好關係，就能在病人受催眠法的處理中，激起病人發作，我們便能發現通常在幻覺期間引起我們注意的關於心理創傷的潛在的記憶，因而對病人有更深的理解。這有助於對歇斯底里症的治療。於是對她實施催眠術，抽搐的發作便出現在她身上。問她看到甚麼，她答道：「狗，狗來了。」原來她第一次發作是在被瘋狗追趕下引起的，於是便施以適當的治療，讓她痊癒。又有一個顧員因受顧主的虐待而患上歇斯底里症，發作時陷於精神崩潰狀態，怒不可遏，但一言不發，而且無任何幻覺。這可以用催眠術來激起病症的爆破，他終於揭示了他所經歷到的病症的肇因：他的顧主有一次在街上虐待他，用棍子猛烈地打他。（《文集》一，頁 24）這樣便可以對他施以相應的治療。

弗洛伊德與布洛伊爾強調，當醫生能讓患者把激發的事件和伴隨而來的情感清楚地回憶起來，並且詳盡地描述這事件，用言說表述這種感受，則每一個歇斯底里症狀便會即時而且永久地消失了。那些刺激現象如痙攣、神經痛和幻覺，以充分的強度再現後，便永久消失了。（《文集》一，頁 19）[93]

綜合言之，弗洛伊德對於歇斯底里症的研究與治療，可以說是精神分析的肇始。他的主要成果是提出了對人的心靈進行科學的考察與處理方法。他對人的心理過程提供了深邃的認知。不過，他也碰到一些辣手問題：患者或病人對治療有抵抗（resistance）的傾向，這增加了治療的困難。因此弗氏後來借助病人的「自由聯想」，開拓出對夢的分析的治療法。這正是下面很快便會探討的問題。

二十、唯識學對於歇斯底里症的理解與相應的治療

在唯識學，雖然未有把歇斯底里症明顯地提出來，作為一種嚴重的精神症或神經症來處理，但它所提出的心所，有相當的一部分在意義上和症狀上與歇斯底里症是相通的，如、疑、惡見、忿、恨、覆、惱、誑、掉舉、不信、放逸、懈怠、失念、散亂等，這些心所，大部分在上面都有提及和詮釋，在這裏也就不一一作解，以免重複。在這裏，我們還是先從唯識學和精神分析的學問的本質說

---

93 不過，弗氏和布氏並未有進一步交代這種有效治療的過程，殊為可惜。

起。如上面提過，精神分析是一種醫學的治療法，透過對人的心理狀態、精神狀態的病態面相進行認知、研究，推尋其本源或原因，以進行治療，讓人能回復其原來的健康的心理和精神狀態，過正常的生活。歇斯底里症是這種病態的嚴重症狀，因而有特別的治療法。唯識學是一種宗教的義理，它是要讓人能從心識的一切迷執而引致的苦痛煩惱中解脫開來，超越上來，體證終極的真理。它也有自身的實踐方法，以對治人在精神上的病痛，這便是轉依（āśraya-parāvṛtti, gnas gyur pa），或轉識成智：轉捨染汙的心識，而歸向清淨的智慧，能夠這樣做，人便能成覺悟，得解脫。唯識學與精神分析作為學問，在性格上雖然不同，但在人生的大方向、大目標方面，有很多地方是相通的，都是讓人遠離虛妄的心理、行為，而走向正途，過健康的生活。我們這裏便是以這點作為背景，看唯識學與精神分析的相通處，特別是在治療、處理的方法、途徑方面。

首先，歇斯底里症患者所表現的那種顛狂性的本能衝動，完全沒有理性可言，我們也很難推測他下一步、下一瞬間會做甚麼，因為患者已失去對自己的覺識，不具有控制自己的能力。這可說是出自本能的衝動，他的行為由本我發動。這相當於佛教的無明（avidyā）和行（saṃskāra）、識（vijñāna），是處於生命的大光明完全被覆蓋，行為出自盲目的意志活動，對自我與世界都以一種妄情妄識來執取，以為其中有恆常不變的實體，對這實體加以渴求以至追逐。由生起顛倒的認知而生起顛倒的行為，[94]生命總是在充滿苦痛煩惱的生死海中打滾，不能出離。唯識學則進一步提出徧計

94　這顛倒的認知正出於無明，亦即是唯識學所說的癡心所。

所執性，表示當事人周徧計度，於無我中執我，於空中執實體、自性。

精神分析表示，歇斯底里症患者以本能衝動而到處奔撲，自我淘空能量，致思想精疲力竭，這正相應於唯識學所說的懈怠、放逸與散亂的心理狀態。而且疑心重重，毫無自信心；不相信別人，只相信自己，但自己正陷溺於迷執的深潭中。這在唯識學來說，正是疑、不信和不正知的心理狀態。

精神分析提到心理創傷，由此可生起恐懼、焦慮、羞慚或身體上的疼痛。唯識學也說疑、惱、慚、愧諸種心所。疑相應於恐懼，惱相應於焦慮，慚、愧則相應於羞慚。由慚、愧可逆轉為無慚、無愧二心所，則生命更是一蹶不振了。

精神分析又提到精神分裂和人格分裂，心理綜合能力為先天薄弱，這相應於唯識學所說的惛沉、懈怠、失念和散亂等心理狀態。而失念和散亂更會導致精神分析所說的先天無能，不能把複雜的心理活動統合而成一個統一體。

報復本能亦是歇斯底里症的內涵。這種本能是直接來自本我的自傲與自慢，是一種非理性的意志衝動。在歇斯底里症發作時，患者眼中只有敵人，沒有朋友。報復本能便會衝著敵人（患者所視為敵人的對手）來展開，其任務只是一個：對對手予以徹底的摧毀。這種本能與唯識學的多個心所相應：瞋、慢、惡見、忿、恨、嫉、害、不信、不正知。

上面屢屢提到壓抑的問題。這被壓抑的願望衝動一直存在於潛意識之中，一有機會，那些被壓抑的觀念便會通過偽裝、難以辨認的替代形式成功地進入意識之中而爆發起來，讓生命能量無盡地虛耗。這種在潛意識中被壓抑的觀念在意識中起動，在唯識學中有類似的說法，那便是阿賴耶識（ālaya-vijñāna）與種子（bīja）的關係。被壓抑的觀念的種子存藏於作為潛意識的阿賴耶識之中，一有機會，亦即條件具足，便會現行起來，成為現實的觀念，在意識中展現，以破壞、叛變為務。

精神分析有一個特徵，便是非常強調性本能的重要性，它是一切心理與生理的一種作用，很多精神的、神經的症狀都與它有關連，歇斯底里症也不能例外。弗洛伊德更強調性本能力量是神經症的最重要的唯一持續性的能源。（《文集》三，頁 25）弗氏又指出，歇斯底里症與一系列的心理過程、期望、欲望有情緒性聯繫，由於受到壓抑，這些症狀或情緒不能在意識中進行心理上的宣洩，於是在潛意識狀態中尋求發洩。若把這些症狀轉變成情緒性觀念，亦即意識性觀點，就可以正確地認識原來的潛意識的心理結構的本質與根源。（同上）這個意思我們在上面也約略提過。但問題在，潛意識如何能包容這些情緒性觀念、意識性觀念呢？弗洛伊德在這一點上，沒有認真地注意及。在唯識學，則可透過阿賴耶識與種子來說明。即是，這些觀念各有自己的潛在狀態，以種子的形式存藏在作為潛意識的阿賴耶識中，待條件成熟，它們便會現行，在現實界爆發出來，形成歇斯底里症和其他症狀。

關於歇斯底里症和其他精神症的治療方面，如上面所曾提過，精神分析提供一種醫學治療法。唯識學對於相關的心理的、精神的病痛，則提出轉依或轉識成智的方法，並依一般的宗教所立下的技術性的方案，提出五位修持、入住唯識的實踐方法。轉依或轉識成智是就義理而說，五位修持則是就具體的修行程序說。轉識成智是佛教在求覺悟、得解脫這一宗教目標下提出的說法，也可以說是唯識學特有的主張。其意涵是將虛妄的、執取性的心識轉化為清淨的、無執的智慧。唯識學以八識來說心識，把前者分為四種：前五識，即感識；意識；末那識和阿賴耶識。所謂轉八識成四智，就是將前五識轉為成所作智；意識轉為妙觀察智；末那識轉為平等性智；阿賴耶識轉為大圓鏡智。一般來說，前五識轉為成所作智（kṛtyānuṣṭhāna-jñāna），這是由於前五識屬於感識，它們轉成的成所作智都是跟感官和日常生活有具體關係的智慧。平等性智（samatā-jñāna）是由第七末那識轉出的。平等性的意思關連到一切事物的無自性、空的性格，這種智慧能夠照見事物的普遍性格。妙觀察智（pratyavekṣanika-jñāna）是對應於平等性智而提出的，由轉化第六的意識所得。這是一種觀察事物的特殊相狀的智慧。大圓鏡智（ādarśa-jñāna）則由第八阿賴耶識所轉出的，能同時觀照事物的平等的普遍空相與個別的特殊相狀。[95]

至於五位修持，則是把以成覺悟、得解脫的宗教目標的修習過程分成五個階段，這即是資糧位、加行位、通達位、修習位和究竟位。這些階段展示出五方具體修行的道路：資糧道（saṃbhāra-mārga）、加行道（prayoga-mārga）、見道（darśana-mārga）、修道（bhāvanā-mārga）與究竟道（niṣṭha-mārga）。[96]

以上所闡述的，是唯識學對於歇斯底里症的理解與相應的治療

---

95 限於篇幅，我在這裏只能簡略地闡述四種智慧的意涵。詳情參考拙著《唯識現象學一：世親與護法》，頁 239-263。

96 詳情參看同上書，頁 218-221。

方法。在治療方法方面，它不單適用於歇斯底里症，同時也適用於其他精神問題。

二十一、夢的來源

以下我們看精神分析中的一項極為重要的工作，起碼這是弗洛伊德這樣堅持的：夢的研究或「釋夢」。這是理解我們的精神空間的潛意識活動的不可忽略的途徑。一般人可能以夢只是一些零碎的事物匯聚在一起的結果，當然也有概念、觀念在裏頭。弗洛伊德不是這樣看，他強調夢不只是一些聯想而已，不是偶然的、巧合的事物形成的聯想，而是反映人的內在感受：被壓抑的欲望得不到滿足，此中的症狀或狀態是偽裝的，不是真實的。即是說，我們的潛意識中的本來的衝動以至性欲求不能直接地表現出來；另外，意識對於潛意識有一種檢驗、查證和操控的作用；潛意識的那些相關的東西需要藉著偽裝的步驟而出現，讓欲望得到滿足。

若以精神分析作為背景，弗洛伊德強調精神分析是以釋夢或夢的分析為基礎的，釋夢是一門新興的科學，這是我們到目前為止所能進行的最為複雜的工作。跟著他扼要地概括夢境的形式為：白天人的心理活動引發起一連串的思想，它們在人進入睡眠後仍保持著一定的活力，並躲過了為睡眠作心理準備的一般抑制。在晚上，這一連串的思想成功地找到了與潛意識傾向之間的聯擊，這種傾向甚至在做夢者的童年便曾出現，但往往受到抑制，被排斥在其意識生活之外。借助著潛意識力量的幫助，這些思想，這些白天工作殘跡便復活過來，並以夢的形式在潛意識中出現。（《文集》三，頁342）這是說，人在白天進行的意識生活到了夜間並未完全停止，卻是繼續進行著，只是以做夢的方式在潛意識中出現而已。醒來後依於意識的記憶能力，恍惚地、大略地知道夢中發生的事故。

但夢中亦不光是有一股力圖表現某種事物的力量，同時也有一股企圖阻止其表達的力量。進一步詳細地說，在某一事物上，其中有一種力量是成功地達致表達作用，也有相反的力量亟亟地要完全阻礙那表達作用出現的，或以某種不留痕跡的東西取代了要表達的東西。夢的構成的最常見而且最有特色的情況是以上所說的相互對反的力量最後能調和起來，不再有衝突。不過，那種要求表達的力量雖然能夠確實地有所表達，但不是用它所想用的方式表達，卻只能夠用一種削弱了的、歪曲的和無法辨認的方式表達。弗洛伊德指出，正是這兩種心理作用的矛盾支配著我們的整體的精神生活。這兩種作用可以被視為「被壓抑的潛意識」和「意識」的作用。弗氏進一步表示，夢是病理性格的產物，其中包含歇斯底里症、強迫症和幻覺等。他又舉亞里斯多德的說法，表示夢是我們在睡眠狀態過程中的心理活動的一種方式。睡眠狀態包括一種遠離外部真實世界的狀態，在那裏我們也可以找到精神病發展的必要條件。（《文集》五，頁 10-11）要注意的是，在夢中，我們的意識停止作用，在作用狀態中的，是潛意識，依於此，我們從夢中醒過來，開始運用意識，但由於意識不在夢中作用，因而不易記取夢中所發生的詳細而精確的事情，只能模糊地記取其大概，而且由這記取而得的夢中的印象，很快便會自動消失。這是我們研究夢或釋夢的困難的地方。亞里斯多德的說法也讓我們知道，夢是一種心理活動，在睡眠中發生。心理活動有意識的心理活動，也有潛意識的心理活動。夢是屬於後者。我們通常所說的心理活動，是指前者。我們比較少留意無意識或潛意識的心理活動。

上面剛說過夢是在睡眠狀態中發生的，在其中，我們有一種遠離真實世界的傾向。弗洛伊德即強調，在夢的形成中，作為先導的是睡眠的欲望和脫離外界的企圖。[97]潛意識是常受到壓力的，[98]此種壓力或壓抑會削弱我們的心理本來便有的抵抗力量，這便形成夢。也由於這抵抗力量的削弱，讓多種突發事件和正在活動的內外刺激利用這個機會來促發夢的產生。以這種方式製作出來的夢其實是一種調和的產物。它具有兩種或雙重功能：一方面，它隨順自我，因為通過排除干擾睡眠的刺激，它可以滿足睡眠的欲望。另方面，它容許被壓抑的本能衝動以願望在幻覺中實現的方式在這些情境中得到滿足。（《文集》五，頁 12）弗洛伊德似乎有這個意思，超我對自我壓抑，但自我也有抵抗的力量，結果是抵抗力量被削弱，因而有夢的產生，這是一種雙方力量競爭的結果，也可以說是雙方力量的調和的產物。在這裏，弗氏提到幻覺，關於這個問題，我們在下面會有討論。

夢的行為或活動，是在潛意識中進行的。弗洛伊德特別強調這一點，他指出夢的形成必有睡眠活動參予其中。他提出以幾點理據：

一、夢中的回憶比醒時的回憶有更多的內容；夢中所恢復的

97　這裏說「脫離外界」中的「外界」，是指現實的世界、外部真實世界。

98　這種壓力大抵是來自超我。

> 記憶是夢者所已遺忘的，也是他在醒時難以重現的。
>
> 二、夢會無限制地運用語言符號，其意義的絕大部分不為夢者所知曉。精神分析的經驗使我們能夠確定這些語言符號的意義，它們很可能源於言語發展的早期階段。
>
> 三、夢中的回憶時常重現夢者的年幼時的印象。這些印象不僅被遺忘了，而且也由於壓抑變成了潛意識中的東西。這表示夢使我們在分析和治療神經症期間，重新建立夢者的早期生活。
>
> 四、夢中顯露的一些內容或材料，不會是源於夢者的成年生活，又不會是源於他遺忘了的童年。我們可把它視為原始的遺產，它與生俱來，先於個人的經驗，受到祖先經驗的影響。在早期的人類神話和殘存的習俗中，我們會發現這一種系發生的材料的原型。（《文集》五，頁 218）

弗氏在這裏所說，歸納起來，有兩點。第一點是，夢中出現的事，是潛意識中的東西，是我們在清醒時運用意識思維所不及達致的。第二點是，夢中所顯現的某些行為、活動與夢者自身的經驗的、後天的生活沒有關係，而是夢者從他的先人稟受而來的，這些行為、活動來自遺傳，不來自夢者自身。這些東西雖然與夢者自身在出生後所作所為無關，但由於遺傳關係，它們早已存在於夢者的生命存在之中，連夢者自己也不覺察到、不意識到。但它們確實地對夢者的行為、活動有一定的影響，故在對夢者進行精神分析時，有一定的參考作用或價值。因此，弗氏自己也提到，人的潛意識的夢願望不受外界的影響。（《文集》四，頁 140）這所謂外界，是指夢者的生活所處的外在環境。夢者的內在的遺傳因素，當然與周圍的現實環境不相關。

最後，弗洛伊德對夢的形成歸納為兩點。一是人的受壓抑的本能衝動亦即是潛意識的欲望在睡眠中達到了一定的強度，足以被自我感受到。二是夢者在醒時遺留下來的驅策力在睡眠中得到來自潛意識因素的強化，而作出夢來。他的結論是：夢或許是由本我引起，或許是由自我引起。（《文集》五，頁 218）按若夢是由本我生起，則夢的來源是潛意識，夢中的種種操作，包括夢中的所見，都是潛意識內裏的事，與現實的存在世界沒有直接關連。但我們也不能說這與外在世界完全沒有關係，因很多時在夢中出現的，的確指涉現實的人與事。這點若就唯識學的觀點來看，便很好解。我們在日常生活中遇到的人與事，過後不會消失殆盡，而是以精神性的種子的形式，儲藏於相當於潛意識的阿賴耶識中。到條件具足，相關的人與事會由種子現行，以實際的人與事出現。我們在夢中所見到的人與事，自然離不開各各自身的種子。只是這些種子如何在阿賴耶識或潛意識中現行，而讓我們在覺醒時，有所覺知，則需要建立一種推演的程序。這不是我們在這裏所要討論的，這裏沒有足夠的資料與篇幅。

若夢是由自我生起，則自我在睡眠中，仍可感受到被壓抑的人與事，這人與事雖存在於潛意識中，而受到壓抑，但它們仍有足夠的力量與動感，因而可為自我所感覺到。但這自我是屬於意識的哪種層次呢？這很難說。它不可能是意識中的自我，因這感受是在潛意識中發生的。它也難以說是潛意識中的自我，因這潛意識中的自我即是潛意識中的意識，這是不通的。潛意識便只是潛意識，意識便只是意識。說潛意識中的意識，實際上何所指呢？我倒想到一點，我們可以提意識與潛意識之間的一個中介意識，這即是唯識學所說的第七末那識。但在弗洛伊德的精神分析或心理學體系中，未聞有這種心識存在。我們這裏姑把這問題擱下，詳細的探討，需俟諸異日。

二十二、夢的性格

以上我們探討了在精神分析下所展示的第一個問題：夢的來源。以下看第二個問題，這即是夢的性格。弗洛伊德首先指出，夢一向是為人輕視的；當我們清醒時，我們總是習慣於輕視自己的夢。我們照例迅速而徹底地忘掉我們的夢，因而也就錯過了它們。他表示，我們對夢的輕視，是基於那些夢是混亂迷惑、毫無意義，其特性也是稀奇古怪，有些夢甚至是明顯地荒謬絕倫、不合情理。我們以這樣的負面的看法來看夢，實與某些夢中公開展示無所顧忌的羞恥場面和不道德場面的傾向有關。（《文集》五，頁 137）弗氏這樣理解一般人對夢的印象與態度，並不為過。筆者個人也曾做過好些完全不現實的、不相關連（與經驗不相關連）的夢。[99]

其實對夢的知識很有用，只是它的本質很不容易理解、掌握。弗洛伊德表示，夢念的本質只有在夢中那些附帶的、不清晰的表達

99 筆者在年青時，曾作過一次非常恐怖的夢。在夢中，我看到一個大鐵鍋，鍋中盛滿沸騰不息的熱水，下面是熊熊燃燒的烈火，突然有幾個人頭被拋入鐵鍋中，瞬間都被煮成堆堆爛肉，面貌形象含糊，不能辨認誰是誰。這個景象一直存留在我的腦海裏，揮之不去。

中顯現出來。正是由於這種情況，使做夢者覺得他的夢的古怪性和難明性。弗氏又指出在夢中時常發現象徵，以代表特定的事物或過程，這是與心理機能的原始倒退和稽查員的要求相協調的，但與意識思維則水火不容（《文集》五，頁 13）弗氏又有自己的夢的理論，這在精神分析史中不但佔有特殊的地位，更標誌著一個轉折：精神分析能從心理治療法演化為深層心理學，這與夢的理論是分不開的。（《文集》五，頁 5）這深層心理學是另外一個出色的心理學家榮格（C. Jung）所擅長的。

弗洛伊德強調夢需要通過精神分析來處理。他提到，在心理患者身上經常會發現如下的事情：無論患者怎樣竭盡全力去做，他仍然無法回憶起他的某一個夢。但是，一旦在一項精神分析的程序中，我們能夠除掉那些干擾患者與這一精神分析相關的困難時，被遺忘的夢就會突然出現。（《文集》五，頁 9）進一步，弗氏明言夢是病理的產物，是包括歇斯底里症、強迫症和幻覺等在內的種類的第一號成員。[100]如亞里斯多德所言，夢是我們在睡眠狀態中的一種心理活動。睡眠狀態包含一種遠離外面真實世界的狀態，並在其中我們可以找到精神病發展的必要條件。弗氏指出，在精神病中，患者可透過兩種方式脫離現實：或由於被壓抑的潛意識變得過於強烈，致壓倒了依附於現實的意識；或由於現實太讓人痛苦而不堪忍受，致受到威脅的自我在抵抗失敗後，便投入潛音識的本能力

100　一般人都不能免於做夢，只有一種人可免於此，那就是《莊子》書中所說的至人、真人、神人。他們的心如明鏡，無所積藏以作為做夢的憑藉，故無夢可做。

量的懷抱中。（《文集》五，頁 11）

弗洛伊德更進一步強調，關於夢的理論，其內容中有少數觀點是人人熟知的，其中有些從未提出來，例如所有的夢都具有性的屬性的論點。但有關夢的那些真正重要的觀點，如夢的外顯內容和夢的內隱思想的根本區別；焦慮的夢與夢的滿足欲望的功能不相矛盾的認識；若非知道夢者在處理過程中的聯想就不可能解釋夢；最重要的是，關於夢的本質即夢的的工作過程的發現，等等，這一切仍不為外人所認識。（《文集》五，頁 6）按上面的諸點是弗氏的《精神分析新論》所說，為《精神分析導論》所未說的。

接著弗氏提出夢的顯意和夢的隱意的問題。他說我們醒來之後所回憶的夢，並不是真正的夢的過程，而只是夢的表面狀態而已。夢的過程正隱藏在這一表面狀態的背後。根據這種設想，我們發現了理解夢的途徑。他即提出夢的顯意與夢的隱意的區別，並提出「夢的工作」這一語詞。這表示從夢的隱意製造出夢的顯意的過程。通過這夢的工作，來自本我的潛意識材料（原始的潛意識和相似的被壓抑的潛意識）闖入自我，成為前意識，並且由於自我的反對，而經過改變、改裝。弗氏把這些改變或改裝視為夢的偽裝。他作結謂，所有夢的特徵都依於此而得到解釋。（《文集》五，頁 217）

在這裏，我們對夢的工作作深入一些的探討，探討隱夢的問題，俾能更好地理解夢的問題。弗洛伊德表示，如果我們採用與精神分析的技術相同的方法來對夢作一番分析，便會真正相信的確有隱夢思想這種東西，而且它與夢的外顯內容之間確實存在著某種關係。按弗氏所謂隱夢，指隱藏於夢的外顯、外圍的內裏的內容，因此，夢可有隱與顯兩個層次。但如何找尋隱夢思想、隱夢的內涵呢？弗氏表示，我們無需甚至完全不用考慮顯夢中的各種因素的表面關係、聯繫，只要根據精神分析的原則進行自由聯想，並把進入腦中的每一獨立的觀念聯結起來。從這些材料中，便可以找到隱夢思想，如同從病患者對症狀和過去經歷的聯想中找到其隱藏的情結那樣。弗氏又強調，隱夢的真實內涵代替了它的外顯內容，而且清晰可辨。它的出發點是打前一天的經歷，並被證實是未被滿足的願望的實現。弗氏提出一很重要之點：當一個人醒來時，由記憶而得的，是顯夢，它只能被視為被壓抑的願望的偽裝的滿足。我們甚至可以通過一種綜合的操作，以理解潛意識中夢的思想被歪曲成夢的外顯內容的過程。這種過程，正是「夢的工作」。我們能夠從中探究在潛意識中，或者更確切地說，在像意識與潛意識這兩個彼此分離的心理系統之間，發生了甚麼無法預料的心理活動，而這在其他過程中是無法探究的。弗氏作結謂，夢的工作是兩個不同的心理集合體相互作用所產生的一種特殊情況，這也就是精神分裂所造成的後果。（《文集》五，頁 138）

就以上所述，弗洛伊德對夢的了解與分析，可算細微。他提出隱夢與顯夢的區分。後者是表面的，是我們醒來之後對夢中的遭遇的記憶，但這記憶不能準確地展示夢的真相和內容，同時，記憶要經過知性思維，運用概念來進行，而且記憶不能保持太久，它會被淡忘，這樣會阻隔夢者與夢中所遇的連繫。他所重視的是隱夢或隱夢思想，這是夢的真正內涵。要掌握隱夢，不能單靠記憶，要借助精神分析的程序，這是技術性的問題，我在這裏不擬多作論述。不過，隱夢是顯夢的基礎、源頭，了解顯夢，對隱夢的掌握，應該有幫助，但光是此是不足夠的。另外一點是，弗洛伊德認為意識與潛意識是兩個彼此分離的心理系統，好像難有交集，要有交集，則要通過第三者，它介乎意識與潛意識之間。這個交集的問題，若就唯識學說來說，是可以解決的。因為在意識與潛意識或阿賴耶識之間，有末那識，它兼有意識與潛意識兩者的性格和作用，對兩者應有溝通的能力。再往細處想一下，在精神分析中，我們或許可以提出前意識，說它有末那識的功能，能溝通意識與潛意識。但前意識傾向於是一個不穩定的機制，遊離於意識與潛意識之間，因而缺乏獨立性格。

或許有人而且許多人認為夢與我們的願望、欲望有關連，我們的願望不容易達成，只能透過作夢表達出來。但成人的夢的內容是很難理解的，它不必與願望有密切的聯繫。弗洛伊德表示，倘若我們以語言來表達夢，則很可能已把夢歪曲了。夢的背後的心理過程用語言表達出來時已經和原來的大為不同了。他提議我們對於夢的外顯內容與隱夢的思想作出區分：前者是在早晨模模糊糊地回憶出來並費力地用語言裝扮起來的內容；後者則是存在於潛意識中的內容。弗氏表示，夢的外顯內容是潛意識中夢念歪曲了的替代物，這種歪曲是自我防禦力量的作用，即抵抗的力量的作用。在清醒時，這些抵抗的力量阻止了潛意識中被壓抑的願望進入意識之中。（《文集》五，頁 138）弗氏似乎有這樣的意思：隱夢的內容是存在於潛意識中，是不可以用語言來表達的，一經語言表達而成顯夢，則勢必受到歪曲、曲解。在意識的回憶中的夢，並不是原來的夢。這裏便出現一個難題：真正的夢的內容，存在於潛意識中，我們所意識到的、由記憶而得的夢的內容，並不是真正的，因為它經過了意識的包裝。倘若是這樣，則我們便不可能在意識層說夢的真正的內容，因它已受到歪曲了。

對於隱夢或內隱的夢念，弗洛伊德作進一步的闡述：隱夢的最有力的元素，即是被壓抑的本能衝動；這種衝動是在偶發刺激出現的基礎上，通過向白天的殘餘物轉移的方式，在夢念中為自己創造一種表現形式（盡管這種表現形式是被削弱了的、被偽裝了的）。它與其他種種本能衝動一樣，強烈地希望通過活動得到滿足，但它的活動通道被隱藏在睡眠狀態下的生理調節機能所堵塞，被迫退回到一種相反的知覺途徑，即只是一種幻覺的滿足。這樣，內隱的夢念便被轉化為感覺形象和視覺情境的混合物。夢便沿著這條道路前進，它的思想對於我們來說，便顯得那麼奇特和古怪。它們無法被表達。這像原始語言一樣，沒有語法，只有粗陋的思想材料可以表達出來，而抽象的術語則轉化為構成其基礎的具體的術語，這會讓夢的剩餘部分缺乏聯繫。而在夢中用以代表特定事物或過程的象徵被大量採用，則是與心理機能的原始倒退和稽查員的要求相協調的，但與意識思維卻水火不相容。（《文集》五，頁 13）弗氏在這裏對於夢特別是隱夢的性格的說明，煞是精采，最後歸之於幻覺。人有本能衝動，這是本我的一種表現。這表現與我們日常生活的殘餘物結合起來，以夢的方式呈顯自己。它也有欲求，要求滿足這欲求，但在睡眠的狀態中，這欲求為生理機制堵塞，不能暢順地活動、遊走，只能透過一種幻覺讓自己暫時得以滿足一下。既然是幻覺，便可以透過任何稀奇古怪的方式出現；這也與意識的理性思維在方向上相衝撞。這也導致夢在現實的、經驗的層次上缺乏可信性，也與一般的感覺活動不協調。而「夢」與「幻」便時常被拿來一齊說，所謂「夢幻」（illusion）也。

最後，弗洛伊德談及「心靈感應」的問題，這與夢也有些關連。弗氏表示，心靈感應是指一種在妄亂中而能夠作斷定的事：在某個特殊時間裏發生的事件，不經過我們所熟悉的種種交流途徑，而能在幾乎是同時同地進入到達遠處某人的意識中。這裏暗含著一個前提：該事件涉及到某人，且另一人（信息接受者）對他有著強烈的感情上的關注。例如，甲遭受意外傷害或死亡，而與甲有密切關係的乙，差不多可以在同一時刻中通過視覺或聽覺獲知此事；就像有電話通知他，而事實上又不是如此。弗氏以「心理上的無線電」來說這種傳遞作用。（《文集》五，頁 23）弗洛伊德又提到，在昆虫的大群體中也似有這種秘密傳遞信息的情況。他提出一個疑惑：我們還不知道在一個昆虫大群體中的共同意圖是如何形成的，可能是通過心靈感應之類的直接的心理傳遞形成的。他因此猜想心靈感應是個體間的原始而古老的交流方法。（《文集》五，頁 35）這樣的心靈信息的傳遞，預設在兩個個體生命中，有一第三者作為媒介以溝通雙方。但這第三者是甚麼東西呢？這在心理學中仍是一個懸而未決的問題。[101]

---

101 在現實生活中，我們自己或許有這樣的感應經驗，或許聽到別人說及他自身的這種經驗。多年前我的一個學生告訴我，有一次她到英國讀書和考察，在晚上作了如下一個夢，在夢中她的母親來找她，說要走了，要跟她告別。翌日她即收到在香港親人的電報，說她的母親不幸過世了。在時間上正好與她夢見母親與她告別的時點相應。

二十三、夢的功用

以下我們研究夢的功用問題。作為精神分析中的一個重要環節，夢，真確地說是釋夢，在一個人的精神治療方面，能起甚麼作用呢？弗洛伊德的回應是，夢在精神分析中不但佔有特殊的地位，更標著一個轉折：精神分析能從心理治療法演化為深度心理學。（《文集》五，頁 5）他又述說自己的經驗：每當他處於研究的困境時，常發現夢的理論是他的最後的依恃。把一個表面看來是毫無意義而且是雜亂無序的夢轉釋為夢者內心的合乎邏輯而且淺顯易解的心理過程。（同上）這對人的精神病痛的治療很有幫助。具體地說，釋夢可以用來證實精神分析的種種前提：心理過程的潛意識本質、它們所遵循的特殊機制，和其中所表現出的本能力量的存在性。（《文集》四，頁 140）一言以蔽之，夢或釋夢可以幫助治療人的種種精神病痛，故夢或釋夢不單是一種思想，同時也是一種心理治療法，特別是後者，表示夢或釋夢的實效。

進一步，我們可以提出一個問題：我們要深切地理解患者的夢。但我們應該讓患者採取哪種次序來闡述他的夢的各部分內容呢？弗洛伊德指出，此種次序可能有很多種，我們可以先簡單地採取夢的各部分在夢的闡述中顯現出來的先後次序來做。我們又可以直接引導夢者尋求夢中所有的「白天的殘餘」，因為幾乎所有的夢都會殘留著做夢的前一天中某些事件的痕跡、記憶。[102]我們若能

102　關於這點，若從唯識學來看，很容易理解。前一天所做的事，不會無故消失，卻是以種子這種精神性的東西的形式，存留在作為潛意識的阿賴耶識中。晚上睡覺做夢，便是這些有關的種子現行，在夢

追踪到這些跡象的聯繫，便能由患者的夢境轉移到他的真實生活方面去，這對解決患者所感受到的困惑問題會很有用。（《文集》五，頁 7）

不過，要記憶在夢中所發生的事，並不必然是容易的。弗洛伊德指出，在患者身上經常會發生如下的事情：無論患者如何竭盡全力，仍然無法回憶起他的某一個夢的內情。但是，一旦落在一項精神分析工作的過程中，我們去除干擾患者與這一精神分析相關的困難時，被遺忘了的夢中的情境會突然再現。他進一步提出一種經常會發生的事：在開始時，夢的一部分內容被省略掉，但隨後又作為附錄被補充進來。這種情況應該被視為對於夢的抗拒，是對於釋夢的抗拒。（《文集》五，頁 9）這表示夢的問題是不容易處理的，夢本身飄忽不定，有時候可被記憶，有時候又因患者對它的抗拒而遠離意識，記憶便無從說起。

夢對於一般人來說，總是神秘性格的，跟白天清清楚楚看到的東西不同。弗洛伊德也將夢與神秘主義（accultism）、玄秘論（mysticism）關連起來，表示人們經常把夢視為通向神秘世界的門戶，也視夢或做夢為一種神秘現象。所謂神秘主義、玄秘論是意指「別的世界」的意思，這種世界存在於科學所建構的、受無情的法則支配的明朗的世界的背後，為我們的感官、知性所不能達至

中出現。因此做夢可以反映出前一天的活動、經驗。不過，在夢中出現過去的東西，不必完全是原來的模樣，而是有些改變。如我有一天在白天鵝賓館看到幾個榕樹的盆栽，當晚即做了一個夢，地點是中文大學崇基學院，看到內裏有幾棵大榕樹，樣貌粗大，向四周伸展，非常誇張。

的。（《文集》五，頁 20）另方面，弗氏又強調對於有神秘義涵的夢的解釋，是了解我們的潛意識的康莊大道。這也是精神分析學的最堅實的基礎。（《文集》五，頁 137）這樣，透過夢的現象，我們可以把潛意識與神秘的世界連結起來。到底夢對於神秘的世界能披露甚麼樣的訊息呢？這是一個很值得探討的問題。

對於弗洛伊德來說，我們的確可以把夢的研究與神經症的精神分析治療聯繫起來。他認為，倘若精神症患者對於對他所作的精神分析不那麼抗拒，不會給釋夢帶來太大的困難的話，則釋夢將會有效地讓我們了解患者被隱藏、被壓抑的願望和由這些願望所引致、培育出來的情結。（《文集》五，頁 139）這對於精神症的治療，肯定會有正面的、有效的助力。

再進一步，弗洛伊德指出在夢的分析中，尤其是對自己的夢的分析，我們會意外地發現，早期的童年印象和經歷在人的發展中起著意想不到的巨大作用。在成人身上可以追溯到童年夢中經歷的存在，而且它們還保持著原有的特性和願望衝動。（《文集》五，頁 138）弗氏的意思是，我們對成年人的精神症的治療，可以包含當事人在童年中所做過的夢，這些夢可反映出患者的由久遠的童年所具有的特性和願望衝動，這些資料在對治精神症患者方面，可以發揮積極的作用。

最後，我們看看作為夢的載體的睡眠如何讓夢提供我們的日常生活的作用。夢是在睡眠中出現的，白日夢不算數。弗洛伊德表示，睡眠狀態可使人免受刺激而得到休息，但它受到三方面的威脅：在睡眠中來自外界刺激而引生的威脅；由尚未中斷的前一天的種種興趣與願望引生的威脅；由積極尋找發洩機會但未得到滿足的被壓抑的本能衝動所引起的威脅。前一種威脅來自外部，後二種威脅則來自內部。弗氏指出，每當來自外部或內部的刺激成功地與潛意識的本能能量之間出現聯繫的關係時，由睡眠所提供的休息便會受到干擾。做夢這種事件會讓由外內部刺激與潛意識的本能能量的關聯透過中性的幻覺經驗得到發洩，並通過這種方式支持睡眠能繼續下去，不會中斷。[103]弗氏又感嘆：在很多情況，當我們仍在處於睡眠的狀態，發生惡夢，但我們會立時警覺，而自我安慰地有這樣的想法：這只是一個夢而已，不必太認真。這樣，我們的睡眠便可不受驚醒，而繼續睡眠。（《文集》五，頁 11）按這樣的情況比較複雜，我們在睡眠中做夢，同時又能對這夢有一種警覺，知道自己正在做夢，而夢是假的，不代表真實事情，因而心情輕鬆下來，繼續安心睡覺。這樣，夢中又有警覺，如何可能，弗洛伊德未有進一步解釋、交代。

二十四、唯識學在夢方面的思想

以上我們花了三節來闡述和評論弗洛伊德的夢的觀點或思想。以下看唯識學在有關問題上的說法。在上面對弗洛伊德的夢的思想的討論中，我們曾就三數處處理過唯識學，在這裏，我們要較詳盡地就唯識學的夢的說法與弗氏的作一對比，看雙方在這個問題上所

103 弗氏的意思大抵是，做夢可發揮一種正面的作用，這即是使睡眠能夠進行，這會有益於精神、體力上的恢復。但這是一般情況。我們不能否認做夢越多，夢的強度越高，便越會使當事人醒來越是覺得疲勞的情況。

持的的觀點的異同。我所做的這種對比，是依照這三節所述的順序來進行的。

一、弗洛伊德說夢是我們生命中被壓抑的欲望要得到滿足，因而以夢的方式來發洩。這些欲望有自己的種子，都藏在阿賴耶識中。在夢中發洩，即表示這些種子在阿賴耶識中求得現行的機會，這機會由種子獲得足夠的條件而來。

二、弗氏說，人在白天進行的意識生活到了夜間並未完全停止，卻是持續進行著，其進行的方式是做夢。阿賴耶識中存藏著的種子，也不會完全處於靜態，不活動，而是依種子六義中的剎那滅、恆隨轉兩義而作動的。即是說，種子不會停留在一種狀態而不改變，卻是每一剎那間都是滅去的，滅去後又有新的種子相應地隨著生起。只是這種活動非常隱蔽，我們無法感覺或意識到。

三、精神分析認為，我們的潛意識有兩種力量：一是在某物上要表達它的力量，另一則是阻礙這種表達的力量。當這兩種力量不相互對反，而是調和起來，便有可能產生夢。在唯識學的情況，我們可以說，阿賴耶識中有兩種力量的種子，一是支持表達的，另一則是抗拒表達的。當這兩種種子達到一種協調、調和，便產生夢。

四、弗洛伊德引述亞里斯多德的觀點：夢是我們在睡眠狀態中的一種心理活動方式，睡眠有一種遠離外部的真實世界的意涵和作用。這是承認外界實在的說法。唯識學不是這樣看，它認為所謂外界實在所預設的在我們的生命存在之外的真實世界是沒有的，這只是我們一般的虛妄的心識的妄構、執著而已。在唯識學看來，一切離開我們的心識所能感知的範圍的東西，都沒有實在性可言。我們當前所能夠接觸到的形象，都是心識所展現、呈現的，它們並沒有在客觀方面的存在根源。

五、精神分析提出，潛意識會受到壓力，這種壓力會削弱我們的心理本來具有的抵抗力量，因此夢得以形成。這種壓力肯定是來自超我。在唯識學中，我們很難找到一個相應於超我的概念。超我有道德義，對自我或意識可起促發、命令和懲罰的作用。在唯識學所講的八識中，前五識是感識，第六識是意識，都不具有道德的約束力量。第八阿賴耶識雖在總持方面說來是無記的，但就個別的表現言，就個別的思想和行為而言，則多是染汙性的，此中難說具有正面涵義的道德約束力。這是唯識學不同於精神分析之處。

六、弗洛伊德強調，夢中的回憶（出現物）時常是夢者的年幼時的印象，這些印象常被遺忘，倘若通過精神分析的處理，這些印象時常可以重現出來。這在唯識學中有相應的說法。我們在童年、幼年時所做的事情、行為，都以種子的形式存留在阿賴耶識中，歷久不失。一旦到了某個階段，一切條件具足，這些幼年時積下的種子會現行，出現於夢中。至於弗洛伊德所說的原始的遺產，它的與生俱來性、遺傳性，是受到祖先的影響，這種情況，在唯識學中，很容易解釋。這是中陰身或中有的問題，這問題在《瑜伽師地論》中有相當詳盡的闡述；筆者在本書拙文〈《瑜伽師地論》中的阿賴耶識說〉中也有處理這問題。扼要言之，某甲快要死亡，他的阿賴耶識便會以中陰身或中有（antarā-bhava）的身分逐漸離開某甲的身體，過渡到另一個眾生如某乙的身體中，受胎而生。結果某乙生出某丙，某丙內的阿賴耶識，正是從某甲方面分離出來的，因此，某丙承襲了某甲的阿賴耶識，某丙的阿賴耶識與某甲的自然相似了。而某甲也成了某丙的先人、祖先。由於這種承襲的關係，某丙的阿賴耶識中的種子也與某甲的阿賴耶識的種子相若。所謂遺傳，即是某甲把種子過渡到某丙身上。

七、弗洛伊德強調意識與潛意識之間有前意識，這前意識是由潛意識中的內容而來的，這些內容要進入意識之中，但不能一下子便這樣做，因此這些內容先轉成前意識，作為意識的候選，一有機會，便能有所表現而進入意識之中，成為其中的一個組成部分。在唯識學，與前意識距離意識最近、最相應的，應該是末那識。它介於意識與潛意識亦即阿賴耶識之間，以連接兩者。不過，它有執取作用，執取阿賴識或它的見分（dṛṣṭi）為常住不變的自我，促使它以自我或中陰身的身分，在輪迴世界中流轉打滾，無有了期，只會在當事人能成覺悟、得解脫的狀態下才被轉化為平等性智。但精神分析中的前意識沒有這種殊勝的功能，弗洛伊德也沒有為了成覺悟、得解脫而把識轉成智的說法，他的精神分析是一種經驗心理學的學問，是科學的治療方法，不是一種宗教教義。

八、弗洛伊德與亞里斯多德都表示夢是我們在睡眠狀態中的心理活動。但就我們一般的理解說，心理活動只在意識的層面發生，不在潛意識的層面發生。在睡眠狀態中，意識沒有作用，因此也難說心理活動。弗氏與亞氏在這個問題上，對心理活動顯然有不同的解釋，認為它也可以在潛意識中說。在唯識學，這點不會構成問題，因為末那識是通貫意識與潛意識的一種心識，它具有意識的成分，也具有潛意識的成分。實際上，弗洛伊德與亞里斯多德若以較寬鬆的角度來看心理活動，視之有動靜分別，則我們可以說，在意識中發生的心理活動是動態的，在潛意中發生的心理活動是靜態的。不過，這又會有另外一個問題，即是如何理解動與靜兩個概念。關於這點，我不想在這裏著墨了。

九、弗洛伊德以隱與顯的相對性格來說夢，表示透過所謂「夢的工作」過程，隱夢可製造、開拓出顯夢。這是對於夢作進一步微細研究的結果。但夢是在潛意識中發生的，在潛意識中的活動，應該都是隱蔽的、深邃的、不顯現的，夢的顯性如何可能呢？唯識學則沒有這種隱、顯的分別意識。不但阿賴耶識不能說隱顯，末那識也不能說。

十、精神分析有好些關於夢的觀點，是難以成立的。例如，弗氏說夢離不開性。夢所涉及的東西，非常多元；而且夢是怪異的、無奇不有的，也是模糊的。「性」則是一個清晰的概念。模糊性與清晰性不能拉在一起說。說夢與性有密切的關連，顯然與弗氏在他的精神分析中非常強調性的重要性、基礎性有關。唯識學很少談到性，更不用說重視了。性的問題，只在解釋中陰身的受胎而生的過程中涉及過。在唯識學，「性」不能作為一個倫理學的概念說，與存有論也沒有直接的關連。

十一、弗洛伊德表示，夢的工作涉及意識與潛意識這兩個相互分離的心理體系的互動關係，由於雙方差異很大，它們碰在一起，會生起一種特殊情況，這就是精神分裂。在唯識學來說，雖然未有提及這種精神分裂的病症，但它所提出的心所思想，其中不少是與這種病症在意義上有交集的負面心所，如癡、疑、惡見、覆、惱、誑、惛沉、放逸、失念、散亂、不正知等。

十二、精神分析說真正的夢的內容，存在於潛意識中，我們所意識到的、由記憶而得的夢的內容，並不是真的，因為它經過了意識的過濾、包裝。真正的夢來自本能衝動，與本我有密切的關連；

這些本能衝動受到壓抑，需要發洩，它們不能在意識中發洩，只能在潛意識中找機會發洩，這個機會正是做夢。由夢中開展出種種活動，形成幻覺。幻覺是滿足本能衝動的最佳選項，因為它不需要任何本錢；自我自身便是本錢。在唯識學，以至佛教的其他學派，特別是原始佛教，無明（avidyā）是一切存在的開始，這些存在不停地在作動，但都是非理性的作動，聚焦於盲目的意志活動，這即是行（saṃskāra）。這都是在潛意識中進行的。故釋迦牟尼（Śākyamuni）講十二因緣（dvādaśāṅgika-pratītyasamutpāda），便由無明與行講起。到了行之後的識（vijñāna），才有意識可言。

十三、夢與神秘主義有關聯，這在精神分析中也有提及。夢既然是在潛意識中發生的，因此不為意識所知了，故有神秘性。弗洛伊德自己也提過，夢是我們由這個明朗的世界到神秘的世界的門路。唯識學以至佛教一般都講定，這是一種讓精神集中起來的修行方式。我們先要培養出這樣一種心境，才能通到有神秘意義的終極真理方面去，俾最後能體證到它，而成就覺悟、解脫的殊勝的結果。《成唯識論》說：

> 云何為定？於所觀境，令心專注不散為性。智依為業。[104]

定（samādhi）又稱「三摩地」，是令內心對於所觀的境專注不散，這是定的性向。在作用方面，是以無漏智慧去認識境、對象，便能達到專注不旁騖的態度。

104　《大正藏》31·28 中。

上面我們提出十三點，就精神分析與唯識學在認識和處理夢的問題上加以比較。實際上，對於夢這一問題，唯識學中很多文獻都有提及，只是詳略的程度不同。而夢又與幻影，常在一起說。在這裏，我姑取一部唯識學的論典來例示一下，看其中如何較整合地解說夢幻的問題。我所選取的是《攝大乘論》（*Mahāyānasaṃgraha*）。解說的方式是先引原文，然後酌情作出析評。

> 此諸識皆唯有識，都無義故。此中以何為喻顯示？應知夢等為喻顯示。謂如夢中都無其義，獨唯有識。雖種種色、聲、香、味、觸，舍、林、地、山，似義影現，而於此中都無有義。由此喻顯，應隨了知，一切時處，皆唯有識。[105]

這節引文承接「唯識無義」的道理，並以夢作譬喻。引文開首已揭示出諸識全是唯識性（vijñaptimātratā），所以沒有獨立的對象（arthābhāva）。「義」（artha）即是獨立的對象。典中的確是這樣說，但似乎欠缺了甚麼例子（dṛṣṭānta）或譬喻去顯示這道理，於是引文便以夢等（svapnādi）作譬喻加以補充說明。所謂「唯識無義」即好像是在夢中根本沒有甚麼獨立的對象可被抓住，夢中所見的種種影像（例如房舍、樹木、土地或高山）及所有的觸受感覺（如顏色、聲音、香味及接觸等）全是心識所變現，它們只有唯識性，沒有獨立的實在東西。從這「夢」喻，便應知道在任何時間、任何地方所見的都是一切唯識。這是取夢是虛而不實的意思，夢本

105 《大正藏》31・138 上。

來是虛的，所謂「虛幻」也。

> 若於覺時，一切時處，皆如夢等，唯有識者，如從夢覺，便覺夢中皆唯有識，覺時何故不如是轉？真智覺時，亦如是轉。如在夢中，此覺不轉。從夢覺時，此覺乃轉。如是未得真智覺時，此覺不轉。得真智覺，此覺乃轉。[106]

這節引文是承接上文的「夢喻」而來，主要是解釋有關「夢喻」引申出來的問題。引文先提出這樣的疑問：一個人在夢中會執夢境為實有，但當他從夢中醒覺後，就會發覺剛才夢中所見的境都是幻像。那人知道那些景象是虛有，是因為他不在夢中，而處身於「夢」境外的「覺醒」狀態。但為甚麼一定要在「醒覺」後才可得知「夢境」如唯識一樣皆是「無義」的道理呢？在睡夢以外，有意識活動的人卻為何不能生起一種反省的心思，反問現前所見到的種種外物都非實在，而是唯識無義呢？

對於這提問，引文回答說有情眾生如生起真智覺（tattvajñānapratibuddha），那時候他也能了知其所處的境界，所見的一切現象皆是唯識無義。這「真智覺」是照見事物真相的直覺。「真」（tattva）是真理，不是形容詞，從buddha一字可知，這直覺不應是感性直覺（sensible intuition），而應是睿智的直覺（intellectual intuition, intellektuelle Anschauung）。這在護法的《成唯識論》來說，是轉識成智的「智」（jñāna），特別是大圓鏡智。

106　《大正藏》31．138上-中。

> 其有未得真智覺者，於唯識中，云何比知？由教及理，應可比知。此中教者，如十地經，薄伽梵說：如是三界，皆唯有心。又薄伽梵解深密經亦如是說，謂彼經中慈氏菩薩問世尊言：諸三摩地所行影像，彼與此心當言有異？當言無異？佛告慈氏：當言無異。何以故？由彼影像唯是識故。我說識所緣，唯識所現故。[107]

上節引文是用「夢喻」為例說明「唯識無義」的道理，這節引文則以佛典所載的教說引證有關的說法。引文開首說那些至今仍沒有得到真智覺的修行者，可以透過覺者留下來的教化和道理推知唯識無義。這裏所提到的教理便是來自《十地經》（*Daśabhūmika-sūtra*）和《解深密經》（*Saṃdhinirmocana-sūtra*）的說法。首先，依《十地經》所記，佛曾告訴眾生，三界只有心，說三界是由心識所變現出來，離開心識，根本沒有獨立的三界可言。引文便是引《十地經》這句話來證明一切唯識和唯識無義的道理。此外，引文又舉出《解深密經》曾記載慈氏菩薩（Maitreya-bodhisattva）向佛陀提問，問及有關在禪定中影像（samādhigocarapratibimba）與心識是同抑是異的問題，引文藉此申明「唯識無義」的道理。佛陀告訴他，在禪定中影像與心識是沒有差別的，因為影像都是由心識變現出來，是以識體的對象（vijñānālambana）都是作為識的表象（vijñapti）顯現出來。

---

107 《大正藏》31·138 中。

> 世尊！若三摩地所行影像，即與此心無有異者，云何此心還取此心？慈氏！無有少法能取少法，然即此心如是生時，即有如是影像顯現。如質為緣，還見本質，而謂我今見於影像，及謂離質，別有所見影像顯現。此心亦爾，如是生時，相似有異所見影現。[108]

這節引文接續上節引文，慈氏菩薩再就影像與心識的同異作出提問，這次則集中在兩者的能取和所取的關係上。他問到假如在禪定中所見的影像跟心識是同樣的東西，為甚麼這個心識還能緣取自身變現的影像呢？依上文的析說，影像也不過是「識」，這麼一來，識又如何可以同時變現自己又緣取自己呢？它怎麼可能是同時的能取和所取呢？

對於這問題，佛陀表示並沒有實質的存在把握（gṛhṇāti）實質的存在。[109]然而佛陀不否定在這能緣的心識生起的時候，即有那樣所取的影像顯現。這裏的解說是引用了「緣生法」的觀念。簡單來說，雖然佛陀說明沒有任何一法是可以自取（無有少法能取少法），但在緣生法下，則可容許執取作用的出現。這即是說，在緣起的前後或同時的關係上安立能取和所取的關係，顯現出有能取對所取的了別作用。例如某物以自己為本質，於水中或鏡中現出影像，這是可以的。但不能說離開自己的本質，另外有獨立的影像映

108 同前註。

109 一切存在都是空無自性的，是緣起的。認識活動的主、客雙方，都是緣起的性格，並不是有自性的一方認識有自性的另一方。

現出來（pratibhāsate）。心識的情況也是一樣，它起作用，變現影像，而可以認識這影像。[110]

在《攝大乘論》的這些引文中，論者先說夢是虛幻，然後又說我們在覺醒時所接觸到的外界的東西，也是虛幻。前者與後者都是虛幻不實的，只是程度上不同而已。夢中的東西當然是虛幻的，在日常生活中的識的所對，也是虛幻的，因它是識所變現的。關於這點，一般人不易看到，具有「真智覺」的人便能看到。

實際上，在很多佛典中，都說到夢的虛幻性，也不限於是唯識學的典籍。如《金剛經》（*Vajracchedikā-sūtra*）便有這樣的名偈：「一切有為法，如夢幻泡影，如露亦如電，應作如是觀。」[111]有為法（saṃskṛta-dharma）是生滅法、緣生法，由因與緣組合而生。聚則成法，離則法滅，都無實在的自性可得。人間如夢，只是夢是在醒時覺到虛幻，在日常生活所見到的東西，都是生滅法，也是虛幻。兩者相比，生滅法是虛幻，夢則是虛幻中的虛幻，其幻一也。有些佛典是夢、幻連著說，有些則是分開說，沒有甚麼分別。《金剛經》的這首偈頌，在上面註 64 中已說及了，這裏只是重複說一下而已。不同的是，這裏把夢說得更徹底一些：夢幻中的夢幻，雙重夢幻。

110　這個意思到了唯識學的後期，便發展出法稱（Dharmakīrti）的「自己認識」的理論來：認識的對象即是自己的表象，這亦是所謂「自證」（svasaṃvid）。關於這點，可以參考桂紹隆之〈ダルマキールティにおける自己認識の理論〉，《南都佛教》第 23 號。

111　《大正藏》8・752 中。

第五章　阿賴耶識說與榮格的深層心理學

一、本我與阿賴耶識

西方近現代的心理學界，出現了兩位大師：弗洛伊德（Sigmund Freud）與榮格（Carl Jung）。他們本來是師徒或前後輩的關係，榮格是弗洛伊德的助理，後來榮格對弗洛伊德的說法與研究有不同取向，於是離開後者，自行發展。弗洛伊德的心理學，一般稱為「精神分析」，榮格的那一套，則稱為「深層心理學」（Tiefen-psychologie, depth psychology）。在這裏，我只想集中在榮格的深層心理學，看它與東方思想特別是唯識學的心王、心所說的關係，從而突顯後者的經驗的心的思想。

榮格頗為欣賞東方思想，特別是易學，那是出了名的。他對禪也很感興趣，曾與日本京都學派的久松真一就禪坐與精神的凝聚問題作過對話。他所鼓吹的深層心理學或潛意識說，相當於世親（Vasubandhu）的唯識學的第八阿賴耶識（ālaya-vijñāna）與第七末那識（mano-vijñāna），雙方有很寬廣的對話空間。與無著（Asaṅga）的《瑜伽師地論》（*Yogācārabūmi*）、《攝大乘論》

（*Mahāyānasaṃgraha*）和護法（Dharmapāla）的《成唯識論》（*Vijñaptimātratāsiddhi-śāstra*）的內容也頗有相似之處。我們要在這方面作一些比較的研究，並聚焦在潛意識、半潛意識亦即是阿賴耶識與末那識方面，看雙方的心理學與現象學方面的意義。[1]

心理學的基本概念，自然是自我（ego）。這大體上可說是涵攝唯識學（Vijñāna-vāda）的意識、半潛意識以至潛意識的範圍，但有人以為這自我相當於意識，把範圍收窄了。榮格喜歡說心靈（psyche，希臘語），認為可同時指意識與潛意識，比自我的範圍要大。不過，他有時又以靈魂（soul）來說心靈，這便把心靈與第八阿賴耶識建立起密切的關係了。[2]此中的要點是，阿賴耶識表示眾生的個體生命，以靈魂來說亦無不可。當眾生活動到某一階段，它的色身會敗壞，而混入地、水、火、風四大之中，但藏在色身中的阿賴耶識若未達覺悟、解脫的目標，便會存留下來，繼續活動，遊離於原有的眾生的色身與將要在其中受胎而生的新的眾生的色身之中。阿賴耶識在這個階段、過渡期以中陰身或中有（antarā-bhava）而存在。在一段時期（一般說來是由七天到四十九天）之後，中有會找到新的生命軀體，受胎而生，成為胎體的阿賴耶

---

1 唯識學由於有轉依或轉識成智的工夫，其現象學意義相當明顯。榮格的深層心理學也論到潛意識的精神的轉向，他自己也是一個心理學、精神科的醫生，其現象學的意義也是毋庸置疑的。

2 漢學界流行把心靈譯作 mind，有人認為這 mind 的意義過於抽象，特別是偏重思維、智思的意思，把心靈超越化，不能展示心靈的經驗的、心理的甚至是身體方面的意涵，於是以 mind-heart 或 heart-mind 譯之。

識。[3]

不管說意識、潛意識或自我，都不能免於主體的性格。潛意識的主體意味或許比較淡薄。榮格自己提出兩種或兩層次的我：自我（ego）與本我（self）。他的自我有濃厚的個別主體的意味，特別是經驗主體。他的本我則是一種大我，有普遍性格，是一種無盡的、不乾涸的精神力量。這種大我有點像印度教的《奧義書》（*Upaniṣad*）所宣說的大梵（Brahman）。這是宇宙的終極原理，也是萬物的存有論的根源。它能創生萬物，並引領它們如何去活動。與這大梵相對的，是我們的個體的、個別的自我，它原於大梵，但不是如後者的清淨性格，而是充滿不淨的欲望。人要做的，是要透過瞑想甚至苦行，去除後天的、經驗的汙濁性，回歸向大梵，與它合為一體。另外，與其說榮格的本我近於大梵，不若說它更傾斜於佛教唯識學的阿賴耶識（ālaya-vijñāna）。唯識學說三種意識，一是一般所理解的、能思考、回憶並具理解作用的意識，一是介於意識與無意識或潛意識之間的我識，最後是潛意識，亦即是阿賴耶識。不過，阿賴耶識雖然在存有論方面說是一切事物、現象的根源，因為它內裏攝藏著無量數的種子，世界便由這些種子變現而成，但它畢竟仍是染汙性格的，不是清淨的，要透過轉依或轉識成智的工夫，清淨的我、大我才能說。

有一點我們要區別一下。印度教的大梵是一個大實體，有終極原理的意味，這是實體主義（substantialism）的思維導向。從質料（泛說的質料）言，大梵的本質是超越的理，不是經驗的氣。榮格

3　參看《瑜伽師地論》卷一，《大正藏》30・282 上。

的本我是以心理學為背景而建立的，這便不能完全脫離經驗的性格，而下落到氣的層面。至於唯識學的阿賴耶識，則是依因待緣而有的，它內裏只有精神義的種子（bīja）為內容，而種子是從氣上說，所謂「習氣」，是經驗性格，不是超越性格的。它是生滅法、緣起法，沒有常住的實體可言。這是在哲學上的非實體主義（non-substantialism）的立場，是要被轉化的。識需轉化為智，才能說終極義、普遍義。

心理學家瑪莉－魯易斯馮法蘭茲（M.-L. von Franz）以「大宇宙人」（Cosmic Man）來說本我，視之為具有終極的主體性義的存有，是人的救贖的本源。它是潛意識的化身，是一種心靈的、精神的意義的大能。但這樣來說本我，便超出一般所說的潛意識的範圍了。即是，它具有覺性，能使人去迷成覺，相當於阿賴耶識中的無漏種子。馮法蘭茲又以濃烈的宇宙論的意涵來說這本我，強調它無所不在或遍在性格，超越我們的在時間的範限下的意識經驗。這又讓人想到荷蘭哲學家斯賓諾莎（B. Spinoza）所提的泛神論：本我是環抱著整個宇宙的。這也相通於唯識學的阿賴耶識執持器界為對象的說法。

這裏涉及的問題比較複雜。瑪莉－魯易斯馮法蘭茲的大宇宙人除了是一存有論、宇宙論的概念外，同時也是一救贖論的概念，它作為一個我，或本我，而又有覺性，能讓人去迷成悟，這便超出阿賴耶識的所涵。後者雖有無漏種子，與覺悟有關，但這些無漏種子仍不免是種子，它自身不能現行、現實化，需要依靠外在因素如正聞熏習，才能現行、現實化為具體的覺悟行為。但大宇宙人自身便是救贖的本源，它具有覺悟的能力，其證成覺悟，只靠自己，不待外求。至於斯賓諾莎的泛神論所強調的本我、主體性嫌弱，它能包攝萬物，這自有存有論義，但人能否靠它而得救，便很難說。

讀者可能提出如下一個問題：我們能否證成這作為我們的生命之源的本我呢？如果能證成的話，在工夫論上應如何做呢？譬如說，我們能否以言說文字來傳達本我的訊息，甚至展現它呢？我們得小心處理這個問題。在心理學來說，自我應該是可以言詮的，它是人在社會、群體生活中的自我映現。但本我不同於自我。我們不能像經驗一般事物那樣去體驗本我，我們或許可以間接地感覺到本我，但不能理性地言詮、形容它。這便有一種神秘主義的意味在裏頭：我們或許可以透過神話、比喻、象徵來傳達本我。我們需要以神交、心心相印的方式來與本我溝通。《老子》說：「道可道，非常道。」本我的意義不清晰，它不是一個可以言詮的對象。以對象來求它，自然沒有結果。

二、集體無（潛）意識與共業

回返到潛意識（subconsciousness）或無意識（unconsciousness）方面來。心理學家荷普克（Robert H. Hopcke）指出榮格的潛意識其實有兩個層次：個人潛意識與集體潛意識。前者表示在其中涵藏有當事人的多元事物的記憶，包括思維、感覺和親身經驗過的種種事情。集體潛意識則含藏著很多人集體地共同具有的理想、希望、企盼和憎惡的事。這集體潛意識有時亦稱為集體無意識，這是榮格在精神分析中最具有創意的概念。在這裏不妨多說一些。由不知是哪個階段（時間階段）或原始時代開始，人的種種活動，作為普遍性的心理經驗，不斷累積起來，長期地在每一個人的潛意識或無意識的深處沉澱下來，成為一種普泛的、共同的內容（不是限於個人自身的）。這在歷史上可以稱為「族群的憶念」，是集體性格的。這種憶念只會存在於潛意識中，不會移挪到意識內裏去。我們自然無法在意識的層面認知它，只能通過一些活動、生活的痕跡去追蹤、推想它的存在。不過，榮格認為，集體無意識有時也會通過一些具有神秘意味的原始的宗教活動如圖騰崇拜、神話或離奇曲折的夢中的反反覆覆的出現，透露出來，這是素樸的、原始的表象，我們可以認證這些表象為集體無意識的活動跡象，榮格把它們稱為「原型」（archetype）。他並強調這些圖騰崇拜、神話或夢，都是有一定程度的創造性的幻想，它們有時可以自由地、不經意地表現出來。

若我們把這點關連到唯識學方面，則可以說，阿賴耶識較近於個人潛意識，當事人過往所做過的、想過的、希望實現的事情，都以種子的形式埋藏於第八阿賴耶識中，這構成個人的自我。在未來的某個時地，其中某些種子若遇到有效的條件，便可讓化成種子的那些因素、事件重現，影響到相關人物的行為、際遇。這是所謂「善有善報，惡有惡報」，因果的規律，確定不爽。至於集體潛意識，指眾人內心所共同具有的願欲、訴求，分藏於眾人的阿賴耶識中，成為種子，這便是所謂共業。將來機緣巧合，這些種子會變成現行、事實，展露出來。眾人便可以團結在一起，向著一個共同的目標努力、邁進。由這點可以認證榮格的觀點：潛意識不光是我們在過往在思想上與行為上所想過和做過的事情的貯藏地方，同時也會生長出未來的精神處境與欲望。這點若以唯識學的種子學說特別是熏習問題來助解，可以是非常自然貼切的。不過，有一點我們仍然不能忽視。眾生的阿賴耶識中有共同的種子，亦即是共業，這沒有問題。但這些個別的阿賴耶識在何時、以何種方式來現前、實踐出來，則還需配合著眾生的個別條件的不同而有所遊移。不過，即便有這樣的問題，我們仍可以說，大方向是不會受到這些個別性而有所影響的。

就心識的豐富的內涵而言，另外一個心理學家費利曼（John Freeman）提到，榮格的潛意識是一個新的天地，是一個具有生氣、生命的世界，其鮮活程度較現實的世界並不遜色，倒是含有更充實飽滿的內涵。就唯識學而言，這世界的更為充實飽滿的內涵是完全可能的。因為阿賴耶識是一個精神倉庫，沒有時空的限制。無量數的精神性的種子都可以內藏於其中。種子可以作為一切事物的根源來看。

嚴格來說，阿賴耶識作為一個生死輪迴的主體，其適切性可以無限度地延展。如上面所說，生命個體在一期生命了結時，其阿賴耶識會以中有或中陰身（antarā-bhava）的狀態，以異熟識（vipāka-vijñāna）的身分在下一期的胎兒狀態中結生相續。在這個階段，阿賴耶識是一個完全混濁的、無明的主體，其染汙性完全克制其清淨性。所謂異熟（vipāka），指過去的行為或業的結果、果報，在新生的胎兒中成熟，發揮作用。這樣的識體，有點像弗洛伊德的心理學中的 Id，是本能動作、活動的依據。以唯識學獨有的種子（bīja）概念來說，這阿賴耶識或異熟識其實是一切種子識（sarvabījaka, sarvabīja-vijñāna）。過去的活動的效驗，如上面提過，以精神性（其實應說為氣）的種子的形式藏於阿賴耶識中，成為將來的活動的原因、資源。

這裏需要對種子之為氣作些解釋。氣是經驗性格，是材質的，可變化的。它以流行的方式存在；在不斷流行中，慢慢凝固成具體的、固態的東西。但它仍是生滅法，受制於時間與空間。一切種子，不管是有漏的抑是無漏的，都是經驗的、材質性格的氣。從義理立場言，有漏種子是氣，沒有問題。但以無漏種子也是氣，便阻攔了這種清淨的覺悟成佛的資源之為超越性。只有超越性的東西是絕對地平等的。無漏種子相當於作為成佛的依據，倘若是氣的性格，則是經驗的，人人不同，這便不能建立成佛機會的絕對的平等性。種姓的邪說便由是以生。這是唯識學說的一個致命弱點。

以上的所說，便是一切種子識的意味。此中的主要活動（宗教活動）是熏習（vāsanā）。即是說，過往的活動的效果熏習阿賴耶識，而成為種子，藏於其中。未來的活動，便悉數以這些種子為原因而生起。沒有一個眾生、凡夫能克服這樣的限制。即使是得到覺悟，成了佛，這種因果報應的關係還是存在著。

三、潛意識與夢

以上我們討論了榮格和其他心理學家有關潛意識亦即是本我和我們日常的活動以至周遭環境的問題，並比對著唯識學的第八阿賴耶識概念來說明。以下我們要集中看潛意識的活動和它與意識的關係一點。首先看潛意識和意識之間的界限問題。榮格表示，在我們日常的生活中，我們無時無刻地不斷接觸身邊周圍的事物，我們自覺地注意到某些事物，即是說，我們把這些事物收入到意識之中。另方面，對於另外一些事物，我們沒有意識及，但卻為潛意識所吸收。這些藏在潛意識中的東西，有時會不經意地浮現出來。在哪種情況或機緣下浮現出來呢？榮格提出夢的問題，認為這些東西可能在夢中出現，以夢的方式浮現出來。在一般情況，我們在潛意識中所有的東西，都可以通過夢的方式自我呈顯，在這種情況下，沒有抽象的理性、理解，只有具體的形象，而且是象徵性的。[4]在這裏，我們碰到潛意識與意識之間的界限問題，這亦是榮格的密意：意識是現實的、清醒的，潛意識則是虛而不實的，如夢如幻的。但潛意識的東西有時會浮現出來，一如我們在夢中碰到的對象，有時也會若隱若現地在現實中出現。

在唯識學中，有沒有相應、相近於夢的說法呢？嚴格來說，唯識學中並未有清晰而詳細地說及夢的文字，只是在它所提到的心所（caitasa）或心理狀態中，列出幾種心所，略有夢的意思，這即是惛沉（styāna）、散亂（vikṣepa）這兩種隨煩惱心所，和眠（middha）這種不定心所。隨煩惱心所（upakleśa）是依附著煩惱心所而來的一些只有較低影響力的心所。不定心所是一些在倫理性格上不能確定是傾向於染或是傾向於淨的心理狀態。[5]這些心所大

4　就筆者自己而言，任何東西固然可以在睡夢中出現。但最讓自己困惑的、醒後疲倦的，莫過於算數，即數學上有關分解方程式和求出答案的問題。這種夢出現得越久，便越讓人感到困擾，結果是不了了之，醒後一片迷糊，疲怠不已。現在我知道了，我們的夢不是理性的，而算數是一種理性的活動，故在夢中算數求答案，是永無可能的，醒後讓你「一頭霧水」。

5　世親的《三十頌》（*Triṃśikā-vijñaptikārikā*）的梵文本中未有提及不定心所，但在玄奘的譯本中卻有提及。有關惛沉、散亂、眠這幾個心所的意思，參看拙著《唯識現象學一：世親與護法》（臺北：臺灣學生書局，2002），頁 129-135。

體上是指一種內心不踏實、感到虛浮不安、不能集中、欠缺次序的心理狀態。倒是在般若學的《金剛經》（*Vajracchedikā-sūtra*）中有如下一偈直接提到夢幻或夢的問題：

> 一切有為法，如夢幻泡影，如露亦如電，應作如是觀。[6]

這是說一切有為法（saṃskṛta）有生有滅，不固定，沒有恆常性，都是虛幻不實。夢也是這樣，只在睡夢中存在，睡醒了，人便要面對現實，夢也自動瓦解。故夢和夢中出現的東西，是虛幻的、不真實的。人在睡夢中，潛意識在活動；人醒了，則意識替代潛意識而活動。就佛教的立場來說，人即使是在清醒的狀態下，只要有執著，以緣起性格的東西為實在的、有自性、實體的東西，就覺悟的角度來看，這樣的活動、生活，仍然是不真實的，是另一層意思的夢。

在唯識學中，我們能否找到一個名相能夠與榮格所說的夢精確地相應呢？我想很難。不過，我們可以透過唯識學的種子思想來回應榮格的夢的問題。種子思想是我們平日的一切活動，過後不會消失，卻是以種子的方式存留於阿賴耶識中，亦即是潛意識中。在睡夢中出現的事情，可以視為在阿賴耶識中的種子在展示它們的功能。它們不能在人的覺醒的狀態下表現或現行，即不能在意識活動中現行，因為未具備足夠的條件；但可在潛意識亦即是睡夢中展現一下自己。到人醒來，有意識作用，它們便自動消失了。它們不能

6 《大正藏》卷 8，頁 752 中。

在意識中存在，只能回歸到潛意識中去，而人在夢中所見到的現象，也漸漸淡化下來，悄悄地在人的意識下溜走了。也不必是全部溜走，也可以有一部分留下來，讓意識去記憶。

唯識學的根本立場，可說是境由識變，識亦非實。即是，外境或外在世界都是依因待緣而起，故沒有實在的自性可得。識或心識是一個渾淪的整體，它需要發展，分化為主客雙方亦即是主體與客體，主體是自我，客體則是世界。主體是見分（dṛṣṭi），客體是相分（nimitta）。依護法（Dharmapāla）所說，這是所謂識轉變（vijñāna-pariṇāma）。故境是依於識的作用（分化的作用）而成的，不是獨立的存在，這是境由識變。識自身也不是真實，不具有獨立自在性，它是依於藏在阿賴耶識中作為因的種子遇到適當的條件：所緣緣、增上緣和等無間緣而現行，形成具體的、能起認識、執持作用的識或心識。故識也不具有實在性，這即是識亦非實。夢可以說是在識的層面上作進一步的推演的作用。即是，識有清醒與不清醒兩種狀態。清醒狀態是指我們在日常生活中運用識來覺知對象，不清醒狀態指我們睡著了，意識不發生作用了，但潛意識亦即阿賴耶識仍然會發生作用，只是我們的意識沒有覺察到而已，這種潛意識的作用便是以做夢的方式表現出來。識有意識與潛意識兩個層次，夢是從潛意識的層次說，故它的真實性較諸境、識更為低微。至於所謂末那識，則是介於潛意識與意識之間的識的狀態，是一種過渡階段的識。另外，現實中有一些人，憑藉祖宗的餘蔭，擁有巨額的財富，終日不務正業，只是花天酒地，迷戀於醇酒美色之中，醉生夢死，不知道自己在做甚麼；這種人雖然生活於覺醒狀態，也如在夢中，這又是另外一種夢了。

四、意識與其遺忘作用

由意識的記憶作用可以轉到意識的遺忘問題。為甚麼我們的意識會遺忘某些事情呢？榮格的理解是，我們具有注意的能力，這也是意識的一種力量。這種力量的目標不是固定不變的，而是可以轉移。例如，我們可以先注意一頭狗，然後注意一隻老鼠。這是意識的注意目標的轉移。榮格表示，我們的意識轉移注意焦點，會讓意識的一些概念本來持有的功能淡化，以至消失，而原先所注意及的東西會被移到黑暗之處，而不被措意了。這也是很自然的事，因為意識的功能不是全面的，它有它的限制，只能在一個瞬間注意某些東西，擁有它們的一些清晰的形象，別的東西便不能兼顧了。在這裏，我們要留心的是，被遺忘的東西不會完全消失，它不在意識之中浮現，但可在潛意識中浮游，等待重現的機會。在適當的機緣中，它們會獲得新的力量，讓自己在意識中再度出現。這與唯識學中述及的「失念」（muṣitā-smṛtiḥ）心所很相近。《成唯識論》是這樣解說這失念心所的：「於諸所緣，不能明記為性，能障正念，散亂所依為業。」[7]即是說，失念可使我們對於所認識的事物，即所緣，不能明確地記憶，卻又障礙正念，使內心散亂，不能集中起來。以種子思想來說：失念的生起，是某個在意識中的念頭在阿賴耶識中由現行變為種子，而藏於其中，當它浮現出來，再度出現，表示該念頭復在潛意識即阿賴耶識中再度出現，成為現行而存在於意識中。失念現象只是暫時性地失去記憶，不是永久失去、消亡。

---

7 《大正藏》卷 31，頁 34 中。

意識的遺忘現象是必須的嗎？榮格認為，這是必須的；我們需要對過去的經驗局部地遺忘，甚至是全體地遺忘。只有這樣，我們的意識或智思才能藉著這遺忘現象所騰出來的空間，去收容新的印象、新的想法。倘若意識沒有遺忘作用，則我們所思考過的、經歷過的種種事物、現象都停滯在意識的外圍，我們對外間世界的認識與容納便無從說起，意識的作用也無從施展。這種理解，極其類似唯識學所說的「等無間緣」（samanantara-pratyaya）。這又稱為「次第緣」，是從心王與心所方面說。心王是心的自體、自己，心所是伴隨著心王生起的心理狀態。所謂「等無間」，指前念的心法必須滅掉，俾能讓出一個空位，讓後念的心法得以生起。這其實不是一個實在的因素，只有虛的意味，只是一個機會，以引導後一法的生起。這種情況讓我們反省到一個問題：人的記憶、接受以至理解方面，並不是可以無窮無盡地運作的，而是有一個限度，到了這個限度，人便需要休息，讓腦袋歇一下，以恢復元氣，才能繼續運作。這表示我們的意識機能是以能量（energy），以至氣說的，不是以理說的。以理說的是意志，如道德意志，在這方面可以說無限性。能量、氣則不是這一層次的東西，它是材質意義，是生滅法。材質雖帶有質的意思，但它不指涉能力的、才幹的一面，而是以量來說；量消耗了，便需要透過休息來補充、恢復。氣或能量如不停地運作，則總有枯竭的時候，這樣便會氣盡而死了。

進一步看潛意識問題，特別是意識與潛意識的關係問題。榮格表示，當一些東西從意識的範圍溢出，並不必然是消失了，不再存在了，它可以進入潛意識中，作為一些模糊的、短暫的想法而存在。它們雖然不再受意識的控制，暫時被遺忘了，但仍可以以在潛意識中的身分，間接地影響意識的活動。榮格提出一個例子：在我們的日常生活中，以下的現象或經驗非常普遍。我們在廚房中，想到某一件東西放在睡房中，要拿它來運用，便離開廚房，走進睡房中。到了睡房，卻忘記要找尋的東西，於是愣住了，在睡房中踱步，想了一段時候，忽然記起要拿甚麼東西了，於是把它拿起，帶到廚房中作業。[8]這到底是甚麼現象呢？甚麼東西使我這樣做呢？榮格的回應是，要拿的那些東西的想法，暫時離開了意識，隱蔽在潛意識中，這種想法雖在潛意識中，卻仍然對當事人的意識起著潛在的指引作用，讓他的意識最後能記起要拿甚麼東西。

如上所說的事情時常發生。在唯識學的種子思想中可以獲得恰當的解釋。我們意識中出現的要拿東西的意念和要拿的東西，從現行狀況變成種子狀況，藏在第八阿賴耶識中，讓我們到了睡房便愣了下來。到這意念和東西的種子現行，變成具體的意念和東西，出現在我們的意識中，我們便恍然地記起要拿甚麼東西了。

五、情結、面具、陰影

在榮格的深層心理學中，有所謂情結（complex），一些被抑壓著的情感上的糾結。我們有時意識到，有時則意識不到，它們好像都隱藏起來，沉埋於潛意識中。這些情結必須得到妥善的處理，

---

8 這樣的事情，即是忘記要找甚麼東西，在筆者的日常生活中非常頻繁，幾乎每日都有，只是有些微差異而已。我在會客室中，突然想要到睡房中拿一件東西，便進入睡房，卻突然忘記了要拿甚麼東西。於是從睡房出來，在客室中原來所處的位置，踱來踱去，想了又想，結果終於想到了，便重回睡房中拿那件要用的東西。

能解放而鬆動起來，不然的話，人便變得抑鬱、焦慮，做事無法集中精神。這些現象可展現於潛意識的自我表象中。這種情結相應於唯識學的第七末那識，後者游離於意識與潛意識之間，執取阿賴耶識中的種子為自我，生起我癡、我慢、我見、我愛四種煩惱。這都是以自我為中心而形成的煩惱，能障礙智慧的作用，它們之中也有重疊之處。例如我見與我愛。我愛是對自己生起溺戀之心，以為與別人不同，甚至優於別人，這便通到我見方面了。

上面說過，榮格不單是心理學家，而且是精神科醫生。他提出心理治療法（psychotherapy）來醫理患有精神病的人。他很強調這點，認為心理學除了是一種經驗科學外，還應具有心理治療、精神治療的效能。心理學倘若沒有實際的治療實效，不能減輕以至去除病人在心理上、精神上的痛苦，是沒有意義的。這點可關連到唯識學的心所思想方面。例如，護法在《成唯識論》中解釋各種心所，喜歡從性與業兩方面看。以性指心所的作用，以業指心所的對治效能。他說到「行捨」心所，表示它「精進三根，令心平等、正直、無功用住為性，對治掉舉，靜住為業。」[9]按行捨（upekṣaka, btaṅ sñoms）是一種善心所，或善性的心理狀態，是平靜的、不傾向於任何有顏色的極端。「行」（saṃskāra, ḥdu byed）指心念，捨棄一切心念、念慮，處於一種平和的心理狀態，便是行捨。這亦可以說是現代心理治療或精神治療的一個指標。另外，三根是上根、中根、下根的眾生，讓他們都能努力精進，故說「精進三根」。使三根眾生的內心都停駐於平等、正直、不急於求取功利的狀態（無功

9　《大正藏》卷 31，頁 30 中。

用住），這樣便能對治掉舉（uddhava）這樣的輕佻浮躁的心態，而安住於寂靜之中。

榮格的心理學中有所謂「面具」（persona）一概念，這表示一種虛假的自我形象。人可以藉著它來掩飾自己的弱點或醜陋，以博得他人的好感。這可以騙倒很多人，特別是那些以貌取人和只有幼稚的心理的一群。榮格認為，面具在某些方面可以保護自己，有利於自己在一個重外表、功利的社會中存活。對於這種面具特性，在唯識學的心所思想中有誑這一心所相應。這誑（māyā）是為了獲取名利而假扮成具有德行，以進行欺詐活動的一種心理狀態。護法在《成唯識論》中說到這種心所，表示「為獲利譽，矯現有德，詭詐為性，能障不誑，邪命為業。」[10]這種心理狀態存心不正，同時又會障礙人要過坦率、不誑的生活，讓人奉行邪僻的活動方式。

最後，榮格的深層心理學中有所謂「陰影」（shadow）的說法。榮氏認為，人的心中有一種陰影，讓自己的真正想法不能維持下來。這種陰影有時也會掩蓋我們的自主和正直的要求，讓我們變得自卑，沒有勇氣面對別人的批評與責成。榮格還提到，我們有時會將心中的陰影投射到他人身上，把自己心中的醜惡的和庸俗的內容推向他人身上，對他人的理解產生負面印象，從而變得多疑，讓自己對別人生起妄想。這頗有德國現象學家謝勒（M. Scheler）在他的《妬恨》（*Ressentiment*）一書中所說的人的顛倒價值的心理，以壞的東西為好，以好的東西為壞，讓自己的短處得到一廂情願的轉化。這種陰影的心理可以說是魯迅筆下的阿 Q 的精神，自

---

10 《大正藏》卷 31，頁 33 下。

己懦弱，不能與他人相爭，打不過他人，被他人欺負，但又不能對他人報復，氣在心裏，需要找尋求發洩的機會，於是在自己內心製造一個假象、假我，把強弱的價值顛倒過來，以強是不好的，弱才是好的，被欺負而又悶在心裏是一種美德，是「忍辱負重」。甚至把這樣的想法形象化，把別人打自己、欺淩自己看成是兒子打老爸，把打自己的人視為兒子，自己便成老子，以為這樣可以得到便宜、補償。這只是自我陶醉而已。

這種在心理上的自我障蔽在唯識學中也可找到相應物，這即是覆與嫉兩種隨煩惱。根據護法的《成唯識論》的說法，覆（mrakṣa）是對於自己所作出的罪行加以隱藏，以免被他人得知而影響及自己的名聲。嫉（īrṣyā）則是一般所說的妬忌。為著自己的利益，不能接受別人比自己要強的現實，對於別人的榮耀不能忍受，而產生不安的心理。這也是一種隨煩惱，可引生出價值上的顛倒。護法在《成論》中對覆的說法是：「云何為覆？於自作罪，恐失利譽，隱藏為性。能障不覆，悔惱為業。」[11]對嫉的說法則是：「云何為嫉？徇自名利，不耐他榮，妬忌為性。能障不嫉，憂慼為業。」這些文字都淺顯易懂，在這裡也就不作解說了。

六、榮格與弗洛伊德

以下，我們扼要地對本文的內容及所涉及的問題分幾點說明，作為總結。第一，如上面所說，榮格最初是與弗洛伊德合作的，作後者的助理，其後雙方在觀點上分途而決裂。主要的原因是弗洛伊

11　《大正藏》卷31，頁33中。下一引文同。

德非常重視、強調性欲（libido）對人生與文化的影響，視之為人的一切活動的決定因素。榮格則持異議，他未有忘懷性欲的重要性，但認為人的飢餓解決和權力要求這些動機比性欲的滿足更為根本，在力的追求方面比性欲來得更為強勁。

第二，弗洛伊德的興趣比較窄，主要是聚焦於心理學、精神分析。榮格的興趣和所關心的東西非常多元，除了心理學和精神分析外，他對東方的文化有廣泛的興趣，主要是印度、西藏和中國的範圍。他對東方的鍊金術，很有心得，從心理學的角度來研究這種工藝。嚮往印度的瑜伽實踐，崇敬印度的聖者，也包括佛祖釋迦牟尼（Śākyamuni）在內。特別是後者所提的無我觀點。他並不視「我」具有常住不變性、實體性，而視之為一種無意識或潛意識的情結，是人的一種概念而已。

第三，榮格又醉心於西藏的宗教情調，特別是西藏密宗。他很關注西藏密宗，以心理意念來研究它。對於曼陀羅（maṇḍala）的象徵整個法界或宇宙，感到驚訝和意趣。他認為德國神秘主義者伯美（J. Böhme）也有曼陀羅思想，這種曼陀羅展示出一種心理宇宙體系（psychocosmic system），具有哲學之眼或智慧之鏡。但西藏宗教特別是佛教的曼陀羅是最美妙的、殊勝的，那是西方宗教的曼陀羅（包括伯美本人的）所不能比擬的。他又以自己的集體無意識的立場來看和研究西藏宗教的《度亡經》和《大解脫書》。

第四，關於中國的宗教和哲學，榮格也展示濃厚的興趣，此中包括禪、易和道。他認識到禪的重要性，表示覺悟的生起，是意識作為自我的一種形態而被限定，被克服，以非自我的身分以成就自我的突破。他認為這種思想近於德國神秘主義的艾卡特（M.

Eckhart）。至於易，他注意陰與陽兩個概念：當陽發展到了高峰，陰的黑暗力量便在其底層生起了。夜晚是從中午開始的，這隱喻陽開始衰退而轉變為陰。對於道家，他讚美《老子》的無為而無不為的洞見，並表示艾卡特的思想是通往大道的坦途。[12]

12　以上有關榮格的深層心理學的觀點，是我在某一段時間讀榮格的著作的所得。現在基於記憶把它的大意寫出來，因而沒有注意附註或交代觀點的出處的問題，敬祈讀者垂注。在這裏，我也想多提一下西方心理學的發展狀態，俾能對榮格與弗洛伊德在這個學術領域中的何所屬的問題。按西方的心理學有三個系統：意識心理學、行為心理學與精神分析心理學。榮格與弗洛伊德同屬於精神分析心理學系統。意識心理學系統包括馮特（Wilhelm Wundt）、布倫塔諾（Franz Brentano）、斯頓夫（Carl Stumpt）、詹姆士（William James）和鐵欽納（Edward Bradford Titchener）。行為心理學系統包括瓦斯頓（John Broadus Waston）、古斯里（Edwin R. Guthrie）和托爾曼（Edward Chase Tolman）。精神分析心理學則包括弗洛伊德（Sigmund Freud）、榮格（Carl Gustav Jung）、阿德勒（Alfred Adler）、哈特曼（Heinz Hartmann）和弗羅姆（Erich Fromm）。榮格是作為一個經驗論者而不是作為一個哲學家來開拓深層心理學的。

參考書目

（日文書依假名字母次序排列，中文書依筆劃次序排列，其他文書依羅馬體字母次序排列，古典文獻則例外。又只列著書，不列論文，有特殊意義者除外）

一、梵文原典

Maitreya, *Abhisamayālaṃkāra*. In E. Obermiller, *Analysis of the Abhisamayālaṃkāra*. London: Luzac & Co., 1936.

Maitreya, *Abhisamayālaṃkāra-Prajñāpāramitā-Upadeśa-śāstra*. Edited, Explained and Translated by Th. Stcherbatsky and E. Obermiller. Bibliotheca Buddhica, XXIII, 1929.

Maitreya-nātha and Vasubandhu, *Madhyāntavibhāga-bhāṣya*, in Gadjin M. Nagao, ed., *Madhyāntavibhāga-bhāṣya. A Buddhist Philosophical Treatise Edited for the first Time from a Sanskrit Manuscript*. Tokyo: Suzuki Research Foundation, 1964.

Maitreya, Vasubandhu and Sthiramati, *Madhyāntavibhāga-śāstra*, in Ramchandra Pandeya, ed., *Madhyāntavibhāga-śāstra. Containing the Kārikā's of Maitreya, Bhāṣya of Vasubandhu and Tīkā by Sthiramati*. Delhi: Motilal Banarsidass, 1999.

Asaṅga, *Yogācārabhūmi*. Vidhushekhara Bhattacharya, ed., *The Yogācārabhūmi of Ācārya Asaṅga*. Part I, University of Calcutta, 1957.

Asaṅga, *Mahāyānasaṃgraha*. 載於長尾雅人著：《攝大乘論：和譯と注解》

上，東京：講談社，1997，底頁起計頁 1-106.（按此是無著（Asaṅga）著《攝大乘論》之梵文本，由荒牧典俊依該書之藏譯還原為梵文，經長尾雅人修訂而成。此論之梵文原本已佚。）

Vasubandhu, *Viṃśatikāvijñaptimātratāsiddhi*. Sylvain Lévi, *Vijñaptimātratāsiddhi*, deux traités de Vasubandhu, *Viṃśatikā* accompagnée d'une explication en prose et *Triṃśikā* avec le commentaire de Sthiramati, Paris, 1925, pp. 1-2.

Vasubandhu, *Triṃśikāvijñaptimātratāsiddhi*. Ibid., pp. 13-14.

Vasubandhu, *Trisvabhāva-nirdeśa*. In T. E. Wood, *Mind Only: A Philosophical and Doctrinal Analysis of the Vijñānavāda*. Honolulu: University of Hawaii Press, 1991, pp. 31-39.

Vasubandhu, *Pudgalaviniścaya*. In Th. Stcherbatsky, *The Soul Theory of the Buddhists*. Delhi: Bharatiya Vidya Prakashan, 1988.

Sthiramati, *Triṃśikāvijñaptibhāṣya*. Sylvain Lévi, *Vijñaptimātratāsiddhi*, deux traités de Vasubandhu, *Viṃśatikā* accompagnée d'une explication en prose et *Triṃśikā* avec le commentaire de Sthiramati, Paris, 1925, pp. 15-45.

Lévi, M. Sylvain and Yamaguchi, Susumu, eds., *Sthiramati: Madhyānta-vibhāgaṭīkā*. Exposition systématique du Yogācāravijñaptivāda. Tokyo: Suzuki Research Foundation, 1966.

Buescher, Hartmut, *Sthiramati's Triṃśikāvijñaptibhāṣya*. Critical Editions of the Sanskrit Text and its Tibetan Translation. Wien: Verlag der Österreichischen Akademie der Wissenschaften, 2007.（梵本與藏譯）

韓廷杰著《梵文佛典研究》一，北京：宗教文化出版社，2012。

二、藏譯

Blo-Gros bRtan-pa, *Sum-Cu-Paḥi bÇad-pa*. bStan-Gyur, Si LVIII, pp. 170a-201b, 北京赤字版。

Dul-Baḥi Lha, *Sum-Cu-Paḥi ḥGrel bÇad*. Idem.

山口益編：《漢藏對照辨中邊論》，附《中邊分別論釋疏》梵本索引，東京：鈴木學術財團，1966。（漢藏對照）

三、漢譯

彌勒／無著著，玄奘譯：《瑜伽師地論》，《大正藏》30・279a-882a。
無著著，玄奘譯：《攝大乘論》，《大正藏》31・132c-152a。
世親著，玄奘譯：《唯識二十論》，《大正藏》31・74b-77b。
世親著，玄奘譯：《唯識三十（論）頌》，《大正藏》31・60a-61b。
世親著，真諦譯：《轉識論》，《大正藏》31・61c-63c。
世親著，玄奘譯：《辯中邊論》，《大正藏》31・464b-477b。
護法著，玄奘譯：《成唯識論》，《大正藏》31・1a-59a。
護法著，義淨譯：《成唯識寶生論》，《大正藏》31・77b-96c。
窺基著：《成唯識論述記》，《大正藏》43・1a-606c。

四、中文

王小章、郭本禹：《潛意識的詮釋》，北京：中國社會科學出版社，1998。
王海林釋譯：《瑜伽師地論》，臺北：佛光文化事業公司，1998。
王恩洋：《中國佛教與唯識學》，北京：宗教文化出版社，2003。
王恩洋：《攝大乘論疏》，臺北：新文豐出版公司，1987。
王健釋譯：《攝大乘論》，臺北：佛光文化事業公司，2009。
王寧：《文學與精神分析學》，臺北：洪葉文化事業公司，2003。
尹立：《精神分析與佛學的比較研究》，成都：巴蜀書社，2003。
太虛：《真現實論》，北京：中國人民大學出版社，2004。
支那內學院編：《內學年刊》，第一至四輯，臺北：國史研究室，1973。
水野弘元著，釋惠敏譯：《佛教教理研究：水野弘元著作選集（二）》，臺北：法鼓文化事業公司，2000。
R・比爾斯克爾著，周艷輝譯：《榮格》，北京：中華書局，2004。
ジグムンド・フロイド著，井村恒郎、馬場謙一譯：《精神分析入門》上、下，東京：日本教文社，1999、1997。
申荷永：《心理分析：理解與體驗》，北京：三聯書店，2004。
申荷永：《榮格與分析心理學》，廣州：廣東高等教育出版社，2004。
印順：《攝大乘論講記》上、下，臺北：慧日講堂，1962。

西格蒙德・弗洛伊德著，林塵、陳偉奇譯：《弗洛伊德後期著作選》，上海：上海譯文出版社，1997。

西格蒙德・弗洛伊德著，彭舜譯，彭運石校對，巫毓荃審定：《精神分析引論》，臺北：貓頭鷹出版社，2001。

F・弗爾達姆著，劉韵涵譯：《榮格心理學導論》，瀋陽：遼寧人民出版社，1988。

Stein Murray 著，朱侃如譯：《榮格心靈地圖》，臺北：立緒文化事業公司，1999。

李幼蒸：《欲望倫理學：弗洛伊德和拉康》，嘉義：南華管理學院，1998。

Hunt Morton 著，李斯譯：《心理學的世界：類型與發展》，臺北：究竟出版社，2000。

車文博主編：《弗洛伊德文集》，全八卷，長春：長春出版社，2004。（包括《癔症研究》、《釋夢》、《性學三論與論潛意識》、《精神分析導論》、《精神分析新論》、《自我與本我》、《達・芬奇對童年的回憶》、《圖騰與禁忌》）

呂澂：〈安慧三十唯識釋略抄〉，《內學年刊》，1-4，臺北：國史研究室，1973，頁 563-590。

吳汝鈞：《中國佛學的現代詮釋》，臺北：文津出版社，1995。

吳汝鈞：《印度佛學的現代詮釋》，臺北：文津出版社，1994。

吳汝鈞：《胡塞爾現象學解析》，臺北：臺灣商務印書館，2003。

吳汝鈞：〈唯識宗轉識成智理論之研究〉，吳汝鈞：《佛教的概念與方法》，臺北：臺灣商務印書館，1992，頁 98-208。

吳汝鈞：《唯識現象學（一）：世親與護法》，臺北：臺灣學生書局，2002。

吳汝鈞：《唯識現象學（二）：安慧》，臺北：臺灣學生書局，2002。

吳汝鈞編著：《佛教思想大辭典》，臺北：臺灣商務印書館，1994。

河合俊雄著，趙金貴譯：《榮格：靈魂的現實性》，石家莊：河北教育出版社，2001。

周貴華：《唯心與了別》，北京：中國社會科學出版社，2004。

周貴華：《唯識、心性與如來藏》，北京：宗教文化出版社，2006。

林國良：《成唯識論直解》，上海：復旦大學出版社，2000。

Bateman Anthony、Holmes Jeremy 著，林玉華、樊雪梅譯：《當代精神分析導論》，臺北：五南圖書出版公司，1997。

杭州佛學院編：《唯識研究第一輯》，上海：上海古籍出版社，2012。

夜未眠：《夢與人生》，北京：光明日報出版社，2000。

N・佩塞施基安、U・波斯曼著，張寧譯：《恐懼與抑鬱》，北京：社會科學文獻出版社，2000。

諾斯拉特・佩塞施基安、烏多・波斯曼著，張寧、明太、明誼譯：《消除抑鬱：自我解脫與有趣的東方故事》，北京：社會科學出版社，2002。

姚南強主編，徐東來副主編：《因明辭典》，上海：上海辭書出版社，2008。

哈里・A・威爾默著，楊韶剛譯：《可理解的榮格：榮格心理學的個人方面》，北京：東方出版社，1998。

常若松：《人類心靈的神話：榮格的分析心理學》，武漢：湖北教育出版社，1999。

Gould William Blair 著，常曉玲、瞿風臣、蕭曉月譯：《弗蘭克爾：意義與人生》，北京：中國輕工業出版社，2000。

陳一標：《賴耶緣起與三性思想之研究》，臺北：私立中國文化大學哲學研究所博士論文，2000。

陳小文：《弗洛伊德》，臺北：東大圖書公司，1994。

陳士涵：《人格改造論》上、下卷，上海：學林出版社，2001。

凱博文原著，陳新綠譯：《談病說痛：人類的受苦經驗與痊癒之道》，香港：榆林書店，1997。

程金城：《原型批判與重釋》，北京：東方出版社，1998。

程恭讓：《歐陽竟無佛學思想研究》，臺北：新文豐出版公司，2000。

Hopcke Robert H. 著，蔣韜譯：《導讀榮格》，臺北：立緒文化事業公司，

1997。
楊韶剛：《精神追求：神秘的榮格》，哈爾濱：黑龍江人民出版社，2002。
楊鑫輝主編，葉浩生、郭本禹副主編：《心理學通史》，全五卷，濟南：山東教育出版社，2000。
葉阿月：《葉阿月教授佛學論文集》，臺北：財團法人臺北市淨法界善友文教基金會，2012。
聖凱：《攝論學派研究》上、下，北京：宗教文化出版社，2006。
威廉・詹姆斯著，劉宏信譯：《實用主義》，臺北：立緒文化事業公司，2007。
奧茲本著，董秋斯譯：《弗洛伊德和馬克思》，北京：中國人民大學出版社，2004。
演培：《成唯識論講記》，五冊，新加坡：靈峰般若講堂，1978。
熊十力：《佛家名相通釋》，臺北：廣文書局，1961。
熊哲宏：《心靈深處的王國：弗洛伊德的精神分析學》，武漢：湖北教育出版社，2001。
卡爾・古斯塔夫・榮格著，張敦福、趙蕾譯：《未發現的自我》，北京：國際文化出版公司，2001。
卡爾・古斯塔夫・榮格著，謝曉健等譯：《榮格文集》，北京：國際文化出版公司，2011。
斯拉沃熱・齊澤克著，季廣茂譯：《意識形態的崇高客體》，北京：中央編譯出版社，2002。
芭芭拉・漢娜著，李亦雄譯：《榮格的生活與工作：傳記體回憶錄》，北京：東方出版社，1998。
Hyde Maggie 著，趙婉君譯：《榮格占星學》，臺北：立緒文化事業公司，2001。
潘菽著、主編：《意識：心理學的研究》，北京：商務印書館，1998。
埃利希・諾伊曼著，高憲田、黃水乞譯：《深度心理學與新道德》，北京：東方出版社，1998。

劉翔平：《尋找生命的意義：弗蘭克爾的意義治療學說》，武漢：湖北教育出版社，1999。

劉耀中：《榮格》，臺北：東大圖書公司，1995。

劉耀中、李以洪：《榮格心理學與佛教》，北京：東方出版社，2004。

簡・盧文格著，韋子木譯：《自我的發展》，杭州：浙江教育出版社，1998。

霍韜晦：《安慧三十唯識釋原典譯註》，香港：中文大學出版社，1980。

韓廷傑釋譯：《成唯識論》，臺北：佛光文化事業公司，1998。

韓清淨述：《攝大乘論科文、般若波羅蜜多心經蠡測》，香港：中國佛教文化出版公司，1999。

穆斯達法・薩福安著，懷寧譯：《結構精神分析學：拉康思想概述》，天津：天津社會科學院出版社，2001。

Jung Carl G. 主編，龔卓軍譯，余德慧校訂：《人及其象徵：榮格思想精華的總結》，臺北：立緒文化事業公司，1999。

五、英文

Anacker Stefan, *Seven Works of Vasubandhu*. Delhi, Varanasi, Patna, Madras: Motilal Banarsidass, 1986.

Asaṅga, *Abhidharmasamuccaya: The Compendium of the Higher Teaching (Philosophy)*. Tr. Sara Boin-Webb, Fremont, California: Asian Humanities Press, 2001.

Brown Brian, *The Buddha Nature: A Study of the Tathāgatagarbha and Ālayavijñāna*. Delhi: Motilal Banarsidass, 2004.

Bu-ston, *History of Buddhism (Chos-ston)*. Tr. E. Obermiller, Heidelberg, 1931.

Chatterjee Ashok Kumar, *Readings on Yogācāra Buddhism*. Banaras: Banaras Hindu University, 1970.

Chatterjee Ashok Kumar, *The Yogācāra Idealism*. Delhi, Varanasi, Patna: Motilal Banarsidass, 1975.

Cook Francis H., *Three Texts on Consciousness Only*. Berkeley: Numata Center for

Buddhist Translation and Research, 1999.

Dhammajoti Bhikkhu KL, *Abhidharma Doctrine and Controversy on Perception*. Sri Lanka: Center for Buddhist Studies, 2004.

The Dharmachakra Translation Committee, tr., *Middle Beyond Extremes*. Maitreya's *Madhyāntavibhāga* with commentaries by Khenpo Shenga and Ju Mipham. New York: Snow Lion Publication, 2006.

Gupta Rita, *The Buddhist Concept of Pramāṇa and Pratyakṣa*. New Delhi: Sundeep Prakashan, 2006.

Hamilton C. H., *Wei Shih Er Shih Lun Or the Treatise in Twenty Stanzas on Representation-only*. New Haven: American Oriental Society, 1938.

Harris Ian Charles, *The Continuity of Madhyamaka and Yogācāra in Indian Mahāyāna Buddhism*. Leiden: E. J. Brill, 1991.

Hopkins Jeffrey, *Emptiness in the Mind-Only School of Buddhism*. Dynamic Response to D̄zong-ka-b̄a's *The Essence of Eloquence: I*. Berkeley: University of California Press, 1999.

Jaini P. S., "On the Theory of Two Vasubandhus." *Bulletin of the School of Oriental and African Studies*, Vol. XXI, 1958, pp. 48-53.

Jung C. G., *The Collected Works of C. G. Jung*. 20 Vols., Princeton: Princeton University Press, 1954-1976.

Jung C. G., *Psychology and the East*. Tr. R. F. C. Hull, New Jersey: Princeton University Press, 1978.

Kalansuriya A. D. P., *A Philosophical Analysis of Buddhist Notions*. Delhi: Sri Satguru Publications, 1987.

Kalupahana David J., *Causality: The Central Philosophy of Buddhism*. Honolulu: University Press of Hawaii, 1975.

Kalupahana David J., *The Principle of Buddhist Psychology*. Delhi: Sri Satguru Publications, 1992.

Kochumuttom Thomas A., *A Buddhist Doctrine of Experience*, A New Translation and Interpretation of the Works of Vasubandhu the Yogācārin. Delhi: Motilal Banarsidass, 1989.

Lusthaus Dan, *Buddhist Phenomenology: A Philosophical Investigation of Yogācāra Buddhism and the Ch'eng Wei-shih lun*. London: Routledge Curzon, 2002.

Mejor Marek, *Vasubandhu's Abhidharmakośa and the Commentaries Presented in the Tanjur*. Stuttgart: Franz Steiner Verlag, 1991.

Monier-Williams M., *A Sanskrit-English Dictionary*. New Edition. Delhi, Patna, Varanasi: Motilal Banarsidass, 1974.

Mookerjee Satkari, *The Buddhist Philosophy of Universal Flux*. An Exposition of the Philosophy of Critical Realism as Expounded by the School of Dignāga. Delhi: Motilal Banarsidass, 1980.

Nagao Gadjin M., *Mādhyamika and Yogācāra*. Tr. by L. S. Kawamura. Delhi: Sri Satguru Publications, 1992.

Nagao Gadjin M., "What Remains in Śūnyatā: A Yogācāra Interpretation of Emptiness," Minoru Kiyota, ed., *Mahāyāna Buddhist Meditation: Theory and Practice*. Honolulu: The University of Hawaii Press, 1978, pp. 66-82.

O'Flaherty Wendy Doniger, ed., *Karma and Rebirth in Classical Indian Traditions*. Delhi: Motilal Banarsidass, 1983.

Pattison Stephen, *Shame: Theory, Therapy, Theology*. Cambridge: University Press, 2005.

Powers John, *Jñānagarbha's Commentary on just the Maitreya Chapter from the Saṃdhinirmocana-Sūtra*. Study, Translation and Tibetan Text. New Delhi: Indian Council of Philosophical Research, 1998.

Powers John, tr., *Wisdom of Buddha: The Saṁdhinirmocana Sūtra*. Berkeley: Dharma Publishing, 1994.

Powers John, *The Yogācāra School of Buddhism: A Bibliography*. Metuchen, N. J., and London: The American Theological Library Association and the

Scarecrow Press, Inc., 1991.

Schmithausen Lambert, *Ālayavijñāna: On the Origin and the Early Development of a Central Concept of Yogācāra Philosophy*. Part I: Text; Part II: Notes, Bibliography and Indices, Tokyo: The International Institute for Buddhist Studies, 1987.

Sharma T. R., *An Introduction to Buddhist Philosophy. Vijñānavāda and Mādhyamika*. Delhi: Eastern Book Linkers, 2007.

Shastri Yajneshwar S., *Mahāyānasūtrālaṃkāra of Asaṅga: A Study in Vijñānavāda Buddhism*. Delhi: Sri Satguru Publications, 1989.

Singh Amar, *The Sautrāntika Analytical Philosophy*. Delhi: Jayyed Press, 1995.

Silk Jonathan A., ed., *Wisdom, Compassion and the Search for Understanding*. The Buddhist Studies Legacy of Gadjin M. Nagao. Honolulu: University of Hawai'i Press, 2000.

Stcherbatsky Th., *Buddhist Logic*. 2 Vols., Bibliotheca Buddhica xxvi, Leningrad: Izdatel' stov Akademii Nauk S.S.S.R., 1932.

Stcherbatsky Th., tr., *Madhyāntavibhāga. Discourse on Discrimination Between Middle and Extremes*. Bibliotheca Buddhica, xxx, 1936.

Sutton Florin Giripescu, *Existence and Enlightenment in the Laṅkāvatāra-sūtra*. A Study in the Ontology and Epistemology of the Yogācāra School of Mahāyāna Buddhism. Delhi: Sri Satguru Publications, 1992.

Tāranātha, *History of Buddhism in India*. Tr. by Lama Chimpa and Alaka Chattopadhyaya. Delhi: Motilal Banarsidass, 1990.

Tola F. a. Dragoneti Carmen, *Being as Consciousness: Yogācāra Philosophy of Buddhism*. Delhi: Motilal Banarsidass, 2004.

Tsong Kha Pa, *Commentary on the Yogācāra Doctrine of Mind*. Tr. Gareth Sparham. Delhi: Sri Satguru Publications, 1995.

Von Guenther Herbert, *Philosophy and Psychology in the Abhidharma*. Delhi: Motilal Banarsidass, 1991.

Von Rospatt Alexander, *The Buddhist Doctrine of Momentariness*. A Survey of the Origins and Early Phase of this Doctrine up to Vasubandhu. Stuttgart: Franz Steiner Verlag, 1995.

Waldron William S., *The Buddhist Unconsciousness: The ālaya-vijñāna in the Context of Indian Buddhist Thought*. London: Routledge Curzon, 2003.

Wayman Alex, *A Millennium of Buddhist Logic*. Volume One, Delhi: Motilal Banarsidass, 1999.

Wei Tat, tr., *Ch'eng Wei-Shih Lun*. Hong Kong: The Ch'eng Wei-Shih Lun Publication Committee, 1973.

Willis Janice Dean, *On Knowing Reality. The Tattvārtha Chapter of Asaṅga's Bodhisattvabhūmi*. Translated with an Introduction, Commentary and Notes. Delhi: Motilal Banarsidass, 1982.

Wood Thomas E., *Mind Only: A Philosophical and Doctrinal Analysis of the Vijñānavāda*. Honolulu: University of Hawaii Press, 1991.

Yamada I., "Vijñaptimātratā of Vasubandhu," *Journal of the Royal Asiatic Society*. 2, 1977, pp. 158-176.

六、德文

Frauwallner Erich, "Amalavijñānam und Ālayavijñānam." In *Beiträge zur indischen Philologie und Altertumskunde*. Walther Schubring zum 70. Geburtstag dargebracht. Hamburg (ANIST vol. 7), S. 148-159.

Frauwallner Erich, *Die Philosophie des Buddhismus*. Berlin: Akademie-Verlag, 1958.

Freud Sigmund, *Studienausgabe*. Herausgegeben von Alexander Mitscherlich, Angela Richards u. James Strachey. Frankfurt a. M.: Fischer Tatschen Verlag, 1969-1979.

Gadamer H. G., *Hermeneutik I: Wahrheit und Methode*. Grundzüge einer philosophischen Hermeneutik. Tübingen: J. C. B. Mohr (Paul Siebeck), 1990.

Groddeck Georg, *Das Buch vom Es: Psychoanalytische Briefe an eine Freundin.* Wiesbaden: Limes Verlag, 1961.

Husserl E., *Ideen zu einer Phänomenologie und phänomenologischen Philosophie.* Erstes Buch: *Allgemeine Einführung in die reine Phänomenologie.* Neu herausgegeben von K. Schuhmann. Den Haag: Martinus Nijhoff, 1976.

Kant I. *Kritik der reinen Vernunft.* Herausgegeben von W. Weischedel. Frankfurt a. Main: Suhrkamp Verlag, 1977.

Kitayama Junyu, *Metaphysik des Buddhismus: Versuch einer philosophischen Interpretation der Lehre Vasubandhus und seiner Schule.* Stuttgart-Berlin: Verlag von W. Kohlhammer, n.d. Reprinted by Chinese Materials Center, China, 1983.

Peseschkian Nossrat und Bössmann Udo, *Angst und Depression im Alltag.* Frankfurt a. Main: Fischer Taschenbuch Verlag, 1998.

Sakuma Hidenori S., *Die āśrayaparivṛtti-Theorie in der Yogācārabhūmi.* Teil I und Teil II. Stuttgart: Franz Steiner Verlag, 1990.

Schmithausen Lambert, *Der Nirvāṇa-Abschnitt in der Viniścayasaṃgrahaṇī der Yogācārabhūmiḥ.* Wien (Österreichische Akademie der Wissenschaften, Philos.-hist. Klasse, Sitzungsberichte, 264. Bd., 2. Abh.) 1969.

Schmithausen Lambert, "Sautrāntika-Voraussetzungen in *Viṃśatikā* und *Triṃśikā*" In *Wiener Zeitschrift für die Kunde sud- (und Ost) asiens* xi, 1967, S. 109-136.

Wehr Gerhard., *C. G. Jung und Rudolf Steiner: Konfrontation und Synopes.* Stuttgart: Ernst Klett Verlag, 1972.

De la Vallée Poussin Louis, *Vijñaptimātratāsiddhi, La Siddhi de Hiuan-Tsang.* Paris, 1928.（法文）

七、日文

稻津紀三：《佛教人間學としての世親唯識説の根本的研究》，東京：飛鳥書院，1988。

宇井伯壽：《安慧護法唯識三十頌釋論》，東京：岩波書店，1990。
宇井伯壽：《陳那著作の研究》，東京：岩波書店，1979。
宇井伯壽：《攝大乘論研究》，東京：岩波書店，1966。
宇井伯壽：《大乘莊嚴經論研究》，東京：岩波書店，1961。
宇井伯壽：《瑜伽論研究》，東京：岩波書店，1979。
ゲルハルト・ヴェーア著，石井良、深澤英隆譯：《ユングとシェタイナー》，東京：人智學出版社，1982。
上田昇：《ディグナーガ、論理學とアポーハ論：比較論理學的研究》，東京：山喜房佛書林，2001。
上田義文：《攝大乘論講讀》，東京：春秋社，1981。
上田義文：《大乘佛教思想の根本構造》，京都：百華苑，1972。
上田義文：《大乘佛教の思想》，東京：第三文明社，1977。
上田義文：《佛教思想史研究》，京都：永田文昌堂，1967。
上田義文：《梵文唯識三十頌の解明》，東京：第三文明社，1987。
上田義文：〈瑜伽行派における根本真理〉，宮本正尊編：《佛教の根本真理》，東京：三省堂，1974，頁 487-512。
上田義文：〈Vijñānapariṇāma の意味〉，《鈴木學術財團研究年報》，1965，頁 1-14。
海野孝憲：《インド後期唯識思想の研究》，東京：山喜房佛書林，2002。
太田久紀：《成唯識論要講，玄奘三藏譯：護法正義を中心として》，四卷，東京：中山書房佛書林，1999-2000。
岡野守也：《深層心理學：攝大乘論を讀む》，東京：青土社，1999。
岡野守也：《佛教とアドラー心理學：自我から覺りへ》，東京：佼成出版社，2010。
岡野守也：《唯識と論理療法：佛教と心理療法・その統合と實踐》，東京：佼成出版社，2008。
岡野守也：《唯識の心理學》，東京：青土社，2001。
小谷信千代：《攝大乘論講究》，京都：東本願寺出版部，2001。

沖和史：〈唯識〉，長尾雅人等編：《インド佛教・I》，東京：岩波書店，1998。
梶山雄一：《佛教における存在と知識》，東京：紀伊國屋書店，1983。
片野道雄：《インド唯識說の研究》，京都：文榮堂，1998。
岸田秀、三枝充悳：《佛教と精神分析》，東京：青土社，1993。
河合隼雄：《ユング心理學と佛教》，東京：岩波書店，2001。
北村晴朗：《全人的心理學：佛教理論に學ぶ》，仙台：東北大學出版會，2001。
木村俊彥：《ダルマキールティにおける哲學と宗教》，東京：大東出版社，1998。
楠本信道：《俱舍論における世親の緣起觀》，京都：平樂寺書店，2007。
グオルク・グロデック著，岸田秀、山下公子譯：《エスの本：無意識の探究》，東京：誠信書房，1997。
ツルテイム・ケサン、小谷信千代譯：《ツオンカパ著アーラヤ識とマナ識の研究》，京都：文榮堂，1994。
三枝充悳執筆代表：《講座佛教思想第 4 卷：人間論、心理學》，東京：理想社，1975。
司馬春英：《唯識思想と現象學：思想構造の比較研究に向けて》，東京：大正大學出版會，2003。
司馬春英：《現象學と比較哲學》，東京：北樹出版社，1998。
勝又俊教：《佛教における心識說の研究》，東京：山喜房佛書林，1974。
勝呂信靜：《唯識思想の形成と展開》，《勝呂信靜選集第一》，東京：山喜房佛書林，2009。
勝呂信靜：〈唯識思想よりみたる我論〉，中村元編：《自我と無我：インド思想と佛教の根本問題》，京都：平樂寺書店，1981，頁 547-581。
鈴木宗忠：《唯識哲學概說》，《鈴木宗忠著作集第一卷》，東京：嚴南堂書店，1977。
鈴木宗忠：《唯識哲學研究》，《鈴木宗忠著作集第二卷》，東京：嚴南堂

C. A. マイヤー著，氏原寛譯：《意識》，《ユング心理學概說》3，大阪：創元社，1996。

C. A. マイヤー著，氏原寛譯：《個性化の過程》，《ユング心理學概說》4，大阪：創元社，1997。

水野弘元：〈心識論と唯識說の發達〉，宮本正尊編：《佛教の根本真理》，東京：三省堂，1974，頁 415-454。

安田理深：《攝大乘論聽記》，京都：文榮堂，1998。

山本誠作、長谷正當編：《現代宗教思想を學ぶ人のために》，京都：世界思想社，1998。

ヤスパース著，西丸四方譯：《精神病理學原論》，東京：みすず書房，1996。

山口益：〈アーラヤ轉依としての清淨句〉，山口益：《山口益佛教學文集》下，東京：春秋社，1973，頁 189-214。

山口益：〈世親造說三性論偈の梵藏本及びその註釋的研究〉，山口益：《山口益佛教學文集》下，東京：春秋社，1973，頁 119-162。

山口益：《佛教における無と有との對論》，東京：山喜房佛書林，1975。

山口益、野澤靜證：《世親唯識の原典解明》，京都：法藏館，1953。

山口益譯註：《安慧阿遮梨耶造中邊分別論釋疏》，東京：鈴木學術財團，1966。

結城令聞：《唯識學典籍志》，東京：大藏出版社，1985。

結城令聞：《世親唯識の研究》上、下，東京：大藏出版社，1986。

ユング C. G.著，高橋義孝譯：《無意識の心理》，京都：人文書院，2001。

ユング C. G.著，林道義譯：《元型論》，東京：紀伊國屋書店，1999。

C. G. ユング著，野田倬譯：《自我と無意識の關係》，京都：人文書院，2002。

C. G. ユング著，湯淺泰雄、黑木幹夫譯：《東洋的瞑想の心理學》，大阪：創元社，1983。

横山紘一：《唯識思想入門》，東京：第三文明社，1995。

橫山紘一：《唯識という生き方：自分を變える佛教の心理學》，東京：大法輪閣，2001。
橫山紘一：《唯識の哲學》，京都：平樂寺書店，1994。
橫山紘一：《唯識佛教辭典》，東京：春秋社，2011。
橫山紘一：《わが心の構造：唯識三十頌に學ぶ》，東京：春秋社，1996。
龍谷大學佛教學會編：《唯識思想の研究》，京都：百華苑，1987。
渡邊隆生：《唯識三十論頌の解讀研究》上、下，京都：永田文昌堂，1995, 1998。

索　引

凡　例

一、索引條目包括三大類：

1.哲學名相

2.人名／宗派／學派名稱

3.著書／論文

二、哲學名相及著書／論文條目再分為：

1.中／日文

2.英文

3.德文／其他歐文

4.梵／藏文

人名／宗派／學派名稱則只分為：

1.中／日文

2.英／德／其他歐文

3.梵／藏文

三、條目選擇的原則方面，較重要的名詞在首次出現時均會選取，此後，在文中對該名詞有所解釋或運用時，會再次選取。人名及著書方面亦相近，首次出現時均標示，其後再有所介紹或引述時，會再選取。條目在文中如重複出現，但未有再作解釋或運用時，則不再選取。

四、條目排序方面，中、日文條目以漢字筆劃多寡排序，日文假名為首的條目跟在漢字之後，以五十音的次序排列；英、德、梵、藏及其他歐文均以羅馬體字母排序，其中特別要注意人名的排序，人名當以姓氏排序，但西方人的姓氏一般放在最後，故在索引中會將姓氏放在最前，以方便排序，例如 I. Kant，會寫成 Kant, I.。

哲學名相索引

一、中／日文

二、英文

三、德文／其他歐文

四、梵／藏文

duḥkha-vedanā, 46, 197
duḥkhvedanā, 46
durgati, 24, 100
dvādaśaṅga-pratītyasamutpāda, 100
dvādaśāṅgika-pratītya-samutpāda, 326
dvādaśāyatana, 216
dvayatā, 153
gandharva, 26
gnas gyur pa, 379
gotra, 45
guṇa, 242
guṇavattva, 362
ḥbyuṅ ba chen po, 33
ḥdu byed, 423
hetu-pariṇāma, 187
hetu-pratyaya, 108, 196
hetutva, 97
hrī, 289
icchantika, 259
īrṣyā, 361, 425
iṣṭāniṣṭavibhāgika, 100
janaka, 105
janma-gati, 26
janmasaṃkleśa, 109, 114
jarā-maraṇa, 100
jāti, 100
jīvita-indriya, 191
jñeya-āvaraṇa, 42, 227
jñeyalakṣaṇa, 172
jñeyāśraya, 96
kalala, 33, 80, 317
kāla-mṛtyu, 12
kāma-dhātu, 35
kāmarāgavigama, 121
karman, 52
karmasaṃkleśa, 109
karmavāsanā, 134
kausīdya, 363
kavaḍīkārāhāra, 117
kāya-indriya, 34
khyāti-vijñāna, 185
kleśa, 46
kleśa-āvaraṇa, 42, 227
kleśapratipakṣavijñāna, 112
kleśa-saṃkleśa, 108
kleśopakleśa, 109
kleśopakleśabīja, 138
kliṣṭāsamādhitacitta, 119
krodha, 289, 359
kṛtya, 52
kṛtya-anuṣṭhāna-jñāna, 48, 313
kṛtyānuṣṭhāna-jñāna, 245, 382
kṣaṇa, 194
kṣaṇa-bhaṅga, 194
kṣaṇika, 103, 194
kuśaladharmabīja, 139
kuśala-karma, 38
lakṣaṇa, 232

人名／宗派／學派索引

一、中／日文

二、英／德／其他歐文

三、梵／藏文

著書／論文索引

一、中／日文

二、英文

三、德／其他歐文

四、梵／藏文

國家圖書館出版品預行編目資料

唯識學與精神分析：以阿賴耶識與潛意識爲主

吳汝鈞著. – 初版. – 臺北市：臺灣學生，2014.05
面；公分

ISBN 978-957-15-1609-7(平裝)

1. 唯識　2. 佛教哲學　3. 精神分析

220.123　　　　　　　　　　　　　　103002221

唯識學與精神分析：以阿賴耶識與潛意識爲主

著　作　者　吳汝鈞
出　版　者　臺灣學生書局有限公司
發　行　人　楊雲龍
發　行　所　臺灣學生書局有限公司
地　　　址　臺北市和平東路一段 75 巷 11 號
劃　撥　帳　號　00024668
電　　　話　(02)23928185
傳　　　真　(02)23928105
E - m a i l　student.book@msa.hinet.net
網　　　址　www.studentbook.com.tw
登記證字號　行政院新聞局局版北市業字第玖捌壹號
定　　　價　新臺幣六○○元

二 ○ 一 四 年 五 月 初版
二 ○ 二 一 年 四 月 初版三刷

22016　　　有著作權‧侵害必究
ISBN 978-957-15-1609-7 (平裝)